ZIESCHANG

Strafrecht Besonderer Teil 1

REIHE

Studienprogramm Recht

Strafrecht
Besonderer Teil 1

Professor Dr. Frank Zieschang
Universität Würzburg

1. Auflage, 2022

BOORBERG

Bibliografische Information der Deutschen Nationalbibliothek | Die Deutsche Nationalbibliothek verzeichnet diese Publikation in der Deutschen Nationalbibliografie; detaillierte bibliografische Daten sind im Internet über www.dnb.de abrufbar.

1. Auflage, 2022
ISBN 978-3-415-07310-4

Satz: Thomas Schäfer, www.schaefer-buchsatz.de | Druck und Bindung: Laupp & Göbel GmbH, Robert-Bosch-Straße 42, 72810 Gomaringen

Richard Boorberg Verlag GmbH & Co KG | Scharrstraße 2 | 70563 Stuttgart
Stuttgart | München | Hannover | Berlin | Weimar | Dresden
www.boorberg.de

Vorwort

Nach der Veröffentlichung des Lehrbuchs „Strafrecht Besonderer Teil 2“, das die Eigentums- und Vermögensdelikte behandelt, folgt nunmehr zur Vervollständigung das Werk „Strafrecht Besonderer Teil 1“, das sonstige Delikte gegen Individualrechtsgüter betrifft sowie die Straftaten gegen Allgemeinrechtsgüter zum Gegenstand hat. Zusammen mit dem inzwischen in der sechsten Auflage erschienenen Lehrbuch zum Allgemeinen Teil des Strafrechts haben damit die Studierenden die Möglichkeit, sich mit diesen drei Werken das im juristischen Examen relevante materielle Strafrecht in konzentrierter Form anzueignen.
Auch für den Besonderen Teil 1 wurde das Grundkonzept beibehalten: Dem Studierenden sollen die maßgeblichen, mit den einzelnen relevanten Strafvorschriften verbundenen Probleme verständlich vermittelt werden, ohne die Darstellung mit Detailproblemen zu überfrachten. Das Lehrbuch eignet sich nicht nur zum Einstieg für Anfangssemester als vorlesungsbegleitende Lektüre, sondern auch zur kompakten Wiederholung der Materie in der Examensvorbereitung.

Würzburg, im August 2022 — Frank Zieschang

Inhaltsverzeichnis

Literaturverzeichnis

Arzt, Gunther/Weber, Ulrich/Heinrich, Bernd/Hilgendorf, Eric	Strafrecht Besonderer Teil, 4. Auflage, Bielefeld 2021.
Cirener, Gabriele/Radtke, Henning/Rissing-van Saan, Ruth/Rönnau, Thomas/Schluckebier, Wilhelm (Hrsg.)	Leipziger Kommentar Strafgesetzbuch, Band 3, §§ 32 – 37 StGB, 13. Auflage, Berlin 2019.
dies.	Leipziger Kommentar Strafgesetzbuch, Band 7, §§ 80 – 121 StGB, 13. Auflage, Berlin 2021.
dies.	Leipziger Kommentar Strafgesetzbuch, Band 8, §§ 123 – 145d StGB, 13. Auflage, Berlin 2021.
dies.	Leipziger Kommentar Strafgesetzbuch, Band 9, §§ 146 – 173 StGB, 13. Auflage, Berlin 2022.
dies.	Leipziger Kommentar Strafgesetzbuch, Band 15, Vor §§ 267 – 282 StGB, 13. Auflage, Berlin 2023.
dies.	Leipziger Kommentar Strafgesetzbuch, Band 17, §§ 306 – 322 StGB, 13. Auflage, Berlin 2020.
Dölling, Dieter/Duttge, Gunnar/König, Stefan/Rössner, Dieter (Hrsg.)	Gesamtes Strafrecht, 5. Auflage, Baden-Baden 2022.
Eisele, Jörg	Strafrecht Besonderer Teil I, 6. Auflage, Stuttgart 2021.
ders.	Strafrecht Besonderer Teil II, 6. Auflage, Stuttgart 2021.
Erb, Volker/Schäfer, Jürgen (Hrsg.)	Münchener Kommentar zum Strafgesetzbuch, Band 1, §§ 1 – 37 StGB, 4. Auflage, München 2020.
dies.	Münchener Kommentar zum Strafgesetzbuch, Band 3, §§ 80 – 184k StGB, 4. Auflage, München 2021.
dies.	Münchener Kommentar zum Strafgesetzbuch, Band 4, §§ 185 – 262 StGB, 4. Auflage, München 2021.
dies.	Münchener Kommentar zum Strafgesetzbuch, Band 5, §§ 263 – 297 StGB, 4. Auflage, München 2022.
dies.	Münchener Kommentar zum Strafgesetzbuch, Band 5, §§ 263 – 358 StGB, 3. Auflage, München 2019.
Fischer, Thomas	Strafgesetzbuch, 69. Auflage, München 2022.
Frister, Helmut	Strafrecht Allgemeiner Teil, 9. Auflage, München 2020.
Gössel, Karl Heinz/Dölling, Dieter	Strafrecht Besonderer Teil 1, 2. Auflage, Heidelberg 2004.
Heghmanns, Michael	Strafrecht Besonderer Teil – Strafrecht für alle Semester, 2. Auflage, Heidelberg 2021.
Heintschel-Heinegg, Bernd von (Hrsg.)	Beck'scher Online-Kommentar zum Strafgesetzbuch, München, Stand: 2022.
Hilgendorf, Eric	Fälle zum Strafrecht I: Klausurenkurs für Anfänger, 4. Auflage, München 2020.
ders./Kudlich, Hans/Valerius, Brian	Handbuch des Strafrechts, Band 2, Strafrecht Allgemeiner Teil I, Heidelberg 2020.
dies.	Handbuch des Strafrechts, Band 5, Strafrecht Besonderer Teil II, Heidelberg 2020.
ders./Valerius, Brian	Strafrecht Besonderer Teil I, 1. Auflage, München 2021.
Hohmann, Olaf/Sander, Günther M.	Strafrecht Besonderer Teil, 4. Auflage, Heidelberg 2021.
Jäger, Christian	Examensrepetitorium Strafrecht Besonderer Teil, 9. Auflage, Heidelberg 2021.
Jähnke, Burkhard (Hrsg.)	Leipziger Kommentar Strafgesetzbuch, Band 6, §§ 223 bis 263a StGB, 11. Auflage, Berlin 2005.

Jescheck, Hans-Heinrich/ Weigend, Thomas	Lehrbuch des Strafrechts, Allgemeiner Teil, 5. Auflage, Berlin 1996.
Joecks, Wolfgang/Jäger, Christian	Strafgesetzbuch, 13. Auflage, München 2021.
Kindhäuser, Urs/Neumann, Ulfrid/Paeffgen, Hans-Ullrich	Nomos Kommentar zum Strafgesetzbuch, 5. Auflage, Baden-Baden 2017 sowie 6. Auflage, Baden-Baden 2023.
ders./Hilgendorf, Eric	Lehr- und Praxiskommentar, Strafgesetzbuch, 9. Auflage, Baden-Baden 2022.
ders./Schramm, Edward	Strafrecht Besonderer Teil I, 10. Auflage, Baden-Baden 2021
ders./Zimmermann, Till	Strafrecht Allgemeiner Teil, 10. Auflage, Baden-Baden 2021.
Klesczewski, Diethelm	Strafrecht Besonderer Teil, 1. Auflage, Tübingen 2016.
Krey, Volker/Hellmann, Uwe/ Heinrich,Manfred	Strafrecht Besonderer Teil 1, 17. Auflage, Stuttgart 2021.
Kühl, Kristian	Strafrecht Allgemeiner Teil, 8. Auflage, München 2017.
Küper, Wilfried/Zopfs, Jan	Strafrecht Besonderer Teil: Definitionen mit Erläuterungen, 11. Auflage, Heidelberg 2022.
Lackner, Karl/Kühl, Kristian	Strafgesetzbuch, 29. Auflage, München 2018.
Laufhütte, Heinrich Wilhelm/ Rissing-van Saan, Ruth/ Tiedemann, Klaus (Hrsg.)	Leipziger Kommentar Strafgesetzbuch, Band 6, §§ 146 – 210 StGB, 12. Auflage, Berlin 2010.
dies.	Leipziger Kommentar Strafgesetzbuch, Band 7/1, §§ 211 – 231 StGB, 12. Auflage, Berlin 2019.
dies.	Leipziger Kommentar Strafgesetzbuch, Band 13, §§ 331 – 358 StGB, 12. Auflage, Berlin 2009.
Leipold, Klaus/Tsambikakis, Michael/Zöller, Mark Alexander (Hrsg.)	AnwaltKommentar StGB, 3. Auflage, Heidelberg 2020.
Matt, Holger/Renzikowski, Joachim	Strafgesetzbuch Kommentar, 2. Auflage, München 2020.
Maurach, Reinhart/Schroeder, Friedrich-Christian/Maiwald, Manfred	Strafrecht, Besonderer Teil: ein Lehrbuch/Teilband 2: Straftaten gegen Gemeinschaftswerte, 10. Auflage, Heidelberg 2012.
ders./Schroeder, Friedrich-Christian/Maiwald, Manfred/ Hoyer, Andreas/Momsen, Carsten	Strafrecht, Besonderer Teil: ein Lehrbuch/Teilband 1: Straftaten gegen Persönlichkeits- und Vermögenswerte, 11. Auflage, Heidelberg 2019.
Mayer, Max Ernst	Der allgemeine Teil des deutschen Strafrechts, 2. Auflage, Heidelberg 1923.
Otto, Harro	Grundkurs Strafrecht: Allgemeine Strafrechtslehre, 7. Auflage, Berlin 2004.
ders.	Grundkurs Strafrecht: Die einzelnen Delikte, 7. Auflage, Berlin 2005.
Rengier, Rudolf	Strafrecht Allgemeiner Teil, 13. Auflage, München 2021.
ders.	Strafrecht Besonderer Teil I, 24. Auflage, München 2022.
ders.	Strafrecht Besonderer Teil II, 23. Auflage, München 2022.
Roxin, Claus	Strafrecht, Allgemeiner Teil/Band 2, 4. Auflage, München 2003.
ders./Greco, Luís	Strafrecht, Allgemeiner Teil/Band 1, 5. Auflage, München 2020.
Satzger, Helmut/Schluckebier, Wilhelm/Widmaier, Gunter (Hrsg.)	Strafgesetzbuch Kommentar, 5. Auflage, Köln 2021.
Schönke, Adolf/Schröder, Horst	Strafgesetzbuch Kommentar, 30. Auflage, München 2019.
Welzel, Hans	Das Deutsche Strafrecht, 11. Auflage, Berlin 1969.
Wessels, Johannes/Beulke, Werner/ Satzger, Helmut	Strafrecht Allgemeiner Teil, 51. Auflage, Heidelberg 2021.
ders./Hettinger, Michael/ Engländer, Armin	Strafrecht Besonderer Teil 1, 45. Auflage, Heidelberg 2021.
ders./Hillenkamp, Thomas/ Schuhr, Jan C.	Strafrecht Besonderer Teil 2, 44. Auflage, Heidelberg 2021.

Wolter, Jürgen	Systematischer Kommentar zum Strafgesetzbuch, 9. Auflage, Köln 2017.
Zieschang, Frank	Strafrecht Allgemeiner Teil, 6. Auflage, Stuttgart 2020.
ders.	Strafrecht Besonderer Teil 2, 1. Auflage, Stuttgart 2022.

Abkürzungsverzeichnis

a. A.	anderer Ansicht
Abs.	Absatz
a. E.	am Ende
a. F.	alte Fassung
AG	Amtsgericht
AGB	Allgemeine Geschäftsbedingungen
Alt.	Alternative
AnwK	AnwaltKommentar
Art.	Artikel
AT	Allgemeiner Teil
BAB	Bundesautobahn
BAK	Blutalkoholkonzentration
BayObLG	Bayerisches Oberstes Landesgericht
BeckOK	Beck'scher Online-Kommentar zum Strafgesetzbuch
BeckRS	Beck-online Rechtsprechung
BGB	Bürgerliches Gesetzbuch
BGBl.	Bundesgesetzblatt
BGH	Bundesgerichtshof
BGHSt	Entscheidungen des Bundesgerichtshofes in Strafsachen
BnotO	Bundesnotarordnung
BRJ	Bonner Rechtsjournal
BT	Besonderer Teil
BT-Drucks.	Bundestagsdrucksache
BtMG	Gesetz über den Verkehr mit Betäubungsmitteln
BVerfG	Bundesverfassungsgericht
BVerfGE	Entscheidungen des Bundesverfassungsgerichts
CD	Compact Disc
DAR	Deutsches Autorecht
DR	Deutsches Recht
Dr.	Doktor
E	Entwurf
eKFV	Verordnung über die Teilnahme von Elektrokleinstfahrzeugen am Straßenverkehr (Elektrokleinstfahrzeuge-Verordnung)
E-Mail	electronic mail
f.	folgende Seite
ff.	folgende Seiten
FG	Festgabe
FS	Festschrift
GA	Goltdammer's Archiv für Strafrecht
GG	Grundgesetz für die Bundesrepublik Deutschland
GVG	Gerichtsverfassungsgsetz
HIV	Human Immunodeficiency Virus
HRRS	Onlinezeitschrift für Höchstrichterliche Rechtsprechung zum Strafrecht
i.V.	in Vertretung
i. V. m.	in Verbindung mit
JA	Juristische Arbeitsblätter

JGG	Jugendgerichtsgesetz
JK	JURA-Kartei
JR	Juristische Rundschau
Jura	Juristische Ausbildung
JuS	Juristische Schulung
JVA	Justizvollzugsanstalt
JZ	Juristenzeitung
Kfz	Kraftfahrzeug
KG	Kammergericht
km/h	Kilometer pro Stunde
K.O.	Knockout
KriPoZ	Kriminalpolitische Zeitschrift
LG	Landgericht
LK	Leipziger Kommentar zum Strafgesetzbuch
Lkw	Lastkraftwagen
LPK	Lehr- und Praxiskommentar
MDR	Monatsschrift für Deutsches Recht
med.	Medizin
MK	Münchener Kommentar zum Strafgesetzbuch
MMR	Zeitschrift für IT-Recht und Recht der Digitalisierung
NJW	Neue Juristische Wochenschrift
NK	Nomos Kommentar zum Strafgesetzbuch
Nr.	Nummer
NStZ	Neue Zeitschrift für Strafrecht
NStZ-RR	NStZ-Rechtsprechungs-Report Strafrecht
NZV	Neue Zeitschrift für Verkehrsrecht
OLG	Oberlandesgericht
OWiG	Ordnungswidrigkeitengesetz
PIN	Persönliche Identifikationsnummer
Pkw	Personenkraftwagen
Rdn.	Randnummer
RG	Reichsgericht
RGBl.	Reichsgesetzblatt
RGSt	Entscheidungen des Reichsgerichts in Strafsachen
RStGB	Reichsstrafgesetzbuch
S.	Satz, Seite
SGB I	Sozialgesetzbuch I
SK	Systematischer Kommentar zum Strafgesetzbuch
SMS	Short Message Service
StGB	Strafgesetzbuch
StPO	Strafprozessordnung
StR	Strafsenat
str.	strittig
StrRG	Gesetz zur Reform des Strafrechts
StV	Strafverteidiger
StVG	Straßenverkehrsgesetz
StVO	Straßenverkehrs-Ordnung
StVZO	Straßenverkehrs-Zulassungs-Ordnung
TPG	Transplantationsgesetz
u. a.	unter anderem
USB	Universal Serial Bus

Var.	Variante
vgl.	vergleiche
VRS	Verkehrsrechts-Sammlung
VwVfG	Verwaltungsverfahrensgesetz
wistra	Zeitschrift für Wirtschafts- und Steuerstrafrecht
WStG	Wehrstrafgesetz
z. B.	zum Beispiel
ZFISTW	Zeitschrift für Internationale Strafrechtswissenschaft
ZIS	Zeitschrift für Internationale Strafrechtsdogmatik
ZJS	Zeitschrift für das Juristische Studium
ZPO	Zivilprozessordnung
ZStW	Zeitschrift für die gesamte Strafrechtswissenschaft

1. Kapitel: Straftaten gegen das Leben

I. Totschlag gemäß § 212 StGB

Bei den in den §§ 211 ff. StGB aufgelisteten Straftaten gegen das Leben bildet der Totschlag gemäß § 212 StGB trotz des Umstands, dass der 16. Abschnitt mit dem Mord gemäß § 211 StGB beginnt, die Ausgangsnorm, also den Grundfall. 1

Hierbei ist der Gesetzestext des § 212 StGB nicht sehr präzise formuliert. So enthält § 212 StGB zum einen den Zusatz „ohne Mörder zu sein", der für die Prüfung des Totschlags selbst jedoch ohne Relevanz ist. Zum anderen spricht § 212 StGB lediglich davon, dass jemand „einen Menschen" tötet, obwohl man sich einig ist, dass die Vorschrift allein die Fremdtötung erfasst, also die Tötung eines **anderen** Menschen. Dass es sich um eine Vorsatztat handelt, braucht hingegen nicht gesondert in der Strafbestimmung erwähnt zu sein, sondern ergibt sich bereits aus dem Allgemeinen Teil, nämlich aus § 15 StGB. Das bedeutet im Ausgangspunkt: § 212 StGB bestraft mit Freiheitsstrafe nicht unter fünf Jahren, wer einen anderen Menschen vorsätzlich tötet. 2

1. Der objektive Tatbestand

a) Allgemeines

Bei dem Totschlag handelt es sich um ein **Erfolgsdelikt**. Das bedeutet, dass das Verhalten des Täters (positives Tun oder Unterlassen) ursächlich für den **tatbestandlichen Erfolg**, nämlich für den **Tod eines anderen Menschen**, sein muss. Gleichzeitig ist die Vorschrift **Verletzungsdelikt**, da sie nur dann vollendet ist, wenn auch der Tod eines anderen tatsächlich eintritt; das „Leben" eines anderen wird also beendet und somit „verletzt". 3

Tauglicher Täter des § 212 StGB kann **jede natürliche Person sein** („Wer"). Es sind keine besonderen Anforderungen mit der Täterqualität verbunden, die Vorschrift ist damit **Jedermanndelikt**. Die Strafbestimmung kann nicht nur im Wege der Alleintäterschaft, sondern auch in Mittäterschaft oder in mittelbarer Täterschaft verwirklicht werden. Es handelt sich nicht um ein eigenhändiges Delikt. 4

Als taugliches **Verhalten** kommt sowohl **positives Tun** als auch **Unterlassen** in Betracht. 5

> **Beispiele:** 6
> *A ersticht den O mit einem Messer. Hier steht positives Tun in Rede.*
> *Hingegen geht es um einen Totschlag durch Unterlassen, wenn etwa die Mutter A ihr zweijähriges Kind K verhungern lässt.*

Bekanntlich ist die Abgrenzung zwischen positivem Tun einerseits und Unterlassen andererseits umstritten (siehe *Zieschang*, AT, Rdn. 45 ff., 589 ff.). Die Rechtsprechung (etwa BGHSt 59, 292, 296) fasst dies als Wertungsfrage auf, wonach eine normative Betrachtung unter Berücksichtigung des sozialen Handlungssinns zu erfolgen habe. Maßgeblich sei, wo der **Schwerpunkt der Vorwerfbarkeit** liegt (ebenso aus dem Schrifttum etwa *Wessels/Beulke/Satzger*, AT, Rdn. 1159). Demgegenüber findet sich in der Literatur teilweise die Auffassung, es sei zu prüfen, ob **Kausalität** im Sinne einer Bedingung für den Erfolgseintritt vorliegt (*Roxin*, AT II, § 31 Rdn. 78 ff.), oder zu untersuchen, ob ein **Energieeinsatz** des Täters erfolgt (*Engisch*, FS Gallas, S. 163, 170). Hierbei ist mit den beiden letztgenannten Kriterien mehr Bestimmtheit verbun- 7 den als mit der von der Rechtsprechung herangezogenen vagen Formel, die daher nicht zu überzeugen vermag.

8 Das Verhalten muss weiterhin für den tatbestandlichen Erfolg im Sinne der **condicio sine qua non-Formel ursächlich** sein. Es ist also die **Äquivalenztheorie** heranzuziehen. Wegen der Einzelheiten kann hierbei auf die Darlegungen zum Allgemeinen Teil verwiesen werden (*Zieschang*, AT, Rdn. 56 ff., 598 f.).

9 Ebenfalls mag es nach der Feststellung der Kausalität zu Problemen im Zusammenhang mit der Frage der **objektiven Zurechnung** kommen. Auch insoweit handelt es sich primär um Gesichtspunkte aus dem Allgemeinen Teil des Strafrechts. Auf die dortigen Ausführungen wird verwiesen (*Zieschang*, AT, Rdn. 83 ff.).

10 Intensiverer Betrachtung bedarf jedoch der in § 212 StGB geforderte **Taterfolg**, also der **Tod eines anderen Menschen.**

b) Menschqualität

11 Das StGB unterscheidet im Rechtsgüterschutz zwischen dem werdenden Leben, das durch die §§ 218 ff. StGB geschützt wird, der Menschqualität, die für die §§ 211 ff. StGB relevant ist, und dem Schutz von Verstorbenen (siehe §§ 168, 189 StGB).

12 Für die §§ 211 bis 216 StGB ist daher von entscheidender Bedeutung, ab welchem Zeitpunkt im Sinne des Strafrechts von der Menschqualität auszugehen ist und wann sie endet.

13 Die **Menschqualität** ist im Strafrecht nach ständiger Rechtsprechung und ganz herrschender Meinung im Schrifttum mit dem **Beginn der Geburt** zu bejahen (etwa BGHSt 31, 348, 350 f.; BGHSt 32, 194, 195; BGH, NStZ 2008, 393, 394; *Rosenau*, LK[12], StGB, Vor § 211 Rdn. 6; *Schneider*, MK, StGB, Vor § 211 Rdn. 6; anders *Merkel*, NK[5], StGB, § 218 Rdn. 33 ff.: mit der Vollendung der Geburt; so auch § 1 BGB für die Rechtsfähigkeit). Diese Schlussfolgerung wird insbesondere aus § 217 a. F. StGB gezogen, der bis zu seiner Abschaffung durch das 6. StrRG vom 26.1.1998 (BGBl. I, 164) eine Privilegierung gegenüber § 212 StGB darstellte und die Tötung des nichtehelichen Kindes durch die Mutter **in oder gleich nach der Geburt** pönalisierte. Das verdeutlichte hinreichend, dass mit dem **Beginn der Geburt** von einem Menschen im Sinne der §§ 211 ff. StGB auszugehen ist. Die Abschaffung der Vorschrift, die in der Praxis keine bedeutende Rolle einnahm, sollte nichts daran ändern, dass es nach wie vor für das **Menschsein** auf den **Beginn der Geburt** ankommt.

14 Maßgeblich für den **Beginn der Geburt** ist bei einem natürlichen Geburtsverlauf das **Einsetzen der Eröffnungswehen** (BGHSt 32, 194, 196). Handelt es sich um eine operative Entbindung (Kaiserschnitt), beginnt das Menschsein mit der **Öffnung des Uterus (der Gebärmutter) zum Zwecke der dauerhaften Trennung des Kindes vom Mutterleib** (BGHSt 65, 163, 171 ff.; *Eser/Sternberg-Lieben*, Schönke/Schröder, StGB, Vor § 211 Rdn. 13; *Ingelfinger*, Grundlagen und Grenzbereiche des Tötungsverbots, S. 135 f.; *Wenkel*, Dölling/Duttge/König/Rössner, Gesamtes Strafrecht, Vor § 211 Rdn. 7; anders etwa *Schneider*, MK, StGB, Vor § 211 Rdn. 12: Öffnung der Bauchdecke). Das gilt auch für die Mehrlingsgeburt (BGHSt 65, 163, 173).

15 Dabei kommt es für das Menschsein nicht auf die Lebensfähigkeit des Kindes an. Selbst in dem Fall, dass ein Kind wenige Augenblicke nach der Geburt verstirbt, hatte es für diese kurze Zeit Menschqualität. Für die §§ 212 ff. StGB gilt das Prinzip des absoluten Lebensschutzes, also eines solchen, der unabhängig etwa von Alter, Krankheiten, Lebensfähigkeit oder Lebenserwartung ist.

16 Bei einer Einwirkung auf einen **Verstorbenen**, also auf eine Leiche, ist der objektive Tatbestand der §§ 211 ff. StGB aufgrund fehlender Menschqualität nicht erfüllt. Die **Menschqualität endet** mit dem **Hirntod**, also mit dem Ende der Hirnfunktionen. § 3 Abs. 2 Nr. 2 TPG spricht vom nicht behebbaren Ausfall der Gesamtfunktion des Großhirns, des Kleinhirns und des Hirnstamms. Nicht maßgeblich ist also der Stillstand

der Atmungs- und Kreislauffunktionen (so jedoch früher der klassische Todesbegriff; *Wessels/Hettinger/Engländer*, BT 1, Rdn. 18).

Maßgeblicher Zeitpunkt für die Beurteilung des Menschseins ist derjenige der **Tathandlung**. Für die Frage, ob die Tötung eines Menschen vorliegt, ist also der Zeitpunkt der **Einwirkung** entscheidend (BGHSt 31, 348, 351 f.). 17

Beispiel: 18

A verabreicht der Schwangeren S Gift. Das Kind wird zwei Tage später lebend geboren, verstirbt aber wenige Stunden nach der Geburt aufgrund der Gifteinwirkung. Strafbarkeit des A gemäß § 212 StGB zum Nachteil des Kindes?

Im Zeitpunkt der Tathandlung, also der Giftbeibringung, war das Ungeborene noch kein Mensch im Sinne der §§ 211 ff. StGB. A macht sich daher bezüglich des Kindes nicht gemäß § 212 StGB strafbar.

Hinweis: 19

Nichts anderes (Zeitpunkt der Einwirkung ist maßgeblich) gilt in Bezug auf § 222 StGB. In Betracht kommt daher nur eine Strafbarkeit des A gemäß §§ 223, 224 StGB zum Nachteil der Mutter. Zudem ist an eine Strafbarkeit des A nach § 218 StGB (Vorsatzdelikt) zu denken, wenn die Schwangerschaft durch den Eingriff abgebrochen wurde. Da es auf den Zeitpunkt der Einwirkung ankommt, spielt es insofern keine Rolle, dass der Tod des Kindes erst nach der Geburt eingetreten ist. Mit dem Schwangerschaftsabbruch ist die Abtötung der Leibesfrucht gemeint, entweder im Körper der Mutter oder als Folge der Einwirkung nach der Geburt (Rengier, BT II, § 11 Rdn. 6a, 8).

c) Abgrenzung der Fremdtötung von der straflosen Teilnahme am Suizid

Auch wenn dies nicht ausdrücklich im Wortlaut der Vorschrift zum Ausdruck kommt, ist § 212 StGB wie erwähnt nur erfüllt, wenn ein **anderer** Mensch getötet wird (RGSt 70, 313, 315). Erforderlich ist also eine **Fremdtötung**. Der (versuchte) **Suizid** ist daher **nicht tatbestandsmäßig**. 20

Die Tatbestandslosigkeit der Selbsttötung hat zur Konsequenz, dass ebenfalls eine **Teilnahme am Suizid straflos** ist. 21

Beispiel: 22

O hat sich aus freien Stücken dazu entschieden, aus dem Leben zu scheiden. Sein Freund A gibt ihm zu diesem Zweck eine Pistole. Mit dieser Pistole erschießt sich O.

O begeht in diesem Fall einen tatbestandslosen Suizid, denn § 212 StGB betrifft nur die Tötung eines anderen Menschen. A kann nicht wegen Beihilfe zum Suizid bestraft werden, denn die Teilnahme (Anstiftung gemäß § 26 StGB oder Beihilfe gemäß § 27 StGB) setzt aufgrund ihrer (limitierten) Akzessorietät das Vorliegen einer vorsätzlichen, rechtswidrigen Haupttat voraus, die nicht gegeben ist.

Eine Strafbarkeit wegen geschäftsmäßiger Förderung der Selbsttötung gemäß § 217 StGB scheidet aus, da das BVerfG diese Norm für verfassungswidrig erachtet hat (BVerfGE 153, 182): Aus dem allgemeinen Persönlichkeitsrecht gemäß Art. 2 Abs. 1 i. V. m. Art. 1 Abs. 1 GG folge ein Recht auf selbstbestimmtes Sterben. Die Freiheit, sich das Leben zu nehmen, umfasse auch die Freiheit, hierfür bei Dritten Hilfe zu suchen (inzwischen existieren mehrere Entwürfe für eine Neuregelung; wie die zukünftige Rechtslage aussehen wird, bleibt abzuwarten). 23

Im Einzelfall kann die **Abgrenzung** der **straflosen Teilnahme am Suizid** von der **Fremdtötung** im Sinne der §§ 211 ff. StGB durchaus problematisch sein. 24

25 **Beispiel:**
O hat sich entschieden, aus dem Leben zu scheiden. O bittet seinen Bekannten A, ihm eine Giftspritze zu setzen. A kommt dem Wunsch nach.
Hier stellt sich die Frage, ob § 216 StGB (§ 212 StGB; zum Verhältnis beider Vorschriften siehe Rdn. 224) gegeben ist, also eine Fremdtötung, oder eine straflose Teilnahme am Suizid vorliegt. Das beurteilt sich danach, wer die ***Tatherrschaft im finalen Augenblick*** *aufweist. Es kommt also entscheidend darauf an, wer die* ***Herrschaft über den unmittelbar lebensbeendenden Akt*** *hat (BGHSt 63, 161, 165 f.; BGHSt 64, 121, 125; Kühl, Jura 2010, 81 ff.; Rengier, BT II, § 8 Rdn. 11). Hier war es A, der dem O die Spritze gesetzt und folglich im maßgebenden Augenblick Tatherrschaft hatte. Daher liegt eine* ***Fremdtötung*** *vor. In der Entscheidung vom 28.6.2022 (BGH, Beschluss vom 28.6.2022 – 6 StR 68/21) betont der BGH, bei der Frage nach der Tatherrschaft sei keine naturalistische, sondern eine normative Betrachtung erforderlich. So hat der BGH eine straflose Teilnahme am Suizid bejaht, nachdem der Betreffende selbst eine Überdosis Medikamente zu sich genommen hatte, seine Ehefrau ihm dann aber dem Willen des Betreffenden entsprechend zusätzlich noch sechs Insulinspritzen gesetzt hatte. Im Anschluss war der Betreffende noch bei Bewusstsein, schlief schließlich ein und verstarb an dem verabreichten Insulin. Nach dem BGH bildeten die Einnahme der Tabletten und die Injektion des Insulins einen einheitlichen Akt, über den allein der Ehemann bestimmte. Bis zuletzt sollte das Geschehen in seiner Hand bleiben, sodass eine straflose Beihilfe zum Suizid vorliege. Diese normative Korrektur des BGH vermag jedoch nicht zu überzeugen. Klare Konturen werden damit aufgegeben. Tatsächlich hatte die Ehefrau die Tatherrschaft im finalen Augenblick, indem sie die tödlich wirkende Insulindosis injizierte. Das spricht für die Annahme einer Fremdtötung.*

26 **Gegenbeispiel:**
Die freiverantwortlich (dazu Rdn. 33) handelnde O will aus dem Leben scheiden. O bittet den Bekannten A, ihr zu diesem Zweck Schlaftabletten zu besorgen, wobei A der Bitte nachkommt. Am Abend schluckt nun die O eine Überdosis der Schlaftabletten, woran sie verstirbt.
In diesem Fall liegt eine straflose Teilnahme des A am Suizid der O vor. Hier war es die O, die im finalen Augenblick die Tatherrschaft hatte. Es geht folglich um einen tatbestandslosen Suizid.

27 Probleme bereitet folgendes **Beispiel (in Anlehnung an BGHSt 19, 135; Gisela-Fall):**
A und O haben beschlossen, gemeinsam aus dem Leben zu scheiden. A setzt sich auf die Fahrerseite eines Autos, O auf die Beifahrerseite des nicht verschlossenen Wagens. A betätigt das Gaspedal, wobei die Auspuffgiftstoffe ins Wageninnere geleitet werden. O verstirbt, A kann jedoch gerettet werden.
Der BGH hat in diesem Fall für maßgeblich erachtet, dass A das Gaspedal betätigte und A das zum Tod führende gesamte Geschehen beherrscht habe (BGHSt 19, 135, 140), sodass von einer Fremdtötung auszugehen sei.
Dagegen wird jedoch im Schrifttum zu Recht der Einwand erhoben, dass O jederzeit das Fahrzeug verlassen konnte (siehe Heghmanns, BT, Rdn. 254 f.; Schroeder ZStW 106 [1994] 565, 579) und damit O selbst Tatherrschaft hatte. Mehr spricht folglich im Hinblick auf A für eine straflose Teilnahme am Suizid.

28 Problematisch bei der Abgrenzung von Fremd- und Selbsttötung ist auch **folgendes Beispiel (in Anlehnung an OLG Nürnberg, NJW 2003, 454):**
Schauspieler O will aus dem Leben scheiden. Heimlich tauscht O im Theater eine Waffenattrappe gegen eine funktionstüchtige Waffe aus. Während des

Theaterstücks schießt Schauspielerkollege A in der Annahme, er benutze eine Attrappe, auf den O, der verstirbt.
A könnte sich nach § 222 StGB strafbar gemacht haben. Der unmittelbar lebensbeendende Akt wird hier durch A gesetzt. Stellt man darauf ab, verwirklicht A, sofern er sorgfaltswidrig nicht überprüft hat, ob es sich um eine Attrappe handelt, den Tatbestand. So hat das OLG Nürnberg in einem vergleichbaren Fall § 222 StGB bejaht (OLG Nürnberg, NJW 2003, 454, 455; im Ergebnis ebenso Küpper, JuS 2004, 757, 760; Rengier, BT II, § 20 Rdn. 25).
Demgegenüber wird eingewandt, dass das Opfer (O) den Schießenden (A) als gutgläubig handelndes Werkzeug zu seiner eigenen Tötung benutzt hat (Engländer, JZ 2003, 747 f.). Danach hätte hier tatsächlich O die Tatherrschaft, sodass von einer straflosen Teilnahme des A an der Selbsttötung des O auszugehen ist.

Hinweis: 29
Der BGH hatte es in einem ähnlichen Fall damit zu tun, dass ein körperlich sehr stark behinderter Mensch seinen Betreuer bat, ihn aus (angeblich) sexuellen Motiven in Müllsäcke verpackt in einen Müllcontainer zu legen. Er sagte seinem Betreuer der Wahrheit zuwider, seine spätere Bergung aus dem Müllcontainer sei sicher. In Wirklichkeit wollte er aus dem Leben scheiden.
Der BGH hat eine Strafbarkeit des Betreuers nach § 222 StGB bejaht (BGH, NJW 2003, 2326, 2327 f.; ebenso etwa Küpper, JuS 2004, 757). Aber auch in diesem Fall argumentiert die Gegenansicht, dass der Betreuer als bloßes gutgläubiges Werkzeug zur Tötung benutzt werde, sodass der Behinderte das Geschehen beherrsche und daher der Betreuer straffrei sei (Engländer, Jura 2004, 234, 238).

Selbst wenn der **Getötete** den **unmittelbar lebensbeendenden Akt persönlich** vornimmt, kann **dennoch eine Fremdtötung** vorliegen, sofern **Tatherrschaft des Hintermanns** über den Gesichtspunkt der **mittelbaren Täterschaft** gegeben ist. 30

Beispiel: 31
A möchte O töten. Zu diesem Zweck gibt A ein tödliches Gift in den Kaffee des O. Der nichtsahnende O trinkt aus dem Becher und verstirbt. Macht sich A nach § 212 StGB strafbar?
Zwar hat O in diesem Fall den ***unmittelbar lebensbeendenden Akt selbst*** *ausgeführt, jedoch ergibt sich die Tatherrschaft des A aus der Gutgläubigkeit des O, der nichts von dem Gift weiß. A hat Tatherrschaft, O handelt* ***nicht freiverantwortlich und ist Werkzeug gegen sich selbst****. Damit verwirklicht A den Totschlag in mittelbarer Täterschaft. Es handelt sich um eine Fremdtötung. A macht sich strafbar gemäß §§ 212, 25 Abs. 1 Alt. 2 StGB.*

Die Dinge können jedoch auch komplizierter liegen. Das ist insbesondere dann der Fall, wenn der Betroffene weiß, dass er sein Leben beendet. 32

Dazu folgendes **Beispiel:** 33
Arzt A möchte seinen Patienten O tot sehen, da A heimlich ein Verhältnis mit der Frau des O hat. A erzählt daher dem gutgläubigen O der Wahrheit zuwider, dass O an einer unheilbaren Krankheit leide, die unter qualvollen Schmerzen zum Tod führen werde. Wie von A geplant, nimmt sich daraufhin der O das Leben, um dem (vermeintlich) ausweglosen Verlauf und den Qualen zu entgehen. Strafbarkeit des A gemäß § 212 StGB?
Auch hier hat O den ***unmittelbar lebensbeendenden Akt selbst*** *ausgeführt. Fraglich ist aber, ob A möglicherweise wegen Totschlags in mittelbarer Täterschaft bestraft werden kann, also über diesen Gesichtspunkt eine Fremdtötung*

zu bejahen ist. Das würde voraussetzen, dass A ***Tatherrschaft*** *hat. Auch die mittelbare Täterschaft erfordert wie jede Form der Täterschaft Tatherrschaft. Tatherrschaft hat der mittelbare Täter in solchen Fällen dann, wenn der unmittelbar Handelnde nicht* ***freiverantwortlich*** *handelt und damit Werkzeug des A ist.*

Wie diese ***Freiverantwortlichkeit*** *zu bestimmen ist, wird unterschiedlich beantwortet.*

Nach dem ***BGH*** *liegt Freiverantwortlichkeit vor, wenn das Opfer die* ***natürliche Einsichts- und Urteilsfähigkeit für seine Entscheidung*** *besitzt, der* ***Suizidwillen mangelfrei*** *sowie* ***innere Festigkeit*** *des Entschlusses gegeben sind (BGHSt 64, 121, 126; BGHSt 64, 135, 139). Die Freiverantwortlichkeit könne fehlen bei Minderjährigkeit, bei intoxikations- oder krankheitsbedingten Defiziten, bei Zwang, Drohung oder Täuschung oder dann, wenn der Entschluss einer bloßen depressiven Augenblicksstimmung entspringe, also nicht von Festigkeit und Zielstrebigkeit getragen sei (BGHSt 64, 121, 126f.). Hier nun ist aufgrund der* ***Täuschung*** *durch A eine Mangelfreiheit des Entschlusses zu verneinen, sodass nach dem BGH mittelbare Täterschaft anzunehmen ist.*

Im Schrifttum wird vielfach die ***Einwilligungslösung*** *zur Bestimmung der Freiverantwortlichkeit favorisiert und danach gefragt, ob die Entscheidung in Parallele zu § 216 StGB* ***ernstlich*** *und damit frei von Willensmängeln getroffen wurde (Eisele, BT I, Rdn. 183f.; Lackner/Kühl, StGB, Vor § 211 Rdn. 13a; Neumann, NK[5], StGB, Vor § 211 Rdn. 65). Hier kann nun im Hinblick auf die durch den A erfolgte Täuschung die Ernstlichkeit der Entscheidung verneint und folglich mittelbare Täterschaft des A bejaht werden.*

Nach der ***Exkulpationslösung*** *kommt es darauf an, ob sich der Betroffene in einer Situation befindet, die mit einer der in den* ***§ 3 JGG, §§ 19, 20, 35 StGB*** *beschriebenen Lagen vergleichbar ist, ihm also die notwendige Verantwortungsreife oder Unrechtseinsicht fehlt oder er sich in einer Notstandslage befindet oder wähnt (Charalambakis, GA 1986, 485, 498f.; Dölling, GA 1984, 71, 76ff.; Hirsch, JR 1979, 429, 432). Bei O könnte man insofern feststellen, dass er körperliche Qualen auf sich zukommen sieht, sodass er meint, sich in einer ähnlichen Situation zu befinden, die § 35 StGB erfasst. Daher würde auch die Exkulpationslösung Totschlag in mittelbarer Täterschaft annehmen.*

Da die unterschiedlichen Auffassungen im konkreten Fall zu übereinstimmenden Ergebnissen gelangen, braucht folglich der Meinungsstreit nicht entschieden zu werden. A macht sich nach allen Auffassungen gemäß §§ 212, 25 Abs. 1 Alt. 2 StGB strafbar.

34 Fraglich ist, ob trotz Täuschung eine mittelbare Täterschaft ausscheiden kann.

35 **Beispiel (in Anlehnung an BGH, GA 1986, 508):**

A und O sind verheiratet. Da die A heimlich ein Verhältnis mit einem anderen Mann hat, möchte A den O am liebsten tot sehen. A weiß, dass O bereits Suizidgedanken hatte. A schlägt nun dem O vor, gemeinsam aus dem Leben zu scheiden, indem beide je ein Glas Gift trinken. Der O stimmt dem zu. Am Abend stellt A dem O ein Glas mit Gift hin, A selbst hat jedoch in ihrem Getränk nur ein harmloses Schlafmittel, was O nicht weiß. In Kenntnis, dass sich eine tödliche Menge Gift in seinem Glas befindet, trinkt der O. Auch A trinkt gleichzeitig aus ihrem Glas. O verstirbt an dem Gift, A wacht – wie von vornherein geplant – nach fünf Stunden wieder auf. Hat sich A gemäß §§ 212, 25 Abs. 1 Alt. 2 StGB strafbar gemacht?

Nach der Exkulpationslösung befand sich O nicht in einer Lage, die vergleichbar mit den in den § 3 JGG, §§ 19, 20, 35 StGB umschriebenen Situationen ist.

Trotz der Täuschung handelt O daher unter Heranziehung dieses Kriteriums freiverantwortlich (siehe Charalambakis, GA 1986, 485, 497 ff.). Der hier vorliegende Motivirrtum ändere an der Freiverantwortlichkeit nichts.
Problematischer gestalten sich die Dinge, wenn man die Einwilligungslösung heranzieht. So könnte man argumentieren, dass aufgrund der Täuschung eine ernstliche Entscheidung zu verneinen ist, sodass eine Fremdtötung vorläge (so im Ergebnis Brandts/Schlehofer, JZ 1987, 442, 444 ff.; Eisele, BT I, Rdn. 184; Kühl, AT, § 20 Rdn. 50). Andererseits betrifft der Irrtum bloß Begleitumstände, denn O war klar, dass er aus dem Leben scheidet, sodass eben von einem bloßen Motivirrtum auszugehen ist; vertretbar ist nun, diesen Motivirrtum selbst nach der Einwilligungslösung für unbeachtlich zu halten (Erkens, BRJ 2009, 190, 192 ff.; anders etwa Eisele, BT I, Rdn. 184). Danach wäre ein Suizid anzunehmen und keine Fremdtötung in mittelbarer Täterschaft.
Nach der Rechtsprechung (BGHSt 64, 121; siehe Rdn. 33) könnte man hier wiederum aufgrund der Täuschung die Mangelfreiheit des Suizidwillens bezweifeln, selbst wenn es lediglich um Begleitumstände geht.
Speziell beim vorgetäuschten Doppelselbstmord hat der BGH offengelassen, ob die Täuschung ausreicht, um Täterschaft anzunehmen. Jedenfalls wollte der Hintermann im konkret zu entscheidenden Fall (BGH, GA 1986, 508 f.) „die Herrschaft über den… geplanten Geschehensablauf fest in der Hand behalten", sodass der BGH aus diesem Grund mittelbare Täterschaft bejaht hat.

Sehr eklatant im Zusammenhang der Abgrenzung des Suizids von der Fremdtötung in mittelbarer Täterschaft ist auch der dem „Sirius-Fall" zugrundeliegende Sachverhalt (siehe dazu bereits *Zieschang*, AT, Rdn. 669 ff.). **36**

Sirius-Fall (BGHSt 32, 38): **37**
O vertraut dem A blindlings. A erklärt der O, er sei Bewohner des Sterns Sirius und mit dem Auftrag auf die Erde gesandt, dafür zu sorgen, dass einige Menschen, darunter O, nach dem Zerfall ihrer Körper mit ihrer Seele auf einem anderen Planeten oder dem Sirius weiterleben könnten. In einem roten Raum am Genfer See stehe für O ein neuer Körper bereit, in dem sie sich als Künstlerin wiederfinden werde, wenn sie sich von ihrem alten Körper trenne. Ihr jetziges Leben solle sie dadurch beenden, dass sie sich in eine Badewanne setze und einen eingeschalteten Fön in das Badewasser fallen lasse. Dies macht die O im Glauben an die Angaben des A, der tödliche Stromstoß bleibt jedoch aus.
In diesem Fall ist im Rahmen der Prüfung des Versuchs beim Tatentschluss die Fremdtötung in mittelbarer Täterschaft von der straflosen Teilnahme am Suizid abzugrenzen.
Legt man die Exkulpationsregelungen zugrunde, ist es möglich, Freiverantwortlichkeit anzunehmen, da O sich in keiner Zwangssituation befunden hatte. Man könnte aber auch argumentieren, ein Suizidversuch liege nach der Vorstellung der O gar nicht vor, da O davon ausgeht, in einem veredelten Körper weiterzuleben, sodass ein Quasi-Tatbestandsirrtum anzunehmen und mittelbare Täterschaft zu bejahen sei (so Roxin, AT II, § 25 Rdn. 70).
Unter Heranziehung der Einwilligungsregeln fehlt es aufgrund der Täuschung an der Ernstlichkeit der Entscheidung der O, die meint, in einem neuen Körper weiterzuleben, sodass mittelbare Täterschaft zu bejahen ist.
Der BGH hat im Siriusfall ausgeführt, dass dann, wenn weder ein Fall des § 20 StGB noch des § 35 StGB vorliege, sondern eine Täuschung, die Abgrenzung von strafloser Teilnahme am Suizid und strafbarer Tötung in mittelbarer Täterschaft im Einzelfall von Art und Tragweite des Irrtums abhänge. Verschleiert der Hintermann dem Opfer die Tatsache, dass es eine Ursache für den eigenen

Tod setze, sei er Täter kraft überlegenen Wissens (BGHSt 32, 38, 42). Auch danach ist A mittelbarer Täter. Das gilt ebenfalls nach den in BGHSt 64, 121 aufgestellten Kriterien (siehe bereits Rdn. 33): Die Freiverantwortlichkeit fehlt aufgrund der Täuschung, sodass kein mangelfreier Entschluss anzunehmen ist.

d) Suizid und Unterlassungsstrafbarkeit

38 Vollzieht das Opfer den unmittelbar lebensbeendenden Akt freiverantwortlich, scheidet nach den Erläuterungen eine Strafbarkeit wegen aktiver Fremdtötung aus. Es stellt sich dann aber die Frage, ob ein Mitwirkender wegen Unterlassens bestraft werden kann.

39 **Beispiel:**

Die 80-jährige O will aufgrund ihrer erheblichen Gebrechlichkeit aus dem Leben scheiden. Ihr Hausarzt A stellt der O auf ihre nachdrückliche Bitte hin tödlich wirkende Tabletten zur Verfügung. O nimmt die Tabletten bei klarem Verstand ein. Als A zu der O kommt, ist O noch nicht verstorben, sondern bewusstlos. A unternimmt entsprechend dem zuvor geäußerten Wunsch der O nichts, sondern bleibt bei der O, bis der Tod eintritt. Hätte der A eingegriffen, wäre das Leben der O mit an Sicherheit grenzender Wahrscheinlichkeit gerettet worden. Hat sich A nach § 212 StGB oder § 323c Abs. 1 StGB strafbar gemacht?
Das Verschaffen der Tabletten stellt eine straflose Teilnahmehandlung zum Suizid dar (siehe Rdn. 21 f.).
*In Betracht kommt aber nach Eintritt der Bewusstlosigkeit §§ 212, 13 StGB. Erforderlich dafür ist, dass A eine **Garantenstellung** aufweist. Nach der Rechtsprechung befindet sich ein Hausarzt, der über Jahre einen Patienten betreut, aufgrund des mit der ärztlichen Behandlung einhergehenden Vertrauensverhältnisses in einer besonderen Schutzposition für Leib und Leben des Patienten (BGHSt 64, 135, 142). Die **Garantenstellung endet aber nach der neueren Rechtsprechung des BGH spätestens**, wenn der Arzt vereinbarungsgemäß nur noch den freiverantwortlichen Suizid seines Patienten begleitet (BGHSt 64, 135, 142 ff.). Das resultiere aus der Würde des Menschen und dem Selbstbestimmungsrecht des Patienten (anders noch BGHSt 32, 367, im Fall Wittig, wo eine Garantenstellung angenommen wurde, dann jedoch die Strafbarkeit mit allgemeinen, dogmatisch wenig klaren Erwägungen verneint wird [die ärztliche Gewissensentscheidung sei im konkreten Fall nicht von Rechts wegen als unvertretbar zu erachten gewesen]; BGHSt 32, 367, 380 f.). A macht sich daher nicht nach §§ 212, 13 StGB strafbar.*
Hinzuweisen ist dabei darauf, dass die Garantenstellung auch für andere den Suizid begleitende Personen (z. B. Familienmitglieder) nach diesen Maßgaben mit dem freiverantwortlichen Suizid endet.
*Fraglich ist, ob sich A nach **§ 323c Abs. 1 StGB** strafbar gemacht hat. Unter einem **Unglücksfall** ist ein plötzlich eintretendes Ereignis zu verstehen, das eine erhebliche Gefahr für Personen oder Sachen mit sich bringt (Lackner/Kühl, StGB, § 323c Rdn. 3; siehe zu § 323c Abs. 1 StGB insgesamt Rdn. 1218 ff. sowie Zieschang, AT, Rdn. 630 ff.).*
Umstritten ist, ob dies auch im Fall der Selbsttötung angenommen werden kann.
Die überwiegende Ansicht im Schrifttum lehnt das ab (Engländer, JZ 2019, 1049, 1052; Rengier, BT II, § 8 Rdn. 40 f.; Hecker, Schönke/Schröder, StGB, § 323c Rdn. 8). Derjenige, der dem Suizidenten straflos das Tötungsmittel reichen dürfe, könne nicht über § 323c Abs. 1 StGB verpflichtet sein, nach Eintritt der Bewusstlosigkeit nunmehr Gegenmaßnahmen zu ergreifen. Dies wäre

inkonsequent und widersprüchlich. Danach entfällt ein Unglücksfall und eine Strafbarkeit nach § 323c Abs. 1 StGB.
Nach dem BGH stellt der freiverantwortliche Suizid einen Unglücksfall dar, sodass grundsätzlich eine Hilfspflicht begründet sei. Jedoch führt der BGH aus, dass dem Arzt beim Suizid eine dem geäußerten Willen des Patienten zuwiderlaufende Rettungshandlung nach Eintritt der Bewusstlosigkeit nicht zumutbar sei (BGHSt 64, 135, 145). Folglich hat sich A auch nach dem BGH nicht nach § 323c Abs. 1 StGB strafbar gemacht (die Erforderlichkeit der Hilfeleistung verneinend Gössel/Dölling, BT I, § 2 Rdn. 108).

e) Bewusste Selbstgefährdung

Auch derjenige, der an einer **bewussten Selbstgefährdung** mitwirkt, macht sich nicht wegen Teilnahme strafbar. 40

Beispiel: 41
O will einen Wildwasserfluss überqueren. Der A stellt dem O dafür sein Kanu zur Verfügung. O ist sich des Risikos, das er eingeht, bewusst. Beim Versuch, den Fluss zu überqueren, ertrinkt der O. Macht sich A gemäß §§ 212, 27 StGB oder § 222 StGB strafbar?
Insofern gilt, dass Tatbeiträge, die bei einer bewussten Selbsttötung oder -verletzung straflos sind, erst recht bei der Beteiligung an einer Selbstgefährdung nicht strafbar sind (BGHSt 32, 262, 265; BGHSt 46, 279, 288 f.; Wessels/Hettinger/Engländer, BT 1, Rdn. 134). Voraussetzung ist, dass es um eine ***freiverantwortliche Selbstgefährdung*** *geht, also nicht um eine* ***Fremdgefährdung****, was sich wiederum danach beurteilt, wer die* ***Herrschaft über das Geschehen*** *hat. Zudem ist stets zu prüfen, ob sich der Geschädigte des* ***Risikos, das er eingeht, bewusst*** *ist.*
Abgestellt wird also vom BGH bei der Abgrenzung von Fremdgefährdung und Selbstgefährdung in Parallele zur Unterscheidung von Fremd- und Selbsttötung darauf, wer die Tatherrschaft über den unmittelbar lebensbedrohenden Akt hat (BGHSt 53, 55, 60 ff.). Das ist im Beispielsfall der O. Da O sich auch über das Risiko im Klaren ist, dem er sich aussetzt, beherrscht der A den O auch nicht über diesen Aspekt. Es liegt eine Selbstgefährdung vor. Daher macht sich A nicht strafbar.

Ebenso entfällt die Strafbarkeit nach § 222 StGB, falls jemand einem anderen pflichtwidrig Betäubungsmittel überlässt, der diese in Kenntnis des Risikos konsumiert (BGH, NJW 2000, 2286, 2287; BGHSt 59, 150, 167 ff.). Eine etwaige Strafbarkeit nach § 30 Abs. 1 Nr. 3 BtMG bleibt aber nach dem BGH bestehen, da es in dieser Vorschrift nicht nur um Individualinteressen geht, sondern auch um Interessen der Allgemeinheit wie die Volksgesundheit (BGHSt 37, 179, 182; BGHSt 49, 34, 43; anders beim Suizid BGHSt 46, 279, 287 ff.). Eine eigenverantwortliche Selbstgefährdung wird auch beim Geschlechtsverkehr mit einem HIV-Infizierten angenommen, sofern der Partner Kenntnis von dem Risiko hat (BayObLG, NStZ 1990, 81 f.). 42

Gegenbeispiel (in Anlehnung an RGSt 57, 172): 43
Trotz stürmischen Wetters bittet O den Fährmann A, ihn überzusetzen. A weist den O auf die Gefahren hin, dennoch besteht O darauf, von A transportiert zu werden. O wird von einer Welle erfasst und ertrinkt. Hat sich A nach § 222 StGB strafbar gemacht?
In dieser Konstellation liegt zwar Freiverantwortlichkeit vor, da O das Risiko vollumfänglich realisiert, jedoch geht es nicht um eine Selbstgefährdung, sondern um eine ***Fremdgefährdung****, da A die Fähre steuert und damit die Tatherr-*

schaft aufweist (siehe zum Fahrzeugführer BGHSt 53, 55, 61). Der ***Tatbestand*** *des § 222 StGB ist daher unter Zugrundelegung des Herrschaftskriteriums verwirklicht.*
Die Gegenposition verneint jedoch den Tatbestand, indem sie darauf abstellt, ob die Fremdgefährdung einer Selbstgefährdung gleichsteht (etwa Roxin, NStZ 1984, 411, 412). Jedoch ist mit dieser Auffassung ein nicht unerhebliches Maß an Unbestimmtheit verbunden, sodass sie nicht zu überzeugen vermag.
Fraglich ist, ob A über eine ***Einwilligung gerechtfertigt*** *ist.*
Das RG hat die Pflichtwidrigkeit des Verhaltens verneint (RGSt 57, 172; siehe auch BGHSt 4, 88, 93).
Die Gegenposition führt aus, es gehe nur um die Einwilligung in die lebensgefährdende Handlung, nicht in den Erfolg, sodass § 216 StGB nicht entgegenstehe. Daher komme die Einwilligung in Betracht (Rengier, BT II, § 21 Rdn. 32), sodass sich A nicht strafbar mache.
Insofern ist aber zu beachten, dass nach der jüngeren Rechtsprechung eine Einwilligung in eine Körperverletzung im Hinblick auf § 228 StGB scheitert, wenn jemand bei vorausschauender objektiver Betrachtung einer ***konkreten Todesgefahr*** *ausgesetzt ist oder in die Gefahr einer* ***schweren Gesundheitsschädigung*** *gebracht wird (BGHSt 49, 34, 44; BGHSt 49, 166, 173ff.; BGHSt 53, 55, 62f.; BGHSt 58, 140, 145ff.; BGHSt 60, 166, 177; dazu Rdn. 291). Dieser Aspekt ist durchaus auch bei der* ***Lebensgefährdung relevant*** *(siehe BGHSt 53, 55, 63); danach ist eine wirksame Einwilligung zu verneinen und A handelt rechtswidrig. Da auch keine Entschuldigung greift, macht sich A gemäß § 222 StGB strafbar.*
Gegen den Ausschluss über die Pflichtwidrigkeit spricht, dass das Verhalten des A sorgfaltswidrig ist und bei einem pflichtgemäßen Verhalten, das in der Weigerung zu sehen wäre, den O überzusetzen, der Erfolg (Tod des O) ausgeblieben wäre. Daher ist nicht auf fehlende Pflichtwidrigkeit, sondern auf den Gesichtspunkt der Einwilligung abzustellen. Hierbei steht § 216 StGB nicht entgegen, da es eben nicht um eine Einwilligung in den Todeserfolg geht. Andererseits hat sich A (je nach den Umständen des Einzelfalls) bewusst einer konkreten Todesgefahr ausgesetzt. Das führt bei den Körperverletzungsdelikten nach dem BGH über § 228 StGB zur Sittenwidrigkeit und Unbeachtlichkeit der Einwilligung (siehe Rdn. 291). Konsequent erscheint, diesen Aspekt auf die Einwilligung in die Lebensgefährdung zu übertragen. Bei bewusst eingegangener konkreter Todesgefahr ist daher eine Rechtfertigung aufgrund Einwilligung abzulehnen. A macht sich nach § 222 StGB strafbar.
Parallel ist der Fall des Fahrens mit weit überhöhter Geschwindigkeit zu beurteilen, das zu einem Unfall führt, bei dem der Beifahrer, dem dieses Risiko bewusst war, verstirbt (BGHSt 53, 55, 62ff.). Auch in dieser Konstellation liegt eine strafbare Fremdgefährdung vor.

44 **Anders** als in den Fällen des Suizids ist in den Selbstgefährdungsfällen die **Unterlassungsstrafbarkeit** zu beurteilen, denn der sich Gefährdende will ja im Regelfall nicht den eigenen Tod.

45 **Beispiel:**
A leiht dem O sein Auto. O fährt zu schnell, verunglückt und liegt bewusstlos am Straßenrand. Als A an die Unfallstelle kommt, unternimmt er nichts. O verstirbt.
In diesem Fall der vorangegangenen Selbstgefährdung liegt anders als beim (versuchten) Suizid (auch nach dem Schrifttum) ein Unglücksfall vor. A macht sich nach § 323c Abs. 1 StGB strafbar.

Ergänzender Hinweis: 46
Hat A eine Garantenstellung inne (z. B. dann, wenn er der Vater des O ist), kommen auch §§ 212, 211, 222, 223, 13 StGB in Betracht. Bei vorheriger Pflichtwidrigkeit (etwa bei verbotswidriger Überlassung von Betäubungsmitteln) kann auch eine Garantenstellung aus Ingerenz vorliegen (BGHSt 61, 21, 23 ff.; Rengier, BT II, § 8 Rdn. 58; anders etwa Bosch, Schönke/Schröder, StGB, § 13 Rdn. 35a, der bei der Überlassung von Betäubungsmitteln im Fall der eigenverantwortlichen Selbstgefährdung eine Garantenstellung aus Ingerenz verneint).

f) Behandlungsabbruch

In besonders gelagerten Ausnahmesituationen kommt eine **Straflosigkeit** selbst dann in Betracht, wenn eine Person das Leben eines Menschen beendet, also die **Tatherrschaft beim unmittelbar lebensbeendenden Akt innehat**. Es geht insoweit um die Fallgruppe des **Behandlungsabbruchs**. 47

Ursprünglich wurde in Rechtsprechung und Schrifttum zwischen **aktiver direkter Sterbehilfe, aktiver indirekter Sterbehilfe** und **passiver Sterbehilfe** unterschieden. **Strafbar** war hierbei die **aktive direkte Sterbehilfe**, also die mit Tatherrschaft verbundene gezielte Tötung eines anderen. Bei der **aktiven indirekten Sterbehilfe** ging es um Konstellationen, in denen dem Patienten schmerzlindernde Medikamente gegeben wurden, wobei sich der Arzt mit dem Risiko einer damit verbundenen Lebensverkürzung abfand; im Ergebnis war man sich über die Straflosigkeit dieses Verhaltens einig. Der BGH zog insofern zur Begründung § 34 StGB heran: Das Sterben in Würde sei höher zu bewerten als die Aussicht, unter schwersten Qualen noch kurze Zeit länger zu leben (BGHSt 42, 301, 305; ebenso *Kühl*, Jura 2009, 881, 884 f. Dagegen eine rechtlich missbilligte Gefahrschaffung und damit die objektive Zurechnung ablehnend *Rengier*, BT II, § 7 Rdn. 5). Schließlich ging es bei der **passiven Sterbehilfe** darum, dass der Arzt eine Lebensverlängerung entsprechend dem ausdrücklichen oder mutmaßlichen Willen des Patienten unterließ. In diesem Fall des **Unterlassens** wurde Straffreiheit angenommen, wenn das Grundleiden bereits irreversibel einen tödlichen Verlauf angenommen oder die Sterbephase zwar nicht begonnen hatte, die Aussicht auf Rettung aber erloschen war, sofern der Abbruch dem ausdrücklichen oder mutmaßlichen Patientenwillen entsprach (BGHSt 40, 257, 260), sodass man der Patientenautonomie Rechnung trug. 48

Diese Dreiteilung ist durch das Urteil des 2. Strafsenats des BGH vom 25.6.2010 (BGHSt 55, 191) überflüssig geworden. Seitdem geht es nur noch um die **Sterbehilfe durch Behandlungsabbruch**. Dieser Behandlungsabbruch ist **gerechtfertigt**, wenn er dem tatsächlichen oder mutmaßlichen **Patientenwillen** entspricht (§ 1901a BGB) und dazu dient, einem ohne Behandlung zum Tode führenden Krankheitsprozess seinen Lauf zu lassen. So kann selbst bei einem aktiven Tun das Verhalten aufgrund der (mutmaßlichen) **Einwilligung des Patienten** gerechtfertigt sein. An dem bisherigen Unterscheidungskriterium, ob der Behandlungsabbruch durch Unterlassen (bis dato straflose passive Sterbehilfe) oder aber durch aktives Tun (bislang strafbar gemäß §§ 216, 212 StGB) herbeigeführt worden ist, hält der 2. Strafsenat des BGH nicht fest. Auch kommt es nicht mehr auf Art und Stadium der Erkrankung an, also auf die Frage, ob der Sterbevorgang schon eingesetzt hat oder nicht. Vielmehr ist der zum Ausdruck gekommene Wille des Patienten maßgeblich und verbindlich. 49

Entscheidend ist danach, ob unabhängig von positivem Tun oder Unterlassen ein „**Behandlungsabbruch**" vorliegt, mit dem der BGH folgende Anforderungen verknüpft: Der zulässige Behandlungsabbruch setze zum einen voraus, dass ein Zusammenhang mit einer **medizinischen Behandlung einer lebensbedrohlichen Erkrankung** (die also ohne Behandlung zum Tod führt) besteht. Dann komme eine Rechtfertigung durch (mutmaßliche) **Einwilligung** in Betracht, wenn sich das Verhalten darauf beschränkt, einen Zustand (wieder-)herzustellen, der einem **bereits begon-** 50

nenen Krankheitsprozess seinen Lauf lässt, indem die Krankheit nicht mehr behandelt wird (etwa im Wege des [aktiven] Durchschneidens der Sonde, welche die künstliche Ernährung sicherstellt, oder durch Unterlassen weiterer Medikamentierung), sodass der Patient dem Sterben überlassen wird. Unzulässig sei dagegen ein gezielter Eingriff, der die Beendigung des Lebens vom Krankheitsprozess abkoppele.

51 Im Hinblick auf die Ermittlung des **Patientenwillens** gilt: Ein entscheidungsfähiger Patient ist nach seinem aktuellen Willen zu befragen. Bei Entscheidungsunfähigkeit (etwa Bewusstlosigkeit) ist der mutmaßliche Wille zu ermitteln. Hierbei kann der mutmaßliche Wille insbesondere aus einer vorhandenen Patientenverfügung gemäß § 1901a BGB ermittelt werden. Hinzuweisen ist dabei aber darauf, dass die Patientenverfügung kein eigenständiger Rechtfertigungsgrund ist, sondern über die Grundsätze der (mutmaßlichen) Einwilligung Bedeutung erlangt. Die Patientenverfügung gibt also darüber Auskunft, ob der Behandlungsabbruch dem Willen des Betroffenen entspricht. Hierbei stellt § 1901a BGB klar, dass dann, wenn die Festlegungen einer Patientenverfügung nicht auf die aktuelle Lebens- und Behandlungssituation zutreffen, die Behandlungswünsche oder der mutmaßliche Wille des Betreuten festzustellen sind. Gemäß § 1901a BGB ist der mutmaßliche Wille aufgrund konkreter Anhaltspunkte zu ermitteln. Zu berücksichtigen sind insbesondere frühere mündliche oder schriftliche Äußerungen, ethische oder religiöse Überzeugungen und sonstige persönliche Wertvorstellungen. Das gilt im Übrigen auch, wenn überhaupt keine Patientenverfügung existiert.

52 Problematisch ist, ob zur Rechtfertigung die Verfahrensregeln der §§ 1901a ff. BGB eingehalten werden müssen (so BGH, NJW 2011, 161, 162 f.; eher ablehnend BGB, NJW 2021, 326, 329) oder es nur darauf ankommt, dass der Behandlungsabbruch dem Patientenwillen entspricht (so etwa *Jäger*, JA 2011, 309, 312; *Verrel*, NStZ 2011, 276, 277). Letztere Sicht erscheint überzeugender, geht es doch nicht um das Verfahrensrecht des Zivilrechts, sondern um die spezifisch strafrechtliche Frage der Einwilligung in den Abbruch der Behandlung, also um die Patientenautonomie. Auch sonst müssen bei einer Einwilligung keine zivilrechtlichen Verfahrensregeln beachtet werden.

53 Die vom 2. Strafsenat des BGH aufgestellten Grundsätze betreffen nicht nur Ärzte, Betreuer und Bevollmächtigte, sondern ausweislich der Urteilsgründe auch das Handeln Dritter, wenn diese als Hilfspersonen hinzugezogen werden.

g) Zusammenfassung zum Suizid, zur Fremdtötung und zum Behandlungsabbruch

54 Die **aktive Tötung** eines anderen Menschen ist **strafbar** gemäß §§ 216, 212, 211 StGB. **Ausnahmsweise** kommt aber in besonderen Konstellationen über den Gesichtspunkt des **Behandlungsabbruchs eine Rechtfertigung** aufgrund der (mutmaßlichen) Einwilligung des Patienten in Betracht.

55 Die **Teilnahme am Suizid ist straflos**. Für die Frage, ob eine Fremdtötung (§§ 216, 212, 211 StGB) oder ein Suizid vorliegt, kommt es zunächst darauf an, wer die **Tatherrschaft beim unmittelbar lebensbeendenden Akt** aufweist. Ist dies nicht das Opfer, liegt eine Fremdtötung vor. Dies gilt entsprechend für die Abgrenzung der Fremd- von der Selbstgefährdung.

56 Auch wenn das Opfer den unmittelbar lebensbeendenden Akt persönlich vornimmt, kann eine **Fremdtötung über die Grundsätze der mittelbaren Täterschaft** vorliegen, wenn das Opfer nicht freiverantwortlich agiert.

57 Beim (versuchten) Suizid scheidet nach eingetretener Bewusstlosigkeit eine **Strafbarkeit wegen Unterlassens** eines anderen grundsätzlich aus. So endet eine Garantenstellung, wenn jemand vereinbarungsgemäß nur noch den freiverantwortlichen Suizid begleitet. § 323c Abs. 1 StGB scheitert nach dem Schrifttum am Vorliegen eines

Unglücksfalls, nach dem BGH an der fehlenden Zumutbarkeit der Hilfeleistung. Dagegen besteht eine Hilfeleistungspflicht im Fall der Selbstgefährdung.

2. Der subjektive Tatbestand

§ 212 StGB setzt **Vorsatz** voraus, was sich aus der Regelung des § 15 StGB ergibt. Erfasst wird das gesamte Vorsatzspektrum, also dolus directus 1. Grades, dolus directus 2. Grades sowie dolus eventualis. Ein besonderes subjektives Merkmal wird nicht verlangt. 58

Im Einzelfall kann insbesondere die **Abgrenzung des dolus eventualis** von der **bewussten Fahrlässigkeit** („luxuria") Probleme bereiten. Das rührt daher, dass der Täter in beiden Konstellationen mit der Möglichkeit des Erfolgseintritts rechnet. Während er aber bei der bewussten Fahrlässigkeit auf das Ausbleiben des Erfolges vertraut, nimmt er ihn bei dolus eventualis mit der Billigungstheorie „billigend in Kauf", mit anderen Worten: Er findet sich damit ab. 59

Bekanntlich ist die Abgrenzung von bewusster Fahrlässigkeit und Eventualvorsatz im Detail umstritten. Wegen der Einzelheiten ist diesbezüglich auf die Ausführungen zum Allgemeinen Teil zu verweisen (*Zieschang*, AT, Rdn. 123 ff.). 60

Hier ist nur zu erwähnen: Nach dem BGH ist für dolus eventualis kennzeichnend, dass der Täter den Tod als mögliche, nicht ganz fernliegende Folge seines Handelns erkennt und dies billigt oder sich um des erstrebten Ziels willen zumindest mit dem Eintritt des Todes abfindet, mag ihm der Erfolgseintritt auch gleichgültig oder an sich unerwünscht sein (BGHSt 63, 88, 93). Bewusste Fahrlässigkeit ist nach dem BGH anzunehmen, wenn der Täter mit der als möglich erkannten Tatbestandsverwirklichung nicht einverstanden ist und ernsthaft und nicht nur vage darauf vertraut, der tatbestandliche Erfolg werde nicht eintreten (BGHSt 63, 88, 93). 61

Die Prüfung, ob bedingter Vorsatz vorliegt, erfordert eine Gesamtschau aller objektiven und subjektiven Tatumstände (BGH, BeckRS 2021, 2968). Die Annahme von Billigung liegt nahe, wenn der Täter sein Vorhaben trotz äußerster Gefährlichkeit durchführt, ohne auf einen glücklichen Ausgang vertrauen zu können, und es dem Zufall überlasst, ob sich die von ihm erkannte Gefahr verwirklicht oder nicht. Stets seien die Umstände des Einzelfalls maßgeblich (BGHSt 63, 88, 94). 62

Lange Zeit hat der BGH bei Tötungsdelikten darauf hingewiesen, dass vor dem Tötungsvorsatz eine hohe Hemmschwelle bestehe, was gegen dolus eventualis spreche. Heute ist der BGH der Auffassung, dass der Aspekt der Hemmschwelle nichts anderes als ein bloßer Hinweis auf die umfassende freie richterliche Beweiswürdigung ist (BGHSt 57, 183). Insbesondere die objektive Gefährlichkeit der Tathandlung, die konkrete Angriffsweise des Täters, seine psychische Verfassung bei der Tatbegehung und seine Motivationslage seien in diese Gesamtschau einzubeziehen (BGH, NStZ 2018, 37, 38). 63

3. Ergänzende Anmerkungen

In Bezug auf die zweite und dritte Verbrechensebene (Rechtswidrigkeit und Schuld) ergeben sich beim Totschlag keine Besonderheiten. So kann die Tötung eines anderen durchaus – etwa aufgrund von Notwehr gemäß § 32 StGB – gerechtfertigt sein, auch kommt zum Beispiel eine Entschuldigung über § 35 StGB in Betracht. 64

Anzumerken bleibt, dass **§ 213 StGB** den **minder schweren Fall des Totschlags** betrifft. Hierbei handelt es sich um eine bloße **Strafzumessungsvorschrift**, die im Rahmen der Prüfung des § 212 StGB nach der Schuld anzusprechen ist, sofern Anhaltspunkte für eine derartige Konstellation vorliegen, was in Prüfungsarbeiten so gut wie 65 nie vorkommt. Die Strafzumessungsvorschrift hat keine Auswirkung auf den Verbrechenscharakter des § 212 StGB (§ 12 Abs. 3 StGB).

66 „Ohne eigene Schuld" bedeutet, dass der Täter keinen ihm vorwerfbaren Grund für die Provokation gegeben hat (*Rengier*, BT II, § 3 Rdn. 22). „Auf der Stelle zur Tat hingerissen" ist der Betreffende nicht nur bei Spontantaten, vielmehr ist entscheidend, ob die Kränkung oder Reizung im Tatzeitpunkt noch angehalten hat, also ein „motivationspsychologischer Zusammenhang" besteht (BGH, NStZ 1995, 83), die Provokation folglich (zumindest auch) Tatmotiv war. Der unbenannte minder schwere Fall findet sich in § 213 Var. 2 StGB („sonst ein minder schwerer Fall").

67 Auch bei **§ 212 Abs. 2 StGB** handelt es sich um eine **Strafzumessungsvorschrift** (Totschlag in einem besonders schweren Fall). Sie kann zum Beispiel bei der Mehrfachtötung (siehe dazu auch Rdn. 131) verwirklicht sein. Das in der Tat zum Ausdruck kommende Verschulden des Täters muss bei § 212 Abs. 2 StGB so außergewöhnlich groß sein, dass die Ahndung aus dem Normalstrafrahmen nicht mehr ausreicht (BGH, BeckRS 2021, 35444).

II. Mord gemäß § 211 StGB

1. Allgemeines

68 In **geschichtlicher Hinsicht** bestrafte § 211 a. F. RStGB von 1871 als Mörder denjenigen mit dem Tod, der vorsätzlich einen Menschen getötet hatte, falls er die Tötung „mit Überlegung" ausgeführt hatte. Darunter war ein vom Vorsatz zu unterscheidender Aspekt gemeint, wonach der Täter die für und gegen die Tat sprechenden Beweggründe abwägt, bevor er zur Tat schreitet (RGSt 42, 260, 262; BGHSt 41, 72, 78). Aber auch das planmäßige Ausgestalten der Tat konnte von der Überlegung erfasst sein (*Rissing-van Saan*, LK[12], StGB, Vor § 211 Rdn. 113). Problematisch war dabei die mit dem Merkmal einhergehende Unbestimmbarkeit.

69 Seine heutige Ausprägung hat die Mordvorschrift im Wesentlichen durch das Gesetz zur Änderung des Reichsstrafgesetzbuchs vom 4.9.1941 (RGBl. I, 549) erhalten, indem bestimmte täter- und tatbezogene Merkmale aufgelistet werden. Art. 50 Abs. 2 des von *Carl Stooss* ausgearbeiteten Vorentwurfs für ein Schweizerisches Strafgesetzbuch von 1894 hatte den Mord bereits mit ähnlichen Kriterien verbunden („Tötet der Thäter aus Mordlust, aus Habgier, unter Verübung von Grausamkeit, heimtückisch oder mittelst Gift, Sprengstoffen oder Feuer, oder um die Begehung eines andern Verbrechens zu verdecken oder zu erleichtern, so wird er mit lebenslänglichem Zuchthaus bestraft". Dieser Vorentwurf wurde in der Schweiz nicht in geltendes Recht umgesetzt).

70 Nationalsozialistisches Gedankengut kommt aber in § 211 StGB dadurch zum Ausdruck, dass Formulierungen verwendet werden wie „Mörder ist …" (siehe auch § 212 StGB: „ohne Mörder zu sein"), denn hierbei handelt es sich um eine Abkehr des Tatstrafrechts hin zum Täterstrafrecht, indem die Strafbarkeit wegen Mordes primär vom Tätertyp abhängig ist. Richtigerweise hat dies jedoch bei der Beurteilung der Frage, ob ein Mord vorliegt, keine Relevanz (das deutsche Strafrecht ist Tatstrafrecht), obwohl der Gesetzeswortlaut insofern bis heute unverändert geblieben ist. Zahlreiche Reformvorschläge existieren, sie sind aber nicht in geltendes Recht umgesetzt worden.

71 Stark umstritten zwischen Rechtsprechung und Schrifttum ist das Verhältnis des Mordes gemäß § 211 StGB einerseits zum Totschlag gemäß § 212 StGB andererseits.

72 Die überwiegende Auffassung im **Schrifttum** geht davon aus, dass **§ 212 StGB der Grundtatbestand** ist und **§ 211 StGB** dazu **die Qualifikation** (*Eser/Sternberg-Lieben*, Schönke/Schröder, StGB, Vor § 211 Rdn. 3, 5 f.; *Fischer*, StGB, § 211 Rdn. 6; *Lackner/Kühl*, StGB, Vor § 211 Rdn. 22). Hingegen meint der **BGH** in ständiger Rechtspre-

chung, dass es sich bei **Mord und Totschlag um jeweils selbstständige, voneinander unabhängige Tatbestände** mit verschiedenem Unrechtsgehalt handele (BGHSt 1, 368, 370; BGHSt 22, 375, 377; BGHSt 50, 1, 5).

Für die Sicht des BGH spricht zunächst, dass § 212 StGB vom Wortlaut die Formulierung „ohne Mörder zu sein" enthält, was darauf hindeutet, dass ein qualitativer Unterschied zwischen dem Totschlag einerseits und dem Mord andererseits besteht und beide Taten selbstständig voneinander sind. Andererseits ist zu bedenken, dass diese Formulierung wie angesprochen Ausfluss der überkommenen Tätertypenlehre ist, die heute abgelehnt wird. Das deutsche Strafrecht ist Tatstrafrecht. Die Formulierungen „ohne Mörder zu sein" und „Mörder ist" haben bei der Prüfung der §§ 211, 212 StGB keine Bedeutung. **73**

Berücksichtigt man dies, muss man sich im Klaren sein, dass § 211 StGB sämtliche Voraussetzungen des § 212 StGB enthält (Tötung eines anderen Menschen) und darüber hinaus noch weitere zusätzliche spezielle Merkmale, die zu einer Verschärfung der Strafe führen. Damit ist aber nichts anderes als die Definition für eine Qualifikation erfüllt. Zwar ist es richtig, dass § 211 StGB in systematischer Hinsicht vor § 212 StGB steht, was zumindest ungewöhnlich für das Verhältnis von Grundtatbestand und Qualifikation ist (vgl. etwa §§ 223, 224 StGB oder §§ 242, 244 StGB). Damit soll aber letztlich nur die herausgehobene Bedeutung des § 211 StGB zum Ausdruck gebracht werden, ohne dass sich dadurch etwas im dogmatischen Verhältnis (§ 212 StGB als Grundtatbestand und § 211 StGB als Qualifikation) ändert. Im Übrigen geht die Rechtsprechung etwa auch davon aus (wenn das auch nicht überzeugt; siehe *Zieschang*, BT 2, Rdn. 789 ff.), dass § 249 StGB lex specialis zu §§ 253, 255 StGB ist, obwohl § 249 StGB vor §§ 253, 255 StGB steht. **74**

Der Standpunkt der Rechtsprechung führt darüber hinaus zu Friktionen. So kann der BGH letztlich den Fall der „gekreuzten Mordmerkmale" (siehe dazu Rdn. 220 ff.) nicht vollends überzeugend lösen. Auch hat die Rechtsprechung keine sachgerechte Lösung für den Fall parat, dass der Teilnehmer ein täterbezogenes Mordmerkmal aufweist, der Täter hingegen nicht (siehe Rdn. 220 f.). Schließlich agiert der BGH widersprüchlich, indem er es akzeptiert, dass ein Mittäter nach § 212 StGB, der andere nach § 211 StGB bestraft wird, also Mittäterschaft zulässt (BGHSt 36, 231), obwohl doch beide Strafvorschriften nach seiner Auffassung selbstständig sein sollen (siehe Rdn. 199). Letztlich räumt der BGH selbst ein, dass „der Unrechtsgehalt des § 212 StGB in § 211 StGB enthalten" ist (BGHSt 36, 231, 235). Auch spricht BGHSt 41, 358, 362, von „Mordqualifikationen" (siehe zudem etwa BGHSt 41, 8, 9: „Qualifikationsgrund" der Verdeckungsmodalität; BGH, NStZ 2020, 614: „Qualifikation" der gemeingefährlichen Mittel; BGH, NStZ 2006, 288, 290: Die vorsätzliche Tötung im Sinne des § 212 StGB sei „notwendiges Merkmal auch des § 211 StGB"). **75**

Insgesamt sprechen daher die besseren Argumente für die Meinung im Schrifttum, die **§ 212 StGB als Grundtatbestand** versteht und **§ 211 StGB als Qualifikation**. **76**

Hinzuweisen ist darauf, dass zuweilen Bearbeiter in Prüfungsarbeiten das Verhältnis von §§ 212, 211 StGB diskutieren, obwohl dazu keine Veranlassung besteht. Steht Mord in Rede, beginnt man mit der Prüfung, ob sich der Betreffende „möglicherweise wegen Mordes gemäß § 211 StGB strafbar gemacht hat". In diesem Obersatz braucht weder § 212 StGB erwähnt zu werden noch muss man sich an dieser Stelle mit dem Verhältnis von Mord und Totschlag auseinandersetzen. Auch vorangestellte Sätze wie „In der vorliegenden Arbeit wird davon ausgegangen, dass § 211 StGB die Qualifikation zu § 212 StGB ist", sind verfehlt. Das gilt ebenso für die Formulierung „A könnte die Qualifikation des § 211 StGB erfüllt haben" respektive „Fraglich ist, ob A den Grundtatbestand des § 212 StGB verwirklicht hat", denn dann wird ohne Not zum strittigen Verhältnis der beiden Vorschriften zueinander Stellung genommen. **77**

Diskutieren muss man den Meinungsstreit nur (wie stets), wenn er für die Prüfung von Bedeutung ist und die Auffassungen im konkreten Fall zu unterschiedlichen Ergeb- **78** nissen gelangen. Das ist insbesondere (erst) im Zusammenhang mit § 28 StGB anzunehmen (siehe dazu im Einzelnen Rdn. 208 ff.), indem etwa der Täter ein täterbezogenes Mordmerkmal verwirklicht, was der Teilnehmer weiß, dieser aber selbst kein Mordmerkmal erfüllt; dann geht es um das Problem, ob im Hinblick auf den Teilnehmer § 28 Abs. 1 StGB Anwendung findet (so der BGH) oder § 28 Abs. 2 StGB (so das Schrifttum). Ist indes in einem Fall der Streit nicht relevant (etwa, weil es um tatbezogene Merkmale geht oder gar kein Teilnehmer existiert), muss man das Verhältnis der beiden Vorschriften zueinander auch nicht diskutieren.

79 § 211 StGB enthält zwei Arten von Mordmerkmalen, nämlich tatbezogene (objektive) und täterbezogene (subjektive). Bei den **tatbezogenen Merkmalen** handelt es sich um die **zweite Gruppe** der Mordmerkmale (heimtückisch, grausam, mit gemeingefährlichen Mitteln). Die **erste Gruppe** (Tötung aus Mordlust, zur Befriedigung des Geschlechtstriebs, aus Habgier oder sonst aus niedrigen Beweggründen) sowie die **dritte Gruppe** (um eine andere Straftat zu ermöglichen oder zu verdecken) enthalten die **täterbezogenen Merkmale**. Sie betreffen die Beweggründe für die Tat. Nur für diese täterbezogenen Merkmale ist § 28 StGB relevant (siehe Rdn. 203 ff.).

80 Diese Unterscheidung hat Bedeutung für den **Prüfungsaufbau des § 211 StGB**:

1. Objektiver Tatbestand

Tötung eines anderen Menschen (Täter, Tathandlung, Erfolgseintritt, Kausalität, objektive Zurechnung);

Vorliegen tatbezogener Merkmale (heimtückisch, grausam, mit gemeingefährlichen Mitteln).

2. Subjektiver Tatbestand

Vorsatz in Bezug auf die Tötung eines anderen Menschen;

Vorsatz in Bezug auf tatbezogene Merkmale (falls eines oder mehrere davon objektiv erfüllt sind);

Vorliegen täterbezogener Merkmale (Tötung aus Mordlust, zur Befriedigung des Geschlechtstriebs, aus Habgier oder sonst aus niedrigen Beweggründen; Tötung, um eine andere Straftat zu ermöglichen oder zu verdecken).

3. Rechtswidrigkeit

4. Schuld

81 Selbst in dem Fall, dass keines der tatbezogenen Mordmerkmale vorliegt, kann § 211 StGB gegeben sein, wenn ein täterbezogenes Merkmal zu bejahen ist. Natürlich gilt dies auch umgekehrt.

82 Hinzuweisen ist darauf, dass manche Autoren die täterbezogenen Mordmerkmale als besondere Schuldmerkmale verstehen und erst im Rahmen der Schuld ansprechen (*Jescheck/Weigend*, AT, § 42 I 2, II 2, 3). Auch das ist vertretbar.

83 Hinsichtlich des Erfordernisses der Tötung eines anderen Menschen kann auf die Darlegungen zu § 212 StGB verwiesen werden, die auch hier gelten (Rdn. 3 ff.). Einzugehen ist aber natürlich auf die Mordmerkmale.

2. Heimtückische Tötung

84 **Heimtücke liegt vor, wenn der Täter die Arg- und Wehrlosigkeit des Opfers bewusst zur Tötung in feindseliger Willensrichtung ausnutzt** (etwa BGH, BeckRS 2022, 12887).

85 Im Einzelnen sind in Bezug auf die Heimtücke folgende Gesichtspunkte von Bedeutung:

a) Arglosigkeit

86 **Arglos** ist derjenige, der sich im Zeitpunkt des Tatbeginns **keines Angriffs auf Leib oder Leben versieht**. Tatbeginn ist dabei das unmittelbare Ansetzen zum Totschlags-

versuch gemäß § 22 StGB, also der Beginn des ersten mit Tötungsvorsatz geführten Angriffs. Insofern geht es also um den Versuchsbeginn; in diesem Moment darf das Opfer nicht mit einem Angriff rechnen.

Besorgt das Opfer einen gewichtigen Angriff auf seine körperliche Integrität, ist es selbst dann nicht arglos, wenn es die Gefährlichkeit des erwarteten Angriffs unterschätzt (BGH, BeckRS 2022, 12887). Die Arglosigkeit entfällt zudem, wenn der Tötungshandlung eine in offener Feindschaft geführte Auseinandersetzung unmittelbar vorausgeht (BGHSt 27, 322, 324). Ein rein verbaler Streit steht der Annahme von Arglosigkeit aber nicht entgegen (BGH, NStZ-RR 2012, 371). Arglos ist regelmäßig derjenige nicht, der einen anderen erpresst und damit angreift, wenn sich der Angegriffene nunmehr wehrt und den Erpresser tötet (BGHSt 48, 207, 210; BGH, NStZ 2022, 288, 289 f.; kritisch *Küper*, GA 2006, 310). Im Schrifttum wird zum Teil auch die Arglosigkeit von (schlafenden) „Familientyrannen" verneint, von denen im Sinne der Notstandsvorschriften eine Dauergefahr ausgeht (so *Rengier*, NStZ 2004, 233, 236 f.; *Otto*, NStZ 2004, 142, 143). 87

Von diesen Grundsätzen gibt es jedoch auch Abweichungen: So liegt Arglosigkeit beim **klassischen Hinterhalt** vor, selbst wenn der Täter dann offen dem Opfer gegenübertritt (BGH, NStZ 2010, 450, 451; BGH, NStZ 2022, 161, 162). 88

> **Beispiel:** 89
> *A möchte die O töten. Er lockt die O zu diesem Zweck mittels einer SMS zu einer angeblichen Party zu später Stunde in eine einsame Hafengegend. Nachdem O dort angekommen ist, tritt A der O offen gegenüber und tötet die O.*
> *Hierbei handelt es sich um den **klassischen Hinterhalt**, bei dem eine heimtückische Tötung zu bejahen ist. Maßgeblich ist, dass O aufgrund des Hinterhalts nicht mit einem Angriff des A rechnete und aufgrund dieser Arglosigkeit wehrlos war.*

Klarstellend ist zudem darauf hinzuweisen, dass Heimtücke auch zu bejahen ist, wenn der Angreifer dem Opfer offen feindselig entgegentritt, die Zeitspanne zwischen dem Erkennen der Gefahr und dem Angriff aber so kurz ist, dass dem Opfer keine Möglichkeit bleibt, dem Angriff zu begegnen (BGH, NStZ 1993, 438). 90

Ein **allgemeines Misstrauen** beseitigt die Arglosigkeit nicht. Wissen etwa Politiker um die allgemeine Gefahr, Opfer eines Attentats zu werden, sind sie dennoch arglos, wenn zum Beispiel aus dem Hinterhalt auf sie geschossen wird. Das gilt ebenso für andere gefährdete Personen (zum Beispiel für Polizeibeamte oder grundsätzlich gefährdete Privatpersonen). 91

Arglos kann nur derjenige sein, der überhaupt **Argwohn bilden** kann. Das ist bei Kindern ab ca. drei Jahren anzunehmen (BGH, NJW 1978, 709; BGH, NStZ 2006, 338, 339; BGH, NStZ-RR 2020, 313). Bei **Kleinstkindern** (also solchen unter drei Jahren) kommt aber nach dem BGH eine heimtückische Tötung dennoch in Betracht, wenn die Arglosigkeit anwesender **schutzbereiter Dritter** ausgenutzt wird (BGHSt 4, 11, 13). Schutzbereiter Dritter ist jede Person, die den Schutz eines Kleinkindes vor Leib- und Lebensgefahr dauernd oder vorübergehend übernommen hat und diesen im Augenblick der Tat entweder tatsächlich ausübt oder dies deshalb nicht macht, weil sie dem Täter vertraut oder vom Täter ausgeschaltet wurde (BGH, NStZ 2015, 215). Zu denken ist hierbei etwa an die Eltern, Ärzte, Krankenpfleger oder sonstige Aufsichtspersonen wie Babysitter. Der schutzbereite Dritte muss aufgrund der Umstände des Einzelfalls den Schutz auch wirksam erbringen können, wofür eine gewisse räumliche Nähe erforderlich ist (BGH, NStZ 2015, 215). 92

93 **Beispiel (nach BGH, NStZ 2015, 215):**
Die Mutter A tötet ihr sechs Monate altes Kind O, während der Kindesvater B sich aus eigenem Antrieb auf dem Weg zu einer zwei Kilometer entfernten Arztpraxis befindet.
Der BGH hat hier eine Stellung des Vaters als schutzbereiter Dritter wegen der räumlichen Entfernung verneint. Zudem habe die Mutter den Kindesvater auch nicht aufgefordert, die Wohnung zu verlassen, vielmehr hatte er sich aus eigenem Antrieb aus der Wohnung begeben.

94 **Gegenbeispiel (nach BGH, NStZ 2013, 158):**
Die Mutter fasst den Tötungsvorsatz gegenüber dem Kleinkind, nachdem sich der Kindesvater im Vertrauen auf die Mutter zu Bett begeben hat.
In diesem Fall ist die räumliche Nähe gegeben. Auch ist nach dem BGH nicht erforderlich, dass der Täter den Schutzbereiten ablenkt oder sonst gezielt in Sicherheit wiegt. Heimtücke ist daher nach dem BGH zu bejahen (BGH, NStZ 2013, 158, 159; anders etwa Mitsch, JuS 2013, 783, 785: Die Situation gleiche der, dass der Vater überhaupt nicht anwesend sei).

95 Auch kann Heimtücke gegeben sein, wenn **natürliche Abwehrmechanismen** des Kindes (der Täter mischt Gift in einen süßen Brei) **ausgeschaltet** werden (BGHSt 8, 216, 218 f.; *Schneider*, MK, StGB, § 211 Rdn. 176; ablehnend *Kett-Straub*, JuS 2007, 515, 520; *Mitsch*, JuS 2013, 783, 784).

96 **Schlafende** nehmen die Arglosigkeit mit in den Schlaf und können somit Opfer einer heimtückischen Tötung werden. Der Schlafende überlasse sich dem Schlaf im Vertrauen darauf, dass ihm nichts geschehen werde (BGH, NStZ 2007, 523, 524). Das kann aber anders sein, wenn das Opfer gegen seinen Willen vom Schlaf übermannt wird (BGH, NStZ 2007, 523, 524). **Bewusstlose** sind jedoch nicht arglos (BGH, NStZ 2008, 93, 94; *Rengier*, BT II, § 4 Rdn. 60). Das gilt auch bei Patienten, die infolge ihres Gesundheitszustandes nicht ansprechbar sind, die Umwelt „nur unvollkommen" wahrnehmen (BGH, NStZ 1997, 490, 491) und damit wie Besinnungslose keinen Argwohn mehr hegen können. Hier kommt Heimtücke wiederum nur in Bezug auf die Ausnutzung der Arglosigkeit eines schutzbereiten Dritten in Betracht.

97 **Hinweis:**
Geht der Täter irrtümlich davon aus, das Opfer sei arglos, was aber tatsächlich nicht der Fall ist, und tötet das Opfer, macht sich der Täter strafbar wegen vollendeten Totschlags in Tateinheit mit versuchtem Mord.

b) Wehrlosigkeit

98 **Wehrlos** ist derjenige, der aufgrund der Arglosigkeit in seiner **Verteidigungsfähigkeit eingeschränkt** oder gar zur **Verteidigung außerstande** ist. Die **Wehrlosigkeit** bedeutet also einen Zustand der fehlenden oder herabgesetzten Verteidigungsmöglichkeit. Sie muss **gerade aus der Arglosigkeit resultieren, also auf ihr beruhen.**

99 **Beispiel:**
A möchte seinen Nebenbuhler O töten. A geht in O's Stammkneipe und versetzt dem am Tresen sitzenden O mehrere Messerstiche in den Rücken.
In diesem Fall rechnet O nicht mit einem Angriff des A. Aufgrund dieser Arglosigkeit ist seine Verteidigungsmöglichkeit herabgesetzt. Die Wehrlosigkeit resultiert also aus der Arglosigkeit.

Gegenbeispiel: 100
Segler A und Segler O wollen neue Knoten ausprobieren. Zu diesem Zweck knotet der A den O an einem Stuhl fest. Nunmehr kommt es zum Streit zwischen A und O. Schließlich fasst A den Entschluss, den O zu töten. A erwürgt den an den Stuhl gefesselten O.
In dieser Konstellation resultiert die bei O vorhandene Wehrlosigkeit nicht aus der Arglosigkeit, sodass Heimtücke ausscheidet.

c) Bewusstes Ausnutzen

Heimtücke verlangt, dass die Arg- und Wehrlosigkeit des Opfers zur Tötung **bewusst ausgenutzt** wird. Der Täter muss also ein Ausnutzungsbewusstsein aufweisen. Hierbei handelt es sich aber nicht um eine besonders starke Einschränkung des Heimtückemerkmals. So genügt es bereits, dass der Täter die Arg- und Wehrlosigkeit in dem Sinne erfasst, dass er sich bewusst ist, einen durch seine Ahnungslosigkeit gegenüber dem Angriff schutzlosen Menschen zu überraschen (BGH, NStZ 2015, 30, 31). 101

Andererseits kann das Ausnutzungsbewusstsein bei affektiven Durchbrüchen oder sonstigen heftigen Gemütsbewegungen fehlen (BGH, NStZ 2015, 30, 31), muss es aber nicht. Auch dann nämlich mag der Täter die Bedeutung der Arg- und Wehrlosigkeit des Opfers für die Tatbegehung erkennen. So kann bei einem psychisch normal disponierten Täter das Ausnutzungsbewusstsein selbst dann bejaht werden, falls er die Tat aus rascher Eingebung begangen hat (BGH, NStZ 2009, 30, 31). 102

Andererseits mag die **Spontaneität des Tötungsentschlusses** im Zusammenhang mit der Vorgeschichte der Tat und dem psychischen Zustand des Täters dazu führen, dass das Ausnutzungsbewusstsein fehlt (BGH, NStZ 2015, 30, 31; BGH, NStZ 2021, 162, 163). Fasst etwa ein in starker affektiver Erregung handelnder alkoholisierter Fahrzeugführer spontan einen Selbsttötungsentschluss und fährt nun mit Tötungsvorsatz ungebremst gegen ein anderes Fahrzeug, kann das Ausnutzungsbewusstsein fehlen und folglich Heimtücke zu verneinen sein (BGH, BeckRS 2021, 2968). 103

d) Feindselige Willensrichtung

Weiterhin verlangt die Rechtsprechung, dass der Täter in **feindseliger Willensrichtung** handelt. 104

Dieses Merkmal wurde **ursprünglich** vom BGH als **nicht erfüllt** angesehen, wenn der Täter **„zum Besten"** des Opfers zu handeln glaubte (BGHSt 9, 385, 390), so etwa, wenn der Täter seine Familie, die er sehr liebt, mit in den Tod nehmen will (missglückter Mitnahmesuizid), wobei er meint, zum Besten seiner Familie zu handeln (BGHSt 9, 385, 390). Auch verneinte der BGH die Heimtücke, wenn der Täter einen **Todkranken** aus der Motivation heraus tötet, ihm **schwerstes Leid zu ersparen** (BGHSt 37, 376, 377 ff.). Schließlich wurde die feindselige Willensrichtung beim **„erweiterten Suizid"** abgelehnt, bei dem der Täter es in Willensübereinstimmung mit dem Opfer übernimmt, das Opfer und sich selbst zu töten (BGH, NJW 1978, 709; BGH, NStZ 1995, 230). 105

Inzwischen hat der BGH einen **restriktiveren Weg** eingeschlagen (BGHSt 64, 111): So dürfe sich niemand anmaßen, über das Leben eines anderen bestimmen zu wollen. Wird der Betreffende – soweit möglich – nicht gefragt, sei es unangebracht, die Tötung zum vermeintlich Besten des Opfers von vornherein aus dem Anwendungsbereich der Heimtücke auszuschließen. 106

Die **feindselige Willensrichtung** sei deshalb **grundsätzlich nur dann zu verneinen**, wenn sie dem **ausdrücklichen Willen des Getöteten** entspricht oder – aufgrund einer objektiv nachvollziehbaren und anzuerkennenden Wertung – mit dem **mutmaßlichen Willen** des zu einer autonomen Entscheidung nicht fähigen Opfers geschieht (BGHSt 64, 111, 120). 107

108 Nach dieser Rechtsprechung kann nach wie vor beim **erweiterten Suizid** die feindselige Willensrichtung fehlen, sofern dies dem Willen des Opfers entspricht. Sie ist jedoch gegeben, wenn jemand einen Schwerstkranken oder seine Familie tötet, ohne dass dies dem ausdrücklichen oder mutmaßlichen Willen der Opfer entspricht. Besonderer Aufmerksamkeit bedarf dann aber der Gesichtspunkt der Einschränkung des Heimtückemerkmals (dazu Rdn. 110 ff.).

109 **Ergänzender Hinweis:**
Auch eine heimtückische Tötung durch Unterlassen ist nach zutreffender Sicht denkbar und möglich (Eschelbach, BeckOK, StGB, § 211 Rdn. 37; Rengier, FS Streng, S. 125, 134; ablehnend Sinn, SK, StGB, § 211 Rdn. 51). Weckt zum Beispiel der A seine Ehegattin O nicht, obwohl das Gebäude, in dem sich die Wohnung befindet, brennt, und stirbt O nun an einer Rauchvergiftung, kann sich A gemäß §§ 211, 13 StGB strafbar gemacht haben.

e) Einschränkungen des Heimtückemerkmals

110 Oftmals wird in Prüfungsarbeiten übersehen, dass es zur Annahme der Heimtücke nicht genügt, das bewusste Ausnutzen der Arg- und Wehrlosigkeit in feindseliger Willensrichtung festzustellen. Vielmehr muss man sich **im Anschluss** in einem zweiten Schritt mit der Frage auseinandersetzen, ob das **Heimtückemerkmal** möglicherweise **einzuschränken** ist.

111 Der Gesetzgeber hat in § 211 StGB eine obligatorische lebenslange Freiheitsstrafe vorgesehen („...wird mit lebenslanger Freiheitsstrafe bestraft."). Von der gesetzlichen Ausgestaltung her ist sie also zwingend zu verhängen, wenn der Täter einen Menschen tötet und hierbei ein Mordmerkmal verwirklicht.

112 Das **BVerfG** hat in seinem Urteil vom 21.6.1977 (BVerfGE 45, 187) vor dem Hintergrund der **Verhältnismäßigkeit der angedrohten lebenslangen Freiheitsstrafe** im Zusammenhang mit den Mordmerkmalen der Heimtücke und der Verdeckungsabsicht ausgeführt, § 211 StGB müsse so interpretiert werden, dass unverhältnismäßige Härten ausgeschlossen werden, also im Einzelfall die Verhängung einer unverhältnismäßigen lebenslangen Strafe vermieden werde. Dabei hat das BVerfG dargelegt, es sei Aufgabe des BGH zu entscheiden, auf welche Art und Weise die Einschränkung erfolgt (BVerfGE 45, 187, 267). Bei einer entsprechenden einengenden Interpretation sei § 211 StGB verfassungsgemäß.

113 Der Große Senat des BGH für Strafsachen hat daraufhin mit Beschluss vom 19.5.1981 (BGHSt 30, 105) eine **verfassungskonforme richterliche Rechtsfortbildung** vorgenommen und entschieden, dass bei **außergewöhnlichen Umständen**, aufgrund welcher die Verhängung einer lebenslanger Freiheitsstrafe als unverhältnismäßig erscheint, eine Ergänzung auf **Rechtsfolgenseite** vorzunehmen sei, indem die Strafe über **§ 49 Abs. 1 Nr. 1 StGB zu mildern** ist (**Rechtsfolgenlösung**). Dabei könnten durch eine notstandsnahe, ausweglos erscheinende Situation motivierte, in großer Verzweiflung begangene, aus tiefem Mitleid oder „gerechtem Zorn" aufgrund einer schweren Provokation verübte Taten solche Umstände aufweisen. Das komme auch in Betracht bei Taten, die in einem vom Opfer verursachten und ständig neu angefachten, zermürbenden Konflikt oder in schweren Kränkungen des Täters durch das Opfer, die das Gemüt immer wieder heftig bewegen, ihren Grund haben (so BGHSt 30, 105, 119). Eine abschließende Aufzählung der Ausnahmefälle hält der BGH jedoch nicht für möglich.

114 Dagegen nimmt das Schrifttum überwiegend bereits eine **Einschränkung auf Tatbestandsebene** vor:

115 Nach der Lehre von der **Typenkorrektur** (Tatbestandskorrektur; Mordmerkmale als bloße Indizien) ist ein Mord abzulehnen, wenn die Tat bei einer Gesamtwürdigung **nicht als besonders verwerflich** (negative Typenkorrektur) erscheint (siehe *Eser*, JR

1981, 177, 183; *Geilen*, JR 1980, 309). Nach der positiven Typenkorrektur ist maßgeblich für die Annahme des Mordes, dass die Tat als besonders verwerflich anzusehen ist.

Teilweise wird Heimtücke nur dann bejaht, wenn der Täter einen **verwerflichen Vertrauensbruch** begeht (*Eser/Sternberg-Lieben*, Schönke/Schröder, StGB, § 211 Rdn. 26 f.; *Hassemer*, JuS 1971, 626, 630). 116

Schließlich verlangen manche Autoren ein **hinterhältiges und verschlagenes (tückisches) Vorgehen** (*Neumann/Saliger*, NK[5], StGB, § 211 Rdn. 72; *Spendel*, JR 1983, 269, 272; *Wessels/Hettinger/Engländer*, BT 1, Rdn. 61, 68). 117

Es ist schon bemerkenswert, dass der BGH zur Lösung der Problematik auf die Rechtsfolgenseite abstellt, obwohl in der Entscheidung des BVerfG von 1977 (BVerfGE 45, 187) ein solcher Weg nicht vorgezeichnet ist. Zwar überantwortet das BVerfG dem BGH die Frage, wie unbillige Härten zu vermeiden sind, dennoch rekurriert das BVerfG in seinen Ausführungen vor allem auf eine tatbestandsmäßige Einschränkung des Heimtückemerkmals als solchem: So wird auf eine „einengende Auslegung" der Heimtücke (etwa im Sinne einer besonderen Verwerflichkeit der Tat) abgestellt. Zwar sagt das BVerfG, es könne auch eine andere dem Grundsatz der Verhältnismäßigkeit zwischen Straftatbestand und absoluter Strafandrohung entsprechende Interpretation gefunden werden, aber auch hier deutet die Formulierung des BVerfG („Interpretation") mehr auf eine Einschränkung des Merkmals selbst hin. Das BVerfG stellt auf eine „Auslegung" ab, „die mit dem Wortlaut des § 211 Abs. 2 StGB vereinbar ist" (BVerfGE 45, 187, 267). 118

Hinzu kommt, dass die im Wege der richterlichen Rechtsfortbildung entwickelte Lösung des BGH schwerlich mit dem Willen des Gesetzgebers in Einklang zu bringen ist, der die Konstellationen des § 211 StGB eben zwingend mit lebenslanger Freiheitsstrafe bestraft wissen will. Darüber hinaus bringt der vom BGH eingeschlagene Weg kein Mehr an Bestimmtheit gegenüber einer Lösung auf Tatbestandsebene. 119

Insgesamt erscheint eine **Einschränkung auf Tatbestandsebene** vorzugswürdiger. Hier nun auf einen besonderen Vertrauensbruch als Voraussetzung der Heimtücke abzustellen, überzeugt indessen nicht, würden doch damit klassische heimtückische Tötungen (etwa der Anschlag aus dem Hinterhalt durch einen Täter, der in keiner persönlichen Beziehung zum Opfer steht) aus dem Anwendungsbereich des Merkmals ausscheiden (gegen das Merkmal u. a. auch BGHSt 30, 105, 115 f.; *Krey/Heinrich/Hellmann*, BT 1, Rdn. 87; *Neumann/Saliger*, NK[5], StGB, § 211 Rdn. 49). Vorzugswürdig erscheint, mit der Heimtücke das Erfordernis der **besonderen Verwerflichkeit** zu verbinden. Zwar erachtet der BGH dieses Merkmal mangels hinreichender Bestimmtheit für untauglich (BGHSt 9, 385, 389; BGHSt 11, 139, 143; BGHSt 30, 105, 115 f.). Dem ist aber entgegenzuhalten, dass der Aspekt der besonderen Verwerflichkeit auch bei anderen Mordmerkmalen eine Rolle spielt (man denke insbesondere an die niedrigen Beweggründe), und durchaus mit einem konkreten Inhalt gefüllt werden kann, indem man darauf abstellt, ob die Tat noch in irgendeiner Form als nachvollziehbar erscheint oder lediglich Ausdruck einer egozentrischen Haltung und damit besonders verwerflich ist. 120

Hinweis: 121

Die Frage der Verfassungsmäßigkeit betrifft § 211 StGB insgesamt, hat aber vor allem bei der Heimtücke besondere Bedeutung. Daher ist die Problematik hier im Zusammenhang mit diesem Merkmal dargestellt. Aber auch bei den anderen Mordmerkmalen (insbesondere bei der Verdeckungsabsicht) muss man sich der Problematik der Verhältnismäßigkeit der absolut angedrohten lebenslangen Freiheitsstrafe stets bewusst sein.

Nach dem BGH ist die Anwendung der Rechtsfolgenlösung auf die Mordmerkmale zur Befriedigung des Geschlechtstriebs, Habgier sowie Ermöglichungsab-

sicht weder von Verfassungs wegen noch einfachgesetzlich geboten (BGH, NStZ-RR 2018, 172, 174; BGHSt 42, 301, 304). Dies komme insoweit allenfalls bei Vorliegen außergewöhnlicher Umstände in Betracht, bei denen die Verhängung der lebenslangen Freiheitsstrafe unverhältnismäßig wäre (BGH, NStZ-RR 2018, 172, 174).

3. Grausame Tötung

122 Eine **grausame** Tötung liegt vor, **wenn dem Opfer besondere Schmerzen oder Qualen körperlicher oder seelischer Art zugefügt werden, die über das für die Tötung erforderliche Maß hinausgehen, wobei der Täter aus gefühlloser, unbarmherziger Gesinnung handelt** (BGHSt 3, 180, 181; BGHSt 49, 189, 196).

123 **Beispiele:**
Eine grausame Tötung kann vorliegen, wenn der Täter das Opfer langsam verbluten lässt oder langsam erdrosselt (BGH, BeckRS 2011, 26153). Auch bei der Tötung mittels Giftbeibringung kommt eine grausame Tötung in Betracht, falls das Gift erst allmählich den Tod herbeiführt. Ebenfalls seelische Qualen (Ankündigung der Tötung, zunächst erfolgende Scheinhinrichtungen) können genügen.

124 Bei diesem Mordmerkmal kommt eine Einschränkung des § 211 StGB kaum in Betracht, da der Täter das gewöhnliche Maß der Tötung mittels Schmerzen oder Qualen überschreitet, wodurch die Tat besonders verwerflich und nicht nachvollziehbar erscheint.

125 Das Opfer selbst muss Schmerzen oder Qualen empfinden können, sodass etwa die grausame Tötung eines bereits Bewusstlosen ausscheidet (*Eser/Sternberg-Lieben*, Schönke/Schröder, StGB, § 211 Rdn. 27).

126 **Hinweis:**
Obwohl die gefühllose, unbarmherzige Gesinnung eine subjektive Komponente darstellt, sollte man sie kraft Sachzusammenhangs bereits im objektiven Tatbestand ansprechen.

4. Tötung mit gemeingefährlichen Mitteln

127 Der BGH definiert ein Tötungsmittel als **gemeingefährlich, wenn es in der konkreten Tatsituation eine unbestimmte Anzahl von Menschen an Leib und Leben gefährden kann, weil der Täter die Ausdehnung der Gefahr nicht in seiner Gewalt hat** (BGH, NStZ 2006, 167, 168; BGH, NStZ 2019, 607, 608; BGH, NStZ 2020, 614; BGH, NStZ 2021, 361, 362). Dabei sei nicht allein auf die abstrakte Gefährlichkeit eines Mittels abzustellen, sondern auf seine Eignung und Wirkung in der konkreten Situation unter Berücksichtigung der persönlichen Fähigkeiten und Absichten des Täters.

128 Es geht also nicht maßgeblich darum, ob ein Tatmittel benutzt wird, das „typischerweise" gefährlich (etwa Sprengstoff) ist, sondern um ein im konkreten Fall für die Allgemeinheit gefährliches Tatmittel. Folglich kann selbst bei der Verwendung von Sprengstoff als Tötungsmittel das gemeingefährliche Mittel zu verneinen sein, falls andere Personen nicht gefährdet werden können (*Rengier*, BT II, § 4 Rdn. 97). Einem nach seiner Eigenart grundsätzlich gemeingefährlichen Mittel kann also „im konkreten Fall" die gemeingefährliche Verwendung fehlen (BGH, NStZ 2020, 614, 615). Nichtsdestotrotz liegt bei Feuer und Sprengstoff die Annahme eines gemeingefährlichen Mittels nahe. Auch kommt es etwa in Betracht, wenn Steine von einer Brücke

auf die Autobahn geworfen werden (BGHSt 38, 353, 355). Schießt jemand in einer gut besuchten Gaststätte mit einer Pistole, sei aber ein gemeingefährliches Mittel zu verneinen, da keine unberechenbare Gefahr für eine unbestimmte Vielzahl von Menschen bestehe; die von der Waffe ausgehende Gefährdung sei durch die möglichen Wirkungen nur einer Kugel begrenzt (BGHSt 38, 353, 355 f.). Anders mag dies bei einem Maschinengewehr zu beurteilen sein.

Umstritten ist, ob das Mittel geeignet sein muss, eine Mehrzahl von Menschen an Leib **und** Leben (BGH, NStZ 2021, 361, 362) zu verletzen oder ob es genügt, eine unbestimmte Anzahl von Menschen an Leib **oder** Leben zu gefährden (beide Formulierungen benutzt etwa BGH, NStZ 2020, 614). Im Schrifttum werden mitunter Gefahren für das Leben gefordert (*Horn*, JR 1986, 32, 33; *Mitsch*, JuS 1996, 213, 215), andere lassen solche für den Leib genügen (*Eisele*, BT I, Rdn. 111; *Eschelbach*, BeckOK, StGB, § 211 Rdn. 66). Im Hinblick auf eine restriktive Anwendung des Mordmerkmals erscheint es insofern überzeugender, dass zumindest auch das **Leben** Unbeteiligter bedroht sein muss (*Neumann/Saliger*, NK[5], StGB, § 211 Rdn. 86; *Rengier*, BT II, § 4 Rdn. 99; *Schneider*, NStZ 2021, 362, 363). 129

Unklar ist auch, wie viele unbeteiligte Menschen potenziell mindestens betroffen sein müssen. Vielfach werden drei Personen als Untergrenze angegeben (*Rengier*, StV 1986, 405, 409; *Schneider*, MK, StGB, § 211 Rdn. 132), teilweise verlangt man zehn Personen (*Zieschang*, FS Puppe, S. 1301, 1318). Der BGH hat sich bislang nicht festgelegt, sondern benutzt Formulierungen etwa in dem Sinne, dass der Kreis der potenziell Betroffenen „letztlich unbestimmbar“ war (BGH, NStZ 2020, 614, 615; in diese Richtung etwa auch *Fischer*, StGB, § 211 Rdn. 59; *Gössel/Dölling*, BT 1, § 4 Rdn. 126). Dabei zieht der BGH professionelle Retter (z. B. Feuerwehrleute) in die Betrachtung ein, selbst wenn sie erst nachträglich eintreffen (BGH, NStZ 2020, 614, 615; BGH, NStZ 2021, 361, 362; kritisch dazu *Schneider*, NStZ 2021, 362, 363 f.). 130

Problematisch ist, ob auch **Mehrfachtötungen** erfasst werden (*Rengier*, BT II, § 4 Rdn. 101 f. lässt als „Opfer der Allgemeingefahr“ jeden genügen, der als „Repräsentant der Allgemeinheit“ betroffen wird; § 211 StGB bei Mehrfachtötungen ablehnend *Schneider*, MK, StGB, § 211 Rdn. 127; *Zieschang*, NStZ 2020, 615, 616). Der BGH hat dies wiederholt verneint (BGH, NStZ, 2006, 167, 168; BGH, NStZ 2019, 607, 608), jedoch hat der 5. Strafsenat des BGH in seiner Entscheidung vom 14.4.2020 ausgeführt, die Ausklammerung dieser Variante sei gerade in Fällen der Brandlegung in einem Wohnhaus zweifelhaft, die Nichteinbeziehung der Mehrfachtötung sei wertungswidersprüchlich (BGH, NStZ 2020, 614, 615). Dagegen ist jedoch einzuwenden, dass bei dem gemeingefährlichen Mittel Hintergrund für die Heraufstufung zum Mord nicht die Tötung vieler Menschen ist, sondern die besondere Gefährlichkeit der Tathandlung, indem eben Unbeteiligte in Mitleidenschaft gezogen werden können (*Köhne*, Jura 2009, 265, 269; *Zieschang*, NStZ 2020, 615, 616). Sinn und Zweck des Merkmals sprechen daher gegen die Erfassung der Mehrfachtötung. 131

Beispiel: 132
A will den O töten und setzt zu diesem Zweck die Wohnung des O, die sich in einem Mehrfamilienhaus befindet, zu einem Zeitpunkt, als sich neben O weitere 20 Personen in dem Haus befinden, in Brand.
In diesem Fall verwendet A ein gemeingefährliches Mittel, da es in der konkreten Situation unbeteiligte Personen am Leben gefährden kann, wobei A die Ausdehnung der Gefahr nicht in seiner Gewalt hat.

Gegenbeispiel: 133
A möchte sämtliche zehn Personen, die sich zu einer Familienfeier auf einem Boot zusammengefunden haben, mit einer Bombenexplosion töten, wobei

andere Personen als diejenigen auf dem Boot von vornherein nicht in Mitleidenschaft gezogen werden können.
Hierbei handelt es sich um eine Mehrfachtötung, die nach hiesiger Sicht keine Konstellation der Tötung mit einem gemeingefährlichen Mittel darstellt. Sofern kein anderes Mordmerkmal (etwa Heimtücke oder niedrige Beweggründe) verwirklicht ist, scheidet daher § 211 StGB aus. Es bleibt dann § 212 StGB, wobei ein Totschlag in einem besonders schweren Fall gemäß § 212 Abs. 1 und Abs. 2 StGB naheliegt.

134 Schließlich ist problematisch, ob die Tötung mit **gemeingefährlichen Mitteln auch durch Unterlassen** verwirklicht werden kann.

135 **Beispiel:**
Chemielehrer A hat versehentlich die Gasleitung beschädigt, sodass in dem Raum seiner Schulklasse während der Unterrichtszeit Gas austritt. Nachdem A dies erkannt hat, unternimmt er nichts. Es kommt zur Explosion, bei der mehrere seiner Schüler sterben, wobei weitere Hunderte Kinder und auch Lehrer einer Lebensgefährdung ausgesetzt waren.
Hier stellt sich die Frage, ob §§ 211, 13 StGB unter dem Blickwinkel des gemeingefährlichen Mittels verwirklicht werden kann.
Der BGH verneint dies (BGHSt 34, 13, 14; ebenso etwa Eisele, BT I, Rdn. 116; Köhne, Jura 2009, 265, 268; Schneider, MK, StGB, § 211 Rdn. 133; offengelassen in BGHSt 48, 147, 149) und meint, das Mordmerkmal erfordere, dass der Täter ein Mittel zur Tötung einsetzt. Nicht ausreichend sei, dass der Täter eine bereits vorhandene gemeingefährliche Situation nur zur Tat ausnutzt (BGHSt 34, 13, 14).
Teile des Schrifttums meinen dagegen, das Mordmerkmal komme auch bei einem Unterlassen in Betracht (Fischer, StGB, § 211 Rdn. 61; Gössel/Dölling, BT 1, § 4 Rdn. 130 f.).
Insofern ist nochmals hervorzuheben, dass Kennzeichen des gemeingefährlichen Mittels ein Verhalten ist, durch das Unbeteiligte kumulativ zum eigentlichen Opfer beeinträchtigt werden können. Dieses Charakteristikum kann nun aber durchaus auch mit einem Unterlassen verbunden sein (Zieschang, FS Puppe, S. 1301, 1321 f.). Daher kommt das Mordmerkmal auch im Fall des Unterlassens in Betracht.

5. Tötung aus Mordlust

136 **Mordlust** liegt vor, **wenn der Tod des Opfers der einzige Zweck der Tat ist** (BGH, NStZ 1994, 239; BGHSt 34, 59, 61). Insbesondere kommt dieses Merkmal in Betracht, falls der Täter allein aus Freude an der Vernichtung eines Menschenlebens handelt (BGH, NStZ 1994, 239; BGHSt 34, 59, 61). Die frühere Formulierung als „unnatürliche“ Freude an der Vernichtung eines Menschenlebens (BGH, BeckRS 1953, 31370823) benutzt der BGH nicht mehr, da sie missverständlich ist und auf eine krankhafte psychische Störung des Täters hindeutet (siehe BGHSt 34, 59, 60 f.). Es geht vielmehr um Tötungen, bei denen weder ein in der Person des Opfers oder in der besonderen Tatsituation liegender Anlass noch ein über den Tötungsakt selbst hinausgehender Zweck die Tat bestimmt (BGHSt 34, 59, 61).

137 Das Merkmal ist also erfüllt, wenn der Täter ausschließlich tötet, weil es ihm Spaß macht, einen anderen Menschen sterben zu sehen. Mordlust ist auch gegeben bei der Tötung aus Angeberei und zum Zeitvertreib (*Wessels/Hettinger/Engländer*, BT 1, Rdn. 46). Die Mordlust scheitert nicht daran, dass der Täter triebhafte oder gefühlsmäßige Regungen zeigt (BGH, NStZ 2007, 522, 523).

Mordlust scheidet bei Tötungen mit Eventualvorsatz aus (*Rengier*, BT II, § 4 Rdn. 21). 138

6. Tötung zur Befriedigung des Geschlechtstriebs

Dieses Merkmal ist dann erfüllt, wenn jemand das Töten als Mittel zur geschlechtlichen Befriedigung benutzen will, unabhängig davon, ob diese Befriedigung tatsächlich erreicht wird (BGHSt 50, 80, 86). Das Mordmerkmal ist aber auch in dem Fall erfüllt, dass der Täter sich erst an der Leiche geschlechtlich befriedigen will (BGHSt 7, 353, 354). Letzteres soll jedoch ausscheiden, falls die maßgeblichen Ursachen für den Tod des Opfers gesetzt sind, bevor das Bedürfnis nach sexueller Befriedigung entsteht (BGH, NStZ 2001, 598, 599). 139

Zudem wird das Mordmerkmal angenommen, wenn der Täter die Befriedigung erst bei der späteren Betrachtung des angefertigten Videos des Tötungsakts finden will (BGHSt 50, 80, 86). Ein unmittelbarer zeitlich-räumlicher Zusammenhang zwischen Tötung und Befriedigung ist nicht erforderlich (BGHSt 50, 80, 86 f.). 140

Das Mordmerkmal wird weiterhin bejaht, falls der Tod des Opfers als Folge einer Vergewaltigung zumindest billigend in Kauf genommen wird (BGHSt 19, 101, 105). 141

Stets muss das Opfer als Sexualobjekt angegriffen werden, sodass die Tötung des Nebenbuhlers nicht erfasst ist (*Rengier*, BT II, § 4 Rdn. 23). 142

Eine Absicht zur Befriedigung des Geschlechtstriebs ist nicht erforderlich, es genügt, wenn der Täter dies „gegebenenfalls“ will (BGHSt 19, 101, 105). 143

7. Tötung aus Habgier

Die **Habgier** ist gekennzeichnet durch ein **rücksichtsloses Gewinnstreben um jeden Preis** (BGHSt 10, 399; BGH, NJW 1981, 932), also durch ein Streben nach materiellen Gütern oder Vorteilen (BGH, NStZ 2020, 733). Der Täter tötet, um sich zu bereichern. Die Tat ist regelmäßig von einer ungehemmten, triebhaften Eigensucht geprägt (BGHSt 29, 317). 144

Beispiele: 145
A tötet den O, um dessen Geld zu erlangen (Raubmord).
Der Auftragskiller X erhält 20.000 Euro dafür, dass er den Y tötet.
D tötet den E, um ihn zu beerben.

Weiteres Beispiel (in Anlehnung an BGH, NStZ 2020, 733): 146
Der vermögenslose A tötet den O, um langfristig Unterkunft, Verpflegung und Krankenversorgung in einer JVA zu erhalten.
Der BGH erachtet für die Habgier das Streben nach materiellen Gütern und Vorteilen für maßgeblich, „das in seiner Hemmungslosigkeit und Rücksichtslosigkeit das erträgliche Maß weit übersteigt und das in der Regel durch eine ungehemmte triebhafte Eigensucht bestimmt ist“ (BGH, NStZ 2020, 733). Dies bejaht er im vorliegenden Fall (ablehnend Mitsch, NStZ 2020, 733, 734: Die Versorgungsleistungen der Strafvollzugsverwaltung seien aus dem Bereich der Güter, die zur Erfüllung des Habgiermerkmals genügen, auszugrenzen; ablehnend auch Jäger, JA 2021, 167, 168). Zwar seien – so der BGH – mit der erstrebten Inhaftierung persönliche Einschränkungen verbunden, diese spielten in der Vorstellung des Täters jedoch nur eine untergeordnete Rolle, da der angestrebte Vermögensvorteil das maßgebliche Tatmotiv war. Der Vermögensvorteil müsse auch nicht unbedingt aus dem Vermögen des Opfers stammen.

147 Der erstrebte Vermögensvorteil braucht nicht besonders groß sein (BGHSt 29, 317, 318, lässt offen, ob das Merkmal auch bei ganz geringwertigen oder gar wertlosen Objekten in Betracht kommt, neigt aber dazu, diese Frage zu bejahen).

148 Fraglich ist, ob Habgier auch in Betracht kommt, wenn der Täter ein „ärmer werden" verhindern will, also sich Aufwendungen ersparen möchte.

149 **Beispiel:**
A will sich von seiner Ehefrau O trennen. Um die Scheidungs- und Unterhaltskosten zu sparen, tötet er die O.
Nach der Rechtsprechung ist das Mordmerkmal der Habgier auch erfüllt, wenn sich der Täter durch die Tat von einer Schuld oder Unterhaltsverpflichtung befreien will (BGHSt 10, 399; BGH, NStZ 1993, 385, 386; ebenso Kühl, JA 2009, 566, 571; ablehnend hingegen etwa Mitsch, JuS 1996, 121, 124 f.).

150 Problematisch ist zudem, ob Habgier vorliegen kann, falls der Täter einen Anspruch auf den Vermögensvorteil hat.

151 **Beispiel:**
A hat das Fahrrad des O gekauft. Trotz Kaufpreiszahlung übergibt O das Fahrrad nicht. Nunmehr tötet der A den O, um das Fahrrad zu erhalten.
A hat einen fälligen, durchsetzbaren Anspruch auf Übereignung des Fahrrads. Fraglich ist, ob dann Habgier gegeben sein kann. Zum Teil wird das verneint, da der Täter keinen „echten" Zugewinn erstrebe (Eisele, BT I, Rdn. 87; Hilgendorf/Valerius, BT I, § 2 Rdn. 28; Rengier, BT II, § 4 Rdn. 25; in der Tendenz auch BGH, NStZ-RR 2022, 47, 48, wo Habgier beim Bestehen einer berechtigten Forderung u. a. deswegen verneint wird, da das Vorgehen des Täters ursprünglich „auf die Herstellung eines rechtskonformen Zustands" abzielte). Die Gegenauffassung will vor dem Hintergrund der Vernichtung eines Menschenlebens für wirtschaftliche Zwecke auch dann das Merkmal bejahen (Neumann/Saliger, NK[5], StGB, § 211 Rdn. 23).
Zwar geht es dem Täter auch dann um das Streben nach Vermögensvorteilen, was dafür spricht, die Habgier selbst in einem solchen Fall zu bejahen. Hat jedoch der Täter einen fälligen und durchsetzbaren Anspruch, ist die Tat nicht von einer solchen Verwerflichkeit, die es legitimiert, das Merkmal zu bejahen. Für die Ablehnung der Habgier spricht zudem der Aspekt einer restriktiven Auslegung der Mordmerkmale.

152 Maßgeblich ist die Motivation des Täters (BGH, NStZ 2004, 441, 442). Es spielt also keine Rolle, ob die Bereicherung auch ohne die Tötung des Opfers erreichbar gewesen wäre. Ein funktionaler Zusammenhang zwischen Tötung und Vorteilserlangung ist nicht erforderlich (BGH, NStZ 2004, 441, 442).

153 Bei einem **Motivbündel** muss die Habgier tatbeherrschend und **bewusstseinsdominant** sein (BGH, NJW 1981, 932, 933; BGH, NJW 2001, 763; BGH, NStZ 2020, 613).

8. Tötung aus sonstigen niedrigen Beweggründen

154 Bei den **sonstigen niedrigen Beweggründen** handelt es sich um solche, **die nach allgemeiner sittlicher Bewertung auf tiefster Stufe stehen und deshalb besonders verachtenswert sind** (BGHSt 47, 128, 130; BGH, NStZ 2004, 34; BGH, NStZ-RR 2020, 142). Die Beurteilung erfolgt aufgrund einer Gesamtbewertung sämtlicher Umstände des Einzelfalls (BGHSt 35, 116, 127). Es hat also eine Gesamtwürdigung aller äußeren und inneren für die Handlungsantriebe des Täters maßgeblichen Faktoren zu erfolgen

(BGH, NStZ 2020, 86, 87). Bei einem Motivbündel muss das Hauptmotiv einen niedrigen Beweggrund darstellen (BGHZ, NStZ-RR 2020, 142).

Zunächst ist stets zu beachten, dass **sonstige** niedrige Beweggründe in Rede stehen. Tötet also jemand etwa aus Habgier, dürfen nicht auch niedrige Beweggründe mit der Begründung bejaht werden, dass ein rücksichtsloses Gewinnstreben um jeden Preis vorlag. **155**

Die Umschreibung der niedrigen Beweggründe ist recht allgemein gehalten, was die Anwendung auf den Einzelfall schwierig machen kann. Insbesondere müssen Moralisierungen vermieden werden. Als Kriterium der Konkretisierung kann jedoch folgender Aspekt herangezogen werden: Ist die Tat in irgendeiner Form **noch menschlich verständlich und nachvollziehbar**, spricht das gegen das Vorliegen niedriger Beweggründe (BGH, NJW 2006, 1008, 1011; BGH, NStZ 2019, 518, 519; BGH, NStZ-RR 2020, 142). Kommen hingegen eine **ungehemmte Eigensucht** und **krasse Rücksichtslosigkeit** des Täters zum Ausdruck (siehe BGHSt 60, 52, 55), sind das Aspekte, die für das Vorliegen niedriger Beweggründe angeführt werden können. **156**

Beispiel: **157**

O hat sich von dem A getrennt. A will diese Entscheidung seiner Frau nicht akzeptieren und tötet O.

Hier kommt es auf die Gesamtumstände an, ob ein niedriger Beweggrund anzunehmen ist. Tötet A seine Frau, damit kein anderer sie haben kann, kommt eine ungehemmte Eigensucht des A zum Ausdruck, die für das Vorliegen eines niedrigen Beweggrundes spricht (Rengier, BT II, § 4 Rdn. 40).

Tötet A hingegen die O aus Gefühlen der inneren Verzweiflung und Ausweglosigkeit, spricht das gegen niedrige Beweggründe (BGH, NStZ 2004, 34).

Beispiele für niedrige Beweggründe: **158**

Abreagieren von frustrationsbedingten Aggressionen an einem unbeteiligten Opfer (BGH, NStZ 2015, 690, 691); außergewöhnlich brutales, eklatant menschenverachtendes Tatbild (BGH, NStZ-RR 2003, 78, 79; BGHSt 60, 52, 55; kritisch Rengier, BT II, § 4 Rdn. 35: Dies widerspreche dem subjektiven Charakter des Merkmals); Ausländerhass (BGH, NJW 1994, 395); Rache für eine belastende Aussage im Strafverfahren (BGH, NStZ 2006, 97); Tötung eines Menschen in Orientierung an einem gruppenspezifischen „Ehrenkodex", wobei sich der Täter als Herr über Leben und Tod aufspielt (BGH, NStZ 2021, 734, 735); Tötung eines Polizeibeamten allein wegen dessen Zugehörigkeit zu dieser Berufsgruppe (BGH, NStZ-RR 2021, 384, 385); Tötung eines Unbekannten, um statt seiner als tot zu gelten und damit ein „neues Leben" beginnen zu können (BGH, NStZ 1985, 454); Tötung, um das Bekanntwerden einer durch den Täter verursachten Schwangerschaft zu verhindern (BGH, NStZ 2003, 146, 147); Tötung zur Verdeckung einer „peinlichen Situation" (BGH, NStZ-RR 1999, 234 f.); Wut über verweigerten Geschlechtsverkehr (BGHSt 2, 60, 62 f.).

Allgemein gilt: Gefühlsregungen wie Wut, Ärger, Enttäuschung, Hass und Rache sind als niedrige Beweggründe anzusehen, wenn sie **ihrerseits auf niedrigen Beweggründen** beruhen, also nicht menschlich verständlich, sondern Ausdruck einer niedrigen Gesinnung des Täters sind (BGH, NStZ 2004, 34; BGH, NStZ 2013, 337, 338; BGH, NStZ 2019, 204, 205). Zu beachten ist dabei auch, dass nicht jede vorsätzliche Tötung, für die sich kein nachvollziehbarer Grund finden lässt, bereits eine solche aus niedrigen Beweggründen ist (BGH, NStZ 2019, 204, 206). **159**

Auch **politische Tötungsmotive** sind als niedrig zu erachten (BGH, NStZ-RR 2018, 245; enger *Neumann/Saliger*, NK[5], StGB, § 211 Rdn. 39: nicht, falls der Täter wirklich oder vermeintlich aus Gründen des Allgemeinwohls handelt). Problematisch ist, ob **160** und inwieweit spezifische **Vorstellungen eines anderen Kulturkreises** bei der Beurteilung eines Beweggrundes als niedrig eine Rolle spielen.

161 **Beispiel (in Anlehnung an BGH, NJW 2004, 1466):**
A und O sind miteinander auf Wunsch der Eltern verheiratet. Während die O in Deutschland nach den hiesigen Wertvorstellungen aufgewachsen ist, kommt A aus einem kleinen Dorf aus Anatolien und ist den Wertvorstellungen seiner Heimat verhaftet. A verlangt von O Gehorsam, kontrolliert sie ständig, schlägt sie und behandelt sie wie seinen Besitz. O will sich deshalb von A scheiden lassen, wobei A in die Türkei zurückkehren soll. A empfindet dies als Demütigung; aus Verärgerung tötet er die O mit mehreren Messerstichen.
Der BGH hat das Vorliegen niedriger Beweggründe bejaht, da der Täter dem Opfer nur deshalb, weil es sich von ihm trennen wollte, das Lebensrecht abgesprochen habe. Bei der Frage, ob ein Tötungsmotiv als niedrig einzustufen sei, komme es auf die Herkunft des Täters aus einem anderen Kulturkreis nicht an. Maßstab ***seien die sittlichen und rechtlichen Vorstellungen der Rechtsgemeinschaft Deutschlands*** *(BGH, NJW 2004, 1466, 1467; BGH, NStZ 2020, 86, 87). Entscheidend für die Bewertung der niedrigen Beweggründe sind also die Vorstellungen der Rechtsgemeinschaft der Bundesrepublik Deutschland (BGH, NStZ 2008, 284, 285; BGH, NStZ 2018, 92, 93; Schneider, MK, StGB, § 211 Rdn. 111; für die Beachtung der abweichenden kulturellen Vorstellungen dagegen etwa Saliger, StV 2003, 22, 24).*
Im Einzelfall könne jedoch ganz ausnahmsweise (BGH, NStZ 2018, 92, 93) dem Täter, der den in seiner Heimat gelebten Anschauungen intensiv verhaftet ist, in subjektiver Hinsicht die Fähigkeit fehlen, die in Deutschland gültigen abweichenden sozialethischen Bewertungen seines Motivs aufzunehmen und nachzuvollziehen (BGH, NStZ 2002, 369, 370; BGH, NJW 2004, 1466, 1467).
Gegen die fehlende Fähigkeit spricht aber etwa, dass jemand schon länger vor der Tat in Deutschland lebte, er mit seinen Vorstellungen auch in seiner Familie allein steht, dem Täter zuvor die deutschen Überzeugungen erklärt worden waren oder er vorherige Misshandlungen des späteren Opfers verheimlichte (siehe BGH, NJW 2004, 1466, 1468).

162 In subjektiver Hinsicht ist es also nicht erforderlich, dass der Täter die Bewertung als niedrig vornimmt. Ausreichend ist, dass er die tatsächlichen Umstände kennt, welche die Bewertung seines Handlungsantriebs als niedrig begründen, und er die Bedeutung der Beweggründe für die Tat erfasst (BGH, NStZ-RR 1999, 234, 235).

9. Tötung zur Ermöglichung oder Verdeckung einer anderen Straftat

163 In der dritten Gruppe der Mordmerkmale geht es um die **Ermöglichungs- oder Verdeckungsabsicht**. Auch hierbei handelt es sich wie bei der ersten Gruppe des § 211 StGB um täterbezogene Merkmale, für die § 28 StGB relevant ist.

164 Beide Mordmerkmale betreffen nur die Ermöglichung oder Verdeckung einer **Straftat**. Hierunter ist eine tatbestandsmäßige, rechtswidrige und schuldhafte Tat zu verstehen. Es kann auch die Straftat eines anderen sein. Ordnungswidrigkeiten sind aber nicht erfasst (BGH, NStZ-RR 2018, 174, 176). Ihre Einbeziehung würde gegen Art. 103 Abs. 2 GG verstoßen. Stets zu beachten ist jedoch, dass es auf die Vorstellung des Täters ankommt. Das Merkmal kann daher selbst dann erfüllt sein, wenn der Täter nur irrtümlich davon ausgeht, eine Straftat zu ermöglichen oder zu verdecken. Zur gebotenen restriktiven Auslegung des Merkmals wird man hierbei aber entgegen der überwiegenden Ansicht zu verlangen haben, dass es sich um einen Irrtum tatsächli-

cher Art handelt, sodass Irrtümer in rechtlicher Hinsicht nicht genügen (anders etwa *Engländer*, GA 2018, 377, 388; *Rengier*, BT II, § 4 Rdn. 108).

Beispiel: 165
A tötet den Polizisten O, der den A beim Telefonieren während der Autofahrt erwischt hat. A meint, dass es sich bei der Benutzung des Handys während der Fahrt um eine Straftat handelt.
Die Benutzung des Handys während der Fahrt stellt eine Ordnungswidrigkeit nach §§ 49 Abs. 1 Nr. 22, 23 Abs. 1a StVO dar, aber keine Straftat. A unterliegt einem Irrtum in rechtlicher Hinsicht. Das wird man zur Bejahung des Mordmerkmals nicht genügen lassen können (anders BGHSt 28, 93, 95; Mitsch, JuS 1996, 213, 217; Rengier, BT II, § 4 Rdn. 109).

Anders verhält es sich, wenn er sich irrtümlich tatsächlich Umstände vorstellt, bei 166
deren Vorliegen eine Straftat gegeben wäre.

Beispiel: 167
A geht in tatsächlicher Hinsicht irrtümlich davon aus, er habe gar keine Fahrerlaubnis. In Wirklichkeit ist sie ihm vor vierzig Jahren erteilt worden, was A vergessen hat. Als Fahrzeugführer A von dem Polizeibeamten O kontrolliert wird, tötet A den O zur Verdeckung der irrtümlich angenommenen Straftat. In diesem Fall ist Verdeckungsabsicht zu bejahen.

Geht der Täter in tatsächlicher Hinsicht irrtümlich von einer Ordnungswidrigkeit aus, 168
obwohl es sich um eine Straftat handelt, ist die Absicht zu verneinen.
Die Absicht zur Ermöglichung oder Verdeckung einer Straftat verlangt **dolus directus** 169
1. Grades. Bei einem Motivbündel muss die entsprechende Absicht dominieren.
Kennzeichnend für die **Ermöglichungsabsicht** ist, dass der Täter zur Erreichung eines 170
weiteren kriminellen Ziels tötet (BGH, NStZ 2015, 693). Die besondere Verwerflichkeit liegt darin begründet, dass der Täter bereit ist, zur Durchsetzung krimineller Ziele „notfalls über Leichen zu gehen" (BGHSt 39, 159, 161).
Dabei muss der Todeserfolg nicht notwendiges Mittel zur Ermöglichung der Tat sein 171
(so aber früher BGHSt 23, 176, 194), es genügt vielmehr, wenn der Täter meint, auf diese Weise die andere Straftat **rascher oder leichter** begehen zu können (BGHSt 39, 159, 161; BGH, NStZ 2015, 693). Folglich schließt auch der Umstand, dass der Täter bezüglich der Tötung lediglich dolus eventualis aufweist, die Ermöglichungsabsicht nicht aus.
Die andere Tat muss keine selbstständige prozessuale Tat im Sinne des § 264 Abs. 1 172
StPO sein, es genügt auch die tateinheitliche Verwirklichung eines weiteren Straftatbestands (BGH, NStZ 2015, 693).

Beispiel: 173
A tötet den O, um an dessen goldenen Ring zu gelangen. Hier werden (u. a.) tateinheitlich §§ 211, 251 StGB verwirklicht (klassischer Raubmord; neben Habgier liegt Ermöglichungsabsicht vor).

Keine andere Tat ist aber die mit der Tötung notwendigerweise verbundene Körper- 174
verletzung.
Derjenige, der getötet wird, muss nicht zwingend auch Opfer der anderen Tat sein. 175

Beispiel: 176
A tötet die Haushaltsgehilfin H, die im Haus des O tätig ist, damit A dort ungehindert stehlen kann.

177 In **Verdeckungsabsicht** handelt, wer sein Opfer tötet, um dadurch eine vorangegangene Straftat als solche oder auch Spuren zu verdecken, die bei einer näheren Untersuchung Aufschluss über bedeutsame Tatumstände geben könnten (BGH, NStZ 2019, 605, 606; BGH, NStZ-RR 2021, 384, 385). Zu solchen Umständen gehört insbesondere die eigene Tatbeteiligung (BGH, NStZ 2019, 605, 606).

178 Verdeckungsabsicht scheidet aus, wenn der Täter meint, dass die vorangegangene Tat bereits vollständig aufgedeckt sei. Solange aber der Täter davon ausgeht, dass die Umstände der Tat noch nicht in einem die Strafverfolgung sicherstellenden Umfang bekannt sind, kommt Verdeckungsabsicht in Betracht (BGHSt 56, 239, 243 f.; BGH, NStZ 2018, 93, 94; BGH, NStZ 2019, 605, 606). Der Täter meint also, noch nicht vollständig überführt zu sein (BGHSt 56, 239, 244). Es reicht, wenn der Täter mit der Tötung eine günstige Beweisposition aufrechterhalten zu können glaubt (BGHSt 50, 11, 14; BGHSt 56, 239, 244).

179 Die Absicht zur Flucht umfasst in der Regel auch den Willen, die eigene Tatbeteiligung zu verdecken. Das ist nur anders, wenn der Täter allein deswegen tötet, um fliehen zu können (BGH, NStZ 2019, 605, 606), wobei dann das Merkmal „niedrige Beweggründe" in Betracht kommt.

180 Das Merkmal kann selbst bei einem in einer Augenblickssituation in affektiver Erregung gefassten Tötungsentschluss gegeben sein; Verdeckungsabsicht erfordert keine Überlegung des Täters im Sinne eines abwägenden Reflektierens (BGH, NStZ 2018, 93, 94; anders *Brunhöber*, HRRS 2011, 513, 515 f.).

181 Unterschiedlich wird beurteilt, ob Verdeckungsabsicht angenommen werden kann, wenn der Täter nicht die Strafverfolgung verhindern will, sondern **außerstrafrechtliche Konsequenzen zu vermeiden sucht**.

182 **Beispiel (in Anlehnung an BGH, NStZ 1999, 615):**

A hat gegenüber ihrem Großvater O einen Betrug begangen. O will dies dem Ehemann der A mitteilen. A befürchtet, dass ihr Ehemann sie dann verlassen wird, und tötet deswegen den O.

Zum Teil wird dieser Fall der Vermeidung außerstrafrechtlicher Konsequenzen aus dem Anwendungsbereich der Verdeckungsabsicht ausgeklammert, um die Konturen des Merkmals nicht zu verwässern (siehe Rengier, BT II, § 4 Rdn. 123; Sowada, JZ 2000, 1035, 1037ff.).

Der BGH hingegen bejaht auch in derartigen Fällen das Mordmerkmal der Verdeckungsabsicht (BGHSt 41, 8, 9f.; BGH, NStZ 1999, 615, 616).

Zwar ist die Vermeidung außerstrafrechtlicher Konsequenzen möglicherweise nicht der klassische Fall der Verdeckungsabsicht, aber auch dann handelt der Täter, um eine Straftat zu verdecken. Vom Wortlaut wird auch dieser Fall erfasst. Zudem besteht in beiden Konstellationen kein wesentlicher Unterschied im Unrechtsgehalt. Der Täter tötet in beiden Fällen, um die Entdeckung der Tat zu verhindern. Daher sprechen die besseren Argumente dafür, auch diese Konstellation als von der Verdeckungsabsicht erfasst anzusehen.

183 Eine zeitliche Zäsur zwischen der Vortat und der Tötung ist (anders als nach der früheren Rechtsprechung des BGH; BGHSt 27, 346, 349; aufgegeben von BGHSt 35, 116) nicht erforderlich. Auch eine unmittelbar vorangegangene Körperverletzung kann taugliche Vortat sein.

184 Umstritten ist die Konstellation, dass der Täter bei einem **einheitlichen Geschehen** eine versuchte Tötung (mit vollendeter Körperverletzung) in der Absicht vollendet, den vorhergehenden Tötungsversuch zu verdecken. Der BGH verneint dann Verdeckungsabsicht (BGH, NStZ 2000, 498, 499; BGH, NStZ 2017, 583; *Hilgendorf/Valerius*, BT I, § 2 Rdn. 63 f.; *Wessels/Hettinger/Engländer*, BT 1, Rdn. 81 anders etwa *Eisele*, BT I, Rdn. 132; *Theile*, JuS 2006, 110, 111), sofern zwischen dem ersten Tötungsversuch und der zweiten Tötungshandlung keine Zäsur besteht.

Bedingter Tötungsvorsatz und Verdeckungsabsicht schließen sich nicht zwingend aus (BGHSt 41, 358, 359 ff.), da es dem Täter im Prinzip nur auf die Verdeckung der Vortat ankommen muss, nicht aber auf den Tod des Opfers (*Engländer*, NStZ 2018, 95, 96). Das kann etwa der Fall sein, wenn der Täter mit dolus eventualis eine Person tötet, von der – wie er weiß – überhaupt keine Entdeckung droht, und damit der Tod des Opfers keine verdeckungsspezifische Funktion aufweist (BGH, NStZ-RR 2018, 174, 175). **185**

Beispiel (in Anlehnung an BGHSt 41, 358): **186**
A tötet den O. Um die Tat zu verdecken, setzt er dessen Wohnung in Brand, obwohl er mit der Möglichkeit rechnet, dass dadurch zwei Frauen sterben, die im Obergeschoss schlafen.
In diesem Fall handelt A bezüglich der Frauen mit dolus eventualis. Das schließt aber die Verdeckungsabsicht nicht aus.

Nur dann, wenn gerade der Tod des Opfers zu dessen Ausschaltung als Zeuge das Ziel der Handlung ist, reicht Eventualvorsatz bezüglich der Tötung nicht; dann kann Verdeckungsabsicht nur bei absichtlicher oder wissentlicher Tötung des Opfers angenommen werden (siehe BGH, NStZ-RR 2016, 280; BGH, NStZ 2018, 93, 94). Geht also der Täter davon aus, dass nur durch den Tod des Opfers die erstrebte Vortatverdeckung erreichbar ist, können Verdeckungsabsicht und dolus eventualis nicht nebeneinander angenommen werden (BGH, NStZ-RR 2018, 174, 176). Das ist vor allem der Fall, wenn das Opfer den Täter kennt. **187**

Beispiel: **188**
O hat beobachtet, wie A den X bestohlen hat. Um O als Zeugen auszuschalten, tötet der A den O.
In diesem Fall reicht dolus eventualis nicht, da gerade die Ausschaltung des O als Zeuge Ziel der Handlung ist. Gerade vom Tötungsopfer ist die Aufdeckung der Tat zu erwarten.

Verdeckungsabsicht kommt auch im Bereich des **Unterlassens** in Betracht. **189**

Beispiel: **190**
Waldarbeiter A verletzt den Arbeitskollegen O versehentlich schwer. Obwohl A erkennt, dass O ohne fremde Hilfe sterben wird, verlässt er den Geschehensort, um die Aufdeckung der Tat durch O zu vermeiden. O verstirbt.
In diesem Fall verwirklicht A §§ 211, 13 StGB, es handelt sich um einen Verdeckungsmord durch Unterlassen.

Problematischer sind Konstellationen des Unterlassens, bei denen die Entdeckung nicht durch das Opfer droht, sondern durch andere Umstände. **191**

Beispiel: **192**
A führt einen Pkw mit 1,3 Promille BAK und verletzt versehentlich den Fußgänger O schwer. O droht zu sterben. A ruft keine Hilfe herbei, da anderenfalls dadurch seine Alkoholisierung entdeckt wird. O stirbt.
Früher hat der BGH die Auffassung vertreten, der Begriff des Verdeckens setze ein Zudecken der Tat voraus, sodass ein bloßes Nichtaufdecken nicht genüge (BGHSt 7, 287, 290). §§ 211, 13 StGB wurde folglich verneint und §§ 212, 13 StGB angenommen.
Im Hinblick auf die Modalitätenäquivalenz des § 13 StGB lehnen Teile der Literatur einen Verdeckungsmord durch Unterlassen im Ergebnis ebenfalls ab (etwa Neumann/Saliger, NK[5], StGB, § 211 Rdn. 104).

In der jüngeren Rechtsprechung hat der BGH jedoch den Verdeckungsmord durch Unterlassen für möglich erachtet (BGH, NJW 2000, 1730, 1732): So hat der BGH Pflegeeltern, die bedingten Tötungsvorsatz aufwiesen, nach §§ 211, 13 StGB bestraft. Diese Eltern hatten bei einem Kind, das aufgrund von Abmagerung in Lebensgefahr schwebte, keinen Arzt verständigt, um ihre vorherigen jahrelangen Misshandlungen zu verdecken.

10. Beteiligungsfragen

193 Die unterschiedlichen Auffassungen in Rechtsprechung und Literatur zum Verhältnis von § 211 StGB und § 212 StGB können insbesondere im Zusammenhang mit der Beteiligung an Mord und Totschlag von Bedeutung sein.

a) Mittäterschaft

194 Zunächst ist auf die Konstellation der Mittäterschaft einzugehen. Verwirklichen beide Täter ein tat- oder täterbezogenes Mordmerkmal, ist man sich einig, dass beide Täter nach §§ 211, 25 Abs. 2 StGB bestraft werden.

195 **Beispiele:**
A und B töten gemeinsam auf heimtückische Art und Weise den O.
Oder: Die Enkel X und Y töten ihre Großmutter Z, um sie zu beerben, handeln also beide aus Habgier.
In diesen Konstellationen werden die Täter nach §§ 211, 25 Abs. 2 StGB bestraft.

196 Verwirklicht nur einer der beiden Mittäter ein tatbezogenes Merkmal, wird dieses dem anderen zugerechnet, sofern insofern kein Mittäterexzess vorliegt und der Mittäter Kenntnis hat.

197 **Beispiel:**
A öffnet dem heimlichen Liebhaber B die Tür zu ihrem Haus, damit B den Ehemann der A, den O, töten kann. B tötet O, während O schläft.
B macht sich wegen heimtückischen Mordes strafbar. Dieses tatbezogene Mordmerkmal wird auch der Mittäterin A zugerechnet, sofern insofern kein Mittäterexzess vorliegt und zudem die A weiß, dass B die Tat heimtückisch begeht.

198 Problematisch ist, was zu gelten hat, wenn nur einer der Mittäter ein täterbezogenes Merkmal aufweist, der andere hingegen nicht.

199 **Beispiel:**
A tötet den O, ohne ein Mordmerkmal zu verwirklichen. Mittäter B, der selbst den Tötungsakt nicht vollzieht, handelt aus Habgier. A weiß nichts von dem Motiv des B.
In diesem Fall macht sich A nach § 212 StGB strafbar. Bei A persönlich fehlt das täterbezogene Mordmerkmal. Als subjektives Merkmal kann es dem A auch nicht über die Mittäterschaft zugerechnet werden. Zudem hat A gar keine Kenntnis von der Motivation des B. A ist daher nach § 212 StGB zu bestrafen.
B verwirklicht das Mordmerkmal der Habgier. B kann jedoch nur dann wegen täterschaftlichen Mordes bestraft werden, falls B die Tötungshandlung des A über die Mittäterschaft zurechenbar ist.
Fraglich ist nun, ob Mittäterschaft angenommen werden kann, wenn ein Täter § 212 StGB verwirklicht, es bei dem anderen aber um § 211 StGB geht.

Für das Schrifttum, das § 212 StGB als Grundtatbestand ansieht und § 211 StGB als Qualifikation (Rdn. 71 ff.), ist dies unproblematisch möglich und zu bejahen. Es verhält sich nicht anders als in sonstigen Fällen, in denen ein Mittäter lediglich den Grundtatbestand verwirklicht und der andere eine Qualifikation (Beispiel: A begeht einen Diebstahl gemäß § 242 StGB, Mittäter B führt, was A nicht weiß, eine Waffe bei sich, sodass er § 244 Abs. 1 Nr. 1a StGB verwirklicht. Beide sind dann Mittäter). A verwirklicht damit § 212 StGB und B § 211 StGB in Mittäterschaft. Das folgt für das Schrifttum im Übrigen aus § 28 Abs. 2 StGB (siehe zu § 28 StGB Rdn. 203 ff.).
Der BGH indes sieht § 212 StGB einerseits und § 211 StGB andererseits als jeweils selbstständige, voneinander unabhängige Straftatbestände mit verschiedenem Unrechtsgehalt an (Rdn. 72). Dogmatisch konsequent wäre daher, die Möglichkeit der Mittäterschaft zu verneinen.
Der BGH hat dies aber anders entschieden und meint, dass Mord und Totschlag in Mittäterschaft begangen werden können (BGHSt 36, 231, 232 ff.). So sei der Unrechtsgehalt des § 212 StGB in § 211 StGB enthalten, es gehe nicht um zwei völlig verschiedene Taten (BGHSt 36, 231, 235). Folglich kann danach dem B die Tötungshandlung des A über § 25 Abs. 2 StGB zugerechnet werden. Der BGH kommt damit zu einem mit dem Schrifttum übereinstimmenden Ergebnis. A verwirklicht § 212 StGB und B § 211 StGB in Mittäterschaft.

Selbst wenn der agierende Täter weiß, dass sein Mittäter ein täterbezogenes Merkmal verwirklicht, er persönlich jedoch keines aufweist, ändert sich an der Beurteilung nichts. 200

Beispiel: 201
A tötet O, ohne selbst ein Mordmerkmal zu verwirklichen. Mittäter B handelt aus Habgier. A weiß von dieser Motivation des B.
In diesem Fall macht sich A nach § 212 StGB strafbar. Das täterbezogene Merkmal der Habgier ist einer Zurechnung über die Mittäterschaft nicht zugänglich. Dass A von der Habgier des B weiß, ändert an dieser Beurteilung nichts. Es bleibt für A bei § 212 StGB, da er selbst nicht aus Habgier handelt.
B verwirklicht § 211 StGB. Ihm kann wiederum die Tötungshandlung über § 25 Abs. 2 StGB zugerechnet werden. A verwirklicht damit § 212 StGB und B den § 211 StGB in Mittäterschaft. Für das Schrifttum ergibt sich das im Übrigen aus § 28 Abs. 2 StGB (siehe zu § 28 StGB Rdn. 203 ff.). Aber auch nach Ansicht des BGH ist hier Mittäterschaft gegeben (BGHSt 36, 231, 232 ff.; siehe Rdn. 199).

Mittäterschaft in der Form, dass der eine Mittäter § 212 StGB verwirklicht, der andere Mittäter hingegen § 211 StGB, kann im Übrigen auch gegeben sein, wenn der Vorsatz des einen Mittäters bezüglich des tatbezogenen Merkmals fehlt, das der andere Mittäter verwirklicht. 202

b) Teilnahme

Insbesondere im Zusammenhang mit Teilnahmekonstellationen kann sich der Streit auswirken, in welchem Verhältnis Mord und Totschlag stehen. 203
Eher unproblematisch ist der Bereich der tatbezogenen Mordmerkmale. 204

Beispiel: 205
A tötet den O heimtückisch. B hat den A zu dieser Tat angestiftet. B weiß von der heimtückischen Begehungsweise durch A.
A macht sich wegen täterschaftlichen Mordes strafbar.

B könnte wegen Anstiftung zum Mord gemäß §§ 211, 26 StGB zu bestrafen sein (siehe zum Aufbau der Anstiftung Zieschang, AT, Rdn. 723).
Objektiv liegt mit dem Mord eine vorsätzliche rechtswidrige Haupttat vor. B hat bei dem A den Tatentschluss hervorgerufen, ihn also zur Tat bestimmt.
Im subjektiven Tatbestand hat B Vorsatz bezüglich seiner eigenen Anstiftungshandlung, er will bei A den Tatentschluss hervorrufen.
B hat auch Kenntnis von der Haupttat und will deren Vollendung. Insbesondere weiß B auch, dass A heimtückisch handelt. Der subjektive Tatbestand liegt vor.
B handelt rechtswidrig und schuldhaft. B macht sich daher gemäß §§ 211, 26 StGB strafbar.
*In diesem Fall, in dem es um ein **tatbezogenes Merkmal** geht, spielt **§ 28 StGB keine Rolle**. Diese Vorschrift ist allein im Hinblick auf täterbezogene Merkmale von Bedeutung.*

206 **Abwandlung:**
A tötet den O heimtückisch. B hat den A zu der Tötung angestiftet, weiß aber nichts von der heimtückischen Begehungsweise durch A.
In diesem Fall bezieht sich der Anstiftervorsatz des B allein auf § 212 StGB. Folglich ist A nach § 211 StGB zu bestrafen und B nach §§ 212, 26 StGB.

207 **Weitere Abwandlung:**
B hat den A dazu angestiftet, den O im Schlaf zu töten. A tötet den O jedoch erst, nachdem O erwacht ist, also ohne ein Mordmerkmal zu verwirklichen.
A verwirklicht § 212 StGB. Fraglich ist, wie der Anstifter B zu bestrafen ist, der wollte, dass A den O heimtückisch tötet, was tatsächlich aber nicht geschah.
B kann gemäß §§ 212, 26 StGB bestraft werden. Eine Anstiftung zum Mord kommt mangels diesbezüglicher Haupttat nicht in Betracht. Es liegt aber hinsichtlich der intendierten heimtückischen Tötung (also bezüglich § 211 StGB) eine versuchte Anstiftung vor, die strafbar ist, da es um ein Verbrechen geht. B ist also auch gemäß §§ 30 Abs. 1, 211 StGB zu bestrafen, wobei diese versuchte Anstiftung zum Mord in Tateinheit zu §§ 212, 26 StGB steht.

208 Was gilt im Hinblick auf täterbezogene Merkmale? Auch hierzu sollen mehrere Beispiele der Veranschaulichung dienen. Zunächst ist der typische Problemfall darzustellen:

209 **Beispiel:**
A tötet den O aus Mordlust (also aus einem täterbezogenen Merkmal). B hat den A zu der Tötung angestiftet, wobei er selbst kein Mordmerkmal verwirklicht, jedoch weiß, dass A aus Mordlust handelt.
A macht sich in diesem Fall wegen Mordes gemäß § 211 StGB strafbar.
B könnte sich wegen Anstiftung zum Mord gemäß §§ 211, 26 StGB strafbar gemacht haben.
Im objektiven Tatbestand liegt eine vorsätzliche rechtswidrige Haupttat mit dem Mord vor. B hat den A auch zu der Tat bestimmt.
In subjektiver Hinsicht weiß B, dass A einen Mord begeht und will dies auch. Er hat also insbesondere auch Kenntnis davon, dass bei A das täterbezogene Mordmerkmal der Mordlust vorliegt. Weiterhin wollte der B auch bei dem A den Tatentschluss hervorrufen. Der subjektive Tatbestand ist folglich erfüllt.

210 **Anmerkung:**
Vielfach wird die Diskussion um § 28 StGB nun bereits hier im oder unmittelbar nach dem subjektiven Tatbestand vorgenommen (etwa Rengier, BT II, § 5

Rdn. 22). Das ist natürlich möglich, insbesondere da das Schrifttum über § 28 Abs. 2 StGB eine Tatbestandsverschiebung befürwortet. Vorliegend wird indessen der Aufbau gewählt, auf dieses Problem erst im Anschluss an die Feststellung der Schuld einzugehen.

A handelt rechtswidrig und schuldhaft. **211**
Problematisch ist nun, dass A zwar ein täterbezogenes Mordmerkmal verwirklicht, nicht jedoch der Anstifter B in seiner Person. Das könnte zur Anwendung des § 28 StGB führen.
Hierbei ist zunächst festzustellen, dass § 28 StGB bezüglich des Mordes allein bei den täterbezogenen Merkmalen der ersten und dritten Gruppe relevant ist, jedoch bei den tatbezogenen Merkmalen der zweiten Gruppe keine Anwendung findet. Im Fall geht es um ein täterbezogenes Merkmal (Mordlust), sodass § 28 StGB heranziehbar ist.
Problematisch und umstritten ist nun, ob auf eine Konstellation wie vorliegend § 28 Abs. 1 StGB (Strafrahmenverschiebung) oder § 28 Abs. 2 StGB (Tatbestandsverschiebung) anwendbar ist. Das hängt entscheidend davon ab, wie man das Verhältnis von § 211 StGB zu § 212 StGB bestimmt:
Geht man mit der Rechtsprechung davon aus, dass § 211 StGB und § 212 StGB zwei selbstständige, voneinander unabhängige Tatbestände sind (Rdn. 72), „begründet“ das besondere persönliche Merkmal der Mordlust (oder ein anderes täterbezogenes Merkmal) die Strafbarkeit, sodass § 28 Abs. 1 StGB einschlägig ist. Das hat zur Konsequenz, dass B nach §§ 211, 26 StGB zu bestrafen ist, wobei dessen Strafe nach § 28 Abs. 1 i. V. m. § 49 Abs. 1 StGB zu mildern ist (obligatorische Strafmilderung).
Geht man mit dem Schrifttum davon aus, dass § 211 StGB eine Qualifikation des § 212 StGB ist, „schärft“ das besondere persönliche Merkmal der Mordlust (oder ein anderes täterbezogenes Merkmal) die Strafe, sodass § 28 Abs. 2 StGB heranzuziehen ist. Danach gilt das Merkmal nur für denjenigen, bei dem es vorliegt, also bei A. B ist hingegen nach §§ 212, 26 StGB zu bestrafen.

Hinweis: **212**
Tatsächlich kann der Anstifter nach der Lösung des Schrifttums (Bestrafung gemäß §§ 212, 26 StGB) härter bestraft werden als nach der Rechtsprechung: Da der Anstifter gemäß § 26 StGB „gleich einem Täter bestraft“ wird, sieht er sich folglich (vgl. die Strafandrohung des § 212 StGB) einer Freiheitsstrafe nicht unter fünf Jahren ausgesetzt (bis maximal 15 Jahre, § 38 Abs. 2 StGB). Nach der Rechtsprechung wird der Anstifter nach §§ 211, 26, 28 Abs. 1, 49 Abs. 1 Nr. 1 StGB bestraft, mit anderen Worten ist die bei § 211 StGB angedrohte lebenslange Freiheitsstrafe obligatorisch über § 49 Abs. 1 Nr. 1 StGB zu mildern: An die Stelle von lebenslanger Freiheitsstrafe tritt also Freiheitsstrafe nicht unter drei Jahren (bis maximal 15 Jahre, § 38 Abs. 2 StGB). Dieses Ergebnis will indes der BGH vermeiden und bejaht eine Sperrwirkung des § 212 StGB hinsichtlich der Mindeststrafe (BGH, NStZ 2006, 288, 290).

Da im konkreten Fall die verschiedenen Auffassungen zu unterschiedlichen Ergebnissen gelangen, ist der Meinungsstreit zu diskutieren. **213**
Es wurde bereits erläutert, dass die Auffassung im Schrifttum, welche § 211 StGB als Qualifikation zu dem Grundtatbestand des § 212 StGB erachtet, überzeugt (siehe im Einzelnen Rdn. 71 ff.). Folglich hat sich B unter Zugrundelegung dieser Ansicht gemäß §§ 212, 26 StGB strafbar gemacht.

214 **Abwandlung:**

A tötet den O aus Mordlust. B hat den A zu der Tötung angestiftet (oder Beihilfe geleistet), wobei er selbst kein Mordmerkmal aufweist und auch gar nicht weiß, dass A aus Mordlust tötet.

A macht sich nach § 211 StGB strafbar. A verwirklicht zwar den objektiven Tatbestand des §§ 211, 26 StGB, jedoch scheitert eine Bestrafung wegen Anstiftung zum Mord daran, dass B keinen Vorsatz in Bezug auf das bei A vorhandene Mordmerkmal aufweist. B kann daher nach allen Ansichten nur nach §§ 212, 26 StGB bestraft werden.

215 Der Aspekt, dass der keine täterbezogenen Mordmerkmale aufweisende Anstifter (oder Gehilfe) Kenntnis von dem bei dem Täter vorliegenden Mordmerkmal haben muss, wird oftmals in Prüfungsarbeiten nicht hinreichend beachtet. Nur dann, wenn der Anstifter (oder Gehilfe) insofern Vorsatz hat, kann nach der Rechtsprechung Anstiftung zum Mord gemäß §§ 211, 26, 28 Abs. 1, 49 Abs. 1 StGB überhaupt in Betracht kommen. Natürlich ist zu beachten: Nach der Literaturansicht ist der Teilnehmer selbst dann über § 28 Abs. 2 StGB nach §§ 211, 26 (27) StGB zu bestrafen, wenn er keine Kenntnis von dem täterbezogenen Mordmerkmal des Täters hat, jedoch selbst ein täterbezogenes Mordmerkmal aufweist (siehe auch Rdn. 219).

216 Eher unproblematisch ist der Fall, dass der Anstifter (oder Gehilfe) in seiner Person dasselbe Mordmerkmal wie der Täter aufweist.

217 **Beispiel:**

A tötet O, da er dafür 10.000 Euro erhält. Zu dieser Tat hat der B angestiftet, der von der Habgier des A weiß und selbst aus dem Motiv heraus handelt, O zu beerben.

In dieser Konstellation handeln sowohl A als auch B aus Habgier. A ist nach § 211 StGB und B nach §§ 211, 26 StGB zu bestrafen.

218 Es kann sich natürlich auch so verhalten, dass der Täter mangels Mordmerkmals lediglich wegen Totschlags zu bestrafen ist, jedoch der Teilnehmer ein täterbezogenes Mordmerkmal aufweist.

219 **Beispiel:**

A tötet den O, ohne dass Mordmerkmale vorliegen. B hat den A zu dieser Tat angestiftet, wobei B das Mordmerkmal der Habgier verwirklicht.

A macht sich dann nach § 212 StGB strafbar.

Bei B kommt eine Strafbarkeit nach §§ 212, 26 StGB in Betracht: Eine vorsätzliche rechtswidrige Haupttat liegt vor, B hat bei dem A auch den Tatentschluss hervorgerufen. A handelt in Bezug auf die Haupttat und seine Anstiftungshandlung vorsätzlich. Rechtswidrigkeit und Schuld sind gegeben.

Fraglich ist, ob es sich auswirkt, dass B selbst ein täterbezogenes Mordmerkmal verwirklicht.

Unter Zugrundelegung der Auffassung im Schrifttum ist diese Konstellation über § 28 Abs. 2 StGB relativ unproblematisch zu lösen: § 211 StGB schärft danach als Qualifikation die Strafe gegenüber dem Grundtatbestand des § 212 StGB. Ein besonderes persönliches Merkmal gilt dabei nur für den Beteiligten (Täter oder Teilnehmer), bei dem es vorliegt. Das ist hier bei dem Anstifter B der Fall. Folglich wird B nach der Literaturauffassung über § 28 Abs. 2 StGB wegen Anstiftung zum Mord gemäß §§ 211, 26 StGB bestraft.

Problematisch ist, wie die Rechtsprechung einen solchen Fall löst. § 28 Abs. 1 StGB betrifft allein den Fall, dass beim Teilnehmer besondere persönliche Merkmale fehlen, was hier gerade nicht der Fall ist. Folglich kann B unter

> *Zugrundelegung der Auffassung der Rechtsprechung nur nach §§ 212, 26 StGB bestraft werden (BGH, NJW 2005, 996, 997).*
> *Das gilt nach der Rechtsprechung im Übrigen auch dann, wenn der Haupttäter ein Mordmerkmal verwirklicht, von dem der Teilnehmer, selbst wenn dieser persönlich ein täterbezogenes Mordmerkmal erfüllt, keine Kenntnis hat.*
> *§§ 30 Abs. 1, 211 StGB ist nicht gegeben, weil B nicht wollte, dass A einen Mord begeht.*
> *Das Ergebnis der Rechtsprechung, also die Bestrafung bloß wegen Anstiftung zum Totschlag, zeigt, wie wenig diese Auffassung zu überzeugen vermag, verwirklicht doch der Anstifter in seiner Person ein Mordmerkmal.*

Unstimmigkeiten unter Zugrundelegung der Auffassung des BGH offenbaren sich 220
auch, wenn es um **gekreuzte Mordmerkmale** geht.

> **Beispiel:** 221
> *A tötet die O zur Befriedigung des Geschlechtstriebs. B hat den A zu der Tat angestiftet, weiß auch von dem Motiv des A, das er jedoch selbst nicht aufweist. Vielmehr ist bei B das Merkmal der Habgier gegeben.*
> *A macht sich gemäß § 211 StGB strafbar. Möglicherweise macht sich B gemäß §§ 211, 26 StGB strafbar.*
> *Eine vorsätzliche rechtswidrige Haupttat ist mit dem Mord gegeben. B hat auch bei dem A den Tatentschluss hervorgerufen, ihn also zur Tat bestimmt.*
> *B handelt in Bezug auf die Haupttat vorsätzlich, er weiß insbesondere auch, dass A zur Befriedigung des Geschlechtstriebs handelt. Zudem wollte er bei dem A den Tatentschluss hervorrufen.*
> *B handelt rechtswidrig und schuldhaft.*
> *Problematisch ist nun, dass zwar sowohl beim Täter als auch beim Teilnehmer ein subjektives Mordmerkmal gegeben ist, es sich aber hierbei um unterschiedliche täterbezogene Merkmale handelt.*
> *Auch diese Konstellation kann die Literaturauffassung konsequent über § 28 Abs. 2 StGB lösen. Da bei dem B das Mordmerkmal „zur Befriedigung des Geschlechtstriebs" nicht vorliegt, wird zunächst einmal § 211 StGB auf § 212 StGB „heruntergestuft". Vor dem Hintergrund, dass B das Mordmerkmal „Habgier" aufweist, kann dann aber über § 28 Abs. 2 StGB eine „Heraufstufung" zum Mord erfolgen. Im Ergebnis macht sich daher B nach der Literaturansicht gemäß §§ 211, 26 StGB strafbar. Das gilt nach der Literaturauffassung im Übrigen auch, wenn B keine Kenntnis vom täterbezogenen Mordmerkmal des A hat. Schwieriger ist diese Konstellation zu lösen, wenn man die Auffassung der Rechtsprechung heranzieht. Danach fehlt dem B das Mordmerkmal „zur Befriedigung des Geschlechtstriebs" in seiner Person, was über § 28 Abs. 1 StGB eigentlich dazu führen müsste, dass B zu bestrafen ist gemäß §§ 211, 26 StGB, wobei die Strafe über §§ 28 Abs. 1, 49 Abs. 1 StGB zu mildern wäre. Hier jedoch entscheidet der BGH anders (BGH, NJW 2005, 996, 997; BGHSt 50, 1, 9): Da der Teilnehmer selbst auch ein Mordmerkmal aufweist, nämlich die Habgier, will die Rechtsprechung in dieser Konstellation der* ***gekreuzten Mordmerkmale*** *dem Teilnehmer die* ***Milderung der Strafe aus Wertungsgesichtspunkten versagen****. Folglich macht sich B auch nach der Rechtsprechung gemäß §§ 211, 26 StGB strafbar, ohne dass damit eine Strafmilderung über § 49 Abs. 1 StGB einhergeht. Diese Grundsätze gelten aber nach der Rechtsprechung nur dann, wenn der Teilnehmer Kenntnis vom Mordmerkmal des Haupttäters hat. Hat er diese nicht, liegt nach der Rechtsprechung ein Fall vor, wie er unter Rdn. 219 behandelt ist.*

222 **Hinweis:**
Da Literatur und BGH im Fall der gekreuzten Mordmerkmale zu einem übereinstimmenden Ergebnis gelangen, braucht dann der Streit nicht diskutiert zu werden.

223 Festzuhalten ist aber dennoch: Insgesamt kommt das Schrifttum, welches § 212 StGB als Grundtatbestand ansieht und § 211 StGB als Qualifikation, zu stimmigeren Ergebnissen als der BGH, der Hilfskonstruktionen wählen muss, sich teilweise über den Wortlaut des § 28 StGB hinwegsetzt oder zu dogmatisch unbefriedigenden Ergebnissen gelangt.

III. Tötung auf Verlangen gemäß § 216 StGB

224 Bei der Vorschrift der Tötung auf Verlangen handelt es sich um eine **Privilegierung** gegenüber den §§ 212, 211 StGB (so jedenfalls nach der Literatur; *Kindhäuser/Hilgendorf*, LPK, § 216 Rdn. 1; als selbstständigen Tatbestand auffassend, der §§ 211, 212 StGB vorgeht, BGHSt 2, 258; BGHSt 13, 162, 165). Liegen die Voraussetzungen des § 216 StGB vor, darf nicht mehr auf die Regelungen zum Totschlag und Mord zurückgegriffen werden. Die Vorschrift entfaltet also eine **Sperrwirkung**.

225 Für den Prüfungsaufbau bedeutet das: Kommt nach dem Sachverhalt in Betracht, dass § 216 StGB einschlägig ist, sollte man die Prüfung mit dieser Vorschrift beginnen. Ist sie dann tatsächlich gegeben, dürfen die §§ 212, 211 StGB nicht mehr erörtert werden.

226 § 216 StGB betrifft eine **Fremdtötung** (zur Abgrenzung der Fremdtötung vom Suizid siehe Rdn. 20 ff.). Zu beachten ist hierbei, dass der 6. Strafsenat des BGH (BGH, Beschluss vom 28.6.2022 – 6 StR 68/21) aufgrund der Entscheidung des BVerfG zur Verfassungswidrigkeit des § 217 StGB (siehe Rdn. 23) dazu neigt, § 216 StGB verfassungskonform einzuschränken, wenn einer sterbewilligen Person es faktisch unmöglich ist, ihre frei von Willensmängeln getroffene Entscheidung selbst umzusetzen. Die Vorschrift macht gleichzeitig deutlich, dass der Einzelne über sein Leben nicht dispositionsbefugt ist, also eine rechtfertigende Einwilligung in den eigenen Tod nicht möglich ist, denn anderenfalls dürfte die Tötung auf Verlangen nicht gemäß § 216 StGB strafbar sein (zu der besonderen Konstellation des Behandlungsabbruchs siehe bereits Rdn. 47 ff.).

227 Voraussetzung des § 216 StGB ist, dass der Täter durch das **ausdrückliche** und **ernstliche Verlangen** des Getöteten zur Tötung **bestimmt** worden ist.

228 Die Begriffe des **Verlangens** und **Bestimmens** sind vergleichbar mit dem Bestimmen bei der Anstiftung (§ 26 StGB) zu verstehen. Es geht also um das Hervorrufen des Tatentschlusses beim Täter. Das Verlangen kann mit Bedingungen verbunden sein (BGH, NJW 1987, 1092). Ob der Täter noch durch andere Motive zur Tötung geleitet wird, ist dabei grundsätzlich nicht von Relevanz. Maßgeblich ist jedoch bei einem Motivbündel, dass das Tötungsverlangen dominiert (BGHSt 50, 80, 91 f.; BGH, NStZ-RR 2018, 172, 173).

229 **Beispiel:**
O bittet seinen Sohn A darum, dass A den O erschießen soll, da er des Lebens überdrüssig sei. A kommt dem Wunsch des O vor allem deswegen nach, da es A maßgeblich auf die Erbschaft ankommt.
Handlungsleitend bei A ist das Gewinnstreben, das Verlangen des O dominiert nicht. § 216 StGB scheidet folglich aus. A macht sich nach § 211 StGB (Habgier) strafbar.

Ausdrücklich ist das Verlangen, wenn der Todeswunsch unmissverständlich nach außen kundgegeben worden ist (*Schneider*, MK, StGB, § 216 Rdn. 18). Das kann schriftlich, mündlich, selbst durch Gesten oder möglicherweise sogar in Frageform erfolgen. 230

Ernstlich ist das Verlangen, falls es freiverantwortlich gefasst worden ist. Das ist insbesondere nicht der Fall, wenn der Getötete Zwang ausgesetzt ist, getäuscht wurde oder einem sonstigen Irrtum unterliegt (siehe zum Begriff der Freiverantwortlichkeit bereits Rdn. 33). 231

Das Tötungsverlangen ist nach herrschender Sicht täterbezogenes Merkmal gemäß § 28 Abs. 2 StGB (*Eser/Sternberg-Lieben*, Schönke/Schröder, StGB, § 216 Rdn. 18). 232

Hinzuweisen ist in subjektiver Hinsicht darauf, dass derjenige, der sich die privilegierenden Umstände in tatsächlicher Hinsicht irrtümlich vorstellt, gemäß § 16 Abs. 2 StGB auch nur nach § 216 StGB bestraft wird (siehe dazu *Zieschang*, AT, Rdn. 140 f.). 233

Der Versuch ist in § 216 Abs. 2 StGB ausdrücklich unter Strafe gestellt (siehe zu einer Versuchskonstellation mit strafbefreiendem Rücktritt und Sperrwirkung des milderen Gesetzes den Fall bei *Zieschang*, AT, Rdn. 532 ff.). 234

IV. Fahrlässige Tötung gemäß § 222 StGB

Nach § 15 StGB ist nur vorsätzliches Handeln strafbar, es sei denn, der Gesetzgeber hat fahrlässiges Handeln ausdrücklich unter Strafe gestellt. Hierbei handelt es sich um eine Selbstverständlichkeit, denn dies resultiert schon aus Art. 103 Abs. 2 GG (nulla poena sine lege). Mit § 222 StGB hat der Gesetzgeber die fahrlässige Tötung ausdrücklich pönalisiert. 235

Die Bedeutung dieser Vorschrift in der Praxis darf nicht unterschätzt werden, wenn man etwa nur an den Bereich von Straßenverkehrsunfällen denkt oder an Fehler im medizinischen Sektor im Rahmen von Operationen oder sonstigen Heilbehandlungen. Hinzu kommen etwa auch Unglücke bei Großveranstaltungen (zum Beispiel bei der Love-Parade in Duisburg im Jahr 2010, bei dem 21 Menschen starben) oder im Arbeitssektor (etwa der im Zuge von U-Bahn-Bauten erfolgte Einsturz des Kölner Stadtarchivs samt zweier Nachbargebäude im Jahr 2009, bei dem zwei Menschen starben). 236

Der Aufbau des Fahrlässigkeitsdelikts und die damit verbundenen wesentlichen Probleme sind klassische Fragen des Allgemeinen Teils. Insoweit ist darauf an dieser Stelle zu verweisen (*Zieschang*, AT, Rdn. 415 ff.). 237

V. Aussetzung gemäß § 221 StGB

Die ebenfalls im 16. Abschnitt des StGB (Straftaten gegen das Leben) normierte Aussetzung gemäß § 221 Abs. 1 StGB ist ein konkretes Gefährdungsdelikt. Aus der in Nr. 1 oder Nr. 2 normierten Verhaltensweise muss folglich eine konkrete Gefahr resultieren. Insoweit geht es entweder um die Gefahr des Todes oder um die einer schweren Gesundheitsschädigung. § 221 Abs. 1 StGB ist Vorsatzdelikt, sodass sich der Vorsatz des Täters nicht nur auf sein Verhalten beziehen muss, sondern auch auf den Eintritt der konkreten Gefahr. 238

1. § 221 Abs. 1 Nr. 1 StGB

§ 221 Abs. 1 Nr. 1 StGB betrifft den Fall, dass der Täter einen Menschen in eine hilflose Lage versetzt und dieser dadurch der konkreten Gefahr ausgesetzt wird. Das 239

Delikt ist also mehrstufig: Durch die Tathandlung muss eine hilflose Lage entstehen, wodurch es dann wiederum zu einer konkreten Gefahr kommt. Unter einer hilflosen Lage ist eine Situation zu verstehen, in der ein Mensch potenziellen Gefahren für Leib oder Leben ausgesetzt ist, ohne dass er sich selbst oder mit Hilfe anderer schutzbereiter und -fähiger Dritter aus dieser Situation befreien kann (BGHSt 52, 153, 157; BGH, BeckRS 2021, 39131; *Rengier*, BT II, § 10 Rdn. 7; *Wessels/Hettinger/Engländer*, BT 1, Rdn. 162).

240 **Beispiel:**
Der Gastwirt A setzt den volltrunkenen O bei klirrender Kälte vor sein Lokal, damit A sein Lokal schließen kann.

241 Der Täter muss das Opfer in diese hilflose Lage versetzen. Möglich ist auch, dass sich das Opfer bereits in einer hilflosen Lage befindet und in eine neue versetzt wird.

242 **Beispiel:**
A nimmt die am Straßenrand liegende betrunkene O bei eiskalten Temperaturen in sein Auto auf. Als A zu Hause ankommt, lässt er O im vor der Haustüre abgestellten Auto schlafend liegen.

243 Mit dem Versetzen muss nicht unbedingt eine räumliche Verbringung des Opfers an einen anderen Ort verbunden sein (BGHSt 52, 153, 156; *Kindhäuser/Hilgendorf*, LPK, § 221 Rdn. 8).

244 **Beispiel:**
A entzieht der 80-jährigen O ihre lebenswichtigen Medikamente.

245 Das Versetzen kann sowohl durch aktives Tun als auch durch Unterlassen verwirklicht werden.

246 **Beispiel für Unterlassen:**
A hat die Pflege seiner betagten Mutter O übernommen. A besorgt ihr Essen und die zum Überleben notwendigen Medikamente. Da A nun die Mutter beerben möchte, unterlässt er die weitere Versorgung der O.
In diesem Fall hat A die O durch Unterlassen in eine hilflose Lage versetzt, sodass §§ 221 Abs. 1 Nr. 1, 13 StGB vorliegt (vgl. Stuckenberg, FS Fischer, S. 543, 555). Gegen § 221 Abs. 1 Nr. 2 StGB spricht, dass sich O zuvor nicht schon in einer hilflosen Lage befunden hat.

247 Im Fall des Unterlassens geht es um §§ 221 Abs. 1 Nr. 1, 13 StGB. Folglich muss der Täter eine Garantenstellung aufweisen. Diese hat etwa der Sohn gegenüber seiner Mutter aus natürlicher Verbundenheit inne. Aber auch andere Garantenstellungen kommen in Betracht, zum Beispiel aus tatsächlicher Übernahme oder unter Umständen aus Ingerenz (siehe zu den Garantenstellungen allgemein *Zieschang*, AT, Rdn. 600 ff.).

248 Durch das Versetzen in eine hilflose Lage muss das Opfer dann einer konkreten Gefahr des Todes oder einer schweren Gesundheitsschädigung ausgesetzt sein. Die konkrete Gefahr muss also aus der vorherigen hilflosen Lage resultieren (vgl. BGHSt 52, 153, 157). Allein die Schaffung einer konkreten Gefahr ohne vorherige hilflose Lage ist nicht tatbestandlich. Folglich ist § 221 Abs. 1 Nr. 1 StGB auch nicht erfüllt, falls jemand in konkrete Gefahr gebracht wird und (erst) dadurch für ihn eine hilflose Lage entsteht. Resultiert daraus dann aber wiederum eine konkrete Gefahr, ist § 221 Abs. 1 StGB gegeben. Auch die Steigerung einer konkreten Gefahr soll im Übrigen genügen (BGH, BeckRS 2021, 39131).

Kennzeichnend für die konkrete Gefahr ist, dass eine Situation gegeben ist, bei der es 249
nur noch vom Zufall abhängt, ob es zum Schadenseintritt kommt oder nicht.

Beispiel: 250
Wenn der Gastwirt A den volltrunkenen Gast O bei Eiseskälte vor die Tür setzt, ist ein Versetzen in eine hilflose Lage gegeben, da dann für O potenziell Gefahren für Leib oder Leben bestehen. Damit liegt aber nicht gleichzeitig auch schon eine konkrete Gefahr vor. Sie ist erst anzunehmen, wenn die Körpertemperatur des O aufgrund der Kälte so stark gesunken ist, dass es nur noch vom Zufall abhängt, ob er überleben wird oder nicht. Würde O vorher etwa von dritter Seite gerettet, ist § 221 Abs. 1 Nr. 1 StGB nicht verwirklicht. Insoweit ist dann zu beachten, dass der Versuch des § 221 Abs. 1 StGB nicht unter Strafe steht.

Bei der Gefahr einer schweren Gesundheitsschädigung kann man sich an § 226 StGB 251
orientieren, sie liegt aber darüber hinaus auch vor, wenn vergleichbare schwere Beeinträchtigungen der Gesundheit eintreten können (etwa eine erhebliche oder langwierige Krankheit). In die Betrachtung einzubeziehen sind dabei insbesondere auch die individuellen Verhältnisse des Opfers (siehe BGH, NJW 2002, 2043).

2. § 221 Abs. 1 Nr. 2 StGB

§ 221 Abs. 1 Nr. 2 StGB betrifft die Konstellation, dass der Täter einen Menschen in 252
einer hilflosen Lage im Stich lässt, obwohl er ihn in seiner Obhut hat oder ihm sonst beizustehen verpflichtet ist. Die Deliktsnatur dieser Alternative ist umstritten. Der BGH und die überwiegende Ansicht im Schrifttum gehen von einem echten Unterlassungsdelikt aus (BGHSt 57, 28, 30 f.; BGH, BeckRS 2021, 39131; ebenso etwa *Hilgendorf/Valerius*, BT I, § 2 Rdn. 146; *Rengier*, BT II, § 10 Rdn. 5), da der Tatbestand selbst das Unterlassen beschreibe; folglich sei § 13 Abs. 2 StGB nicht anwendbar. Dagegen wird zum Teil in der Literatur angenommen, es gehe um ein unechtes Unterlassungsdelikt (*Momsen*, StV 2013, 54, 58), was dann zur Konsequenz hat, dass die Milderungsmöglichkeit nach § 13 Abs. 2 StGB zu beachten ist.
Bei der Streitentscheidung ist zu bedenken, dass ein „im Stich lassen" von der Wort- 253
bedeutung – auch gerade im Unterschied zu § 221 Abs. 1 Nr. 1 StGB – durch ein Unterlassungsmoment gekennzeichnet ist. Der Täter unterlässt erforderliche Handlungen. Folglich geht es um ein Unterlassungsdelikt. Nicht jeder ist jedoch tauglicher Unterlassungstäter der Nr. 2, sondern nur derjenige, der das Opfer in seiner Obhut hat oder ihm sonst beizustehen verpflichtet ist. Das bedeutet nichts anderes, als dass eine dadurch gekennzeichnete Garantenstellung vorliegen muss. Dann aber ist § 221 Abs. 1 Nr. 2 StGB zutreffend als unechtes Unterlassungsdelikt einzuordnen. Folglich ist § 13 Abs. 2 StGB mit seiner fakultativen Strafmilderung anwendbar.
Im Stich lassen in einer hilflosen Lage bedeutet, dass sich das Opfer bereits in einer 254
hilflosen Lage befindet (BGH, BeckRS 2021, 39131), der Täter nun aber nichts zu seiner Rettung unternimmt.

Beispiel: 255
Der 16-jährige O ist nach einem Kneipenabend volltrunken auf einer Parkbank bei eisiger Kälte eingeschlafen. Vater A kommt im Verlauf eines nächtlichen Spaziergangs an der Bank vorbei. A erkennt die Situation, unternimmt jedoch nichts.
A lässt in diesem Fall den O in seiner hilflosen Lage im Stich. Als Vater ist A gegenüber dem O Garant und ihm folglich beizustehen verpflichtet. Vollendet ist § 221 Abs. 1 Nr. 2 StGB, falls sich das weitere Geschehen aufgrund der Witterungsverhältnisse so verdichtet hat, dass es nur noch vom Zufall abhängt, ob

O überlebt oder nicht (sofern die Gefahr des Todes in Rede steht). Hierbei verwirklicht A dann sogar die Qualifikation des § 221 Abs. 2 Nr. 1 StGB, da das Opfer das Kind des A ist.

256 Mit dem „im Stich lassen“ ist zwar oftmals ein räumliches Entfernen verbunden, das muss aber nicht sein. Ein „geistiges Verlassen“ oder ein reines Nichtstun genügen.

257 **Beispiel:**
Pflegerin A betreut den schwerkranken O. Obwohl A dem O dringend Medikamente geben müsste, liest A in ihrer Zeitschrift weiter und unternimmt nichts.

258 Auch bei § 221 Abs. 1 Nr. 2 StGB muss aus der hilflosen Lage eine konkrete Gefahr resultieren.

259 Zu beachten ist, dass § 221 Abs. 1 Nr. 1 StGB den ebenfalls vorliegenden § 221 Abs. 1 Nr. 2 StGB konsumiert. § 221 Abs. 1 Nr. 2 StGB verdrängt § 323c Abs. 1 StGB. Dagegen tritt § 221 Abs. 1 Nr. 2 StGB ebenso wie § 323c Abs. 1 StGB hinter den (versuchten) Totschlag zurück.

3. Die Erfolgsqualifikationen nach § 221 Abs. 2 Nr. 2 StGB und nach § 221 Abs. 3 StGB

260 Während es sich bei § 221 Abs. 2 Nr. 1 StGB um eine klassische Qualifikation handelt, bei der sich der Vorsatz des Täters auf sämtliche Tatbestandsmerkmale beziehen muss, geht es bei § 221 Abs. 2 Nr. 2 StGB sowie bei § 221 Abs. 3 StGB um erfolgsqualifizierte Delikte, für die § 18 StGB maßgeblich ist (siehe zum erfolgsqualifizierten Delikt im Einzelnen *Zieschang*, AT, Rdn. 395 ff.). Bezüglich des Grunddelikts, also in Bezug auf das konkrete Gefährdungsdelikt des § 221 Abs. 1 StGB, muss Vorsatz hinsichtlich sämtlicher Merkmale vorliegen, im Hinblick auf die schwere Folge (schwere Gesundheitsschädigung, Tod) genügt jedoch gemäß § 18 StGB wenigstens Fahrlässigkeit. Nach dem BGH hat ein Täter, der Gefährdungsvorsatz aufweist, nicht auch gleichzeitig Verletzungsvorsatz (BGHSt 26, 176, 182; a. A. etwa *Zieschang*, NK, StGB, § 315 Rdn. 47).

261 Erforderlich ist, dass sich in der schweren Folge die spezifische Gefahr des Grunddelikts, also des konkreten Gefährdungsdelikts des § 221 Abs. 1 StGB, verwirklicht hat; die aus der hilflosen Lage resultierende spezifische Gefahr muss sich also zur schweren Folge verdichten.

262 Problematisch ist, ob im Fall von § 221 Abs. 2 Nr. 2, Abs. 3 StGB insbesondere ein **erfolgsqualifizierter Versuch** möglich ist, da das Grunddelikt selbst keine Versuchsstrafbarkeit aufweist (dieses Problem stellt sich im Übrigen auch bei § 238 Abs. 3 StGB sowie § 315d Abs. 5 StGB). Beim erfolgsqualifizierten Versuch ist die schwere Folge eingetreten, jedoch das Grunddelikt im Versuch steckengeblieben. Viele Autoren meinen nun, dass mangels Versuchsstrafbarkeit des Grunddelikts ein erfolgsqualifizierter Versuch ausscheiden müsse (etwa *Rengier*, BT II, § 10 Rdn. 43; *Kudlich*, JA 2009, 246, 249; *Putzke*, JuS 2009, 1083, 1086). Dagegen spricht jedoch, dass sich die Frage der Strafbarkeit des Versuchs nach § 221 Abs. 2 Nr. 2 oder Abs. 3 StGB selbst richtet. Hierbei handelt es sich um eigenständige Tatbestände. Sie sind für die Frage der Strafbarkeit des Versuchs der maßgebliche Anknüpfungspunkt. Diese Delikte sind nun aber Verbrechen, sodass der Versuch gemäß § 23 StGB strafbar ist. Folglich kommt insbesondere auch ein erfolgsqualifizierter Versuch in Betracht (so etwa auch *Rath*, JuS 1999, 140, 142).

263 § 221 Abs. 3 StGB tritt hinter § 212 StGB zurück.

2. Kapitel: Straftaten gegen die körperliche Unversehrtheit

I. Körperverletzung gemäß § 223 StGB

1. Allgemeines

Grunddelikt der Straftaten gegen die körperliche Unversehrtheit ist die „einfache“ Körperverletzung gemäß § 223 StGB. Seit dem 6. StrRG vom 26.1.1998 (BGBl. I, 164) ist dabei in § 223 Abs. 2 StGB ausdrücklich der **Versuch** unter Strafe gestellt. Die Körperverletzung im Sinne des § 223 StGB wird gemäß § 230 StGB nur auf **Antrag** verfolgt, es sei denn, die Strafverfolgungsbehörde hält wegen des besonderen öffentlichen Interesses an der Strafverfolgung ein Einschreiten von Amts wegen für geboten. § 223 StGB setzt gemäß § 15 StGB Vorsatz voraus, die fahrlässige Körperverletzung ist in § 229 StGB ausdrücklich unter Strafe gestellt. Auch sie ist Antragsdelikt (§ 230 StGB). 264

Es handelt sich bei der Körperverletzung um ein **Allgemeindelikt**. Opfer muss eine „andere Person“ sein, also ein anderer Mensch (zur Menschqualität siehe Rdn. 11 ff.). Auch hier kommt es für die Frage, ob ein Mensch verletzt worden ist, wie bei den Tötungsdelikten maßgeblich auf den **Zeitpunkt der Einwirkung** an. Erfolgt sie vor der Geburt, kommen die §§ 223 ff. StGB nicht in Betracht, selbst wenn sich die Folgen erst nach der Geburt des Kindes ergeben oder fortbestehen. 265

Die Selbstverletzung ist nicht vom Tatbestand erfasst (siehe insofern aber § 109 StGB [Wehrpflichtentziehung durch Verstümmelung] sowie § 17 WStG). Ob eine **Fremdverletzung** oder **Selbstverletzung** vorliegt, richtet sich – in Parallele zur Abgrenzung von Suizid und Fremdtötung (dazu Rdn. 20 ff.) – danach, wer die Tatherrschaft beim unmittelbar verletzenden Akt innehat. Möglich ist auch hier, dass eine Fremdverletzung in Form der mittelbaren Täterschaft erfolgt. 266

> **Beispiel:** 267
> *A übergibt dem O verdorbenen Käse, der das nicht weiß, davon isst und dadurch eine Magenverstimmung erleidet. Strafbarkeit des A nach § 223 StGB? Zwar isst O den Käse, er ist jedoch unvorsätzlich handelndes Werkzeug gegen sich selbst. A verwirklicht in diesem Fall die Körperverletzung in mittelbarer Täterschaft gemäß §§ 223, 25 Abs. 1 Alt. 2 StGB.*

Vorausgesetzt ist eine **körperliche Misshandlung** oder **Gesundheitsschädigung**. Wenn auch insbesondere die erste Alternative handlungsbezogen umschrieben ist, darf das nicht darüber hinwegtäuschen, dass die Körperverletzung gemäß § 223 StGB ein **Erfolgsdelikt** ist. Es muss also zur Vollendung zum Eintritt eines Erfolges in Form einer körperlichen Misshandlung oder Gesundheitsschädigung kommen. Das Verhalten des Täters ist dafür **ursächlich**. 268

Obwohl es zur Erfüllung des Tatbestands genügt, dass entweder eine körperliche Misshandlung **oder** eine Gesundheitsschädigung vorliegt, darf man im Gutachten nicht den Fehler begehen, nur auf einen dieser beiden Aspekte einzugehen, wenn der Täter – wie regelmäßig – möglicherweise beide Alternativen erfüllt hat. Nach der Erörterung der körperlichen Misshandlung ist also unabhängig davon, ob sie zu bejahen ist oder nicht, die Gesundheitsschädigung zu prüfen. 269

2. Körperliche Misshandlung

270 Herkömmlich versteht man unter einer körperlichen Misshandlung **jede üble, unangemessene Behandlung, durch die das Opfer in seinem körperlichen Wohlbefinden oder in seiner körperlichen Unversehrtheit nicht nur unerheblich beeinträchtigt wird** (siehe etwa BGHSt 14, 269, 271; BGHSt 25, 277, 278; *Rengier*, BT II, § 13 Rdn. 9; *Sternberg-Lieben*, Schönke/Schröder, StGB, § 223 Rdn. 3).

271 Wichtig ist hierbei vor allem, dass eine exakte Subsumtion unter die einzelnen Voraussetzungen erfolgt.

272 **Beispiel:**
A schneidet dem O heimlich im Schlaf sämtliche Kopfhaare ab.
Zwar erleidet der O keine Schmerzen, dies ist jedoch gar keine zwingende Voraussetzung für eine körperliche Misshandlung. Es wäre daher verfehlt, deswegen eine körperliche Misshandlung abzulehnen.
Maßgeblich ist vielmehr ausgehend von der Definition der körperlichen Misshandlung, dass durch das Abschneiden sämtlicher Haare eine nicht unerhebliche Beeinträchtigung der Substanz, also der ***körperlichen Unversehrtheit*** *des O, vorliegt. Folglich ist eine körperliche Misshandlung anzunehmen. Auf den Gesichtspunkt des körperlichen Wohlbefindens kommt es dann nicht mehr an. Dagegen fehlt es beim Abschneiden der Haare an einer Gesundheitsschädigung.*

273 Mit dem Aspekt, dass die Behandlung **übel und unangemessenen** sein muss, sind faktisch keine eigenständigen Anforderungen verbunden, sodass diese Formel überflüssig erscheint (so auch *Murmann*, Jura 2004, 102, 104 f.). Dagegen wird dieses Merkmal mitunter im Schrifttum als Ausdruck der objektiven Zurechnung verstanden (etwa *Grünewald*, LK[12], StGB, § 223 Rdn. 29; *Hardtung*, JuS 2008, 864, 866; siehe zur Kritik an dieser Rechtsfigur *Zieschang*, AT, Rdn. 86). Der BGH hat in einem Fall, in dem ein Soldat eine Sonderübung machen musste, die zu einer Beeinträchtigung des körperlichen Wohlbefindens geführt hatte, ausgeführt, es fehle an einer üblen, unangemessenen (sozialwidrigen) Einwirkung, wenn der Vorgesetzte im Rahmen seiner allgemeinen Befugnisse und zu Zwecken der Ausbildung gehandelt habe (BGHSt 14, 269, 271 ff.). Das ist indes eher eine Frage der Rechtfertigung. Aus hiesiger Sicht kommt damit dem Merkmal keine eigenständige Bedeutung zu. Dennoch muss man sich darüber im Klaren sein, dass die herkömmliche Definition die Formulierung der „üblen, unangemessenen" Behandlung enthält. Man sollte daher in Prüfungsarbeiten besser die Definition auch so verwenden.

274 Eine Beeinträchtigung der **körperlichen Unversehrtheit** ist anzunehmen bei einer Verletzung der **Substanz** des Körpers. Das ist etwa der Fall beim Abtrennen eines Beins oder Arms, bei Brüchen, beim Hervorrufen von Wunden, aber eben auch beim Abschneiden von Haaren (BGH, NStZ-RR 2009, 50) oder Ausschlagen von Zähnen. Erfasst ist auch die Beeinträchtigung körperlicher Funktionen (etwa Aufhebung des Geruchs- oder Geschmackssinns, Herbeiführen eines Herzinfarkts oder einer Gehbehinderung). Schmerzen müssen wie erläutert damit nicht verbunden sein.

275 Eine körperliche Misshandlung liegt aber auch bei der Beeinträchtigung des **körperlichen Wohlbefindens** vor, ohne dass ein Substanzverlust stattfindet. Sie kann etwa anzunehmen sein bei einer Ohrfeige (BGH, NJW 1990, 3156, 315) oder beim Beschmieren des Körpers mit schwer entfernbarer Farbe oder beim „Schwitzkasten".

276 Stets muss es jedoch zu **körperlichen Auswirkungen** kommen. Rein seelische Beeinträchtigungen ohne physische Auswirkungen genügen nicht. Telefonterror oder das Nachstellen unterfallen daher dem § 223 StGB nicht, sofern dies keine körperlichen Konsequenzen mit sich bringt (etwa Schlaflosigkeit; Gewichtsverlust), sondern rein psychisch (Albträume, Angst) belastet (beachte jedoch § 238 StGB). Hat die psychi-

sche Beeinträchtigung körperliche Auswirkungen wie Übelkeit oder Herzrasen, kommt aber § 223 StGB in Betracht.

Die Beeinträchtigung der körperlichen Unversehrtheit oder des körperlichen Wohlbefindens muss die **Erheblichkeitsschwelle** überschreiten, um tatbestandlich zu sein. Das hängt von den Umständen des Einzelfalls ab. In die Betrachtung einzubeziehen ist dabei auch die Konstitution des Opfers. Die Erheblichkeit kann fehlen beim Bespucken (OLG Zweibrücken, NJW 1991, 240, 241; BGH, NStZ 2016, 27, lässt das Bespucken genügen, falls dadurch ein Brechreiz erzeugt wird), bei Schweißausbrüchen, leichteren Hämatomen („blauen Flecken"), kleineren Kratzern oder bei einem leichteren Schlag. 277

Werden dem Opfer Krankheitsviren verabreicht, liegt eine körperliche Misshandlung erst nach Ausbruch der Krankheit vor, also noch nicht in der Inkubationszeit. In diesem Zeitraum ist aber schon eine Gesundheitsschädigung gegeben, die bereits vorliegt, wenn das Virus in den Körper eingedrungen ist. 278

3. Gesundheitsschädigung

Unter einer Gesundheitschädigung versteht man das **Hervorrufen oder Steigern eines nicht unerheblichen krankhaften Zustands** (etwa *Rengier*, BT II, § 13 Rdn. 16). Es geht also um einen vom Normalzustand abweichenden Zustand, eben um einen pathologischen. 279

Auch mit der Gesundheitsschädigung ist nicht notwendig die Zufügung von Schmerzen verbunden. Typisch für die Gesundheitsschädigung ist das Hervorrufen oder Steigern von Krankheiten (etwa Lungenentzündung, Gelenkschmerzen, Corona, HIV, Fieber, usw.). Erfasst sind aber auch Wunden, Brüche oder die Giftzuführung. Auch die Gabe von Schlafmitteln stellt eine Gesundheitsschädigung dar. Ebenso liegt sie vor bei der Verabreichung von Alkohol oder Betäubungsmitteln. 280

Auch bei der Gesundheitsschädigung muss die **Erheblichkeitsschwelle** überschritten sein. Unerheblich können im Einzelfall etwa ein leichter Schnupfen, kurzzeitige Kopfschmerzen oder eine geringe Übelkeit sein. 281

In der Regel gehen Gesundheitsschädigung und körperliche Misshandlung miteinander einher: So ist etwa ein Armbruch als Beeinträchtigung der körperlichen Unversehrtheit sowohl eine körperliche Misshandlung als auch als pathologischer Zustand eine Gesundheitsschädigung. Beide Merkmale können aber (ausnahmsweise) auch auseinanderfallen: So wurde bereits erläutert, dass im Fall der Verabreichung von Krankheitserregern während der Inkubationszeit noch keine körperliche Misshandlung vorliegt, wohl aber bereits eine Gesundheitsschädigung (sie ist selbst dann gegeben, wenn dann die Krankheit symptomlos verläuft). Umgekehrt ist zwar das Abschneiden der Haare eine körperliche Misshandlung, jedoch keine Gesundheitsschädigung. Beide Merkmale haben also auch ihren eigenen Anwendungsbereich. 282

4. Sonderproblem: ärztliche Heilbehandlung

Problematisch und stark umstritten ist, ob die **medizinisch indizierte Heilbehandlung** tatbestandlich eine Körperverletzung darstellt. 283

> **Beispiel:** 284
> *Der bewusstlose O wird in das Krankenhaus eingeliefert. Die Amputation des rechten Beins ist medizinisch indiziert. Arzt A führt die Operation lege artis (kunstgerecht) aus. Erfüllt A den Tatbestand des § 223 StGB?*
> *Der BGH geht in ständiger Rechtsprechung davon aus, dass der ärztliche Heileingriff, auch wenn er medizinisch indiziert ist und kunstgerecht (lege artis)*

ausgeführt wird, tatbestandlich eine Körperverletzung darstellt (BGHSt 11, 111, 112; BGHSt 64, 69, 73; BGH, NStZ 2021, 164, 165). Auch Teile des Schrifttums pflichten dem bei (Eisele, BT I, Rdn. 309; Rengier, BT II, § 13 Rdn. 27). Der objektive und der subjektive Tatbestand sind danach verwirklicht, jedoch ist die Behandlung durch die Einwilligung des Patienten gerechtfertigt. Dabei verstößt nach dem BGH eine Maßnahme, die medizinisch indiziert ist, grundsätzlich auch nicht gegen die guten Sitten im Sinne des § 228 StGB (BGHSt 64, 69, 77).
Geht es um eine Einwilligung, kommt der ärztlichen Aufklärung eine große Bedeutung zu. Nur dann, wenn der Patient über Bedeutung, Tragweite und Risiken des ärztlichen Eingriffs hinreichend aufgeklärt ist, kann eine wirksame Einwilligung vorliegen (siehe dazu im Zivilrecht § 630e BGB). Ist eine Einwilligung des Patienten tatsächlich nicht möglich (zum Beispiel aufgrund Bewusstlosigkeit), ist eine Rechtfertigung über die mutmaßliche Einwilligung (dazu Zieschang, AT, Rdn. 300ff.) zu untersuchen. A wäre hier über die mutmaßliche Einwilligung gerechtfertigt. Zudem kommt der rechtfertigende Notstand gemäß § 34 StGB in Betracht (zur Figur der hypothetischen Einwilligung siehe Zieschang, AT, Rdn. 311f.).
Vielfach wird jedoch im strafrechtlichen Schrifttum davon ausgegangen, dass der medizinisch indizierte ärztliche Heileingriff, der lege artis durchgeführt wird, weder eine körperliche Misshandlung noch eine Gesundheitsschädigung und daher tatbestandlich keine Körperverletzung darstelle (Heghmanns, BT, Rdn. 387; Lackner/Kühl, StGB, § 223 Rdn. 8; Maurach/Schroeder/Maiwald/Hoyer/Momsen, BT 1, § 8 Rdn. 25). Einzelne Autoren verlangen dabei jedoch, dass der Eingriff erfolgreich war (Otto, BT, § 15 Rdn. 11). A handelt unter Zugrundelegung dieser Auffassung des Schrifttums schon nicht tatbestandlich. Es mutet in der Tat zunächst verwunderlich an, einen Eingriff, der zu Heilzwecken erfolgt, als tatbestandliche Körperverletzung einzuordnen. Andererseits muss man sich im Klaren darüber sein, dass auch bei ärztlichen Eingriffen – insbesondere etwa bei Operationen – zunächst durchaus die körperliche Unversehrtheit beeinträchtigt wird. Daran ändert sich auch nichts dadurch, dass dieser Eingriff Heilzwecken dient. Von daher überzeugt die Auffassung der Rechtsprechung, indem sie die tatsächlichen Gegebenheiten in die Betrachtung einbezieht. Die Rechtsprechung kann im Übrigen in einem weitaus größeren Umfang die Autonomie des Patienten berücksichtigen, denn nur dann, wenn dieser einwilligt, darf der Eingriff straflos vorgenommen werden. Dagegen würde nach der überwiegenden Auffassung im Schrifttum ein Arzt schon den Tatbestand des § 223 StGB nicht verwirklichen, der einen medizinisch indizierten Eingriff vornimmt, den der Patient gar nicht will. Dem Patienten könnten Heilmaßnahmen entgegen seiner Autonomie geradezu „aufgedrängt" werden, ohne dass eine Strafbarkeit gemäß § 223 StGB in Rede stünde (zu denken wäre im Einzelfall aber an eine eventuelle Strafbarkeit nach § 240 StGB). Der Rechtsprechung ist daher zu folgen. A erfüllt folglich den Tatbestand des § 223 StGB, ist aber über die mutmaßliche Einwilligung gerechtfertigt.

285 **Ergänzende Hinweise:**
Selbst wenn man mit der Rechtsprechung beim ärztlichen Heileingriff § 223 StGB tatbestandlich bejaht, ist nicht auch gleichzeitig § 224 Abs. 1 Nr. 2 Alt. 2 StGB verwirklicht, wenn der Arzt etwa ein Skalpell benutzt. Ein gefährliches Werkzeug muss nämlich als Angriffs- oder Verteidigungsmittel dienen, was hier nicht der Fall ist (BGH, NJW 1978, 1206; gegen diese zusätzliche Einschränkung OLG Karlsruhe, BeckRS 2022, 6692).

Einig ist man sich zudem, dass nicht medizinisch indizierte ärztliche Eingriffe – etwa Schönheitsoperationen, Eingriffe aus Gründen der Forschung – tatbestandlich eine Körperverletzung darstellen.

5. Subjektiver Tatbestand

In subjektiver Hinsicht genügt jede Vorsatzform, folglich auch dolus eventualis. Zu beachten ist das Verhältnis zum Tötungsvorsatz. Während die Gegensatztheorie die Ansicht vertrat, Tötungsvorsatz einerseits sowie Körperverletzungsvorsatz andererseits schlössen sich gegenseitig aus (RGSt 61, 375), wird heute zutreffend im Einklang mit der **Einheitstheorie** davon ausgegangen, dass mit jeder Tötung auch eine Körperverletzung verbunden ist, sodass **derjenige, der Tötungsvorsatz hat, gleichzeitig auch Körperverletzungsvorsatz aufweist** (BGHSt 16, 122, 123; BGHSt 21, 265, 266). 286

Die Körperverletzung tritt aber als **subsidiär** hinter die Tötung zurück. Ist die Tötung nur versucht, die Körperverletzung aber vollendet, ist indes **klarstellende Idealkonkurrenz** anzunehmen (so seit BGHSt 44, 196 auch der BGH). Der Täter macht sich also dann gemäß §§ 212, 22, 23, 223, 52 StGB strafbar. 287

6. Körperverletzung und rechtfertigende Einwilligung

Bereits im Zusammenhang mit der medizinischen Heilbehandlung ist deutlich geworden, dass eine Körperverletzung über die Einwilligung gerechtfertigt sein kann (siehe allgemein zu diesem Rechtfertigungsgrund *Zieschang*, AT, Rdn. 275 ff., 283 ff.). 288

Hierbei ist nun speziell bei den Körperverletzungsdelikten (siehe aber auch Rdn. 43) die Regelung des § 228 StGB zu beachten. Wichtig ist insofern, dass diese Vorschrift die Einwilligung selbst nicht normiert, sondern diese voraussetzt und nur zusätzliche weitere Voraussetzungen mit der Einwilligung verbindet. Die Einwilligung ist vielmehr ein ungeschriebener, gewohnheitsrechtlich anerkannter Rechtfertigungsgrund. 289

§ 228 StGB enthält in Bezug auf die Einwilligung die einschränkende Voraussetzung, dass die Tat nicht **gegen die guten Sitten verstoßen** darf. Darunter versteht man einen Verstoß gegen das Anstandsgefühl aller billig und gerecht Denkenden (BGHSt 49, 34, 41; *Hilgendorf*, Klausurenkurs I, Fall 14 Rdn. 12). 290

Hierbei handelt es sich um eine vage Formulierung (kritisch im Hinblick auf Art. 103 Abs. 2 GG daher etwa *Mitsch*, NJW 2015, 1545; *Paeffgen/Zabel*, NK[5], StGB, § 228 Rdn. 44 ff.). Die Rechtsprechung fährt diesbezüglich inzwischen jedoch einen relativ klaren Kurs, indem (abgeleitet aus den Wertungen der §§ 216, 231 StGB) auf die **Schwere des Rechtsgutsangriffs** abgestellt wird: Nach dem BGH ist die **Grenze zur Sittenwidrigkeit** jedenfalls dann überschritten, wenn bei vorausschauender objektiver Betrachtung aller Umstände (ex ante-Betrachtung) der Einwilligende durch die Körperverletzungshandlung in **konkrete Todesgefahr** oder in die Gefahr einer **schweren Gesundheitsschädigung** gebracht werden kann (BGHSt 49, 34, 44; BGHSt 49, 166, 171; BGHSt 53, 55, 62; BGHSt 60, 166, 184). 291

Beispiel: 292

O möchte gerne auf dem Autodach des A „surfen". A stimmt zu, wobei er damit rechnet und in Kauf nimmt, dass O fällt und sich verletzt. Als A plötzlich scharf bremsen muss, stürzt O und verletzt sich. Strafbarkeit des A gemäß § 223 StGB?

O ist körperlich misshandelt und an der Gesundheit geschädigt worden. Da A als Fahrer das Geschehen beherrscht, handelt es sich um eine Fremdverletzung und nicht um eine eigenverantwortliche Selbstverletzung des O.

A hat mit der Möglichkeit der Verletzung des O gerechnet und sie in Kauf genommen. Er handelt daher mit dolus eventualis.

Möglicherweise ist A jedoch über eine rechtfertigende Einwilligung des O gerechtfertigt. O ist über die körperliche Unversehrtheit dispositionsbefugt. O ist auch einwilligungsfähig. O hat gegenüber dem A ausdrücklich seine Zustimmung vor der Tat kundgetan. Willensmängel sind nicht ersichtlich. Problematisch ist aber, ob die Tat nicht im Sinne des § 228 StGB gegen die guten Sitten verstößt.
Das ist nach dem BGH der Fall, wenn der Einwilligende aus der Betrachtung ex ante in konkrete Todesgefahr oder in die Gefahr einer schweren Gesundheitsschädigung kommen kann. Das kann man nun beim „Auto-Surfen" bejahen (vgl. auch OLG Düsseldorf, NStZ-RR 1997, 325, 327). Folglich ist A nicht über die Einwilligung gerechtfertigt.
A handelt schuldhaft. Anhaltspunkte für einen Verbotsirrtum sind nicht ersichtlich. A macht sich daher gemäß § 223 StGB strafbar.

293 **Anmerkung:**
Nichts anderes würde im Übrigen bezüglich § 229 StGB gelten.

294 Zu beachten ist, dass nach dem BGH eine Maßnahme, die **medizinisch indiziert** ist, grundsätzlich nicht gegen die guten Sitten im Sinne des § 228 StGB verstößt (BGHSt 64, 69, 75, 77). Eine Einschränkung ist daher anzunehmen, wenn entsprechende billigenswerte, **positive Zwecke** verfolgt werden (*Wessels/Hettinger/Engländer*, BT 1, Rdn. 291). Zusätzlich zur Schwere des Rechtsgutsangriffs spielen daher die mit der Körperverletzung verbundenen Zwecke durchaus eine Rolle. Selbst die Verabreichung von harten Drogen macht dann die Körperverletzung nicht sittenwidrig, wenn es etwa um die Bekämpfung von extremen Schmerzen geht (BGHSt 64, 69, 76).
295 Im Übrigen ist aber die Sittenwidrigkeit der Tat maßgeblich, nicht diejenige der zugrunde liegenden Motive.

296 **Beispiel:**
Angeklagter O lässt sich von A zusammenschlagen, um so verhandlungsunfähig zu sein. Hier geht es bloß um die Sittenwidrigkeit der Motive. § 228 StGB steht folglich nicht entgegen (sofern nicht die Gefahr einer schweren Gesundheitsschädigung bestand), A ist über die Einwilligung gerechtfertigt.

7. Körperverletzung im Amt gemäß § 340 StGB

297 Im Zusammenhang mit den Körperverletzungsdelikten ist zu beachten, dass im 30. Abschnitt des StGB die Körperverletzung im Amt gemäß § 340 StGB geregelt ist. Es handelt sich hierbei um eine **Qualifikation** zu den Körperverletzungsdelikten nach §§ 223 bis 229 StGB (siehe § 340 Abs. 3 StGB). **Tauglicher Täter** kann nur ein Amtsträger im Sinne des § 11 Abs. 1 Nr. 2 StGB sein (siehe zudem § 48 Abs. 1 WStG: Offiziere und Unteroffiziere). Die Vorschrift ist damit ein Sonderdelikt (Amtsdelikt), und zwar ein **unechtes Amtsdelikt**, da ein Grundtatbestand existiert, der von jedermann verwirklicht werden kann (*Zieschang*, AT, Rdn. 38). An der Tat beteiligte Nichtamtsträger machen sich gemäß §§ 223 ff. StGB strafbar (§ 28 Abs. 2 StGB).
298 Die Tat des Amtsträgers muss **während der Ausübung seines Dienstes oder in Beziehung auf seinen Dienst** erfolgen. Erforderlich ist dabei ein sachlicher Zusammenhang zum Dienst (*Kuhlen*, NK[5], StGB, § 340 Rdn. 8; *Rengier*, BT II, § 62 Rdn. 2 f.).

299 **Beispiele:**
Misshandelt ein Polizeibeamter bei einem Einsatz eine andere Person körperlich, ist § 340 StGB tatbestandlich erfüllt. Kein Fall des § 340 StGB liegt hinge-

gen vor, wenn Beamter A seinen Kollegen O schlägt, da O ein Verhältnis mit der Frau des A hat. Hier geht es nämlich um den Privatbereich.

Das Delikt ist erfüllt, falls der Amtsträger die Körperverletzung **begeht oder begehen lässt**. Bei dem Begehenlassen handelt es sich um eine zur Täterschaft heraufgestufte Beihilfe des Amtsträgers durch Unterlassen an der Tat eines anderen (str.; auch mittelbare Täterschaft und Anstiftung als erfasst ansehend die überwiegende Ansicht; etwa *Kuhlen*, NK[5], StGB, § 340 Rdn. 10; *Lackner/Kühl/Heger*, StGB, § 340 Rdn. 2). Vorausgesetzt ist insofern eine Garantenstellung des Amtsträgers. § 13 Abs. 2 StGB ist anwendbar (anders etwa *Hecker*, Schönke/Schröder, StGB, § 340 Rdn. 6; *Wessels/Hettinger/Engländer*, BT 1, Rdn. 278). Bei vorhandener Garantenstellung wird man auch die Beihilfe durch aktives Tun vom Begehenlassen als erfasst ansehen können. 300

Eine **Rechtfertigung** über die Einwilligung kommt in Betracht, was sich mittelbar daraus ergibt, dass über § 340 Abs. 3 StGB auch § 228 StGB anwendbar ist (*Eisele*, BT I, Rdn. 390; *Wessels/Hettinger/Engländer*, BT 1, Rdn. 278; anders etwa *Lilie*, LK[12], StGB, § 340 Rdn. 15). 301

II. Gefährliche Körperverletzung gemäß § 224 StGB

1. Allgemeines

Bei der **gefährlichen Körperverletzung gemäß § 224 StGB** handelt es sich um eine **Qualifikation** zu § 223 StGB und damit um einen eigenständigen Tatbestand. Er enthält sämtliche Merkmale des § 223 StGB und darüber hinaus Umstände, die zu einer Erhöhung der Strafe führen. Als Qualifikation ist § 224 StGB lex specialis zu § 223 StGB und verdrängt diese Vorschrift. Der Versuch des Vergehens der gefährlichen Körperverletzung ist in § 224 Abs. 2 StGB ausdrücklich unter Strafe gestellt. 302

§ 224 StGB listet Konstellationen auf, welche durch die **besondere Gefährlichkeit der Art und Weise der Tatbegehung** gekennzeichnet sind. Die Begehungsweise ist also besonders gefährlich (BGHSt 19, 352, 353; *Hilgendorf/Valerius*, BT I, § 3 Rdn. 36). Das ist bei der Auslegung der einzelnen Merkmale zu berücksichtigen. Liegen mehrere Varianten des § 224 StGB vor, die durch eine Handlung verwirklicht werden (etwa sowohl Nr. 2 als auch Nr. 5), geht es dennoch nur um eine gefährliche Körperverletzung gemäß § 224 StGB. 303

Sofern weder mit § 223 StGB noch mit § 224 StGB besondere Probleme verbunden sind, bietet es sich an, beide Vorschriften in Prüfungsarbeiten unmittelbar gemeinsam anzusprechen. Im Rahmen des § 224 StGB ist dann zunächst zu erörtern, ob eine andere Person körperlich misshandelt oder an der Gesundheit geschädigt worden ist. Sind hingegen mit § 223 StGB oder mit § 224 StGB besondere Probleme verbunden, sollten beide Vorschriften getrennt voneinander untersucht werden. Hierbei beginnt man mit § 223 StGB. 304

In Prüfungsarbeiten werden die Voraussetzungen der §§ 223, 224 StGB von den Bearbeitern nicht selten sehr oberflächlich behandelt. Im Gegensatz dazu ist es jedoch wichtig, die jeweiligen Definitionen der mit den §§ 223, 224 StGB verbundenen Merkmale exakt darzulegen und sauber darunter zu subsumieren. Natürlich muss das in der gebotenen Straffheit erfolgen, sofern mit diesen Vorschriften keine besonderen Probleme verbunden sind. Das gilt insbesondere auch dann, wenn zuvor bereits ein vollendetes Tötungsdelikt bejaht worden ist. Ansonsten kann eine verfehlte Schwerpunktsetzung vorliegen. 305

Die vollendete (gefährliche) Körperverletzung ist subsidiär zum vollendeten Mord oder Totschlag. Zum versuchten Totschlag oder Mord steht jedoch die vollendete (gefährliche) Körperverletzung in klarstellender Idealkonkurrenz (§§ 211, 22, 23, § 224, § 52 StGB), um dadurch zu verdeutlichen, wie weit die Tat bereits gediehen 306 war. Dagegen ist die versuchte (gefährliche) Körperverletzung wiederum subsidiär zum versuchten Totschlag oder Mord.

2. § 224 Abs. 1 Nr. 1 StGB

307 In § 224 Abs. 1 Nr. 1 StGB geht es um die Körperverletzung durch Beibringung von **Gift** oder **anderen gesundheitsschädlichen Stoffen**. Diese Variante ist durch das 6. StrRG vom 26.1.1998 (BGBl. I, 164) geschaffen worden, sie löst den bis dato in § 229 a. F. StGB geregelten Straftatbestand der Vergiftung ab.

308 Unter **Gift** versteht man **organische oder anorganische Stoffe, die im Einzelfall geeignet sind, durch chemische oder chemisch-physikalische Vorgänge erhebliche Beeinträchtigungen der Gesundheit zu verursachen** (siehe *Fischer*, StGB, § 224 Rdn. 4; *Rengier*, BT II, § 14 Rdn. 9). Hierunter können zum Beispiel fallen Alkohol, Quecksilber, Kaliumcyanid (Zyankali), Drogen, „K.O.-Tropfen“ oder Medikamente. Um eine hinreichende Abschichtung des Unrechts im Vergleich zu § 223 StGB zu erreichen und um eine Parallele zum gefährlichen Werkzeug gemäß § 224 Abs. 1 Nr. 2 Alt. 2 StGB zu ziehen, ist es erforderlich, dass der Stoff im konkreten Fall geeignet ist, **erhebliche** Gesundheitsschäden hervorzurufen. Es kommt dabei neben der Konstitution des Opfers (etwa Alter, Vorerkrankungen) insbesondere auch jeweils auf die konkrete Wirkstoffmenge an. Zu beachten ist dabei, dass letztlich jeder Stoff ab einer bestimmten Dosis giftig ist. Daher kann etwa auch die Zuführung von einer erheblichen Menge Kochsalz unter § 224 Abs. 1 Nr. 1 StGB fallen (BGHSt 51, 18, 22 f.).

309 Bei § 224 Abs. 1 Nr. 1 Alt. 2 StGB geht es um Stoffe, die nicht bereits als Gift im klassischen Sinn aufzufassen sind, aber ebenfalls die Gesundheit erheblich beeinträchtigen können, insbesondere durch eine thermische oder mechanische Wirkung (*Rengier*, BT II, § 14 Rdn. 9). Hierunter fallen etwa sehr heißes oder sogar kochendes Wasser, heißer Dampf, Feuer, gefrorene Gegenstände oder Krankheitserreger, wenn letztere nicht schon unter den Begriff „Gift“ subsumiert werden. Daran zeigt sich, dass der Übergang vom Gift zum gesundheitsschädlichen Stoff fließend ist. Voraussetzung ist, dass diese Stoffe wie auch das Gift geeignet sind, **erhebliche gesundheitliche Beeinträchtigungen** hervorzurufen (*Wessels/Hettinger/Engländer*, BT 1, Rdn. 222). Im Übrigen reicht die bloße abstrakte Gesundheitsschädlichkeit nicht aus, vielmehr ist im Einklang mit der überwiegenden Ansicht zu verlangen, dass der Stoff **im Einzelfall** erhebliche Gesundheitsschäden hervorrufen kann (BGHSt 51, 18, 22; *Hardtung*, MK, StGB, § 224 Rdn. 8). Die Gegenauffassung, welche eine abstrakt-generelle Gefährlichkeit des Mittels (also unabhängig von den Einzelfallumständen wie etwa der Konstitution des Opfers) genügen lässt (*Wolters*, SK, StGB, § 224 Rdn. 9), generalisiert, obwohl § 224 Abs. 1 Nr. 1 StGB von seinem Wortlaut keine Abstraktion von den Umständen des Einzelfalls verlangt.

310 Keine gesundheitsschädlichen **Stoffe** sind vor dem Hintergrund des Art. 103 Abs. 2 GG Strahlen (Röntgenstrahlen, radioaktive Strahlen; auch Strom ist nicht erfasst). Insofern kommt aber neben § 223 StGB die Qualifikation des § 224 Abs. 1 Nr. 5 StGB in Betracht.

311 Regelmäßig fallen die Mittel von § 224 Abs. 1 Nr. 1 StGB auch unter § 224 Abs. 1 Nr. 2 StGB. Insofern ist dann Nr. 1 lex specialis (*Rengier*, BT II, § 14 Rdn. 23).

312 **Beigebracht** ist ein Gift oder ein sonstiger Stoff jedenfalls dann, wenn er im **Körperinneren** Wirkungen entfalten kann (etwa Arsen im konsumierten Essen). Problematisch ist, ob ein Beibringen auch dann vorliegt, wenn der Stoff nur **von außen** (zum Beispiel als eine die Haut verätzende Substanz) wirkt (befürwortend etwa BGH, NStZ-RR 2018, 209; *Hardtung*, MK, StGB, § 224 Rdn. 10; *Hilgendorf/Valerius*, BT I, § 3 Rdn. 39; *Lackner/Kühl*, StGB, § 224 Rdn. 1b; dagegen die innere Einwirkung verlangend u. a. *Jäger*, JuS 2000, 31, 35; insofern bleibt dann § 224 Abs. 1 Nr. 2 StGB für diese Stoffe). Richtigerweise wird man auch bei einer Wirkung von außen von einem

Beibringen auszugehen haben, denn auch in diesem Fall gerät der Körper des Opfers mit dem Gift oder gesundheitsschädlichen Stoff in Kontakt, sodass das Gift oder der Stoff dem Opfer beigebracht wird. Insoweit ist zudem zu beachten, dass die Wirkung von außen ebenso gefährlich sein kann wie die von innen. Auch hängt es nicht selten von Zufälligkeiten ab, ob die Wirkung außen oder im Körperinneren stattfindet, beide Bereiche sind ohnehin nicht immer ohne Weiteres abgrenzbar (man denke an Körperöffnungen wie bei der Nase oder den Ohren).

3. § 224 Abs. 1 Nr. 2 StGB

§ 224 Abs. 1 Nr. 2 StGB betrifft die Körperverletzung mittels einer **Waffe** oder eines 313
anderen **gefährlichen Werkzeugs.**

Unter einer **Waffe** versteht man solche Gegenstände, die **abstrakt geeignet und dazu** 314
bestimmt sind, als Angriffs- oder Verteidigungsmittel erhebliche Verletzungen hervorzurufen. Erfasst sind damit Waffen im technischen Sinn wie etwa Schusswaffen, worunter auch die Gaspistole fällt, sofern das Gas nach vorne durch den Lauf austritt. Das gilt auch für die geladene Schreckschusswaffe, falls der Explosionsdruck aus dem Lauf nach vorne austritt. Neben der Schusswaffe sind Waffen im technischen Sinn auch Hieb-, Schlag-, Stoß- und Stichwaffen. Keine Waffe ist aber etwa das bloße Taschenmesser, da es nicht die entsprechende abstrakte Bestimmung aufweist; insofern greift aber die zweite Alternative, das gefährliche Werkzeug.

Die Körperverletzung muss **mittels** der Waffe begangen werden. Das ist nicht nur der 315
Fall, wenn ein Schuss aus einer Waffe abgegeben wird, sie also im Sinne ihrer Zweckbestimmung verwendet wird, sondern auch dann, falls diese Waffe als Schlaginstrument benutzt wird, also nicht im Sinne der eigentlichen Zweckbestimmung. Vertretbar ist aber auch, in diesem Fall von einem (sonstigen) gefährlichen Werkzeug auszugehen. Dabei ist zu beachten, dass der Gegenstand so verwendet wird, dass er im Einzelfall geeignet ist, erhebliche Verletzungen zu verursachen.

Unter einem **gefährlichen Werkzeug** versteht man einen **Gegenstand, der nach seiner** 316
objektiven Beschaffenheit und der konkreten Art der Anwendung im Einzelfall geeignet ist, erhebliche Verletzungen herbeizuführen (BGHSt 3, 105, 109; BGH, StV 2002, 482; BGH, NStZ 2002, 30). Darunter fallen etwa Messer, Steine, Äxte oder Holzknüppel. Es kommt allein auf die konkrete Art der Anwendung an, nicht darauf, ob der Gegenstand auch typischerweise gefährlich ist. Entsprechend fallen etwa ein Drahtseil oder Gegenstände des Alltags wie eine Krawatte oder ein längerer Strumpf, die benutzt werden, um ein Opfer zu würgen, unter § 224 Abs. 1 Nr. 2 Alt. 2 StGB. Entsprechendes gilt für das Stülpen einer Plastiktüte über den Kopf (siehe BGH, StV 2002, 482). Erfasst sind beispielsweise auch Fahrzeuge, Tiere, die auf einen anderen gehetzt werden, oder das Ausdrücken einer Zigarette auf der Haut eines anderen (BGH, NStZ 2002, 30).

Auf den Aggregatzustand des Werkzeugs (flüssig, fest, gasförmig) kommt es nicht an. 317
Daher ist auch das Überschütten mit einer ätzenden Flüssigkeit erfasst, wobei in diesem Fall § 224 Abs. 1 Nr. 1 StGB als lex specialis vorgeht (Rdn. 311).

Von dem Begriff **Werkzeug** sind im Hinblick auf Art. 103 Abs. 2 GG Körperteile (etwa 318
Hand oder Fuß) nach ganz herrschender Auffassung **nicht** erfasst (etwa BGH, GA 1984, 124, 125; *Grünewald*, LK[12], StGB, § 224 Rdn. 17; anders *Hilgendorf*, ZStW 112 [2000] 811, 822 ff.). Schlägt also ein geübter Karatekämpfer auf einen anderen ein, mag § 224 Abs. 1 Nr. 5 StGB erfüllt sein, § 224 Abs. 1 Nr. 2 StGB scheidet jedoch aus. Andererseits kann der Schuh einer Person je nach Festigkeit (etwa Springerstiefel, Arbeitsstiefel mit Stahlkappe) und betroffenem Körperteil ein gefährliches Werkzeug sein („beschuhter Fuß").

Zutreffend erfasst nach der Rechtsprechung (BGHSt 22, 235, 236; BGH, NStZ-RR 319
2005, 75; BGH, NStZ 2010, 512, 513) und der herrschenden Meinung im Schrifttum

(*Paeffgen/Böse*, NK[5], StGB, § 224 Rdn. 14; *Wessels/Hettinger/Engländer*, BT 1, Rdn. 230) § 224 Abs. 1 Nr. 2 StGB nur Gegenstände, die **in Bewegung** gesetzt werden können, denn das entspricht dem Begriff des „Werkzeugs“ (für die Einbeziehung nicht bewegbarer Gegenstände hingegen etwa *Eckstein*, NStZ 2008, 125, 127; *Küpper*, JuS 2000, 225, 226; *Rengier*, BT II, § 14 Rdn. 39). § 224 Abs. 1 Nr. 2 StGB ist aber unabhängig davon erfüllt, ob das Werkzeug gegen das Opfer oder das Opfer gegen das Werkzeug geführt wird (*Wessels/Hettinger/Engländer*, BT 1, Rdn. 230).

320 **Beispiele:**
§ 224 Abs. 1 Nr. 2 StGB ist zu bejahen, wenn A den O mit einem Messer verletzt oder durch den Wurf eines (schweren) Steins.
Dagegen liegt nach zutreffender überwiegender Ansicht keine Körperverletzung mittels eines gefährlichen Werkzeugs vor, wenn A den O auf eine heiße Herdplatte setzt. Entsprechendes gilt, wenn A den B zu Boden schlägt und sich B beim Aufprall auf dem harten Betonboden verletzt.

321 Nur dann geht es um ein gefährliches Werkzeug, wenn es als **Angriffs- oder Verteidigungsmittel** benutzt wird.

322 **Beispiele:**
A verletzt den O mit einem Messer, weil er mit dem O verfeindet ist.
X verletzt den Y mit einem Messer, um den Angriff des Y abzuwehren.

323 **Gegenbeispiel:**
Das vom Chirurgen bei der Operation benutzte Skalpell ist kein gefährliches Werkzeug, da es von ihm nicht als Angriffs- oder Verteidigungsmittel benutzt wird (siehe BGH, NJW 1978, 1206; beachte bereits Rdn. 285). Das gilt auch für die zum Schneiden der Haare eingesetzte Schere (BGH, NStZ-RR 2009, 50).

324 Die Körperverletzung muss **mittels** des gefährlichen Werkzeugs begangen werden.

325 **Beispiel:**
A fährt mit seinem Fahrzeug gegen den O. Allein durch die Berührung mit dem Fahrzeug erleidet O keine Verletzung. Er verliert jedoch durch den Anstoß das Gleichgewicht, stürzt und verletzt sich dadurch.
Nach dem BGH ist in diesem Fall die Körperverletzung nicht mittels des gefährlichen Werkzeugs begangen worden, da die Verletzung nicht schon unmittelbar durch die Berührung mit dem gefährlichen Werkzeug (Auto) eintritt, sondern erst durch den Sturz (BGH, NStZ 2007, 405; BGH, NStZ 2014, 36, 37; BGH, NStZ 2019, 608, 610; anders etwa Grünewald, LK[12], StGB, § 224 Rdn. 23; Jäger, JA 2013, 472, 473 f.).

4. § 224 Abs. 1 Nr. 3 StGB

326 Um die spezielle Art und Weise, wie die Körperverletzung erfolgt, geht es auch in § 224 Abs. 1 Nr. 3 StGB, der die Körperverletzung mittels eines **hinterlistigen Überfalls** betrifft.

327 Zwar ist ein **Überfall ein überraschender oder unerwarteter Angriff** (*Rengier*, BT II, § 14 Rdn. 44), das bloße Ausnutzen eines Überraschungsmoments erfüllt jedoch § 224 Abs. 1 Nr. 3 StGB nicht (BGH, NStZ 2022, 164). Vielmehr muss **Hinterlist** vorliegen, was bedeutet, dass **planmäßig wahre Absichten verborgen** werden (BGH, NStZ 2004, 93), so etwa, wenn der Täter dem Opfer auflauert. Ein bloßer Überra-

schungsangriff für sich genommen (etwa aufgrund eines spontanen Entschlusses oder bei einem plötzlichen Angriff von hinten) genügt also nicht.

In subjektiver Hinsicht reicht dabei für das Grunddelikt der Körperverletzung dolus 328
eventualis (siehe BGH, NStZ 2022, 164 f.).

5. § 224 Abs. 1 Nr. 4 StGB

Bei dieser Variante geht es darum, dass der Täter zumindest **mit einem anderen Betei-** 329
ligten gemeinschaftlich handelt. Einigkeit besteht hierbei, dass die Beteiligten (mindestens zwei) **am Tatort anwesend** sein müssen und einverständlich agieren, wenn auch nicht jeder eigenhändig an der Körperverletzung mitwirken muss.

Problematisch ist, ob die Betreffenden Mittäter sein müssen oder auch das Zusam- 330
menwirken eines Täters mit einem Teilnehmer genügt.

Zugunsten von Mittäterschaft spricht, dass der Gesetzgeber das Wort „gemeinschaft- 331
lich" benutzt. Es findet sich nämlich ebenfalls in § 25 Abs. 2 StGB zur Beschreibung der Mittäterschaft. Andererseits verwendet § 224 Abs. 1 Nr. 4 StGB ebenfalls den Begriff „Beteiligter". Darunter versteht man aber nun nach der Legaldefinition in § 28 Abs. 2 StGB Täter oder Teilnehmer. Wortlaut und Gesetzessystematik ergeben daher kein eindeutiges Ergebnis. Vom telos der Vorschrift geht es um die spezifisch gefährliche Begehungsweise der Körperverletzung. Diese kann nun aber auch bei einem Zusammenwirken eines Täters mit einem Teilnehmer gegeben sein, sofern auch der Teilnehmer die Gefährlichkeit der Tat erhöht. Zutreffend hat daher der BGH entschieden, dass § 224 Abs. 1 Nr. 4 StGB auch die Konstellation erfasst, dass ein **Täter und ein Teilnehmer** (Anstifter oder Gehilfe) vor Ort die Körperverletzung begehen, sofern der Teilnehmer die Gefährlichkeit der Tat erhöht (BGHSt 47, 383, 386; *Heinrich*, JR 2003, 213, 214; anders und Mittäterschaft verlangend *Paeffgen*, StV 2004, 77, 78 f.). Insofern könnte man zum Beispiel an eine Bestärkung des Tatentschlusses durch den Teilnehmer denken (das aber wiederum bei § 224 Abs. 1 Nr. 4 StGB nicht ausreichen lassend etwa *Wessels/Hettinger/Engländer*, BT 1, Rdn. 237). Der Täter wird dann gemäß § 224 Abs. 1 Nr. 4 StGB bestraft, der Teilnehmer nach §§ 224 Abs. 1 Nr. 4, 26 oder 27 StGB.

6. § 224 Abs. 1 Nr. 5 StGB

Rechtsprechung und Teile des Schrifttums erachten bei dieser Tatvariante für maßgeb- 332
lich, ob **das Verhalten unter Berücksichtigung der konkreten Umstände generell geeignet ist, das Leben eines anderen zu gefährden** (BGHSt 36, 1, 9; *Grünewald*, LK[12], StGB, § 224 Rdn. 34; *Rengier*, BT II, § 14 Rdn. 50). Andere Autoren verlangen dagegen den **Eintritt einer konkreten Lebensgefahr** (*Paeffgen/Böse*, NK[5], StGB, § 224 Rdn. 28).

Beide Positionen vermögen jedoch nicht zu überzeugen. So spricht gegen das Erfor- 333
dernis des Eintritts einer konkreten Lebensgefahr, dass in § 224 StGB die Art und Weise der Tatbegehung zu einer Erhöhung der Strafe führt, also die Tathandlung qualifiziert ist, nicht jedoch daraus ein spezifischer Erfolg (wie eine konkrete Gefahr) resultieren muss. Das Verhalten als solches muss lebensgefährlich sein, es geht nicht um eine durch die Handlung verursachte Gefahr. Andererseits ist es verwirrend, wenn die Rechtsprechung die konkreten Umstände heranziehen will, dann jedoch wiederum generalisiert. Wie dies miteinander in Einklang zu bringen ist, wird nicht dargetan. Zudem verlangt § 224 StGB gar keine Abstraktion von den Einzelfallumständen im Sinne einer Generalisierung. Daher ist bei § 224 Abs. 1 Nr. 5 StGB richtigerweise maßgeblich, ob das spezifische in Rede stehende **Verhalten unter Heranziehung sämt-**

licher Umstände des Einzelfalls aus der Sicht ex ante konkret geeignet war, das Leben zu gefährden; es geht also um die konkrete Gefährlichkeit des Verhaltens.

334 Erfasst können insbesondere Schläge oder Tritte gegen den Kopf sein, Messerstiche in den Brustbereich, das Stoßen in eine Glasscheibe, aus dem Fenster oder einen Treppenabgang hinunter sowie das Würgen des Opfers.

335 Im Hinblick auf den Vorsatz ist bei § 224 Abs. 1 Nr. 5 StGB weiterhin umstritten, ob die **Kenntnis der Umstände** genügt, aus der sich die Lebensgefährlichkeit ergibt (so BGHSt 19, 352, 353; BGHSt 36, 1, 15) oder ob der Täter in seinen Vorsatz die **Lebensgefährlichkeit** aufgenommen haben muss (so etwa *Lackner/Kühl*, StGB, § 224 Rdn. 9; *Wessels/Hettinger/Engländer*, BT 1, Rdn. 240).

III. Schwere Körperverletzung gemäß § 226 StGB

1. Allgemeines

336 Bei der schweren Körperverletzung handelt es sich um ein **erfolgsqualifiziertes Delikt** (siehe zu dieser Deliktsart im Einzelnen *Zieschang*, AT, Rdn. 395 ff.).

337 Aus der Körperverletzung gemäß § 223 StGB hat also eine der in § 226 StGB aufgelisteten schweren Folgen zu resultieren, wobei sich hierbei in der schweren Folge die spezifische Gefahr des Grunddelikts verwirklichen muss. Aus dem Allgemeinen Teil des StGB ist insofern **§ 11 Abs. 2 StGB** maßgeblich: Das Delikt gilt daher als Vorsatzdelikt, sodass Teilnahme und Versuch in Betracht kommen.

338 Die Regelung des **§ 18 StGB** (bezüglich der schweren Folge genügt danach „wenigstens Fahrlässigkeit") darf jedoch nicht pauschal auf die differenzierte Ausgestaltung des § 226 StGB übertragen werden. In **§ 226 Abs. 2 StGB** geht es nämlich darum, dass der Täter hinsichtlich der schweren Folge mit dolus **directus 1. Grades („absichtlich")** oder dolus **directus 2. Grades („wissentlich")** handelt. Der Täter erstrebt also den Erfolg oder ist sich gewiss, dass die schwere Folge eintritt. **§ 226 Abs. 1 StGB** betrifft die verbleibenden Konstellationen, dass dem Täter in Bezug auf die schwere Folge wenigstens **Fahrlässigkeit** zur Last zu legen ist (§ 18 StGB) oder er insofern mit **dolus eventualis** handelt.

339 Sowohl § 226 Abs. 1 StGB als auch § 226 Abs. 2 StGB sind **Verbrechen** im Sinne des § 12 Abs. 1 StGB. Daran ändert auch das eventuelle Vorliegen eines minder schweren Falls gemäß § 226 Abs. 3 StGB nichts (§ 12 Abs. 3 StGB).

340 Problematisch mag im Einzelfall sein, ob der **gefahrspezifische Zusammenhang** bejaht werden kann. Im Ausgangspunkt ist man sich dabei einig, dass sich die spezifische Gefahr des Grunddelikts in der schweren Folge realisieren muss. Da hierbei die Körperverletzungshandlung ebenso gefährlich sein kann wie der eingetretene Erfolg, reicht es bereits aus, dass die spezifische Folge aus der Körperverletzungshandlung resultiert (siehe dazu im Zusammenhang mit § 227 StGB die Erläuterungen in Rdn. 367).

341 Grundsätzlich schließt das **eigenverantwortliche Dazwischentreten des Opfers oder eines Dritten** den gefahrspezifischen Zusammenhang aus. Zu beachten ist jedoch, dass nach dem BGH § 226 Abs. 1 Nr. 2 StGB nicht deswegen zu verneinen ist, wenn das Opfer eine ihm mögliche medizinische Behandlung nicht wahrgenommen hat (BGHSt 62, 36, 40 f.). Darauf wird zurückzukommen sein (Rdn. 357).

342 Im **Prüfungsaufbau** ist, sofern es um eine Vollendungsprüfung geht, zunächst der **objektive und subjektive Tatbestand des Grunddelikts** zu untersuchen, also des § 223 StGB. Die einfache Körperverletzung genügt. Im Anschluss ist der **Eintritt der schweren Folge** anzusprechen, also die in § 226 Abs. 1 Nr. 1 bis Nr. 3 StGB genannten Folgen. Es schließt sich die Untersuchung der **Kausalität zwischen Grunddelikt und schwerer Folge** nach der Äquivalenztheorie an. Für das erfolgsqualifizierte Delikt genügt jedoch die Kausalität nicht, hinzukommen muss vielmehr noch der **tatbe-**

standsspezifische Gefahrzusammenhang zwischen Grunddelikt und schwerer Folge, das heißt die spezifische Gefahr des Grunddelikts muss sich in der schweren Folge realisieren. Sodann schließt sich die Prüfung an, ob der Täter bezüglich der schweren Folge mit dolus directus 1. oder 2. Grades gehandelt hat (dann geht es um § 226 Abs. 2 StGB) oder mit dolus eventualis oder wenigstens fahrlässig (dann ist § 226 Abs. 1 StGB maßgeblich). Es folgen die allgemeinen Verbrechensmerkmale der **Rechtswidrigkeit** und der **Schuld**, wobei im Rahmen der Schuld bei § 226 Abs. 1 StGB, soweit Fahrlässigkeit bezüglich der schweren Folge in Rede steht, auf die individuelle Fahrlässigkeit bezüglich der schweren Folge einzugehen ist.

2. § 226 Abs. 1 Nr. 1 StGB

Verlust des Sehvermögens bedeutet, dass der Betreffende auf diesem Auge so gut wie gar nichts mehr sieht. Besteht nur noch ein maximales Sehvermögen auf einem Auge von ca. 10%, wird man – mit dem Wortlaut des Gesetzes noch vereinbar – davon sprechen können, dass der Betroffene das Sehvermögen **verloren** hat. Etwaige Sehhilfen (Brille, Kontaktlinsen) bleiben bei der Beurteilung außer Betracht, sofern die körperliche Schädigung als solche weiter vorhanden ist (siehe BayObLG, NStZ-RR 2004, 264, 265). 343

Wer durch einen Schuss in die Augen den sofortigen Tod des Opfers herbeiführt, verwirklicht § 226 Abs. 1 Nr. 1 StGB nicht, denn für § 226 StGB ist zumindest ein (kurzzeitiges) Weiterleben erforderlich (*Rengier*, BT II, § 15 Rdn. 33; siehe auch BGH, NStZ 1997, 233, 234). Andererseits schließen sich Tötungsvorsatz und Vorsatz zu § 226 StGB nicht unbedingt aus. 344

> **Beispiel:** 345
> *A verabreicht dem O Gift, wobei das Gift – was A weiß – zunächst zu einem Verfallen in Siechtum und dann erst zum Tod des O führt.*
> *X schießt mit bedingtem Tötungsvorsatz auf den Unterleib von Y, wobei X den Verlust der Fortpflanzungsfähigkeit bei Y erstrebt.*

Während beim Sehvermögen der Verlust auf einem Auge genügt, muss ein vollständiger Verlust des **Gehörs** vorliegen, damit die schwere Folge angenommen werden kann. Der Verlust auf einem Ohr reicht daher nicht. Die Grenze für den Hörverlust wird man bei nur noch ca. 10% verbleibendem Hörvermögen zu ziehen haben (siehe auch BGH, BeckRS 2010, 30925, wo § 226 Abs. 1 Nr. 1 StGB bei 5% Resthörvermögen bejaht wird. Hier bleibe nur eine für den Geschädigten wertlose Restfähigkeit zurück). Auch hier sind etwaige Hörhilfen unbeachtlich, sofern der körperliche Schaden als solcher weiter besteht (siehe BGH, BeckRS 2010, 30925). 346

Das **Sprechvermögen** ist verloren, wenn der Betreffende sich nicht mehr artikuliert äußern kann, allenfalls nur noch undefinierbare Laute von sich gibt. 347

Der Verlust der **Fortpflanzungsfähigkeit** ist geschlechtsneutral formuliert. Erfasst werden auch Kinder (*Wessels/Hettinger/Engländer*, BT 1, Rdn. 245; anders *Paeffgen/Böse*, NK[5], StGB, § 226 Rdn. 25), dagegen Frauen nicht mehr nach den Wechseljahren. 348

> **Ergänzender Hinweis:** 349
> *Zu beachten ist in diesem Bereich zudem eine eventuelle Strafbarkeit wegen Verstümmelung der äußeren weiblichen Genitalien gemäß § 226a StGB (siehe dagegen zur Beschneidung von Jungen § 1631d BGB), wobei diese Vorschrift zu ihrer Verwirklichung nicht verlangt, dass die Fortpflanzungsfähigkeit verloren geht.*

3. § 226 Abs. 1 Nr. 2 StGB

350 § 226 Abs. 1 Nr. 2 StGB betrifft den Fall, dass das Körperverletzungsopfer ein wichtiges Glied des Körpers verliert oder dauernd nicht mehr gebrauchen kann. Umstritten ist insofern bereits, was unter einem **Glied** im Sinne des § 226 Abs. 1 Nr. 2 StGB zu verstehen ist. Die engste Auffassung geht davon aus, dass damit nur solche **äußerlichen Körperteile** gemeint sind, die mit dem Körper durch ein **Gelenk** (also etwa Arme, Beine, Hände, Füße, Finger, Zehen) verbunden sind (*Grünewald*, LK[12], StGB, § 226 Rdn. 13; *Hardtung*, MK, StGB, § 226 Rdn. 26; *Sternberg-Lieben*, Schönke/Schröder, StGB, § 226 Rdn. 2). Weitergehend werden unter dem Begriff im Schrifttum mitunter **sämtliche äußeren Körperteile** erfasst, also zum Beispiel auch die Nase oder die Ohren, ohne dass eine Verbindung über ein Gelenk vorliegen müsse (so *Gössel/Dölling*, BT 1, § 13 Rdn. 61). Schließlich wird vertreten, dass auch **innere Körperteile** wie Organe als Glieder im Sinne des § 226 Abs. 1 Nr. 2 StGB angesehen werden können (*Eisele*, BT I, Rdn. 349; *Rengier*, BT II, § 15 Rdn. 9). Der BGH hat jedenfalls entschieden, dass die Niere kein Glied im Sinne des § 226 StGB ist (BGHSt 28, 100, 102), woraus geschlussfolgert werden kann, dass er innere Körperteile nicht als Glied erachtet.

351 Um eine zu starke Ausdehnung der Vorschrift zu vermeiden, erscheint es richtig, nur durch Gelenke verbundene äußerliche Körperteile als Glieder im Sinne des § 226 Abs. 1 Nr. 2 StGB aufzufassen. Das entspricht auch am ehesten dem Wortsinn. Zudem genügt ausweislich des Gesetzeswortlauts (§ 226 Abs. 1 Nr. 1 StGB) der Verlust des Gehörs auf einem Ohr nicht; diese gesetzgeberische Entscheidung würde jedoch umgangen, falls man etwa auch ein Ohr als wichtiges Glied ansieht.

352 Das Glied muss **wichtig** sein. Das ist der Fall, wenn es eine wesentliche Bedeutung aufweist. Ob dies abstrakt oder unter Berücksichtigung von Einzelfallumständen zu bestimmen ist, wird unterschiedlich gesehen.

353 **Beispiel:**

O ist Berufsmusiker. Er spielt Zupfinstrumente, insbesondere Gitarre. Der weniger erfolgreiche Kollege A zerquetscht nun aus Neid an der linken Hand des O zu einem Drittel den kleinen Finger, der insoweit amputiert werden muss. O kann dadurch seinen Beruf nicht mehr ausüben.

Zwar handelt es sich bei dem Fingerglied nach allen Ansichten um ein Glied. Selbst die hier befürwortete engste Auffassung bejaht dies, da es sich um ein äußeres Körperteil handelt, das mit dem Körper durch ein Gelenk verbunden ist. Problematisch ist aber, ob ein „wichtiges" Glied vorliegt.

*Teilweise wurde und wird insofern eine **abstrakte Sicht** befürwortet (so etwa RGSt 6, 346, 347; RGSt 62, 161, 162; in diese Richtung auch BGH bei Dallinger, MDR 1953, 597; Paeffgen/Böse, NK[5], StGB, § 226 Rdn. 27; dies jedenfalls ablehnend BGHSt 51, 252, 255); danach würde es sich bei einem Fingerglied am kleinen Finger der linken Hand nicht um ein wichtiges Glied handeln, da man ohne wesentliche Beeinträchtigung auch ohne dieses Glied leben kann.*

*Mitunter werden **individuelle körperbezogene Umstände** berücksichtigt (etwa Linkshändigkeit oder dem Opfer fehlte bereits ein Finger), nicht aber außerhalb des Körpers liegende berufliche oder soziale Umstände wie zum Beispiel der Beruf des Betroffenen (Fischer, StGB, § 226 Rdn. 7; Grünewald, LK[12], StGB, § 226 Rdn. 14; Hilgendorf/Valerius, BT I, § 3 Rdn. 59).*

*Schließlich will eine dritte Auffassung **sämtliche Einzelfallumstände** in die Beurteilung einbeziehen (Lackner/Kühl, StGB, § 226 Rdn. 3; Rengier, BT II, § 15 Rdn. 11). Da O als Berufsmusiker nun nicht mehr seinen Beruf ausüben kann, wäre danach ein wichtiges Glied anzunehmen.*

Es besteht bei § 226 StGB keine Notwendigkeit, von den Umständen des Einzelfalls zu abstrahieren. Zwar ist vom Glied „des Körpers" die Rede, aber das bezieht sich immer auch auf die „verletzte Person", sodass der Wortlaut der Vorschrift nicht zu einer generalisierenden Betrachtung zwingt. Folglich ist die Frage der Wichtigkeit unter Berücksichtigung sämtlicher Besonderheiten des konkreten Falls zu lösen. Dazu gehört auch, dass O Berufsmusiker ist. Daher hat O ein wichtiges Glied verloren.

Die Körperverletzung muss zur Folge haben, dass der Betroffene das wichtige Glied **verliert oder dauernd nicht mehr gebrauchen kann**. Unter Verlust ist die tatsächliche Trennung zu verstehen. Etwaige Prothesen ändern an dem Verlust nichts. Dauernde Gebrauchsunfähigkeit liegt vor, wenn bei dem Betroffenen das Glied zwar noch vorhanden ist, es aber auf unabsehbare Zeit nicht mehr seiner Funktion gemäß einsetzbar ist. Es muss ein Ausfall so vieler Funktionen verursacht werden, dass das Körperglied weitgehend unbrauchbar geworden ist und von daher die wesentlichen faktischen Wirkungen denjenigen eines physischen Verlusts entsprechen, wobei ein völliger Funktionsverlust nicht notwendig ist (BGHSt 51, 252, 257; BGHSt 62, 36, 38). 354

Beispiele: 355
Ein Verlust liegt insbesondere vor bei Amputationen. Dauernde Gebrauchsunfähigkeit ist zum Beispiel bei einem versteiften Kniegelenk anzunehmen.

Problematisch ist, inwiefern vor allem bei der Frage nach der dauernden Gebrauchsunfähigkeit die Möglichkeit in die Betrachtung einzubeziehen ist, dass der Betroffene sich einer **Operation** unterziehen kann, wodurch das Glied wieder gebrauchsfähig wird. Hierbei geht es tatsächlich um das Erfordernis des **gefahrspezifischen Zusammenhangs** und die Frage, ob er durch ein **Verhalten des Opfers** unterbrochen wird. 356

Beispiel: 357
A hat den O so stark am Arm verletzt, dass eine Versteifung des Armgelenks eingetreten ist. Durch eine Operation könnte die Versteifung beseitigt werden. O verweigert indes die Operation.
A hat den Grundtatbestand des § 223 StGB verwirklicht, woraus kausal die Versteifung des Armgelenks resultiert. Fraglich ist, ob der gefahrspezifische Zusammenhang dadurch entfällt, dass O die Operation verweigert.
Nach dem BGH kommt es für die Dauerhaftigkeit des Verlusts der Gebrauchsfähigkeit eines Körperteils grundsätzlich nicht darauf an, ob das Opfer eine ihm mögliche medizinische Behandlung nicht wahrgenommen hat (BGHSt 62, 36, 40 f.; siehe auch im Hinblick auf § 226 Abs. 1 Nr. 3 StGB BGHSt 17, 161, 164 f., dazu Rdn. 362). Es widerspreche „jeglichem Gerechtigkeitsempfinden", eine Art Obliegenheit des Opfers zu konstruieren, sich Heilmaßnahmen zu unterziehen, um dem Täter eine höhere Strafe zu ersparen (BGHSt 62, 36, 40).
Dagegen wird diese Entscheidung im Schrifttum kritisiert (etwa Eisele, JuS 2017, 893, 894 f.; Grünewald, NJW 2017, 1764 f.; Rengier, BT II, § 15 Rdn. 17a) und der Gefahrverwirklichungszusammenhang bei einer zumutbaren Operation, die freiverantwortlich nicht wahrgenommen wird, verneint.
Es geht bei dem gefahrspezifischen Zusammenhang darum, ob sich die spezifische Gefahr des Grunddelikts in der schweren Folge realisiert. Das ist zu verneinen, wenn Dritte oder das Opfer selbst eigenverantwortlich in den Geschehensablauf eintreten. Das sieht im Grundsatz auch der BGH so (BGH, NJW 1992, 1708; BGH, NStZ 2008, 278). Dann ist es aber widersprüchlich, bei einer freiverantwortlichen Entscheidung gegen eine mögliche Heilbehandlung den Gefahrverwirklichungszusammenhang anzunehmen. Zutreffend ist es vielmehr, in diesen Fällen § 226 StGB zu verneinen.

358 **Ergänzende Hinweise:**
Im Bereich der Körperverletzung mit Todesfolge hat der BGH eine Strafbarkeit nach § 227 StGB in einem Fall bejaht, in dem das schwerverletzte, alkoholisierte Opfer eine lebensnotwendige stationäre Behandlung im Krankenhaus verweigert hatte (BGH, NStZ 1994, 394). Dieser Entscheidung kann zugestimmt werden, sofern das Opfer aufgrund der Verletzungen und des Alkoholkonsums nicht mehr zu einer eigenverantwortlichen Entscheidung in der Lage war. Bei Eigenverantwortlichkeit wäre der Zurechnungszusammenhang dagegen richtigerweise zu verneinen (siehe auch BGH, NStZ 2009, 92, 93 zu § 227 StGB: Ein den Zurechnungszusammenhang unterbrechendes selbstschädigendes Verhalten des Tatopfers sei möglicherweise darin zu sehen, dass es wegen der Verletzungen keine ärztliche Hilfe mehr in Anspruch nimmt, obwohl sich der Gesundheitszustand ständig verschlechtert).
Im Zusammenhang mit dem Raub mit Todesfolge hat der BGH eine Strafbarkeit nach § 251 StGB in einer Konstellation angenommen, in dem der Täter das 84 Jahre alte Opfer so kräftig schlug, dass es mit dem Kopf auf der Straße aufschlug. Es erlangte nach einer Operation nicht mehr das Bewusstsein, woraufhin die Ärzte mit den Angehörigen angesichts einer Patientenverfügung beschlossen, die Betroffene nur noch palliativ zu behandeln (BGH, NJW 2020, 3669). Hier liege kein eigenständiges neues Risiko vor, vielmehr war ein möglicher tödlicher Ausgang der Operation bereits im Zeitpunkt der Tat in der Konstitution des Opfers angelegt. Auch aus der Patientenverfügung resultiere nichts anderes: Der Arzt beuge sich dem Patientenwillen, wobei ein Patient das Recht habe, selbstbestimmt zu entscheiden, ob er ärztliche Hilfe in Anspruch nehmen will. Offen lässt der BGH, ob anders zu entscheiden wäre, wenn vom Opfer aus unvernünftigen Gründen eine durchaus erfolgversprechende Behandlung abgelehnt wird. Diese Entscheidung ist zu befürworten, da es (trotz der freiverantwortlichen Patientenverfügung) aufgrund der vorherigen Schwere der Gewalthandlungen an einer jetzigen eigenverantwortlichen Entscheidung des Opfers fehlt (zu den Besonderheiten bei § 238 Abs. 3 StGB siehe BGHSt 62, 49, wo der gefahrspezifische Zusammenhang trotz Behandlungsabbruchs und nachfolgendem Suizid bejaht wurde).

4. § 226 Abs. 1 Nr. 3 StGB

359 Hier listet der Gesetzgeber als schwere Folge die dauernde Entstellung in erheblicher Weise oder das Verfallen in Siechtum, Lähmung oder geistige Krankheit oder Behinderung auf.

360 Bei der Frage, ob die verletzte Person **in erheblicher Weise dauernd entstellt** ist, kommt es darauf an, ob eine wesentliche Verunstaltung des äußeren Gesamterscheinungsbildes auf unabsehbare Zeit vorliegt (siehe BGH, NStZ 2006, 686). Erheblich ist die Entstellung, „wenn sie zumindest dem Gewicht der geringsten Fälle nach § 226 Abs. 1 Nr. 1 und Nr. 2 StGB gleichkommt" (BGH, BeckRS 2011, 14937; BGH, NStZ 2015, 266, 268). Das soll nach dem BGH bei einer deutlich verbreiterten Narbe am Bein von 20 cm Länge und weiteren vorhandenen Narben an den Beinen nicht der Fall sein (BGH, NStZ 2006, 686). In Betracht komme dies aber bei einer Vielzahl markant bleibender und großer Narben im Oberkörperbereich (BGH, BeckRS 2011, 14937) oder bei auffälligen Narben im Gesicht (BGH, NStZ 2006, 686).

361 Es kommt nicht darauf an, ob die Verunstaltung im Alltagsleben sichtbar ist (zum Beispiel im Gesicht); geschützt ist nämlich auch der Privatbereich (*Kindhäuser/Hilgendorf*, LPK, § 226 Rdn. 7; *Rengier*, BT II, § 15 Rdn. 19).

362 Problematisch ist, ob künstliche Ersatzmöglichkeiten (etwa Zahnersatz) oder (kosmetische) Operationen bei der Frage der dauernden Entstellung zu berücksichtigen sind.

Der BGH hat das bezüglich des Zahnersatzes ursprünglich verneint (BGHSt 17, 161, 164 f.; in der Tendenz im Hinblick auf Operationen auch BGH, NJW 1967, 297; siehe zudem ablehnend bezüglich der Berücksichtigung möglicher Operationen im Zusammenhang mit § 226 Abs. 1 Nr. 2 StGB BGHSt 62, 36, 40 f., dazu Rdn. 357. Ob die letztgenannte Entscheidung Auswirkung auf § 226 Abs. 1 Nr. 3 StGB hat, bleibt abzuwarten), dann jedoch entschieden, dass eine Zahnprothese zu berücksichtigen sei (BGHSt 24, 315, 317). Es komme entscheidend auf das Aussehen an, das durch die Zahnprothese nicht mehr entstellt sei (BGHSt 24, 315, 317 f.; ebenso etwa *Rengier*, BT II, § 15 Rdn. 22; *Wolters*, SK, StGB, § 226 Rdn. 14).

Unter **Siechtum** versteht man einen chronischen Krankheitszustand, der den Gesamt- 363 organismus in Mitleidenschaft zieht und eine Beeinträchtigung körperlicher und geistiger Kräfte sowie allgemeine Hinfälligkeit zur Folge hat (*Lackner/Kühl*, StGB, § 226 Rdn. 4; siehe auch BGH bei Dallinger, MDR 1968, 17). **Lähmung** ist die dauerhafte erhebliche Beeinträchtigung der bestimmungsgemäßen Bewegungsfähigkeit eines Körperteils, wobei zumindest mittelbar der ganze Mensch von der Bewegungsunfähigkeit ergriffen sein muss (BGH, NJW 1988, 2622: so etwa bei der Versteifung des Knie- oder Hüftgelenks, nicht aber des Handgelenks). Schließlich ist als schwere Folge die **geistige Krankheit oder geistige Behinderung** genannt; der Begriff „geistig" bezieht sich also auch auf die Behinderung. Es geht bei der geistigen Krankheit um krankheitswertige Schäden an der psychischen Gesundheit, bei der geistigen Behinderung um sonstige Störungen der Gehirntätigkeit (BGH, NStZ 2018, 102, 103). Aus dem Begriff „Verfallen" und dem Vergleich zu den sonstigen Varianten folgt, dass diese Beeinträchtigungen erheblich und dauerhaft sein müssen (BGH, NStZ 2018, 102, 103).

IV. Körperverletzung mit Todesfolge gemäß § 227 StGB

Auch § 227 StGB ist ein **erfolgsqualifiziertes Delikt**, für das aus dem Allgemeinen Teil 364 des StGB die **§§ 11 Abs. 2, 18 StGB** von Bedeutung sind (siehe zum erfolgsqualifizierten Delikt bereits *Zieschang*, AT, Rdn. 395 ff.). Es geht also vom Ausgangspunkt um eine Vorsatz-Fahrlässigkeitskombination, indem das Grunddelikt der Körperverletzung vorsätzlich verwirklicht werden muss, hinsichtlich der schweren Folge (Tod der verletzten Person) gemäß § 18 StGB aber wenigstens Fahrlässigkeit genügt. Dennoch gilt diese Vorschrift gemäß § 11 Abs. 2 StGB als Vorsatzdelikt. Das hat insbesondere zur Konsequenz, dass eine Teilnahme (Anstiftung gemäß § 26 StGB oder Beihilfe gemäß § 27 StGB), die aufgrund ihrer (limitierten) Akzessorietät eine **vorsätzliche**, rechtswidrige Haupttat voraussetzt, möglich ist. Zudem kommt ein Versuch in Betracht.

1. Der Aufbau des § 227 StGB

Zunächst ist im Prüfungsaufbau, sofern es um eine Vollendungsprüfung geht, der 365 **objektive und subjektive Tatbestand des Grunddelikts** zu untersuchen, also des § 223 StGB. Die einfache Körperverletzung genügt, es muss sich nicht unbedingt um eine gefährliche gemäß § 224 StGB handeln. Im Anschluss ist der **Eintritt der schweren Folge** anzusprechen, also der Tod der verletzten Person. Es folgt die Untersuchung der **Kausalität zwischen Grunddelikt und schwerer Folge** nach der Äquivalenztheorie. Für das erfolgsqualifizierte Delikt genügt jedoch die Kausalität nicht, hinzukommen muss vielmehr noch der **tatbestandsspezifische Gefahrzusammenhang** zwischen Grunddelikt und schwerer Folge, das heißt die spezifische Gefahr des Grunddelikts muss sich in der schweren Folge realisieren. Sodann schließt sich die Prüfung an, ob der Täter bezüglich der schweren Folge im Sinne des § 18 StGB **wenigstens fahrlässig** gehandelt hat. Es folgen die allgemeinen Verbrechensmerkmale der **Rechtswidrigkeit** und der **Schuld**, wobei im Rahmen der Schuld auf die individuelle Fahrlässigkeit bezüglich der schweren Folge einzugehen ist.

366 Man sieht, dass sich § 227 StGB vom Ausgangspunkt aus einer vorsätzlichen Körperverletzung gemäß § 223 StGB und einer fahrlässigen Tötung gemäß § 222 StGB zusammensetzt. Bei einem Vergleich der Strafdrohung fällt jedoch auf, dass die §§ 223, 222 StGB Freiheitsstrafe bis zu fünf Jahren oder Geldstrafe androhen, hingegen § 227 StGB Freiheitsstrafe nicht unter drei Jahren. Diese Verschärfung hat ihren Grund darin, dass sich in der schweren Folge die spezifische Gefahr des Grunddelikts realisiert. Dabei ist der gefahrspezifische Zusammenhang das problematischste Erfordernis des erfolgsqualifizierten Delikts nach § 227 StGB.

2. Der tatbestandsspezifische Gefahrenzusammenhang

367 **Beispiel:**

A und O sind Rivalen. Beide geraten in Streit. Schließlich versetzt der A dem O ohne Tötungsvorsatz einen kräftigen Faustschlag. O fällt auf den Betonboden, wodurch er eine tödliche Gehirnblutung erleidet. Strafbarkeit des A nach §§ 227, 223, 222 StGB?

A hat im Hinblick auf den Faustschlag den objektiven und subjektiven Tatbestand des § 223 StGB verwirklicht. Auch ist es mit dem Tod des O zum Eintritt der schweren Folge gekommen. Ohne den Faustschlag wäre O nicht gestürzt und auf den Betonboden aufgeprallt, sodass die Körperverletzung ursächlich im Sinne der condicio sine qua non-Formel für den Tod des O ist.

Problematisch erscheint, ob der gefahrspezifische Zusammenhang gegeben ist. Vom Ausgangspunkt ist man sich einig, dass sich die spezifische Gefahr des Grunddelikts (§ 223 StGB) in der schweren Folge verwirklicht haben muss. Umstritten ist jedoch, was das im Hinblick auf § 227 StGB im Einzelnen bedeutet.

Nach einer teilweise in der Literatur vertretenen Ansicht, der ***Letalitätstheorie****, muss die schwere Folge aus dem* ***Körperverletzungserfolg*** *resultieren (Küpper, FS Hirsch, S. 615, 619f.; Lackner/Kühl, StGB, § 227 Rdn. 2; siehe früher auch RGSt 44, 137, 139). Nur dann sei die Verschärfung der Strafe in § 227 StGB gegenüber §§ 223, 222 StGB sachlich gerechtfertigt. Danach wäre der gefahrspezifische Zusammenhang zu verneinen, da der Tod des O nicht aufgrund der durch den Faustschlag herbeigeführten Verletzung eingetreten war, sondern durch das Fallen auf den Betonboden (sofern man nicht die dadurch eingetretene Durchgangsverletzung zum Tod als unwesentliche Abweichung vom Kausalverlauf und damit vom Vorsatz bezüglich des Faustschlags als umfasst erachtet). A macht sich unter Zugrundelegung dieser Ansicht nicht nach § 227 StGB strafbar. Es bleiben §§ 223, 222 StGB.*

Die ***ständige Rechtsprechung des BGH*** *(etwa BGHSt 14, 110, 112; BGHSt 31, 96, 99f.) und Teile des Schrifttums (etwa Eisele, BT I, Rdn. 373; Rengier, BT II, § 16 Rdn. 11; siehe auch Wessels/Hettinger/Engländer, BT 1, Rdn. 263ff.: nur, sofern § 224 Abs. 1 Nr. 5 StGB als Grunddelikt verwirklicht sei) lassen es hingegen genügen, dass die schwere Folge aus der* ***Körperverletzungshandlung*** *resultiert. Die höhere Strafwürdigkeit gegenüber § 222 StGB sei dadurch begründet, dass die fahrlässig herbeigeführte Todesfolge auf einer vorsätzlich begangenen, bereits für sich strafbaren Verletzungshandlung beruht (BGHSt 14, 110, 113). Unter Zugrundelegung dieser Auffassung kann der gefahrspezifische Zusammenhang bejaht werden. A macht sich nach § 227 StGB strafbar. §§ 223, 222 StGB treten dahinter zurück.*

Anmerkung: 368

Regelmäßig werden in diesem Zusammenhang der Pistolenknauf-Fall (BGHSt 14, 110) sowie der Hochsitz-Fall (BGHSt 31, 96) genannt.
Im Pistolenknauf-Fall führte ein Polizeibeamter seine Waffe als Schlagwerkzeug in Richtung des Kopfes des Opfers, wobei sich hierbei aus der Waffe ungewollt ein Schuss löste, sodass der Betroffene tödlich verletzt wurde. Im Hochsitz-Fall hatte der Täter im Wald einen Hochsitz umgeworfen, auf dem sein Onkel saß. Der Onkel erlitt einen Sprunggelenksbruch, der für sich genommen nicht lebensbedrohlich erschien; das Opfer verstarb aber wenige Wochen später an einer Lungenembolie und Lungenentzündung, die sich in Abhängigkeit zu dem verletzungsbedingten längeren Krankenlager entwickelt hatten. In beiden Fällen hat der BGH unter Zugrundelegung der Auffassung, es genüge, wenn der Tod aus der Körperverletzungshandlung resultiere, den gefahrspezifischen Zusammenhang bejaht.

Zugunsten der Letalitätstheorie spricht, dass § 227 StGB angesichts seiner hohen Strafdrohung eher restriktiv zu interpretieren ist. Zudem spricht für diese Sicht, dass in § 227 StGB von „der verletzten Person" die Rede ist. Andererseits verweist § 227 StGB auf die „§§ 223 bis 226a" StGB und damit u. a. auch auf die Versuchsregelung in § 223 Abs. 2 StGB. Bei der versuchten Körperverletzung mit Todesfolge hat man nun aber typischerweise keinen eingetretenen Körperverletzungserfolg, was für die Auffassung der Rechtsprechung spricht, die es ausreichen lässt, dass die schwere Folge aus der Körperverletzungshandlung folgt. Zudem hängt es ohnehin oftmals von bloßen Zufälligkeiten ab, ob die schwere Folge durch die Verletzungshandlung oder den Körperverletzungserfolg eintritt (Zieschang, AT, Rdn. 406). Hinzu kommt, dass die eigentliche Körperverletzungshandlung nicht selten ebenso gefährlich oder sogar weitaus gefährlicher sein kann als die eingetretene Verletzung selbst. Insgesamt ist daher die Auffassung zu befürworten, welche es im Zusammenhang mit § 227 StGB bereits genügen lässt, dass die schwere Folge aus der Körperverletzungshandlung resultiert. Der gefahrspezifische Zusammenhang ist daher zu bejahen. 369
Weiterhin muss A hinsichtlich der schweren Folge gemäß § 18 StGB wenigstens Fahrlässigkeit zur Last fallen. Im Prinzip bedeutet Fahrlässigkeit objektive Sorgfaltswidrigkeit und objektive Vorhersehbarkeit bezüglich des Erfolges. Der BGH prüft jedoch beim erfolgsqualifizierten Delikt lediglich die objektive Vorhersehbarkeit des Erfolges, da sich die Sorgfaltswidrigkeit bereits aus der Verwirklichung des Grunddelikts ergebe (siehe BGHSt 24, 213, 215; BGHSt 51, 18, 21). Danach genügt es, dass der Tod für einen objektiven Dritten nicht außerhalb jeder Wahrscheinlichkeit lag, was anzunehmen ist.
Die Gegenposition verlangt neben der Prüfung der objektiven Vorhersehbarkeit auch die Untersuchung der objektiven Sorgfaltswidrigkeit (Zieschang, AT, Rdn. 408). Insoweit ist nun aber das Verhalten des A auch in Bezug auf das Leben sorgfaltswidrig. Ein besonnener und gewissenhaft handelnder Dritter aus dem Verkehrskreis des Täters in dessen sozialer Rolle hätte sich nicht so wie A verhalten. Beide Auffassungen kommen damit zu übereinstimmenden Ergebnissen, sodass der Meinungsstreit nicht entschieden zu werden braucht. Fahrlässigkeit ist zu bejahen.
Rechtfertigungsgründe sind nicht ersichtlich. A handelt rechtswidrig. Auf der Ebene der Schuld prüft wiederum der BGH mit der überwiegenden Schrifttumsansicht lediglich die individuelle Vorhersehbarkeit, während die Gegenposition auch die individuelle Sorgfaltswidrigkeit erörtert. Auch individuell für A ist der

Erfolg vorhersehbar, zudem ist auch die individuelle Sorgfaltswidrigkeit zu bejahen, der Streit bedarf also auch hier nicht der Entscheidung.

370 **Anmerkung:**
Die individuelle Vorhersehbarkeit des Todes hat der BGH in einem Fall verneint, in dem die Mutter ihre 4-jährige Tochter zwang, mit Salz versetzten Schokoladenpudding zu essen, woran das Kind verstarb (BGHSt 51, 18, 21). Die Mutter habe nicht gewusst, dass bereits geringe Mengen Kochsalz bei einem Kleinkind lebensgefährliche Vergiftungserscheinungen hervorzurufen vermögen; dies gehöre nicht zu jener medizinischen Sachkenntnis, welche sich fast jede Mutter über kurz oder lang aneigne (BGHSt 51, 18, 21).
Andererseits soll nach dem BGH die „Vorhersehbarkeit des Erfolges im Allgemeinen" genügen (BGH, NStZ 2008, 686, 687). So hat der BGH sowohl die (im Tatbestand zu prüfende) objektive als auch die (auf der Ebene der Schuld zu erörternde) individuelle Vorhersehbarkeit in einem Fall bejaht, in dem der Täter mit der Schuhspitze kräftig gegen den Oberkörper des Opfers getreten hatte, wodurch es zum Reflextod, einer medizinischen Rarität, kam, die nicht zum Allgemeinwissen gehört (BGH, NStZ 2008, 686; kritisch etwa Rengier, BT II, § 16 Rdn. 8 f.). Die Vorhersehbarkeit brauche sich nicht auf alle Einzelheiten des zum Tode führenden Geschehensablaufs zu erstrecken. Dass ein kräftiger Tritt mit der Schuhspitze gegen den Rumpf zum Tode führen kann, sei regelmäßig objektiv und individuell vorhersehbar. Insoweit ist jedoch entgegen der Auffassung des BGH anzumerken, dass konkret ein atypischer Geschehensablauf („medizinische Rarität") vorlag, mit dem man nicht zu rechnen braucht.

371 *Im Übrigen bestehen bezüglich der Schuld des A keine Bedenken, sodass die Schuld bejaht werden kann. A macht sich daher gemäß § 227 StGB strafbar. Die ebenfalls verwirklichten §§ 223, 222 StGB treten hinter § 227 StGB zurück.*

372 Problematisch kann der gefahrspezifische Zusammenhang insbesondere auch sein, wenn es **erst durch ein Verhalten des Opfers** zum Tod kommt.

373 **Beispiel:**
A schlägt den O über mehrere Stunden. Der völlig verängstigte und benommene O bittet den A, das Fenster öffnen zu dürfen. A willigt ein. O geht daraufhin zum Fenster, öffnet es und springt aus Panik und Angst vor weiteren Schlägen aus dem Fenster. O verstirbt durch den Sturz aus 27 Metern Höhe (siehe dazu BGH, NJW 1992, 1708 sowie Zieschang, AT, Rdn. 399 ff.).
Nach der Letalitätstheorie ist der gefahrspezifische Zusammenhang zu verneinen, da der Tod nicht unmittelbar aus dem Körperverletzungserfolg als solchem resultiert.
Der BGH geht grundsätzlich davon aus, dass der gefahrspezifische Zusammenhang zu verneinen ist, wenn der Tod durch das ***eigene Verhalten des Opfers*** *herbeigeführt wird (BGH, NJW 1992, 1708, 1709; BGHSt 31, 96, 99).*
Im konkreten Fall bejaht der BGH jedoch den gefahrspezifischen Zusammenhang: Die Fähigkeit des O zu klaren Denkabläufen sei durch die vorangegangenen Schläge beeinträchtigt gewesen, der Sturz sei ein durch die Misshandlungen bewirktes Panikverhalten und kein eigenverantwortlicher Vorgang mehr (BGH, NJW 1992, 1708, 1709). Die Panikreaktion war die spezifische Folge der durch die Misshandlungen hervorgerufenen Paniksituation. Der BGH ***bejaht damit den gefahrspezifischen Zusammenhang****, wenn* ***kein eigenverantwortliches Handeln des Verletzten*** *vorliegt (BGH, NJW 1992, 1708, 1709).*

Ergänzender Hinweis: 374
Mit der vorliegenden Entscheidung (BGH, NJW 1992, 1708; ebenso BGH, NStZ 2008, 278; BGHSt 48, 34, 38 f.) hat der BGH tatsächlich und richtig eine Abkehr vom „Rötzel-Fall" (BGH, NJW 1971, 152) vorgenommen: Dort erlitt eine Hausgehilfin durch den Sohn der Hausherrin eine tiefe Oberarmwunde und einen Nasenbeinbruch. Die verängstigte Frau versuchte daraufhin, durch das Fenster ihres Zimmers auf einen Balkon zu flüchten. Dabei stürzte sie ab und verletzte sich tödlich. Hier hatte der BGH den gefahrspezifischen Zusammenhang aufgrund des Verhaltens des Opfers abgelehnt und damit § 227 StGB verneint. Das überzeugt aber nicht, da kein eigenverantwortliches Verhalten des Opfers vorlag.

Eine gewisse Abkehr des BGH vom Kriterium der Eigenverantwortlichkeit zeigt sich 375
jedoch – im Zusammenhang mit § 226 Abs. 1 Nr. 2 StGB – bei **Operationen**: Nach dem BGH kommt es für die Dauerhaftigkeit des Verlusts der Gebrauchsfähigkeit eines Körperteils grundsätzlich nicht darauf an, ob das Opfer eine ihm mögliche medizinische Behandlung nicht wahrgenommen hat (BGHSt 62, 36, 40; siehe dazu schon Rdn. 357). Es widerspreche „jeglichem Gerechtigkeitsempfinden", eine Art Obliegenheit des Opfers zu konstruieren, sich Heilmaßnahmen zu unterziehen, um dem Täter eine höhere Strafe zu ersparen (BGHSt 62, 36, 40 f.). Dass diese Sicht nicht zu überzeugen vermag und mit dem Aspekt der Eigenverantwortlichkeit nicht in Einklang zu bringen ist, wurde bereits erläutert (Rdn. 357).

Dagegen hat der BGH eine Strafbarkeit nach § 227 StGB in einem Fall bejaht, in dem 376
das schwerverletzte, alkoholisierte Opfer eine lebensnotwendige stationäre Behandlung im Krankenhaus verweigert hatte (BGH, NStZ 1994, 394). Dieser Entscheidung ist beizupflichten, sofern das Opfer aufgrund der Verletzungen und des Alkoholkonsums nicht mehr zu einer eigenverantwortlichen Entscheidung in der Lage war. Bei Eigenverantwortlichkeit wäre der Zurechnungszusammenhang dagegen zu verneinen.

Der Unmittelbarkeitszusammenhang ist zu verneinen, wenn ein **Dritter in den** 377
Geschehensablauf eingreift.

Beispiele: 378
A hat den O körperlich schwer misshandelt und auf der Straße liegen lassen. Nunmehr kommt zufällig der mit O verfeindete B des Weges, sieht den O und erschießt ihn. Hat sich A nach § 227 StGB strafbar gemacht?
Der gefahrspezifische Zusammenhang ist zu verneinen, wenn der Tod des Verletzten aufgrund des Eingreifens eines Dritten herbeigeführt wird (BGHSt 32, 25, 28).
Dagegen ist § 227 StGB zu bejahen, wenn der Täter das Opfer von der Bahnsteigkante in das Gleisbett wirft, wo es dann vom einfahrenden Zug überfahren wird (BGH, NStZ 2022, 224, 226). Dann liegt nämlich kein selbstständiges Agieren eines Dritten (Zugführers) vor.

Ergänzender Hinweis: 379
Der BGH setzt seine Prämissen selbst nicht immer konsequent um, wie sich etwa an folgender Entscheidung zeigt (BGH, NStZ 1992, 333):
A schlägt mit einem Hartgummihammer mehrfach ohne Tötungsvorsatz auf den O ein. O wird bewusstlos, A hält ihn irrtümlich für tot. A verlässt die Wohnung und erzählt seinem Vetter B von dem Vorfall. B sucht die Wohnung auf. Auch er hält O irrtümlich für tot. Zur Vortäuschung eines Selbstmordes stranguliert B den O an einer Türklinke, wodurch O unmittelbar stirbt. Strafbarkeit des A nach § 227 StGB?
Der BGH bejaht den gefahrspezifischen Zusammenhang (BGH, NStZ 1992, 333). B habe nicht autonom, sondern im Interesse und gleichsam anstelle des

A gehandelt. Werde ein im Interesse des Täters handelnder Dritter veranlasst, den Tod des bereits für tot gehaltenen Opfers unbeabsichtigt zu beschleunigen, rechtfertige dies bei wertender, den Sinn des § 227 StGB einbeziehender Betrachtung die Annahme des spezifischen Gefahrverwirklichungszusammenhangs (BGH, NStZ 1992, 333, 334).

Das überzeugt indessen nicht, da ein Dritter in den Geschehensablauf eingetreten ist. Zudem steht die Entscheidung in einem Spannungsverhältnis zu BGHSt 32, 25 (Rdn. 378), wonach der gefahrspezifische Zusammenhang zu verneinen ist, wenn ein Dritter den Tod des Verletzten herbeiführt. Darüber hinaus ist sie kaum vereinbar mit den Ausführungen des BGH in anderen Entscheidungen (insbesondere BGH, BeckRS 1991, 109; BGH, NStZ-RR 1998, 171):

380 **Fall (in Anlehnung an BGH, BeckRS 1991, 109):**

A würgt den O ohne Tötungsvorsatz, bis er bewusstlos zusammenbricht. A hält O irrtümlich für tot. Um einen Suizid vorzutäuschen, schlingt A einen Gürtel um den Hals des O, wodurch O erstickt.

Der BGH verneint den gefahrspezifischen Zusammenhang, da sich nicht die mit dem Würgen verbundene spezifische Gefahr verwirkliche (ebenso beim Werfen der vermeintlichen Leiche in einen Fluss, in dem das Opfer ertrinkt: BGH, NStZ-RR 1998, 171).

381 **Anmerkung:**

Der vorangegangene Fall ist zu unterscheiden vom Problem des dolus generalis (dazu Zieschang, AT, Rdn. 166 ff.): Im dolus generalis-Fall agiert der Täter von vornherein mit Tötungsvorsatz.

3. § 227 StGB und Unterlassen

382 § 227 StGB kann nicht nur im Wege des positiven Tuns, sondern auch durch Unterlassen verwirklicht werden (BGH, NJW 1995, 3194; BGHSt 61, 318, 324).

383 **Beispiel:**

Mutter A kümmert sich nicht um ihr zwei Monate altes Kind O. Insbesondere unterbleibt die notwendige Nahrungszufuhr. Das Kind erleidet dadurch schwere Mangelerscheinungen. Schließlich stirbt O an Unterernährung. Strafbarkeit der A nach §§ 227, 13 StGB?

Es kommt eine Strafbarkeit der A gemäß §§ 227, 13 StGB in Betracht. A ist als Mutter Garant gegenüber O. Die unterbliebene Nahrungszufuhr stellt eine Körperverletzung durch Unterlassen dar. Insofern ist Vorsatz der A erforderlich. Die schwere Folge, der Tod von O, ist durch die unterbliebene Ernährung eingetreten. Die spezifische Gefahr des Grunddelikts hat sich im Erfolg verwirklicht. Das Verhalten der A ist fahrlässig in Bezug auf die schwere Folge. Sie handelt rechtswidrig und schuldhaft und macht sich nach §§ 227, 13 StGB strafbar.

384 Richtigerweise genügt es, wenn der Garant die lebensgefährliche Situation, in der das Opfer ist, bereits vorfindet, die nun durch das Unterlassen vertieft wird und dann zum Tod führt (siehe BGHSt 61, 318, 325 f.).

385 **Ergänzende Anmerkung:**

Im Zusammenhang mit Schutzbefohlenen ist auch die – in universitären Prüfungen regelmäßig nicht relevante – Vorschrift des § 225 StGB zu beachten, in der es um das Quälen (Verursachen länger dauernder oder sich wiederholender Schmerzen oder Leiden körperlicher oder seelischer Art; siehe BGHSt 41, 113,

115), das rohe Misshandeln (also aus einer gefühllosen Gesinnung heraus) oder um die Gesundheitsschädigung durch böswillige (also aus verwerflichen Gründen erfolgende) Vernachlässigung der Pflicht, für den Betroffenen zu sorgen, geht. Hierbei fallen unter das Quälen auch rein seelische Qualen, die von § 223 StGB nicht erfasst sind. Bei der böswilligen Vernachlässigung handelt es sich um ein (unechtes) Unterlassungsdelikt (a. A. etwa BGH, BeckRS 2021, 15379; Rengier, BT II, § 17 Rdn. 7: echtes Unterlassungsdelikt).

4. § 227 StGB und Versuch

Auch der Versuch des § 227 StGB ist möglich. Er kommt in unterschiedlichen Varianten in Betracht (zum Versuch und Rücktritt vom erfolgsqualifizierten Delikt siehe auch *Zieschang*, AT, Rdn. 468 ff., 576 ff.). **386**

Einmal kann das Grunddelikt vollendet sein, die schwere Folge ist aber ausgeblieben. **387** In diesem Fall macht sich der Täter wegen eines Versuchs des erfolgsqualifizierten Delikts gemäß §§ 227, 22, 23 StGB strafbar, sofern er bezüglich der schweren Folge (Tod) **vorsätzlich** handelt (zu dem Umstand, dass § 227 StGB auch bei Tötungsvorsatz tatbestandlich verwirklicht ist, siehe Rdn. 394). Zum anderen ist möglich, dass sowohl das Grunddelikt als auch die schwere Folge im Versuch steckengeblieben sind. Auch dies ist eine Konstellation eines versuchten erfolgsqualifizierten Delikts, wobei ebenfalls erforderlich ist, dass der Täter hinsichtlich des Grunddelikts und der schweren Folge vorsätzlich handelt. Zu beachten ist, dass in diesen Fällen auch §§ 212 (211), 22, 23 StGB gegeben ist.

Schließlich ist der **erfolgsqualifizierte Versuch** möglich. In diesem Fall ist das Grund- **388** delikt im Versuch geblieben, die schwere Folge jedoch eingetreten.

Beispiel (in Anlehnung an BGHSt 48, 34 – Gubener Verfolgungs-Fall): **389**
A will den Ausländer O körperlich misshandeln und hat dazu einen Baseballschläger in der Hand. A sieht den O in einiger Entfernung. O erkennt die Situation und flieht. O läuft zu einem Mehrfamilienhaus, ihm gelingt es aber nicht, die Tür zu öffnen. In Todesangst zerschlägt O die Glasscheibe der Hauseingangstür. Beim Durchschreiten der Tür erleidet O tödliche Schnittverletzungen. Mit einem solchen Verlauf hatte A nicht gerechnet. Strafbarkeit des A nach §§ 223, 227 StGB?
A könnte sich wegen vollendeter Körperverletzung gemäß § 223 StGB strafbar gemacht haben. Eine körperliche Misshandlung und eine Gesundheitsschädigung sind aufgrund der Schnittverletzungen gegeben. Dafür ist A auch aufgrund seiner Verfolgung ursächlich geworden. Zweifelhaft erscheint die objektive Zurechnung. Der Geschehensablauf liegt aber nicht völlig außerhalb der Lebenswahrscheinlichkeit. Auch ist aufgrund des panischen Verhaltens des O keine eigenverantwortliche Selbstgefährdung gegeben. Der Erfolg ist daher dem A zurechenbar. Der objektive Tatbestand ist erfüllt.
In subjektiver Hinsicht ist Vorsatz des A erforderlich. Ausweislich des Sachverhalts hat A jedoch mit einem solchen Geschehen nicht gerechnet. Der Vorsatz ist daher zu verneinen.

Anmerkung: **390**
Im Grundsatz geht es darum, ob eine (un-)wesentliche Abweichung vom Kausalverlauf vorliegt. Hierbei handelt es sich um ein Vorsatzproblem. Unwesentlich ist sie, wenn sie sich im Rahmen des nach allgemeiner Lebenserfahrung Voraussehbaren hält und keine andere Bewertung der konkreten Tat rechtfertigt (Zieschang, AT, Rdn. 163). Dass die Körperverletzung aufgrund der in Panik auf der Flucht erlittenen Schnittverletzungen gegeben ist und nicht durch Schläge mit

dem Baseballschläger erfolgte, könnte man noch als einen Sachverhalt ansehen, der sich im Rahmen des nach allgemeiner Lebenserfahrung Vorhersehbaren hält (anders aber der BGH in BGHSt 48, 34, 36: Es fehle insofern der Vorsatz). Der Körperverletzungsvorsatz wäre dann zu bejahen. Das hätte dann letztlich zur Konsequenz, dass eine vollendete Körperverletzung und auch eine vollendete Körperverletzung mit Todesfolge vorliegen würden.

391 *Verneint man den Vorsatz des A in Bezug auf den objektiven Geschehensablauf (Schnittwunden; so BGHSt 48, 34, 36), könnte sich A gemäß §§ 223, 22, 23 StGB wegen versuchter Körperverletzung im Hinblick auf die intendierten Misshandlungen mit dem Baseballschläger strafbar gemacht haben.*
Die Tat ist nicht vollendet, A hat den O nicht mit dem Baseballschläger körperlich misshandelt oder an der Gesundheit geschädigt. Der Versuch des Vergehens der Körperverletzung gemäß § 223 StGB ist in § 223 Abs. 2 StGB ausdrücklich unter Strafe gestellt.
Zu prüfen ist, ob A Tatentschluss hatte. Darunter versteht man den Vorsatz hinsichtlich der objektiven Tatbestandsmerkmale sowie das Vorliegen etwaiger besonderer subjektiver Merkmale. Hierbei verlangt § 223 StGB lediglich Vorsatz und weist keine besonderen subjektiven Merkmale auf. A wollte den O mit dem Baseballschläger körperlich misshandeln und an der Gesundheit schädigen, er handelt folglich vorsätzlich, der Tatentschluss ist zu bejahen.
Unmittelbar angesetzt hat der Täter, wenn er Handlungen vornimmt, die nach seiner Vorstellung ohne weitere wesentliche Zwischenschritte in die Tatbestandsverwirklichung einmünden sollen. Das kann mit der Aufnahme der Verfolgung des O angenommen werden.
A handelt rechtswidrig und schuldhaft und macht sich daher gemäß §§ 223, 22, 23 StGB strafbar.
Möglicherweise hat sich A auch gemäß §§ 227, 22, 23 StGB wegen versuchter Körperverletzung mit Todesfolge strafbar gemacht.

392 **Hinweis:**
Es geht um einen ***erfolgsqualifizierten Versuch*** *gemäß §§ 227, 22, 23 StGB. In Prüfungsarbeiten wird bei solchen Sachlagen nicht selten der Fehler gemacht, dass aufgrund des Eintritts der schweren Folge (Tod der verletzten Person) von einem vollendeten Delikt ausgegangen wird. Das trifft jedoch nicht zu. Da das Grunddelikt selbst nur versucht ist, kommt auch nur §§ 227, 22, 23 StGB in Betracht.*

393 *§ 227 StGB ist nicht vollendet worden, das Grunddelikt ist im Versuch steckengeblieben.*
Fraglich ist, ob der erfolgsqualifizierte Versuch des § 227 StGB überhaupt strafbar ist (siehe dazu bereits Zieschang, AT, Rdn. 471). Mitunter wird das im Schrifttum abgelehnt (M. E. Mayer, AT, S. 349). Andere erachten dies für möglich (etwa Otto, AT, § 18 Rdn. 83 ff.). Überwiegend differenziert man nach dem jeweiligen erfolgsqualifizierten Delikt: Sofern die schwere Folge aus dem Erfolg des Grunddelikts herrühren müsse, komme mangels Erfolgseintritts ein Versuch nicht in Betracht, falls es dagegen ausreiche, dass die schwere Folge durch die tatbestandsmäßige Handlung herbeigeführt werde, sei hingegen der Versuch möglich (Lackner/Kühl, StGB, § 18 Rdn. 9; Stein, SK, StGB, § 18 Rdn. 51). Da es bei § 227 StGB nach richtigem Verständnis genügt, dass aus der Körperverletzungshandlung die schwere Folge resultiert (BGHSt 48, 34, 38; siehe zum diesbezüglichen Streitstand Rdn. 367), wäre danach ein Versuch möglich.
Aus hiesiger Sicht ist zunächst anzumerken, dass vom Ausgangspunkt ein Versuch des § 227 StGB in Betracht kommt, da es sich um ein Verbrechen handelt

(siehe §§ 12 Abs. 1, 23 Abs. 1 StGB). Zudem spricht für die Strafbarkeit des Versuchs, dass § 227 StGB im Hinblick auf § 11 Abs. 2 StGB als Vorsatzdelikt anzusehen ist. Darüber hinaus reicht es bei § 227 StGB entgegen der Letalitätstheorie für den gefahrspezifischen Zusammenhang aus, dass die schwere Folge aus der Körperverletzungshandlung resultiert (Rdn. 367). Es schadet daher nicht, wenn der intendierte Körperverletzungserfolg gar nicht eingetreten ist. Daher ist der erfolgsqualifizierte Versuch des § 227 StGB strafbar.
A hat in Bezug auf das Grunddelikt des § 223 Tatentschluss und auch nach seiner Vorstellung zu der Tat unmittelbar angesetzt.
Die schwere Folge ist eingetreten.
Durch das versuchte Grunddelikt ist das Handeln des A auch für die schwere Folge ursächlich geworden.
Fraglich ist, ob ebenfalls der gefahrspezifische Zusammenhang bejaht werden kann. In der schweren Folge muss sich die spezifische Gefahr des Grunddelikts realisieren. Das könnte hier problematisch sein, da der Tod durch das Verhalten des Opfers O (Durchschreiten der eingeschlagenen Glastür) herbeigeführt wurde. Insoweit handelt es sich aber um eine Panikreaktion des O, dagegen nicht um eigenverantwortliches Handeln (siehe zu diesem Aspekt Rdn. 373). Daher ist der gefahrspezifische Zusammenhang zu bejahen.
A handelt auch objektiv fahrlässig bezüglich der schweren Folge. Insbesondere liegt der eingetretene Geschehensablauf nicht völlig außerhalb der Lebenswahrscheinlichkeit und war daher für einen Dritten in der Situation des A vorhersehbar.
A handelt rechtswidrig.
A handelt schuldhaft, vor allem ist die individuelle Fahrlässigkeit, hätte sich A entsprechend konditioniert, zu bejahen. A macht sich daher gemäß §§ 227, 22, 23 StGB strafbar. Dahinter tritt §§ 223, 22, 23 StGB als subsidiär zurück.

5. Ergänzende Anmerkungen

Umstritten ist, ob § 227 StGB auch dann in Betracht kommt, wenn der Täter mit **Tötungsvorsatz** agiert. Vereinzelt wird in dieser Konstellation bereits der **Tatbestand** verneint (*Wolters*, SK, StGB, § 227 Rdn. 18). Diese Sicht vermag aber vor dem Hintergrund des Wortlauts des § 18 StGB, der von „wenigstens" Fahrlässigkeit spricht, nicht zu überzeugen. Auch wenn der Unterschied zwischen Vorsatz und Fahrlässigkeit nicht rein quantitativer Natur ist, kann aus § 18 StGB jedoch als Erst-recht-Schluss entnommen werden, dass nicht nur bei Fahrlässigkeit, sondern auch bei Vorsatz bezüglich der schweren Folge, also auch bei Tötungsvorsatz im Fall des § 227 StGB, die Vorschrift erfüllt ist. § 227 StGB tritt dann aber hinter §§ 212, 211 StGB im Wege der **Konkurrenz** zurück (*Paeffgen/Böse*, NK^5, StGB, § 227 Rdn. 36). Dagegen verdrängt § 227 StGB den § 222 StGB. 394

Weiterhin ist zu beachten, dass auch eine Körperverletzung mit Todesfolge gemäß § 227 StGB gerechtfertigt sein mag. 395

Beispiel: 396
Fußgänger A wird von dem angetrunkenen O am Mainufer angegriffen. A wehrt den Angriff mit einem Faustschlag ab, wobei O taumelt, in den Fluss fällt und ertrinkt.
Eine Strafbarkeit des A nach § 227 StGB scheidet aus, da der Faustschlag über § 32 StGB gerechtfertigt ist.

397 **Weiteres Beispiel:**
A und O verabreden sich zu einem körperlichen Schlagabtausch. Im Rahmen der Schlägerei versetzt A dem O ohne Tötungsvorsatz einen wuchtigen Faustschlag gegen den Kopf, woran O verstirbt.
Hier scheitert eine Bestrafung des A gemäß § 227 StGB daran, dass die Körperverletzung durch Einwilligung des O gerechtfertigt war. Da zu Beginn der Auseinandersetzung weder eine schwere Gesundheitsschädigung noch eine konkrete Todesgefahr im Raum stand, verstößt die Tat auch nicht im Sinne des § 228 StGB gegen die guten Sitten (BGH, BeckRS 2021, 7946). A ist gerechtfertigt.

398 In Bezug auf die **Beteiligung** ist zu beachten, dass bei der **Mittäterschaft** nicht vorausgesetzt ist, dass jeder Mittäter in seiner Person die Körperverletzung verwirklicht. Vielmehr muss – wie auch sonst bei der Mittäterschaft – neben dem gemeinsamen Tatplan eine gemeinsame Tatbegehung vorliegen, was nicht unbedingt bedeutet, dass der Mittäter selbst Körperverletzungshandlungen begeht. Kann dann in Bezug auf den Mittäter hinsichtlich der schweren Folge zudem Fahrlässigkeit bejaht werden, macht er sich nach §§ 227, 25 Abs. 2 StGB strafbar.

399 Problematisch ist, ob auch bei einem **Exzess eines Mittäters** die anderen Täter nach § 227 StGB bestraft werden können.

400 **Beispiel:**
A und B fassen den Entschluss, den O körperlich zu misshandeln. B führt ohne Kenntnis des A ein Messer bei sich. A und B schlagen auf den O ein. Nunmehr zieht B – in Abweichung von dem zuvor gefassten Plan – überraschend sein Messer und fügt dem O mehrere Stichverletzungen zu, woran O verstirbt. Hat sich A nach § 227 StGB strafbar gemacht?
Nach dem BGH kommt bei einem solchen Mittäterexzess § 227 StGB für die anderen Täter (nur) dann in Betracht, wenn den zuvor gemeinschaftlich verübten Handlungen bereits die spezifische Gefahr eines tödlichen Ausgangs anhaftet (BGH, NStZ 2021, 735, 736), indem das Opfer etwa den nachfolgenden Einwirkungen schutzlos ausgeliefert ist oder die naheliegende Möglichkeit einer tödlichen Eskalation gegeben war.
Hier ist dem Sachverhalt nicht zu entnehmen, dass den vorherigen Körperverletzungshandlungen bereits die spezifische Gefahr einer tödlichen Eskalation anhaftete. A macht sich daher nicht nach § 227 StGB strafbar.

401 Hinsichtlich der **Teilnahme** (§§ 26, 27 StGB) ist zu berücksichtigen, dass das erfolgsqualifizierte Delikt gemäß **§ 11 Abs. 2 StGB ein Vorsatzdelikt** ist, sodass die Teilnahme aufgrund einer teilnahmefähigen Haupttat in Betracht kommt. Dem Teilnehmer muss aber dann hinsichtlich der schweren Folge selbst ein Fahrlässigkeitsvorwurf gemacht werden können. Bezüglich des Grunddelikts muss sich der Teilnehmervorsatz gerade auch auf die Begehungsweise beziehen, der die Gefahr des Eintritts der schweren Folge typischerweise anhaftet (BGH, Beschluss vom 15.3.2022 – 2 StR 302/21). Beruht der Tod des Opfers auf einer Körperverletzungshandlung, die nicht vom Vorsatz des Teilnehmers gedeckt war, entfällt §§ 227, 27 StGB und es verbleibt allenfalls § 222 StGB.

V. Die Beteiligung an einer Schlägerei gemäß § 231 StGB

1. Allgemeines

§ 231 StGB weist mehrere Unterschiede zu den §§ 223 ff. StGB auf. So wird § 231 StGB nicht als Verletzungsdelikt, sondern als **abstraktes Gefährdungsdelikt** (abstraktes Gefährlichkeitsdelikt) verstanden (BGHSt 14, 132, 134 f.; *Eschelbach*, BeckOK, StGB, § 231 Rdn. 1; *Rengier*, BT II, § 18 Rdn. 1). Es geht um die **generelle Gefährlichkeit** von Auseinandersetzungen mehrerer Personen. Danach schützt die Vorschrift nicht nur Leib oder Leben des durch die Schlägerei Verletzten oder Getöteten, sondern auch aller Personen, die durch die Schlägerei oder den Angriff gefährdet werden können, wozu ebenfalls Unbeteiligte gehören (BGHSt 60, 166, 182). 402

Hierbei ist zu beachten, dass es sich bei dem **Tod** und der **schweren Körperverletzung (§ 226 StGB)** um **objektive Bedingungen der Strafbarkeit** handelt (BGHSt 16, 130, 132; BGHSt 60, 166, 180, 183; *Lackner/Kühl*, StGB, § 231 Rdn. 5). Das hat nach überwiegender Ansicht zur Konsequenz, dass sich der Vorsatz des Täters auf diese Umstände nicht beziehen muss, auch ein Fahrlässigkeitsbezug sei nicht erforderlich (BGHSt 33, 100, 103; *Rengier*, BT II, § 18 Rdn. 6; *Satzger*, Jura 2006, 108, 112). Die Gegenansicht verlangt zumindest Fahrlässigkeit (*Hirsch*, LK[11], StGB, § 231 Rdn. 1; *Roxin/Greco*, AT I, § 23 Rdn. 12), was vor dem Hintergrund des Schuldprinzips durchaus überzeugen kann. 403

Nach der überwiegenden Ansicht stellt die **Beteiligung als solche** an der Schlägerei oder an dem Angriff schon strafwürdiges Unrecht dar (BGHSt 39, 305, 308). Die objektive Bedingung schränke lediglich den Strafbarkeitsbereich aus kriminalpolitischen Erwägungen ein (BT-Drucks. IV/650, S. 268, 291; BGHSt 60, 166, 180). Die Bestrafung bereits der Beteiligung habe im Übrigen seinen Grund in Beweisschwierigkeiten, eine schwere Folge einem oder mehreren Beteiligten einwandfrei zuzuordnen; es sollen also Strafbarkeitslücken vermieden werden (siehe BGHSt 15, 369, 370; BGHSt 16, 130, 132; BGHSt 60, 166, 181). Kritisch ist insofern anzumerken, dass die Beseitigung von Beweisproblemen keine Aufgabe des materiellen Strafrechts ist. 404

Im Prüfungsaufbau wird oftmals vorgeschlagen, auf die objektive Bedingung nach dem subjektiven Tatbestand oder erst nach Prüfung der Schuld einzugehen. Möglich ist aber auch, die Bedingung bereits nach der Prüfung des objektiven Tatbestands zu erwähnen, wobei dann im Rahmen des subjektiven Tatbestands zu erläutern ist, dass nach überwiegender Ansicht insofern kein Vorsatz erforderlich ist, während eine Mindermeinung zumindest einen Fahrlässigkeitsbezug verlangt. 405

§ 231 StGB steht nach herrschender Meinung in Tateinheit zu den §§ 223 ff. sowie zu den §§ 211 ff. StGB (siehe BGHSt 33, 100, 104 bezüglich § 224 StGB; anders *Gössel/Dölling*, BT 1, § 15 Rdn. 18: § 231 StGB trete hinter die Verletzungsdelikte zurück). 406

2. Beteiligung an einer Schlägerei oder an einem von mehreren verübten Angriff

Eine **Schlägerei** ist eine mit gegenseitigen Tätlichkeiten verbundene Auseinandersetzung, an der mehr als zwei Personen aktiv mitwirken (BGHSt 31, 124, 125; BGH, NStZ 1997, 402, 403; BGH, NStZ 2014, 147, 148; BGHSt 60, 166, 181). Bei den Tätlichkeiten geht es dabei um Körperverletzungshandlungen, die vollendet sind oder darauf abzielen (BGH, NStZ 2014, 147, 148). Ein bloßer Zweikampf genügt nicht, es sei denn, er ist Teil eines einheitlichen Gesamtgeschehens mit mehr als zwei aktiv Beteiligten (BGH, NStZ 1997, 402, 403). Die Schlägerei endet, wenn sich so viele Beteiligte entfernen, dass nur noch zwei Personen verbleiben (BGH, NStZ 2014, 147, 148). Wird dann erst die schwere Folge verursacht, ist § 231 StGB nicht einschlägig. 407

Unter einem **von mehreren verübten Angriff** wird die in feindseliger Willensrichtung unmittelbar auf den Körper des Opfers gerichtete Einwirkung von mindestens zwei 408

Mittäterschaft ist keine VSS!

Personen verstanden (BGHSt 31, 124, 126; BGH, NJW 1984, 621; *Sternberg-Lieben*, Schönke/Schröder, StGB, § 231 Rdn. 3). Mittäterschaft ist hierbei nicht vorausgesetzt. Zu einem Körperverletzungserfolg braucht es nicht zu kommen, die Annäherung an das Kampfziel genügt (vgl. BGH, NStZ-RR 2000, 331).

409 Nach überwiegender Ansicht muss der Angriff nicht rechtswidrig sein (*Eisele*, ZStW 110 [1998] 69, 80). Die zweite Alternative hat gegenüber der ersten vor allem dann Bedeutung, wenn der Angegriffene sich nicht aktiv an den Tätlichkeiten beteiligt (*Hilgendorf/Valerius*, BT I, § 3 Rdn. 107; *Sternberg-Lieben*, Schönke/Schröder, StGB, § 231 Rdn. 3).

410 Der Täter muss an der Schlägerei oder an dem Angriff **beteiligt** sein. Das ist derjenige, der daran aktiv mitwirkt. Die Beteiligung muss feindseliger Natur sein; derjenige, der sich nur auf Schutzwehr beschränkt oder nur beschwichtigen will, beteiligt sich nicht (BGHSt 15, 369, 371). Fraglich ist, ob neben der unstreitig erfassten Mitwirkung physischer Art (der Beteiligte schlägt selbst zu oder übergibt anderen Schlagwerkzeuge) auch – sofern bereits eine Schlägerei oder ein Angriff vorliegt – eine Beteiligung bloß psychischer Art – zum Beispiel durch Anstacheln – genügt, wie es überwiegend angenommen wird (*Bock*, Jura 2016, 992, 998; *Fischer*, StGB, § 231 Rdn. 8; anders *Lackner/Kühl*, StGB, § 231 Rdn. 3; *Stree*, FS Schmitt, S. 215, 219 f., die dies nur als Beihilfe zu § 231 StGB bestrafen wollen). Für die Einbeziehung psychischer Unterstützungsleistungen spricht, dass eine solche Beteiligung ebenso gefährlich sein kann wie eine physische.

411 Es muss ein örtlicher und zeitlicher Zusammenhang zu der Auseinandersetzung bestehen. Hierbei ist die **zeitliche Komponente** im Einzelnen umstritten, falls eine Person nur zeitweise an der Schlägerei beteiligt ist.

412 Unproblematisch ist dabei der Fall, in dem die schwere Folge zu einem Zeitpunkt verursacht wird, zu dem der Beteiligte noch an der Auseinandersetzung mitwirkt.

413 **Beispiel:**
Während sich A an einer Schlägerei aktiv beteiligt, wird O getötet.
Es besteht Einigkeit, dass derjenige nach § 231 StGB bestraft werden kann, der zu dem Zeitpunkt an der Schlägerei oder dem Angriff mitwirkt, zu dem die schwere Folge verursacht wird.

414 Zweifelhaft sind Fälle, in denen die schwere Folge eintritt, bevor er sich beteiligt hatte, oder sie erst eintritt, nachdem sich ein zuvor Beteiligter entfernt hat.

415 **Beispiel:**
A beteiligt sich an einer Schlägerei erst zu einem Zeitpunkt, zu dem die schwere Folge bereits zuvor eingetreten ist.
Zum Teil wird im Schrifttum in diesem Fall eine Strafbarkeit des A nach § 231 StGB abgelehnt, da A selbst gar keinen Beitrag zu der Auseinandersetzung geleistet hatte, aus der die schwere Folge resultierte (Jäger, BT, Rdn. 126; Rengier, BT II, § 18 Rdn. 11).
Die Rechtsprechung und Teile des Schrifttums wollen hingegen auch in einem solchen Fall nach § 231 StGB bestrafen (BGHSt 16, 130, 132; Wessels/Hettinger/Engländer, BT 1, Rdn. 326 f.).

416 **Weiteres Beispiel:**
A beteiligt sich an einer Schlägerei, entfernt sich aber nach einer Weile. Erst jetzt wird die schwere Folge in Form des Todes des O verwirklicht.
BGH und Teile der Literatur nehmen eine Strafbarkeit nach § 231 StGB an, da die Mitwirkung des A abstrakt gefährlich gewesen sei (BGHSt 14, 132, 135; Rengier, BT II, § 18 Rdn. 10; Wessels/Hettinger/Engländer, BT 1, Rdn. 327).

Die Gegenauffassung will in diesem Fall den Täter nicht nach § 231 StGB bestrafen, da er nicht mehr beteiligt war, als die schwere Folge verursacht wurde (Krey/Heinrich/Hellmann, BT 1, Rdn. 347; Welzel, Strafrecht, § 40 II 2).

§ 231 StGB ist Vorsatzdelikt, das heißt der Vorsatz muss sich auf die Beteiligung an 417
der Schlägerei oder an dem von mehreren verübten Angriff erstrecken. Dolus eventualis genügt.

3. Objektive Bedingung der Strafbarkeit

Die schwere Folge, für die nach herrschender Ansicht weder ein Vorsatz- noch ein 418
Fahrlässigkeitsbezug erforderlich ist (Rdn. 403), darf erst mit oder nach Beginn der Schlägerei oder des Angriffs eintreten und muss vor dessen Beendigung verursacht sein, sonst ist § 231 StGB nicht einschlägig (siehe BGH, NStZ-RR 2000, 331). Die schwere Folge (Tod oder schwere Körperverletzung gemäß § 226 StGB) muss also durch die Auseinandersetzung verursacht werden, wobei **es keine Rolle** spielt, **wer unmittelbar ursächlich** für sie geworden ist. Es braucht also nicht derjenige zu sein, der sich nach § 231 StGB strafbar macht. Auch wenn der Tod aufgrund einer Flucht eintritt, ist die schwere Folge im Übrigen gegeben.

Die schwere Folge kann bei einem Beteiligten oder auch bei einer ganz unbeteiligten 419
Person eintreten. Sogar derjenige, der die schwere Körperverletzung (z. B. Blindheit auf einem Auge) selbst erleidet, kann sich nach § 231 StGB strafbar machen (BGHSt 33, 100, 104; *Hohmann*, MK, StGB, § 231 Rdn. 22; ablehnend *Günther*, JZ 1985, 585, 586 f.). Nach dem BGH ist auch derjenige nach § 231 StGB strafbar, der sich an dem Geschehen nicht gerechtfertigt beteiligt und anschließend eine Person in Notwehr tötet (BGHSt 33, 100, 103; BGHSt 39, 305, 307 ff.). Die schwere Folge muss also nicht rechtswidrig verursacht werden. In diesem Fall ist dann § 212 StGB gerechtfertigt, es bleibt aber eine Strafbarkeit nach § 231 StGB, denn die Beteiligung selbst ist nicht gerechtfertigt und auch nicht entschuldigt.

4. § 231 Abs. 2 StGB

§ 231 Abs. 2 StGB hat lediglich deklaratorischen Charakter, indem die gesamte Betei- 420
ligung nach allgemeinen Grundsätzen gerechtfertigt oder entschuldigt sein kann (*Rengier*, BT II, § 18 Rdn. 13; anders *Hohmann*, MK, StGB, § 231 Rdn. 20: Tatbestandsausschluss). Da es in der Vorschrift um Allgemeininteressen geht, scheidet eine Einwilligung als Rechtfertigungsgrund aber aus (BGHSt 60, 166, 182; *Hohmann*, MK, StGB, § 231 Rdn. 19). Strafbar ist zudem derjenige, der schuldlos in die Auseinandersetzung hineingezogen wird, dann jedoch vorwerfbar mitwirkt.

3. Kapitel: Freiheitsberaubung, Nötigung, Bedrohung

I. Freiheitsberaubung gemäß § 239 StGB

1. Das von § 239 StGB geschützte Rechtsgut

§ 239 StGB schützt die **Freiheit, sich von einem Ort fortzubewegen**. Nicht erfasst ist die Konstellation, dass eine Person daran gehindert wird, einen bestimmten Ort aufzusuchen. Es geht vielmehr um den **Schutz der Fortbewegungsfreiheit**. 421

> **Beispiele:** 422
> *A verschließt das Wohnzimmer, in dem sich seine Ehefrau O befindet. § 239 StGB ist erfüllt.*
> *B wird von X daran gehindert, sich in das Rathaus der Stadt W zu begeben. Dies verwirklicht § 239 StGB nicht, im Einzelfall kann aber § 240 StGB gegeben sein.*

Bei dem Ort, der nicht verlassen werden kann, mag es sich um ein größeres Areal (Fabrikgelände; Kaserne; Krankenhaus) handeln, das Gelände darf aber nicht „beliebig weiträumig sein" wie ein Staatsgebiet, um eine ausufernde Interpretation des § 239 StGB zu verhindern (BGH, NStZ 2015, 338, 339 f.: kein § 239 StGB, wenn der Betroffene gehindert wird, aus einem Staat auszureisen; anders *Wieck-Noodt*, MK, StGB, § 239 Rdn. 22). 423

Fraglich ist, ob nur der **aktuelle Fortbewegungswille** geschützt wird oder auch die **potenzielle Fortbewegungsfreiheit**. 424

> **Beispiele:** 425
> *Unproblematisch ist § 239 StGB nach allen Auffassungen verwirklicht, wenn A den O im Keller einschließt, obwohl O den Keller verlassen möchte, was ihm dadurch verwehrt ist.*
> *Zweifelhaft ist hingegen der Fall, dass X die Tür des Arbeitszimmers des Y für 30 Minuten verschließt, was Y gar nicht bemerkt, da er ein spannendes Buch liest.*
> *Überwiegend wird davon ausgegangen, dass § 239 StGB auch die* ***potenzielle Fortbewegungsfreiheit*** *schützt, sodass X § 239 StGB verwirklicht (BGHSt 32, 183, 188; BGH, NJW 2022, 2422, 2423 f.; OLG Köln, NStZ 1985, 550, 551; anders etwa Heghmanns, BT, Rdn. 726; Joecks/Jäger, StGB, § 239 Rdn. 14; Kretschmer, Jura 2009, 590, 591: nur der aktuelle Fortbewegungswille sei geschützt). Das erscheint richtig, da bereits die Möglichkeit, einen Ort zu verlassen, strafrechtlich schützenswert ist, unabhängig davon, ob dies auch tatsächlich geschehen soll.*

Noch fragwürdiger ist die Konstellation, dass der Betroffene seinen Fortbewegungswillen gar nicht aktualisieren kann. 426

> **Beispiele:** 427
> *A verschließt die Tür des Schlafzimmers des O für 30 Minuten, wobei O im gesamten Zeitraum in tiefem Schlaf versunken ist. Oder: B verschließt das Krankenzimmer, in dem der Bewusstlose C liegt.*
> *Teilweise werden im Schrifttum auch diese Fälle als von § 239 StGB erfasst angesehen (Kinzig/Linke, JuS 2012, 229, 234). Da sich O jedoch in diesem Fall aufgrund des Schlafs und C aufgrund der Bewusstlosigkeit nicht einmal potenziell fortbewegen können, wird man richtigerweise § 239 StGB abzulehnen*

haben (so etwa auch Rengier, BT II, § 22 Rdn. 5; Wieck-Noodt, MK, StGB, § 239 Rdn. 16).

428 § 239 StGB entfällt, wenn von vornherein das Opfer gar keine Möglichkeit hat, sich fortzubewegen.

429 **Beispiele:**
A schließt die Tür des Zimmers ab, in dem sich das drei Wochen alte Baby O befindet.
Da O sich aufgrund seiner Konstitution gar nicht fortbewegen kann, ist § 239 StGB nicht erfüllt.
Entsprechendes gilt, wenn jemand so gebrechlich ist, dass er sich nicht mehr (auch nicht mit Hilfsmitteln) fortbewegen kann. Da es in § 239 StGB um die ***persönliche*** *Fortbewegungsfreiheit geht, ist es auch nicht möglich, insofern auf schutzbereite Dritte abzustellen.*

430 Von einer Freiheitsberaubung ist erst dann auszugehen, wenn sie die **Erheblichkeitsschwelle** überschreitet, also eine gewisse Dauer einnimmt. Hierbei wird mitunter auf die Dauer eines „Vater unser" abgestellt (vgl. RGSt 7, 259, 260). Tatsächlich wird man sagen müssen, dass ein bloßes kurzzeitiges Festhalten unter Berücksichtigung der Einzelfallumstände in der Regel noch nicht die Erheblichkeitsschwelle überschreitet. Es muss vielmehr zumindest einige Minuten andauern.

431 **Beispiel:**
A hält den O kurz fest, um ihm die Geldbörse aus der Hosentasche nehmen zu können.
In diesem Fall kommen Eigentumsdelikte in Betracht, aufgrund der Kurzzeitigkeit aber nicht § 239 StGB.

432 Stimmt jemand dem Freiheitsentzug zu, entfällt § 239 StGB bereits tatbestandlich. Es geht also dann um ein **tatbestandsausschließendes Einverständnis** (*Wessels/Hettinger/Engländer*, BT 1, Rdn. 348; siehe dazu ergänzend Rdn. 442 ff.).

433 **Beispiel:**
O setzt sich in das Taxi des A und bittet den Taxifahrer A, ihn zum Bahnhof zu fahren. O ist dann mit dem Freiheitsentzug während der eigentlichen Fahrt einverstanden, sodass § 239 StGB bereits tatbestandlich entfällt (Bei einer solchen Fahrt auf § 239 Abs. 1 Alt. 1 StGB abstellend Küper/Zopfs, BT, Rdn. 204, dagegen § 239 Abs. 1 Alt. 2 StGB [Freiheitsberaubung auf andere Weise] heranziehend BGH, NStZ 2005, 507, 508).

434 Die **Fortbewegungsfreiheit** muss dem Betroffenen also **ohne oder gegen seinen Willen** für eine **nicht nur unerhebliche Zeit** entzogen werden. Dabei kann ein Einverständnis auch zeitlich beschränkt oder unter Bedingungen abgegeben werden.

435 **Beispiel:**
O erlaubt dem A, die Tür zu seinem Zimmer für zehn Minuten zu versperren. A öffnet jedoch nach Ablauf der zehn Minuten nicht.
A verwirklicht nach Ablauf der zehn Minuten § 239 StGB.

2. Einsperren oder auf andere Weise der Freiheit berauben

436 **Einsperren** bedeutet, dass ein Mensch durch äußere Vorrichtungen daran gehindert wird, einen Raum zu verlassen. Das kann durch positives Tun oder Unterlassen erfol-

gen. Typisch dafür ist etwa das Einschließen in einem Zimmer, in einem Auto, Keller oder in einem Dachgeschossraum oder das Nichtöffnen eines abgeschlossenen Raums.

Problematisch mag sein, dass der Raum durch den Betroffenen zwar theoretisch verlassen werden kann, dies jedoch mit Risiken verbunden ist. **437**

Beispiel: **438**
A schließt den O in einem Kellerraum ein. Der Raum verfügt in Höhe von zwei Metern über ein verschlossenes schmales Glasfenster. O könnte zwar theoretisch darüber den Raum verlassen, indem er die Scheibe zerstört, jedoch besteht dabei die Gefahr, beim Hindurchzwängen lebensgefährliche Schnittverletzungen zu erleiden.
In diesem Fall verwirklicht A § 239 StGB. Zwar besteht die theoretische Möglichkeit, den Kellerraum zu verlassen, jedoch ist das mit Gefahren für die Gesundheit oder das Leben des O verbunden, sodass dem O diese Option unzumutbar ist.

Festzuhalten ist damit: Etwaige **Fluchtmöglichkeiten** bleiben **unberücksichtigt**, sofern sie für das Opfer unter Beachtung der Einzelfallumstände, wozu neben der Beschaffenheit der Räumlichkeiten u. a. auch die Konstitution des Opfers gehört, als **unzumutbar** anzusehen sind. Zumutbar ist nach dem BGH der Sprung aus einem im Erdgeschoss liegenden Fenster (BGH, BeckRS 2018, 7983). Fluchtmöglichkeiten sind im Übrigen unbeachtlich, wenn sie dem Opfer nicht bekannt sind. **439**

Auf andere Weise wird jemand der Freiheit beraubt, wenn zwar kein Einsperren vorliegt, jedoch der Fortbewegung des Opfers eine **physische oder psychische Barriere** entgegensteht, die es ihm **faktisch unmöglich oder unzumutbar** macht, den Ort zu verlassen. **440**

Beispiele: **441**
A hält den O fest. X fesselt den Y. B betäubt den C. D droht dem E Schläge an, falls er sich fortbewegen sollte.

Diese Alternative kann also auch durch **Drohungen** oder **Täuschungen** verwirklicht werden. Das kann zu gewissen Spannungen im Hinblick auf das tatbestandsausschließende Einverständnis führen. **442**

Beispiel: **443**
A verkündet gegenüber dem O der Wahrheit zuwider, es werde eine mit einem Bewegungsmelder gekoppelte Bombe explodieren, falls O sich fortbewegen sollte.
In diesem Fall steht die Beraubung der Freiheit auf andere Weise in Rede, indem eine psychische Barriere geschaffen wird. Fraglich ist, ob der Umstand, dass sich der O nun fügt und stehen bleibt, nicht als ein durch Täuschung bewirktes tatbestandsausschließendes Einverständnis anzusehen ist, wobei ja oftmals im Schrifttum allgemein davon ausgegangen wird, dass Täuschungen das Einverständnis nicht entfallen lassen (Schlehofer, MK, StGB, Vor § 32 Rdn. 193).
Insofern ist jedoch zu beachten, dass ein ***rechtsgutsbezogener Irrtum*** *– also hinsichtlich der Freiheit – durch die Täuschung herbeigeführt wird, der nach zutreffender Sicht zur Konsequenz hat, dass das Einverständnis nicht tatbestandsausschließend wirkt (siehe bereits Zieschang, AT, Rdn. 296 f.; siehe zudem Rdn. 535 ff.). Zu bedenken ist auch, dass anderenfalls alle durch eine psychische Barriere mittels Täuschung oder List geschaffenen Freiheitsentziehungen letztlich durch ein Einverständnis gedeckt wären, was den Anwen-*

dungsbereich des § 239 StGB in erheblicher Weise aushöhlen würde und dem Zweck der Vorschrift widerspricht (siehe BGH, NJW 2022, 2422, 2423 f.). Daher ist auch bei einer rechtsgutsbezogenen Täuschung (List) § 239 StGB zu bejahen, ohne dass insofern ein wirksames tatbestandsausschließendes Einverständnis vorliegt. Ist es dem Betroffenen aufgrund der Täuschung dann unzumutbar, sich von dem Ort fortzubewegen, ist § 239 StGB verwirklicht.

444 **Anmerkung:**
Kein rechtsgutsbezogener Irrtum – und damit ein wirksames Einverständnis – läge vor, wenn O sich von A für 20 Minuten in einen engen Raum einsperren lässt, da A dem O wahrheitswidrig erklärt hat, diesem dafür im Anschluss eine Belohnung von 50 Euro zu übergeben.

3. Ergänzende Anmerkungen

445 Der Versuch der Freiheitsberaubung ist in § 239 Abs. 2 StGB ausdrücklich unter Strafe gestellt. § 239 Abs. 3 Nr. 1 StGB stellt ein reines Vorsatzdelikt dar (so auch u. a. *Eidam*, Matt/Renzikowski, StGB, § 239 Rdn. 3; *Eisele*, Schönke/Schröder, StGB, § 239 Rdn. 12; *Hilgendorf/Valerius*, BT I, § 4 Rdn. 39; anders etwa *Rengier*, BT II, § 22 Rdn. 19: § 239 Abs. 3 Nr. 1 StGB sei erfolgsqualifiziertes Delikt) und stuft die Freiheitsberaubung zum Verbrechen hinauf, wenn sie länger als eine Woche dauert. Eine Erfolgsqualifikation (§ 18 StGB) stellt das Verbrechen nach § 239 Abs. 3 Nr. 2 StGB dar (durch die Tat oder durch eine während der Tat begangene Handlung verursacht der Täter eine schwere Gesundheitsschädigung des Opfers). Auch § 239 Abs. 4 StGB ist ein erfolgsqualifiziertes Delikt (durch die Tat oder durch eine während der Tat begangene Handlung verursacht der Täter den Tod des Opfers). Sie ist nicht nur erfüllt, wenn das Opfer etwa aufgrund der Freiheitsberaubung verdurstet, sondern zum Beispiel auch in der Konstellation, dass das Opfer bei einem Befreiungsversuch tödlich verunglückt, da es sich hierbei nicht um ein eigenverantwortliches Verhalten handelt.

446 Bei einer vorsätzlichen Tötung (siehe § 18 StGB „wenigstens Fahrlässigkeit") steht § 239 Abs. 4 StGB in Tateinheit zu §§ 211, 212 StGB (BGH, NStZ-RR 2002, 139).

447 § 239 StGB verdrängt § 240 StGB im Wege der Konsumtion, wenn die Nötigung lediglich Begleiterscheinung der Freiheitsberaubung ohne eigenständige Bedeutung ist (dagegen Spezialität annehmend BGHSt 30, 235, 236; BGH, BeckRS 2018, 8555; *Wessels/Hettinger/Engländer*, BT 1, Rdn. 353). Anderenfalls ist Tateinheit gegeben. Umgekehrt tritt § 239 StGB im Wege der Konsumtion hinter § 240 StGB zurück, wenn die Freiheitsberaubung nur Begleiterscheinung der Nötigung ohne selbstständige Bedeutung ist (siehe BGH, NStZ-RR 2003, 168; BGH, BeckRS 2006, 14666).

II. Erpresserischer Menschenraub gemäß § 239a StGB und Geiselnahme gemäß § 239b StGB

448 In beiden Vorschriften geht es zunächst objektiv darum, dass der Täter einen Menschen entweder **entführt** oder **sich eines Menschen bemächtigt (Entführungs- und Bemächtigungstatbestand)**.

449 **Entführen** bedeutet dabei das Verbringen des Opfers an einen anderen Ort gegen oder ohne dessen Willen (durch Gewalt, Drohung oder List), wodurch das Opfer der Herrschaft des Täters ausgeliefert ist (siehe *Rengier*, BT II, § 24 Rdn. 5; *Wessels/Hillenkamp/Schuhr*, BT 2, Rdn. 784). Ein **Sichbemächtigen** liegt vor, wenn der Täter über das Opfer die physische Herrschaft erlangt, wobei weder eine Ortsveränderung erfor-

zu § 239a: geschütztes RG: Willensfreiheit des Genötigten, körperl. Integrität des Genötigten

derlich ist noch eine Freiheitsberaubung vorliegen muss (BGH, NStZ 2010, 516). Beides ist nicht gegeben bei einer Person, die nur zum Schein Geisel ist, liegt aber vor, wenn sich jemand zum Austausch für eine Geisel zur Verfügung stellt (*Wessels/Hillenkamp/Schuhr*, BT 2, Rdn. 784).

§ 239a Abs. 1 StGB verlangt dabei neben dem Vorsatz als **besonderes subjektives** 450
Merkmal, dass die Sorge des Opfers um sein Wohl (Zwei-Personen-Verhältnis) oder die Sorge eines Dritten um das Wohl des Opfers (Drei-Personen-Verhältnis) im Sinne von dolus directus 1. Grades zu einer Erpressung ausgenutzt werden soll. § 239b Abs. 1 StGB weist das besondere subjektive Merkmal auf, dass das Opfer oder ein Dritter durch die Drohung mit dem Tod oder mit einer schweren Körperverletzung (§ 226 StGB) des Opfers oder mit dessen Freiheitsentziehung von über einer Woche zu einer Handlung, Duldung oder Unterlassung genötigt werden soll. Hierbei ist ein zeitlich-funktionaler Zusammenhang zwischen Entführung oder Bemächtigung einerseits und der Absicht des Täters andererseits erforderlich, das heißt der Täter will während des Bestehens und unter Ausnutzung dieser Lage erpressen oder nötigen (*Wessels/Hillenkamp/Schuhr*, BT 2, Rdn. 785). Objektiv muss die Erpressung oder Nötigung zur Vollendung nicht verwirklicht sein.

Hinweis: 451

Selbst wenn (bei der Anwendung von qualifizierten Nötigungsmitteln) nach dem äußeren Erscheinungsbild eine Wegnahme vorliegt, sieht der BGH neben § 249 StGB auch §§ 253, 255 StGB als gegeben an, da er für §§ 253, 255 StGB keine Vermögensverfügung verlangt (siehe dazu im Einzelnen *Zieschang*, BT 2, Rdn. 426 ff., 787 ff.). Daher kommt nach dem BGH auch in diesen Fällen § 239a StGB in Betracht (BGH, NStZ 2006, 448, 449).

Ebenfalls einschlägig sind die §§ 239a, 239b StGB, wenn der Täter die von ihm durch 452
die Entführung oder Bemächtigung geschaffene **Lage** eines Menschen zu einer solchen Erpressung (§ 239a StGB) oder zu einer solchen Nötigung (§ 239b StGB) **ausnutzt (Ausnutzungstatbestand)**. Der Täter hat in diesem Fall also beim Entführen oder Sichbemächtigen zunächst keine Erpressungs- oder Nötigungsabsicht, nutzt im Anschluss aber die Lage objektiv zu einer Erpressung oder qualifizierten Nötigung aus. Hier ist die Erpressung oder Nötigung objektives Tatbestandsmerkmal, wobei insofern ein Versuch genügen soll (BGH, NStZ 2007, 32, 33; BGH, NStZ-RR 2012, 173, 174; *Eisele*, Schönke/Schröder, StGB, § 239a Rdn. 24; *Wessels/Hillenkamp/Schuhr*, BT 2, Rdn. 782, 787; anders *Renzikowski*, MK, StGB, § 239a Rdn. 63, § 239b Rdn. 26: Vollendung sei erforderlich).

§ 239a StGB, nicht aber § 239b StGB liegt vor, wenn zwar weder mit dem Tod noch 453
mit einer schweren Körperverletzung noch mit einer Freiheitsberaubung von über einer Woche Dauer gedroht wird, aber Lösegeld für die Freilassung des Opfers verlangt wird. § 239b StGB – nicht aber § 239a StGB – ist etwa anzunehmen, wenn mit dem Tod des Entführungsopfers gedroht wird, falls bestimmte Gefangene nicht freigelassen werden. Droht der Täter mit dem Tod des Opfers, um Geld für die Freilassung der Geisel zu erhalten, sind beide Vorschriften einschlägig, wobei dann § 239a StGB den § 239b StGB verdrängt, sofern nicht weitergehende Ziele verfolgt werden. Dann ist Tateinheit anzunehmen.

Mit diesen Vorschriften ist nach ihrer **Ausdehnung auf Zwei-Personen-Verhältnisse** 454
im Jahr 1989 durch das Gesetz zur Änderung des Strafgesetzbuchs und anderer Gesetze vom 9.6.1989 (BGBl. I, 1059) vor allem das Problem verbunden, dass selbst eine „klassische Erpressung“ nach §§ 253, 255 StGB (Mindeststrafe ein Jahr Freiheitsstrafe) unter den Wortlaut der §§ 239a, 239b StGB fällt, was dann eine Freiheitsstrafe nicht unter fünf Jahren zur Folge hätte; es erscheint indes nicht sachgerecht, einen typischen Fall des §§ 253, 255 StGB diesem erhöhten Strafrahmen der §§ 239a, 239b StGB zu unterwerfen.

455 Daher hat der BGH im **Zwei-Personen-Verhältnis** eine **teleologische Reduktion der §§ 239a, 239b StGB** vorgenommen (BGHSt 40, 350, 355 ff.). Danach ist beim Zwei-Personen-Verhältnis notwendig, dass die Entführungs- oder Bemächtigungssituation im Hinblick auf die erstrebte Erpressungshandlung **eine eigenständige Bedeutung** hat. Erforderlich sei zunächst eine **eigenständige, stabilisierte Beherrschungslage**, die der Täter dann in einem weiteren Schritt zur Nötigung oder Erpressung ausnutzen will (BGHSt 40, 350, 355; BGH, NStZ 2006, 448, 449; BGH, BeckRS 2009, 87421). Fallen hingegen Beherrschungsakt und Nötigung in einem Akt zusammen, sind §§ 239a, 239b StGB nicht anwendbar.

456 Dabei stellt sich das Problem der stabilen Beherrschungslage regelmäßig im Zusammenhang mit dem Bemächtigungstatbestand, hingegen weniger beim Entführungstatbestand, da dort regelmäßig nach der Entführung eine stabile Beherrschungslage anzunehmen sein wird.

457 Im Prüfungsaufbau ist die teleologische Reduktion im subjektiven Tatbestand nach der Bejahung des besonderen subjektiven Merkmals anzusprechen.

458 **Beispiel:**
A bedroht O mit einer Waffe und verlangt die Herausgabe des Handys von O. O gibt daraufhin sein Handy an A.
A hat in diesem Fall keine stabile Bemächtigungslage geschaffen, die eine eigenständige Bedeutung aufweist. § 239a StGB ist nicht erfüllt. Verwirklicht ist aber insbesondere §§ 253, 255, 250 Abs. 2 Nr. 1 StGB.

459 **Gegenbeispiel:**
A schlägt den O nieder, fesselt ihn und überschüttet ihn mit Benzin. Im Anschluss fordert der A den O wie von vornherein geplant auf, den Schlüssel für den Tresor herauszugeben.
In diesem Fall hat A eine stabile Bemächtigungslage geschaffen, der eigenständige Bedeutung zukommt, sodass § 239a StGB verwirklicht ist. §§ 253, 255 StGB stehen dann dazu in Tateinheit.

460 Hinzuweisen ist auf die Erfolgsqualifikation gemäß § 239a Abs. 3 StGB, die gemäß § 239b Abs. 2 StGB auch für die Geiselnahme gilt. Sie kann auch eingreifen, wenn der Tod als Folge einer Befreiungsaktion der Geisel eintritt (BGHSt 33, 322, 324).

461 Zu beachten ist schließlich, dass die in § 239a Abs. 4 StGB (ebenso § 239b Abs. 2 StGB i. V. m. § 239a Abs. 4 StGB) vorgesehene Tätige Reue keine Freiwilligkeit verlangt.

III. Nötigung gemäß § 240 StGB

1. Allgemeines

462 § 240 StGB schützt die **Willensentschließungs- und Willensbetätigungsfreiheit** (BVerfGE 92, 1, 13; BVerfGE 73, 206, 237). Es handelt sich bei der Vorschrift um ein Erfolgsdelikt: Aufgrund der Anwendung von Nötigungsmitteln (Gewalt oder Drohung mit einem empfindlichen Übel) muss kausal das Nötigungsopfer zu einem Nötigungserfolg (Handlung, Duldung oder Unterlassung) als Taterfolg gezwungen werden. Tritt der Erfolg nicht ein, kommt nur ein strafbarer Versuch in Betracht (§ 240 Abs. 3 StGB).

463 Gleichzeitig stellt § 240 StGB (wie auch § 253 StGB) einen **offenen Tatbestand** dar, indem auch Verhaltensweisen tatbestandlich erfasst sind, die rechtlich nicht zu missbilligen sind und bei denen die Rechtswidrigkeit nicht indiziert ist. Daher muss diese im Sinne des § 240 Abs. 2 StGB positiv festgestellt werden: Diese Verwerflichkeits-

klausel gemäß § 240 Abs. 2 StGB ist auf der Ebene der Rechtswidrigkeit zu erörtern, nachdem festgestellt worden ist, dass das Verhalten nicht bereits über Rechtfertigungsgründe gerechtfertigt ist.

Beispiel: 464
Arbeitnehmer O ist mehrfach unentschuldigt der Arbeit ferngeblieben. Arbeitgeber A droht dem O mit Kündigung, falls O nicht wieder zur Arbeit erscheint. Daraufhin geht O wieder zur Arbeit.
A verwirklicht in diesem Fall im Wege der Drohung mit einem empfindlichen Übel (Kündigung), die dazu führt, dass O wieder bei der Arbeit erscheint (Nötigungserfolg), den objektiven Tatbestand des § 240 StGB. Er handelt auch vorsätzlich. Sofern nicht schon Rechtfertigungsgründe greifen, steht aber der Bestrafung des A die Regelung des § 240 Abs. 2 StGB entgegen: Die Drohung mit der Kündigung war arbeitsrechtlich zulässig, sittlich nicht zu missbilligen und daher nicht verwerflich. A macht sich nicht gemäß § 240 StGB strafbar.

Der Begriff „rechtswidrig“ im Text des § 240 Abs. 1 StGB hat hingegen keine eigenständige Bedeutung auf Tatbestandsebene, es handelt sich um einen überflüssigen Hinweis auf das allgemeine Merkmal der Rechtswidrigkeit. Zu beachten ist weiterhin, dass § 240 StGB hinter andere Delikte zurücktritt, wenn die Nötigung typische Begleittat ist und folglich keine eigenständigen weitergehenden Ziele verfolgt werden. 465

2. Gewalt

Vom Ausgangspunkt versteht man unter **Gewalt** die **Einwirkung auf den Körper eines anderen (körperliche Zwangswirkung) zur Überwindung eines geleisteten oder erwarteten Widerstands, wobei auf Seiten des Täters eine – wenn auch geringfügige – körperliche Kraftentfaltung hinzukommen muss** (siehe BGH, NJW 1995, 2862; BGHSt 41, 182, 185; BGH, NStZ 2021, 626, 627 f.). Kann danach im konkreten Fall Gewalt bejaht werden, bedarf es in Prüfungsarbeiten – wie regelmäßig – keines Eingehens auf die (wechselvolle) Geschichte des Gewaltbegriffs. 466

Beispiele: 467
Gewalt ist etwa anzunehmen, wenn A den O niederschlägt. Eine Körperverletzung im Sinne des § 223 StGB muss damit aber nicht unbedingt verbunden sein. Gewalt liegt auch vor, falls B den Körper des C kräftig gegen eine Wand drückt oder ihn mit Pfefferspray besprüht, der D den E fesselt oder F den G einsperrt. Auch ist Gewalt gegenüber Schlafenden oder Bewusstlosen (etwa in Form der Injektion von Betäubungsmitteln) möglich. Gewalt ist ebenfalls das bloße Betätigen eines Schalters, was zu einer Explosion führt, bei der Menschen verletzt werden, sowie das Anfahren eines anderen. An die körperliche Kraftentfaltung werden also keine besonders hohen Anforderungen gestellt.

Man unterscheidet unwiderstehliche, willensausschließende Gewalt (**vis absoluta**) und willensbeugende Gewalt (**vis compulsiva**), bei der dem Betroffenen noch gewisse Handlungsspielräume verbleiben. 468

Beispiele: 469
Vis absoluta, also willensausschließende Gewalt, ist etwa anzunehmen, falls A den O an einen Stuhl fesselt, ihn (heimlich) betäubt oder bewusstlos schlägt.
Vis compulsiva liegt zum Beispiel vor, wenn X den Y am Kragen greift oder schlägt und den Y auffordert, die Geldbörse herauszugeben.

470 Die vorgenannten Fälle sind vor dem Hintergrund unproblematisch, dass jeweils unmittelbar auf den Körper des Nötigungsopfers eingewirkt wird und hiermit seitens des Täters eine, wenn auch geringfügige, Kraftentfaltung einhergeht.

471 Zweifelhaft sind Konstellationen der bloß **psychisch empfundenen Zwangseinwirkung**.

472 **Beispiel:**

A setzt sich vor die Hauseinfahrt des mit ihm verfeindeten Nachbarn O, sodass O daran gehindert ist, mit seinem Fahrzeug sein Grundstück zu verlassen.

*Nach dem heute maßgeblichen Gewaltbegriff handelt es sich bei dieser **rein psychisch empfundenen Einwirkung nicht um Gewalt** im Sinne des § 240 StGB.*

473 Zum Verständnis ist insofern auf die **Entwicklung des Gewaltbegriffs** einzugehen, die hier in der gebotenen Kürze dargestellt sein soll: Ursprünglich hatte das RG unter Gewalt die Anwendung körperlicher Kraft zur Überwindung eines tatsächlich geleisteten oder erwarteten Widerstands verstanden (RGSt 56, 87, 88; RGSt 64, 113, 116). Der BGH weichte jedoch das Erfordernis der körperlichen Kraftentfaltung in der weiteren Entwicklung immer mehr auf. Schließlich wurde sogar der rein psychisch empfundene Zwang als Gewalt erachtet (BGHSt 23, 46, 54; „Laepple-Entscheidung": Der Student *Laepple* setzte sich mit anderen Personen auf die Bahngleise, um gegen Fahrpreiserhöhungen zu demonstrieren, sodass Straßenbahnen nicht fahren konnten; der BGH bejahte die Gewaltalternative des § 240 StGB). Danach fielen insbesondere auch bloße Sitzblockaden als Protestaktion als rein psychisch wirkender Zwang unter den Gewaltbegriff **(„vergeistigter Gewaltbegriff")**. Diese weite Interpretation ist durch das BVerfG in seiner Entscheidung aus dem Jahr 1986 unbeanstandet geblieben (BVerfGE 73, 206, 233 ff. bei Stimmengleichheit). Im Jahr 1995 hat dann aber das BVerfG einen Rechtsprechungswandel vollzogen und entschieden, dass die Ausdehnung des Gewaltbegriffs auf den rein psychisch empfundenen Zwang nicht mit Art. 103 Abs. 2 GG (Bestimmtheitsgebot) vereinbar sei (BVerfGE 92, 1, 14 ff.). Seitdem verlangt der Gewaltbegriff eine **körperliche Kraftentfaltung** und eine **physische, also körperliche Einwirkung auf einen anderen**, das heißt rein psychisch vermittelter Zwang reicht nicht aus.

474 Folglich kommt § 240 StGB etwa bei einer reinen Sitzblockade (ohne physische Hindernisse) vor der Ausfahrt eines Fabrikgeländes nicht mehr in Betracht, da es um eine rein psychische Zwangseinwirkung geht. Gewalt liegt aber vor, wenn Barrikaden erstellt werden oder sich Demonstranten an Gleisen oder Toren festketten oder ihre Hände mit der Straße verkleben.

475 Der BGH hat aber im Zusammenhang mit Sitzstreiks auf Straßen seine „Zweite-Reihe-Rechtsprechung" entwickelt (BGHSt 41, 182).

476 **Beispiel:**

A setzt sich mit anderen Demonstranten auf die BAB 3, um gegen den nach seiner Sicht zu großen Ausstoß von Kohlendioxid zu protestieren. Autofahrer O hält in der ersten Reihe vor der Sitzblockade an. Hinter ihm muss in der zweiten Reihe Autofahrer B stoppen.

Nach dem BGH ist eine Strafbarkeit des A wegen Nötigung des O zu verneinen, da insofern lediglich eine psychische Einwirkung auf den O erfolgt, die vom Gewaltbegriff des § 240 StGB nicht erfasst ist. Dagegen kann man im Hinblick auf den B die „Zweite-Reihe-Rechtsprechung" des BGH (BGHSt 41, 182, 184 ff.) anwenden: Aufgrund der Tatsache, dass B durch das vor ihm stehende Fahrzeug physisch daran gehindert wird, weiterzufahren, liegt in Bezug auf B Gewalt vor, sodass A sich insofern nach § 240 StGB strafbar macht. A benutzt danach

den O und dessen Fahrzeug als Werkzeug zur Herstellung eines physischen Hindernisses im Hinblick auf den B.
Hierbei ist zuzugeben, dass gegenüber dieser BGH-Rechtsprechung durchaus der Vorwurf einer gewissen Umgehung und Aufweichung der Voraussetzungen der Gewalt im Sinne des § 240 StGB gemacht werden kann. Letztlich wird auf diesem Weg eine Verurteilung nach § 240 StGB erreicht, obwohl das Verhalten des A vom Ausgangspunkt lediglich eine psychische Einwirkung darstellt. Das BVerfG hat indessen diese Zweite-Reihe-Rechtsprechung des BGH gebilligt (BVerfG, NJW 2011, 3020, 3021 f.; BVerfGE 104, 92, 101 ff.).

Ergänzender Hinweis: 477
Strittig ist, ob § 240 StGB bei einer Blockade vorliegt, wenn die Polizei die Fahrzeuge bereits 300 Meter vorher anhält (befürwortend BGHSt 37, 350 [Beschluss vom 21.3.1991, also vor BVerfGE 92, 1]; ablehnend Rengier, BT II, § 23 Rdn. 56: keine körperlich wirkende Gewalt der Blockierer, vielmehr habe der Anhaltebefehl der Polizei die Weiterfahrt unterbunden).

Gewalt ist nach dem engen Gewaltbegriff entgegen der (früheren) Rechtsprechung 478
(BGHSt 23, 126, 127; BGHSt 39, 133, 136; BayObLG, NJW 1993, 211) abzulehnen beim bloßen Vorhalten einer Waffe. Insofern geht es nämlich um eine psychische Beeinträchtigung, die von der **Drohungsalternative** erfasst wird (so auch etwa *Lackner/Kühl/Heger*, StGB, § 240 Rdn. 7; *Paeffgen*, FS Grünwald, S. 433, 447).

Andererseits hat der BGH entschieden, dass lautes Schreien sowie das Schlagen und 479
Treten gegen die Fensterscheiben eines Versammlungssaals Gewalt darstellen, sofern ein Sprechen und Hören und damit ein verbaler Austausch unter den im Saal befindlichen Personen nicht möglich ist, da dies eine körperliche Einschränkung darstelle und somit körperlicher Zwang vorliegt (BGH, NStZ 2021, 626, 628; siehe auch schon parallel BGH, NStZ 1982, 158, 159: Störung einer Vorlesung durch starken Lärm sei Gewalt). Im Übrigen ist darauf hinzuweisen, dass der BGH in dem Schlagen und Treten gegen die Scheiben auch eine Drohung mit einem empfindlichen Übel gesehen hat (BGH, NStZ 2021, 626, 627: Drohen mit Schäden für die körperliche Integrität der Versammlungsteilnehmer durch Zerbersten der Scheibe).

Gewalt gegen **Sachen** reicht, wenn sie für eine Person **einen körperlich wirkenden** 480
Zwang darstellt.

Beispiele für Gewalt: 481
A verschließt die Tür des Raums, in dem sich O befindet.
Vermieter D schaltet im Winter die Heizung in der Wohnung des E ab, der friert.

Gegenbeispiele: 482
A versteckt den Autoschlüssel des O, damit dieser sein Fahrzeug nicht benutzen kann; dies ist keine Gewalt.
Das Quälen eines Tieres genügt nicht, sofern dies keine körperlichen Auswirkungen auf das Nötigungsopfer hat, sondern allenfalls psychische. Zu prüfen bleibt dann die Drohungsalternative.

Aufgrund des engen Gewaltbegriffs ist daher stets zumindest eine physische Zwangs- 483
wirkung erforderlich. Letztlich unterscheiden sich damit **Gewalt** im Sinne des § 240 StGB und **Gewalt gegen eine Person** (so insbesondere die Formulierung in §§ 249, 255 StGB) nicht.

Wird gegen **Dritte** Gewalt angewendet, um den Nötigungsadressaten zu einem Verhal- 484
ten zu zwingen, kommt es darauf an, ob dies auch beim Nötigungsadressaten selbst körperliche Auswirkungen hat (siehe *Sinn*, MK, StGB, § 240 Rdn. 66: Fahrgäste werden durch Niederschlagen des Fahrers festgehalten; anders etwa *Rengier*, BT II, § 23

Rdn. 35: Ausreichend sei, dass das Verhalten geeignet ist, den Willen des Adressaten zu beugen). Es kommt aber eine Drohung in Betracht.

485 Gewalt ist möglich **durch positives Tun** (A fesselt den O), kommt aber auch **durch Unterlassen** in Betracht, wobei der Täter im letzteren Fall dann eine Garantenstellung aufweisen muss.

486 **Beispiel:**
Das Kind O klemmt sich beim Spielen seine Hand an der Waschmaschinentür ein. Mutter A macht die Befreiung des Kindes aus seiner Lage davon abhängig, dass O im Anschluss sein Zimmer aufräumt. O beugt sich.
A verwirklicht §§ 240, 13 StGB. Als Mutter hat sie die Personensorge über O (§ 1626 BGB) und ist Garantin. A handelt vorsätzlich. Das Verhalten ist auch nicht gerechtfertigt (vgl. § 1631 Abs. 2 BGB) und als verwerflich einzustufen. Die Schuld ist zu bejahen.

487 Zu beachten ist, dass Gewalt ein Handeln gegen oder ohne den Willen des Adressaten verlangt. Stimmt er zu, geht es folglich um ein **tatbestandsausschließendes Einverständnis.** Auch bei einer Täuschung soll dabei das Einverständnis tatbestandsausschließend wirken (*Wessels/Hettinger/Engländer*, BT 1, Rdn. 365).

3. Drohung mit einem empfindlichen Übel

488 Unter einer **Drohung** versteht man die **Ankündigung eines Übels, auf dessen Eintritt der Erklärende Einfluss hat oder zumindest Einfluss zu haben vorgibt.** Sie kann ausdrücklich oder konkludent erfolgen. Zu unterscheiden ist die Drohung von der bloßen Warnung, bei der keine (vorgegebene) Möglichkeit der Einflussnahme besteht.

489 **Beispiel:**
A erklärt dem O, dass er ihn schlagen werde, falls er nicht sofort verschwinde.
A hat auf das angekündigte Übel (Schläge) Einfluss, sodass eine Drohung zu bejahen ist.

490 **Gegenbeispiel:**
B fordert den C auf, den Campingplatz mit seinem Zelt zu verlassen, da ein schweres Gewitter aufziehe.
B hat auf den Eintritt des Übels (schweres Gewitter) keinen Einfluss, sodass es sich nicht um eine Drohung, sondern um eine bloße Warnung handelt, die § 240 StGB nicht unterfällt.

491 Die Drohung bezieht sich auf ein zukünftiges Übel. Sie muss von dem Adressaten ernst genommen werden (siehe BGHSt 23, 294, 295 f.; *Kindhäuser*, NK[5], StGB, Vor § 249 Rdn. 24; anders *Wessels/Hettinger/Schuhr*, BT 2, Rdn. 353: Ausreichend, wenn sie ernst genommen werden soll).

492 Erforderlich ist die Drohung mit einem **empfindlichen Übel**. Unter einem **Übel** ist jeder für den Adressaten unter Berücksichtigung der Einzelfallumstände verbundene Nachteil zu verstehen. Er kann materieller oder immaterieller Art sein, er braucht auch nicht gegen die Rechtsordnung verstoßen (zum Beispiel eine begründete Strafanzeige), es reicht also jeder Nachteil aus.

493 **Beispiele:**
Als Nachteil und damit als Übel anzusehen ist etwa die Androhung von körperlichen Beeinträchtigungen (von Schlägen), von Vermögensschädigungen (Wegnahme der Geldbörse; Kündigung des Arbeitsverhältnisses), von immateriellen

Nachteilen (etwa die Aufkündigung der Freundschaft) oder die Drohung mit einer Strafanzeige.

Eine Einschränkung erfolgt dadurch, dass es sich um ein **empfindliches** Übel handeln muss. Es muss unter Berücksichtigung der Einzelfallumstände geeignet sein, den Adressaten zu dem erstrebten Verhalten zu bestimmen. Das ist nicht der Fall, wenn von dem Adressaten der Ankündigung erwartet werden kann, dass er der Bedrohung **„in besonnener Selbstbehauptung" standhält** (BGHSt 32, 165, 174; BGH, NStZ 1982, 287). 494

Beispiele: 495
Eine Drohung mit dem Verlust des Arbeitsplatzes stellt die Ankündigung eines empfindlichen Übels dar, hingegen kann man grundsätzlich der Drohung mit der Aufkündigung der Freundschaft in besonnener Selbstbehauptung standhalten, sodass dann nicht von einem ***empfindlichen*** *Übel auszugehen ist (siehe BGH, NStZ 1982, 287).*

Die Drohung von Nachteilen gegenüber Dritten (zum Beispiel die Bedrohung eines Kunden) genügt, wenn der Nötigungsadressat (Kassierer) dies als Drohung (empfindliches Übel) für sich selbst empfindet. 496

Die Drohung kann sich auf ein **positives Tun**, aber auch auf ein **Unterlassen** beziehen. 497

Beispiele: 498
Eine Drohung mit einem positiven Tun wäre die Androhung, den Adressaten zu verprügeln. Eine Drohung mit einem Unterlassen liegt etwa vor, wenn A dem Nichtschwimmer O gegenüber sagt, er werde den in den See gefallenen O nicht retten, wenn O dem A nicht zuvor seine goldene Uhr zuwirft. Dies ist eine aktive Drohung, eine rechtlich gebotene Handlung (§ 323c Abs. 1 StGB) zu unterlassen.

§ 240 StGB kann auch bei der Drohung mit einem rechtmäßigen positiven Tun in Betracht kommen. 499

Beispiel: 500
A droht dem betrunkenen Unfallverursacher O, ihn bei der Polizei anzuzeigen, falls O dem A nicht seine persönlichen Daten preisgibt.
Hierbei geht es um die Drohung mit einem rechtmäßigen positiven Tun (Strafanzeige bei der Polizei). Auch in diesem Fall geht es indes für den O um einen empfindlichen Nachteil, sodass A mit einem empfindlichen Übel droht. Eine andere Frage ist natürlich, ob nicht möglicherweise im Einzelfall auf der Ebene der Rechtswidrigkeit die Verwerflichkeit (§ 240 Abs. 2 StGB) zu verneinen ist.

Problematischer ist die (aktive) **Drohung mit einem rechtmäßigen Unterlassen, wobei ein Handeln rechtlich nicht geboten ist**. 501

Beispiel: 502
A betreibt einen Kiosk. O hat dort gestohlen. A erstattet Strafanzeige. A fordert nun von der O, sie solle sich ihm gegenüber sexuell gefügig zeigen, anderenfalls werde er die Anzeige nicht zurücknehmen.
Der BGH geht davon aus, dass auch bei einer Drohung mit einem rechtmäßigen Unterlassen, bei dem keine Pflicht des Täters zum Handeln besteht, eine Drohung mit einem empfindlichen Übel vorliegen kann (BGHSt 31, 195, 201; Sinn, MK, StGB, § 240 Rdn. 87, 89). Natürlich bedarf es im Einzelfall dann noch auf

der Ebene der Rechtwidrigkeit wiederum der Prüfung der Verwerflichkeit des Verhaltens.
Im Schrifttum wird hingegen zum Teil vertreten, die Drohung mit dem Unterlassen eines erlaubten, aber rechtlich nicht gebotenen Handelns sei keine Drohung (siehe Arzt/Weber/Heinrich/Hilgendorf, BT, § 9 Rdn. 51, sofern keine die Entscheidungsfreiheit faktisch ausschließende Drucksituation gegeben sei).

4. Kausal herbeigeführter Nötigungserfolg

503 § 240 StGB ist ein **Erfolgsdelikt.** Aus der Anwendung von Gewalt oder der Drohung muss ein Handeln, Dulden oder Unterlassen des Nötigungsopfers als Nötigungserfolg resultieren.

504 Ist das Verhalten des Opfers unbeeinflusst von der Gewalt oder Drohung, fehlt es an der Kausalität zwischen der Gewalt oder Drohung und dem Verhalten des Adressaten.

505 **Beispiel:**
A kündigt dem O Schläge an. O nimmt die Drohung des A zwar ernst (sonst fehlt es schon an einer Drohung; str., siehe Rdn. 491), ist davon aber gänzlich unbeeindruckt. Dennoch vollzieht er aus purer freundschaftlicher Verbundenheit zu A das begehrte Verhalten. Vollendung scheidet aus, es kommt aber eine Strafbarkeit des A wegen versuchter Nötigung in Betracht.

5. Subjektiver Tatbestand

506 In subjektiver Hinsicht verlangt § 240 StGB Vorsatz. Ein besonderes subjektives Merkmal ist nicht vorausgesetzt. Hinsichtlich des Nötigungsmittels genügt dolus eventualis.

507 Umstritten ist, ob der Täter stets hinsichtlich des Nötigungserfolges mit dolus directus 1. Grades handeln muss (so etwa *Eisele*, Schönke/Schröder, StGB, § 240 Rdn. 34; *Wessels/Hettinger/Engländer*, BT 1, Rdn. 376; siehe insoweit auch den Wortlaut des § 240 Abs. 2 StGB, wo von dem „angestrebten Zweck“ die Rede ist), insoweit auch dolus eventualis genügt (BGHSt 5, 245, 246; *Otto*, BT, § 27 Rdn. 25) oder zumindest bei der Gewaltalternative dolus directus 1. Grades erforderlich ist (*Rengier*, BT II, § 23 Rdn. 70).

508 **Beispiel:**
A droht dem O im Park Schläge an, wenn sich O nicht von der Parkbank entfernt. Dabei rechnet A mit der Möglichkeit, dass O geht, und nimmt dies in Kauf, erstrebt dies aber nicht.
A handelt zwar nicht mit dolus directus 1. Grades bezüglich des Nötigungserfolges, sondern mit dolus eventualis. Nach dem BGH genügt dies.

6. Rechtswidrigkeit

509 Sind objektiver und subjektiver Tatbestand gegeben, bedarf es des Eingehens auf die Ebene der Rechtswidrigkeit.

510 Hier ist **zunächst** zu erörtern, ob zugunsten des Täters möglicherweise **Rechtfertigungsgründe** greifen.

511 **Beispiel:**
A wird von dem O angegriffen. A wehrt sich gegen den Angriff mit einem Faustschlag. O lässt daraufhin von A ab. Strafbarkeit des A gemäß § 240 StGB?

A wirkt unter Anwendung körperlicher Kraft physisch auf den O ein, sodass er Gewalt verübt. Der Nötigungserfolg liegt darin, dass O von seinem Angriff ablässt. Die Gewaltanwendung ist für diesen Erfolg kausal. Der objektive Tatbestand des § 240 StGB ist verwirklicht.
A handelt vorsätzlich. Fraglich ist, ob A rechtswidrig handelt. Das Verhalten des A ist über den Rechtfertigungsgrund der Notwehr gemäß § 32 StGB gerechtfertigt. A macht sich daher nicht nach § 240 StGB strafbar.

Greifen keine Rechtfertigungsgründe ein, muss in einem zweiten Schritt bei dem offenen Tatbestand des § 240 StGB die **Rechtswidrigkeit positiv festgestellt werden**. Dies bedeutet nichts anderes, als dass zu prüfen ist, ob **die Verwerflichkeit gemäß § 240 Abs. 2 StGB** bejaht werden kann. 512

Die Verwerflichkeitsklausel spielt also (erst) auf der Ebene der Rechtswidrigkeit eine Rolle (so zutreffend etwa BGHSt 2, 194, 195 f.; dagegen die Klausel zum Tatbestand gehörig ansehend etwa *Eisele*, Schönke/Schröder, StGB, § 240 Rdn. 16; *Roxin/Greco*, AT I, § 10 Rdn. 44). Wichtig ist dabei der korrekte Aufbau: **Zunächst** ist im Rahmen der Rechtswidrigkeit bei der Nötigung immer erst zu prüfen, ob **Rechtfertigungsgründe** greifen. **Erst dann**, wenn dies nicht der Fall ist, bedarf es der Erörterung, ob die **Verwerflichkeit** bejaht werden kann. Das mündet in folgenden Merksatz: **Ein Verhalten, das gerechtfertigt ist, kann nicht verwerflich sein.** 513

Verwerflich ist ein Verhalten, das **sittlich zu missbilligen** ist oder **sozial unerträglich** erscheint (siehe BGHSt 18, 389, 391; BGHSt 35, 270, 276 f.). Das kann sich bereits allein aus dem **Mittel** oder aus dem **Zweck** oder aus der **Kombination von Mittel und Zweck** (Mittel-Zweck-Relation) ergeben. 514

Beispiel für die Verwerflichkeit des Mittels: 515
A hat gegen den O eine fällige, durchsetzbare Forderung, die O nicht begleicht. A geht nun zu O und droht, ihn anzuzünden, wenn O nicht zahlt. O zahlt daraufhin. Strafbarkeit des A nach § 240 StGB?
A droht mit einem empfindlichen Übel. Der abgenötigte Erfolg (Zahlung) ist eingetreten. A handelt vorsätzlich. Rechtfertigungsgründe (etwa § 229 BGB) sind nicht ersichtlich. Fraglich ist die Verwerflichkeit. Der Zweck (Zahlung) ist nicht verwerflich. Das Mittel (Drohen mit dem Anzünden) ist aber als sozial unerträglich (es geht insofern um §§ 211 ff., 223 ff. StGB) zu erachten und verwerflich. A handelt zudem schuldhaft und macht sich gemäß § 240 StGB strafbar.

Beispiel für die Verwerflichkeit des Zwecks: 516
Fahrradfahrer A wird von der betrunkenen Autofahrerin O angefahren. A droht, die Polizei zu rufen, es sei denn, O zeige sich ihm sexuell geneigt.
Es liegt eine Drohung mit einem empfindlichen Übel vor. A handelt vorsätzlich. Rechtfertigungsgründe sind nicht ersichtlich. Fraglich ist die Verwerflichkeit im Sinne des § 240 StGB. Das Nötigungsmittel (Drohung mit der Verständigung der Polizei) ist erlaubt und nicht sittlich zu missbilligen. Der Nötigungszweck (siehe § 177 StGB) ist aber verwerflich. A handelt auch schuldhaft und macht sich nach § 240 StGB strafbar.

Beispiel für die Verwerflichkeit der Mittel-Zweck-Relation: 517
Der arbeitslose Fahrradfahrer A wird von dem betrunkenen O angefahren, der in der Stadt einen großen Betrieb leitet. A droht, die Polizei zu rufen, falls der O dem A keine Arbeitsstelle in dessen Betrieb zur Verfügung stellt.
Es liegt wieder die Drohung mit einem für O empfindlichen Übel vor (Verständigung der Polizei). A handelt vorsätzlich. Rechtfertigungsgründe greifen nicht ein.

Das Mittel (Drohung mit der Verständigung der Polizei) ist als solches sittlich nicht zu missbilligen, der Zweck (Erlangung einer Arbeitsstelle) als solcher ebenfalls nicht. Problematisch ist jedoch die Zweck-Mittel-Relation. Hier steht die Verständigung der Polizei mit dem angestrebten Zweck (Arbeitsstelle) in ***keiner inneren Verbindung****, sodass sich daraus die Verwerflichkeit ergibt (keine Verwerflichkeit wäre etwa anzunehmen, wenn A mit der Polizei droht, sofern der O ihm nicht seinen Namen preisgibt).*

518 Zu beachten ist, dass bei der Beurteilung der Verwerflichkeit von Blockaden etwaige legitime **Fernziele** (zum Beispiel der Schutz des Klimas) nach dem BGH **unbeachtlich** sind (BGHSt 35, 270, 275 ff.; anders etwa *Wessels/Hettinger/Engländer*, BT 1, Rdn. 383). Dieser Umstand hat aber für die Strafzumessung Bedeutung.

7. Schuld

519 Auf der Ebene der Schuld ergeben sich im Grundsatz keine Besonderheiten. Es ist also zu prüfen, ob Schuldausschließungs- oder Entschuldigungsgründe greifen.

520 Nimmt der Täter in tatsächlicher Hinsicht irrtümlich Umstände an, wonach sein Verhalten nicht verwerflich wäre, liegt ein Erlaubnistatbestandsirrtum vor. Zieht der Täter bei zutreffender Tatsachenkenntnis die rechtlich falsche Schlussfolgerung, sein Verhalten sei nicht verwerflich, steht § 17 StGB in Rede.

8. Strafzumessungsvorschrift des § 240 Abs. 4 StGB

521 In besonders schweren Fällen kommt es zu einer Verschärfung der Strafe. Es handelt sich bei § 240 Abs. 4 StGB um eine bloße Strafzumessungsvorschrift, für die § 12 Abs. 3 StGB gilt. § 240 Abs. 1 S. 2 StGB enthält zwei Regelbeispiele (siehe zur Technik der Regelbeispiele *Zieschang*, BT 2, Rdn. 240 ff. im Zusammenhang mit § 243 StGB): Einmal den Fall, dass der Täter eine Schwangere zum Schwangerschaftsabbruch nötigt, zum anderen die Konstellation, dass der Täter seine Befugnisse oder seine Stellung als Amtsträger missbraucht. Ein Missbrauch der Befugnisse liegt vor, wenn der Amtsträger innerhalb einer an sich gegebenen Zuständigkeit handelt. Die Stellung wird missbraucht, wenn er außerhalb des Zuständigkeitsbereichs handelt, jedoch unter Ausnutzung der durch das Amt gegebenen Möglichkeiten (BGH, NStZ-RR 2013, 344).

IV. Bedrohung gemäß § 241 StGB

522 § 241 StGB ist durch das Gesetz zur Bekämpfung des Rechtsextremismus und der Hasskriminalität vom 30.3.2021 (BGBl. I, 441) erweitert und modifiziert worden. Ging es bis dato allein um die Bedrohung mit der Begehung eines Verbrechens (heutiger zweiter Absatz, wobei die Freiheitsstrafe in der Neufassung im Höchstmaß von ein auf zwei Jahre erhöht wurde), betrifft nun der neue § 241 Abs. 1 StGB auch andere rechtswidrige Taten.

1. § 241 Abs. 1 StGB

523 Unter einer **Bedrohung** ist allgemein die Ankündigung eines empfindlichen Übels zu verstehen, auf dessen Eintritt der Drohende Einfluss hat oder zumindest zu haben vorgibt (siehe bereits Rdn. 488). Anders als bei der Nötigung (siehe Rdn. 491) soll aber

eine Bedrohung auch dann vorliegen, wenn der Betroffene die fehlende Ernstlichkeit erkennt (*Rengier*, BT II, § 27 Rdn. 2). § 241 Abs. 1 StGB konkretisiert zudem die Drohung: Der Täter muss einen anderen oder eine diesem nahestehende Person mit der Begehung einer rechtswidrigen Tat gegen die sexuelle Selbstbestimmung, die körperliche Unversehrtheit, die persönliche Freiheit oder gegen eine Sache von bedeutendem Wert bedrohen.

Bei dem Begriff der nahestehenden Person kann man sich an § 35 StGB orientieren **524** (siehe dazu *Zieschang*, AT, Rdn. 376): Es geht um auf Dauer angelegte, gegenseitige persönliche Verhältnisse, die an der Intensität des Zusammengehörigkeitsgefühls der Beziehung zwischen Angehörigen vergleichbar sind.

Die rechtswidrige Tat (§ 11 Abs. 1 Nr. 5 StGB) kann Verbrechen (dann greift auch **525** § 241 Abs. 2 StGB, der als Qualifikation § 241 Abs. 1 StGB verdrängt) oder Vergehen sein. Sie muss sich gegen die sexuelle Selbstbestimmung (§§ 174 ff. StGB), die körperliche Unversehrtheit (§§ 223 ff. StGB) oder die persönliche Freiheit richten, worunter die Fortbewegungsfreiheit im Sinne der §§ 239 ff. StGB zu verstehen ist. § 240 StGB genügt folglich isoliert nicht. Schließlich kommen rechtswidrige Taten gegen eine Sache von bedeutendem Wert in Betracht; darunter fallen die Eigentums- und Vermögensdelikte, wobei man zur erforderlichen Einschränkung eine Sache von bedeutendem Wert ab ca. 750 Euro anzunehmen hat (vgl. insoweit §§ 315b, 315c StGB; dazu Rdn. 1089, 1119).

Anders als bei der Nötigung genügt die Bedrohung als solche bereits zur Tatbestands- **526** verwirklichung. Es ist also kein daraus resultierender Erfolg notwendig.

2. § 241 Abs. 2 StGB

§ 241 Abs. 2 StGB stellt seit der Neufassung der Vorschrift eine Qualifikation zu § 241 **527** Abs. 1 StGB dar, sofern es sich um die Bedrohung mit der Begehung eines **Verbrechens** (§ 12 Abs. 1 StGB) handelt.

3. Ergänzende Anmerkungen

§ 241 Abs. 3 StGB betrifft andere Konstellationen als die ersten beiden Absätze, näm- **528** lich Fälle, in denen der Täter wider besseres Wissen (dolus directus 2. Grades) einem Menschen vortäuscht, dass die Verwirklichung eines gegen ihn oder eine ihm nahestehende Person gerichteten Verbrechens bevorstehe. Hier droht der Täter nicht, da er nicht Einfluss zu haben vorgibt.

§ 241 Abs. 4 StGB qualifiziert die Taten der § 241 Abs. 1 bis 3 StGB, wenn die Tat **529** öffentlich, in einer Versammlung oder durch Verbreiten eines Inhalts (§ 11 Abs. 3 StGB) begangen wird.

§ 241 StGB ist subsidiär gegenüber § 240 StGB, selbst wenn die Nötigung nur ver- **530** sucht ist.

4. Kapitel: Hausfriedensbruch gemäß § 123 StGB

§ 123 StGB schützt das Hausrecht des Einzelnen. § 123 Abs. 1 Alt. 1 StGB betrifft das Eindringen in einen geschützten Bereich, der subsidiäre § 123 Abs. 1 Alt. 2 StGB das Nichtentfernen nach Aufforderung durch den Berechtigten bei vorherigem Verweilen. 531

I. § 123 Abs. 1 Alt. 1 StGB

Bei der ersten Alternative der Vorschrift ist zu untersuchen, ob der Täter in einen der 532 **geschützten Bereiche eindringt**. Häufig wird in Prüfungsarbeiten fehlerhaft angenommen, es gehe um ein „widerrechtliches Eindringen“, doch das trifft nicht zu, denn der Begriff „widerrechtlich“ ist in § 123 Abs. 1 StGB nur ein überflüssiger Hinweis auf das allgemeine Merkmal der Rechtswidrigkeit.

Eindringen bedeutet, dass der Täter **gegen oder ohne den Willen des Hausrechtsinha-** 533 **bers zumindest mit einem Teil seines Körpers in die geschützte Räumlichkeit hineingelangt**. Ein bloßes Hineingreifen genügt nicht (str.), wohl aber der in die Tür gestellte Fuß (*Rengier*, BT II, § 30 Rdn. 8). Eigenhändigkeit ist nicht erforderlich.

Aus der Definition ergibt sich, dass ein **Einverständnis tatbestandsausschließend** 534 wirkt. Es geht folglich bei der Zustimmung nicht erst um eine rechtfertigende Einwilligung. Einverstanden sein muss der Hausrechtsinhaber, also derjenige, der bezüglich des geschützten Bereichs die Entscheidungsgewalt besitzt. Der Hausrechtsinhaber kann dabei seine Entscheidungsmacht auf andere übertragen. Es muss sich nicht unbedingt um den Eigentümer handeln; so ist etwa bei der Vermietung der Mieter Hausrechtsinhaber. Das durch Besitzüberlassung begründete Hausrecht des Mieters endet dabei normalerweise nicht mit dem Vertragsende, sondern erst mit der tatsächlichen Besitzaufgabe (*Wessels/Hettinger/Engländer*, BT 1, Rdn. 575). Bei der gemeinsamen Wohnung von Ehegatten genügt die Zustimmung einer Person, es sei denn, die Zustimmung ist als rechtsmissbräuchlich gegenüber dem anderen anzusehen (der Ehepartner lässt die Geliebte einziehen).

Problematisch ist, was zu gelten hat, wenn das **Einverständnis mittels Täuschung** 535 erschlichen wird.

Beispiel: 536
A gibt sich an der Tür der O der Wahrheit zuwider als Vertreter für Küchenmaschinen aus. O gewährt dem A vor diesem Hintergrund Einlass in ihr Haus. Tatsächlich möchte A in einem unbeobachteten Augenblick Wertsachen entwenden. Nachdem A heimlich an die Geldbörse der O gelangen konnte, verabschiedet sich A unter einem Vorwand. Hat sich A wegen Hausfriedensbruchs gemäß § 123 StGB strafbar gemacht?
Es würde an einem Eindringen im Sinne der Vorschrift fehlen, falls von einem wirksamen tatbestandsausschließenden Einverständnis der O auszugehen ist. O hat dem A Einlass in ihr Haus gewährt, sodass ein Einverständnis vorliegt. Dieses wurde jedoch durch eine Täuschung des A erwirkt. Es fragt sich damit, ob das Auswirkungen auf die Wirksamkeit des Einverständnisses hat.
Ganz überwiegend wird im Schrifttum davon ausgegangen, dass das Einverständnis bei § 123 StGB trotz einer Täuschung wirksam sei (Hilgendorf/Valerius, BT I, § 6 Rdn. 15; Wessels/Hettinger/Engländer, BT 1, Rdn. 562; anders Amelung/Schall, JuS 1975, 565, 567). Danach läge aufgrund des Einverständnisses kein Eindringen vor und A hätte sich nicht gemäß § 123 StGB strafbar gemacht.

Zutreffend erscheint, dahingehend zu differenzieren, ob O einer rechtsgutsbezogenen Fehlvorstellung unterliegt oder nicht. Insoweit würde eine Parallele zu der Frage der Täuschung bei der rechtfertigenden Einwilligung hergestellt, wo richtigerweise darauf abzustellen ist, ob der Irrtum rechtsgutsbezogen war (siehe Zieschang, AT, Rdn. 293 ff., 297). Da sich O nicht in Bezug auf das Hausrecht irrte – ihr war klar, dass A Einlass erhält –, sondern nur über die Motive des A und damit Begleitumstände, wäre danach aber ebenfalls der Irrtum der O für § 123 StGB unbeachtlich.

537 **Hinweis:**
Eine rechtsgutsbezogene Fehlvorstellung läge vor, wenn A sich als Handwerker vorstellt und von dem Wohnungsinhaber O aufgrund der wahrheitswidrigen Behauptung, das Türschloss müsse ausgetauscht werden, einen Wohnungsschlüssel erhält, den der A dann später benutzt, um die Wohnung des O zu betreten und dort zu stehlen. Dann ist § 123 StGB verwirklicht.

538 Zu beachten sind auch Fallgestaltungen, bei denen es um eine **generelle Zutrittserlaubnis** geht.

539 **Beispiel:**
Das Kaufhaus des O ist von 9:00 Uhr bis 20:00 Uhr für das Publikum geöffnet. A betritt das Warenhaus um 10:00 Uhr allein zu dem Zweck, um dort zu stehlen. Macht sich A gemäß § 123 StGB wegen Hausfriedensbruchs strafbar?
Hätte A unmittelbar gegenüber O Einlass erbeten, läge nach überwiegender Auffassung, welche die Täuschung für unbeachtlich ansieht, ein wirksames Einverständnis vor. Nach hiesiger Ansicht wäre ebenfalls von einem Einverständnis auszugehen, da O sich lediglich über Begleitumstände irren würde.
Zutreffend ist daher davon auszugehen, dass das Betreten des Warenhauses (während der Öffnungszeiten) von der generellen Zutrittserlaubnis gedeckt ist. Davon wird nur dann eine Ausnahme gemacht, wenn A vor dem Betreten nach außen zu erkennen gibt, dass er deliktische Ziele verfolgt (OLG Düsseldorf, NJW 1982, 2678, 2679; Krüger, LK, StGB, § 123 Rdn. 60), indem der Täter zum Beispiel (bei einem Banküberfall) vor dem Betreten der Räumlichkeit eine Strumpfmaske überzieht oder eine Waffe in der Hand hält.

540 Das Eindringen findet normalerweise als aktives Tun statt. § 123 Abs. 1 Alt. 1 StGB kann aber auch durch Unterlassen verwirklicht werden.

541 **Beispiel:**
Vater A hindert seinen 17-jährigen Sohn S nicht daran, in die Wohnung des O einzusteigen.
A ist Überwachungsgarant in Bezug auf S und macht sich nach §§ 123 Abs. 1 Alt. 1, 13 StGB strafbar, sofern seine Mitwirkung als täterschaftlich anzusehen ist (siehe zur Mitwirkung durch Unterlassen am Tätigkeitsdelikt eines anderen Zieschang, AT, Rdn. 629).

542 Problematisch ist, ob § 123 Abs. 1 Alt. 1 StGB auch im Wege des Unterlassens verwirklicht werden kann, wenn jemand sich trotz Verpflichtung nicht aus dem geschützten Bereich entfernt.

543 **Beispiel:**
A ist Museumsbesucher und schläft dort auf der Toilette ein. Erst nach Schließung des Museums wacht er wieder auf, bleibt jedoch nun im Museum.

Insoweit kommt §§ 123 Abs. 1 Alt. 1, 13 StGB in Betracht, sofern man bei der ersten Alternative eine Verwirklichung durch Unterlassen in dieser Form für möglich hält (siehe BGHSt 21, 224, 225 f.). Die Gegenauffassung lehnt das ab und meint, dass das Eindringen ein aktives Element erfordere, zudem werde anderenfalls § 123 Abs. 1 Alt. 2 StGB unterlaufen (Krüger, LK, StGB, § 123 Rdn. 71).
Ebenfalls umstritten ist der Fall, dass jemand wie von vornherein geplant nach Ende der Öffnungszeiten in einer geschützten Räumlichkeit verweilt (siehe dazu Rdn. 546).

Bei den **geschützten Bereichen** werden zunächst die Begriffe Wohnung, Geschäfts- 544
raum und befriedetes Besitztum genannt. **Wohnung** ist ein mit künstlichen Vorrichtungen versehenes Raumgebilde, das bestimmt und geeignet ist, zumindest vorübergehend als Unterkunft von Menschen zu dienen und den Zutritt Unberechtigter verhindern soll (siehe *Zieschang*, BT 2, Rdn. 338 ff.). Erfasst sind auch Gemeinschaftsunterkünfte oder Schlafwagen und Wohnmobile. Auch Nebenräume (Keller; Flur) werden umfasst. **Geschäftsräume** sind Räumlichkeiten, die hauptsächlich für gewerbliche, wissenschaftliche, künstlerische oder ähnliche Zwecke benutzt werden (RGSt 32, 371; *Wessels/Hettinger/Engländer*, BT 1, Rdn. 555). Bei den Wohnungen oder Geschäftsräumen werden nach überwiegender Ansicht auch offene Zubehörflächen wie nicht eingefriedete Vorgärten oder Verkaufsflächen vor dem Ladenlokal erfasst (*Rengier*, BT II, § 30 Rdn. 5; derartige Flächen unter das befriedete Besitztum subsumierend *Müller-Christmann*, JuS 1987, 19, 21 f.; dagegen bei offenen Zubehörflächen § 123 StGB ablehnend *Amelung*, JZ 1986, 247). Ein **befriedetes Besitztum** ist ein Grundstück, das durch äußerliche Merkmale (etwa einen Zaun) hinreichend zur sonstigen Umgebung abgegrenzt und gegen das Betreten durch Unbefugte geschützt ist. Unschädlich ist, wenn die Umgrenzung leicht überwunden werden kann (kleine Hecke oder niedriger Zaun) oder Türen aufweist. Bloße Markierungen auf dem Boden oder allein Hinweisschilder genügen aber nicht. Unter abgeschlossene **Räume**, die zum **öffentlichen Dienst** bestimmt sind, fallen etwa Behördenräume oder Schulen. Unter solche, die zum **öffentlichen Verkehr** (also Publikumsverkehr) bestimmt sind, lassen sich zum Beispiel Straßenbahnen, Flugzeuge oder Bahnhofshallen fassen.

II. § 123 Abs. 1 Alt. 2 StGB

Bei dieser Alternative handelt es sich um ein **echtes Unterlassungsdelikt**. In diesem 545
Fall entfernt sich der Täter, der in einer geschützten Räumlichkeit verweilt, auf Aufforderung des Hausrechtsinhabers oder eines von ihm Bevollmächtigten nicht. Die Formulierung „ohne Befugnis“ ist ein überflüssiger Hinweis auf das allgemeine Verbrechensmerkmal der Rechtswidrigkeit, hat also keine eigenständige Bedeutung. Liegt bereits die erste Alternative des § 123 StGB vor, kommt die zweite nicht mehr in Betracht.

Beispiel: 546
A bleibt nach Ladenschluss um 19:00 Uhr im Kaufhaus des O.
Zum Teil wird in diesem Fall eine Strafbarkeit gemäß §§ 123 Abs. 1 Alt. 1, 13 StGB angenommen (siehe Rdn. 543).
Wer dies ablehnt, prüft § 123 Abs. 1 Alt. 2 StGB. Die Aufforderung zum Verlassen kann dabei in den vorab bekanntgemachten Geschäftsschließungszeiten gesehen werden.

III. Ergänzende Anmerkungen

547 In subjektiver Hinsicht genügt bei § 123 StGB dolus eventualis.

548 Die Höchststrafe beim Hausfriedensbruch ist (lediglich) ein Jahr Freiheitsstrafe, sodass man in Prüfungsarbeiten auf § 123 StGB normalerweise erst nach der Untersuchung schwererer Straftaten eingehen sollte. Eine Versuchsstrafbarkeit ist nicht vorgesehen. Die Tat ist gemäß § 123 Abs. 2 StGB Antragsdelikt.

549 Idealkonkurrenz des § 123 StGB ist mit Delikten gegeben, die der Begründung oder Aufrechterhaltung des Hausfriedensbruchs dienen. Bei Straftaten, die lediglich bei Gelegenheit verwirklicht werden, liegt Realkonkurrenz vor. Das ist richtigerweise auch anzunehmen, wenn der Hausfriedensbruch ein Zustandsdelikt ermöglichen soll, ohne dass sich die Ausführungsakte der Delikte zumindest teilweise überschneiden (siehe *Zieschang*, AT, Rdn. 786).

5. Kapitel: Straftaten gemäß §§ 201 bis 206 StGB

Die §§ 201 bis 206 StGB haben eine sehr begrenzte Bedeutung im Ersten Juristischen Staatsexamen. Daher soll hier ein grober Überblick genügen. **550**

§ 201 StGB betrifft die Verletzung der **Vertraulichkeit des Wortes** und betrifft das nichtöffentlich gesprochene Wort. Das ist der Fall, wenn sich die Äußerung an einen individuell begrenzten Personenkreis richtet. Spricht jemand aber so laut, dass es von anderen mitgehört wird (etwa in einer Gaststätte), fehlt es an der Nichtöffentlichkeit. **551**

Umstritten ist bei den §§ 201 ff. StGB, ob das Merkmal „unbefugt" ein Tatbestandsmerkmal ist, sodass insbesondere eine (mutmaßliche) Einwilligung tatbestandsausschließend wirkt (so etwa *Lackner/Kühl*, StGB, § 201 Rdn. 9) oder ein bloßer (überflüssiger) Hinweis auf das allgemeine Merkmal der Rechtswidrigkeit, wie es die überwiegende Auffassung annimmt (*Fischer*, StGB, § 201 Rdn. 9), mit der Folge, dass die Einwilligung rechtfertigend wirkt. **552**

Um die Verletzung des höchstpersönlichen Lebensbereichs und von Persönlichkeitsrechten durch **Bildaufnahmen** geht es in **§ 201a StGB**, um die Verletzung des **Briefgeheimnisses** in **§ 202 StGB**. **§§ 202a, 202b, 202c StGB** betreffen das **Ausspähen und Abfangen von Daten** sowie **Vorbereitungshandlungen** dazu. Der Begriff der **Daten** ist in § 202a Abs. 2 StGB legaldefiniert. **553**

§ 202d StGB regelt die **Datenhehlerei**. Hierbei enthält § 202d Abs. 3 StGB einen Tatbestandsausschluss. **554**

Die **Verletzung von Privatgeheimnissen** ist in **§ 203 StGB** unter Strafe gestellt. Das Geheimnis muss dem Betreffenden **als** Arzt, Zahnarzt, usw. **anvertraut** worden sein, es muss also ein Zusammenhang mit dem Beruf bestehen, der Betreffende darf es nicht nur bei Gelegenheit erfahren (*Hilgendorf/Valerius*, BT I, § 6 Rdn. 86). Gerechtfertigt kann die Offenbarung des Geheimnisses insbesondere über den rechtfertigenden Notstand gemäß § 34 StGB sein, etwa wenn es um die Warnung anderer vor ansteckenden Krankheiten geht (siehe AG Landstuhl, BeckRS 2022, 782; *Rengier*, BT II, § 31 Rdn. 53). **555**

§ 204 StGB betrifft die **Verwertung fremder Geheimnisse**, **§ 206 StGB** die **Verletzung des Post- oder Fernmeldegeheimnisses**. **556**

6. Kapitel: Straftaten gegen die Ehre

I. Beleidigung gemäß § 185 StGB

Geschütztes Rechtsgut des § 185 StGB ist die **Ehre des Einzelnen**. Bei der Ehre geht es um den personalen (innere Ehre) und sozialen Geltungswert (äußere Ehre). 557

§ 185 Alt. 1 StGB ist sehr kurzgehalten, indem lediglich von der Beleidigung die Rede ist. § 185 Alt. 2 StGB stellt dazu eine Qualifikation dar, wobei insoweit auf die besondere Art und Weise der Begehung der Beleidigung abgestellt wird. 558

1. § 185 Alt. 1 StGB

Die Beleidigung ist ein **Äußerungsdelikt**, was bedeutet, dass es zu einer **Kundgabe einer eigenen Missachtung oder Nichtachtung gegenüber jemanden kommt, der beleidigungsfähig ist**. Die Beleidigung verlangt als **Erfolg**, dass tatsächlich jemand beleidigt wird. 559

> **Beispiel:** 560
> *A schreibt einen Brief mit beleidigendem Inhalt an den O, jedoch wird der Brief noch vor seiner Zustellung an O versehentlich bei der Post geschreddert.*
> *In diesem Fall hat der A zwar eine Beleidigung geäußert, sie ist jedoch nicht zur Kenntnis des Adressaten O gelangt. § 185 StGB ist daher nicht vollendet. Der Versuch des Vergehens des § 185 StGB ist nicht unter Strafe gestellt.*

Tauglicher Täter des § 185 StGB kann jede natürliche Person sein. Erforderlich ist aber, dass die **eigene Missachtung** zum Ausdruck gebracht wird (OLG Köln, NJW 1993, 1486, 1487). Wer lediglich die ehrverletzende Äußerung eines anderen weiterleitet, ist kein tauglicher Täter des § 185 StGB, wenn er nicht zugleich **zumindest den Eindruck erweckt**, dass er sich die Äußerung **zu eigen macht**. 561

> **Beispiel:** 562
> *B hat auf Facebook den O beleidigt. A betätigt nun insofern den „Gefällt-mir"-Button (Like).*
> *In diesem Fall identifiziert sich A mit dem Beitrag und macht sich die Äußerung zu eigen (Reinbacher, JZ 2020, 558, 560; anders Eisele/Schittenhelm, Schönke/Schröder, StGB, § 185 Rdn. 1).*
> *Anders ist dies zu sehen bei der Funktion „Teilen" auf Facebook. Zwar erscheint dann der geteilte Beitrag auf dem eigenen Facebookprofil, es wird jedoch deutlich, dass es sich um einen solchen eines anderen handelt. Wird er nicht oder nur ablehnend kommentiert, liegt in dem bloßen Teilen kein Zueigenmachen (OLG Dresden, MMR 2017, 542 f.; Eckel/Rottmeier, NStZ 2021, 1, 4).*

Es muss zu einer **Kundgabe der Missachtung oder Nichtachtung** kommen. Hierbei ist zunächst von besonderer Bedeutung, welche Konstellationen § 185 StGB überhaupt in Abgrenzung insbesondere zu den §§ 186, 187 StGB erfasst: 563

§ 185 StGB ist einschlägig, wenn der Täter ein ehrverletzendes **Werturteil** gegenüber dem **unmittelbaren Adressaten** der Äußerung oder gegenüber einem **Dritten** aufstellt. Ebenfalls geht es um **§ 185 StGB**, wenn der Täter eine **ehrverletzende Tatsachenbehauptung** über den **Adressaten** der Äußerung selbst aufstellt. Geht es hingegen in 564

Beziehung auf einen **Dritten** um eine **ehrverletzende Tatsachenbehauptung**, sind die **§§ 186, 187 StGB** anzuwenden.

565 Bei ehrenrührigen Tatsachenäußerungen in Beziehung auf den Adressaten selbst, die § 185 StGB unterfallen, ist zu beachten, dass nach überwiegender Auffassung ungeschriebenes Tatbestandsmerkmal grundsätzlich die **Unwahrheit** dieser ehrenrührigen Tatsachenbehauptung ist. Steht sie nicht sicher fest, greift der in dubio pro reo-Grundsatz ein. Dabei ist im Hinblick auf Straftaten die Regelung in § 190 StGB zu beachten. Aber selbst bei wahren Tatsachenbehauptungen kann § 185 StGB ausnahmsweise gegeben sein, wenn es sich um eine Formalbeleidigung gemäß § 192 StGB handelt.

566 **Beispiel:**
A hat bei dem O eine wertvolle Uhr gestohlen. E, die Ehefrau des O, stellt sich nun mit einem großen Plakat mit der Aufschrift „Du bist ein Dieb" vor das Haus des A.
Trotz der Wahrheit dieser Aussage verwirklicht E § 185 StGB vor dem Hintergrund, dass es sich um eine Formalbeleidigung handelt.

567 **Tatsachen** sind äußere oder innere **Umstände der Vergangenheit oder Gegenwart, die dem Beweis zugänglich sind**. **Werturteile** sind gekennzeichnet durch **Elemente der Stellungnahme, des Meinens oder Dafürhaltens** (OLG Köln, NJW 1993, 1486, 1487).

568 **Beispiele:**
Behauptet A der Wahrheit zuwider, O habe ihm Geld gestohlen, steht ein dem Beweis zugänglicher Umstand in Rede; es geht folglich um die Behauptung einer Tatsache.
Bezeichnet A den O dagegen als einen Vollidioten, geht es um ein Werturteil.

569 Im Einzelfall mag es sich vordergründig um eine Tatsache handeln, aber dennoch ein Werturteil vorliegen. Es kommt insoweit jeweils auf die Gesamtumstände des Einzelfalls an.

570 **Beispiele:**
Wenn A den O als Schwein bezeichnet, geht es (normalerweise) nicht um die Behauptung einer unwahren, ehrenrührigen Tatsache, dass O tatsächlich ein Tier sei. Vielmehr soll O herabsetzend einem Tier gleichgestellt werden, es überwiegt die Wertung, es handelt sich um ein Werturteil.
Bezeichnet B den X als „Betrüger", kann eine Tatsachenbehauptung vorliegen, wenn sich diese Behauptung auf ein bestimmtes konkretes Verhalten des X bezieht. Es kommt jeweils auf die Gesamtumstände an.

571 Es muss die Kundgabe der Missachtung oder Nichtachtung erfolgen, das heißt die **Äußerung muss ehrverletzend** sein. Das beurteilt sich aus der Sicht eines objektiven Empfängers. Regelmäßig ist dies bei klassischen Schimpfwörtern der Fall, die Miss- oder Nichtachtung zum Ausdruck bringen. Anzunehmen ist dies auch, wenn der Vorwurf einer Straftat erhoben wird oder andere ehrenrührige Tatsachen behauptet werden (etwa die unwahre Behauptung, Ehemann A habe seine Frau „betrogen").

572 Die Erklärung muss **kundgegeben** werden. Dies ist ausdrücklich oder konkludent (Tippen an die Stirn; „Scheibenwischer") möglich, zudem durch Unterlassen.

573 **Beispiel:**
Aus Verärgerung über seinen Geschäftspartner O schreibt sich A im Büro die Wut von der Seele und tituliert hierbei den O mit übelsten Schimpfwörtern. Als A den Raum verlässt, sieht er plötzlich, dass seine Sekretärin das Schreiben

in einen an O adressierten Umschlag steckt. A unternimmt nichts. O erhält das Schreiben zur Kenntnis.
In diesem Fall geht es um §§ 185, 13 StGB, wobei die dann erforderliche Garantenstellung des A aus Ingerenz (pflichtwidriges Vorverhalten) bejaht werden kann.

Das bloße Schaffen einer kompromittierenden Sachlage ohne Kundgabe reicht für die Beleidigung aber nicht. 574

Beispiel: 575
Nach einem Brand versteckt A in der Wohnung des O Benzinkanister, um den Verdacht der Brandstiftung auf O zu lenken.
Hier wird lediglich eine kompromittierende Sachlage ohne Kundgabe geschaffen, was für § 185 StGB nicht genügt (zu § 164 StGB siehe Rdn. 713).

Zu beachten ist zudem, dass es **beleidigungsfreie Räume** gibt. Das ist etwa anzunehmen bei Äußerungen im engsten Familienkreis. Insoweit wird der Tatbestand teleologisch reduziert. Das gilt im Übrigen auch für § 186 StGB, nicht aber für § 187 StGB. 576

Beispiel: 577
Bei einem gemeinsamen Essen mit seiner Ehefrau beschimpft A seinen Arbeitskollegen O als Idioten.
Da es sich um einen beleidigungsfreien Raum handelt, ist § 185 StGB nicht verwirklicht. § 185 StGB liegt aber vor, wenn A seine Ehefrau beleidigt.

Als weitere beleidigungsfreie Räume kommen in Betracht: enge Vertrauensverhältnisse von Partnern einer Beziehung, enge Freundschaften, das Verhältnis des Mandanten zum Verteidiger (str.), die Kommunikation von Strafgefangenen mit den Familienmitgliedern, selbst wenn sie der Briefüberwachung unterliegt (BVerfGE 90, 255, 260 ff.). 578

§ 185 StGB ist erst **vollendet**, wenn die Beleidigung den Adressaten erreicht hat und er sie **zur Kenntnis nimmt**. Problematisch ist, ob der Adressat die Beleidigung auch als solche verstehen muss. 579

Beispiel: 580
Der Franzose A beschimpft seinen deutschen Kollegen O auf Französisch als „salaud" (übersetzt: Dreckskerl, Arschloch), was O gar nicht versteht, da er kein Französisch spricht.
Zum Teil wird vertreten, es genüge der objektive ehrenrührige Charakter, ohne dass diesen der Adressat verstehen müsse (BGHSt 1, 288, 291).
Die Gegenansicht verlangt, dass der Adressat den ehrenrührigen Sinn versteht (BGHSt 9, 17, 19; Rengier, BT II, § 28 Rdn. 22). Dafür spricht, dass nur so dem Begriff der Kundgabe Genüge getan wird. § 185 StGB ist ein Delikt zum Schutz der Ehre des Einzelnen. Bemisst der Adressat die Äußerung gar nicht als ehrverletzend, ist es richtig, den Tatbestand zu verneinen, sofern keine Dritten vorhanden sind, die das Werturteil verstehen.

Beleidigungsfähig sind zunächst einmal **natürliche Personen**. Es geht also um lebende Menschen, und dies unabhängig von ihrem körperlichen und geistigen Reifegrad. Auch Kinder sind etwa beleidigungsfähig, sie müssen aber nach vorzugswürdiger Ansicht die Ehrverletzung verstehen können, sonst ist die Beleidigung nicht zur Kenntnis genommen. Bei Verstorbenen greift § 185 StGB nach überwiegender Auffassung nicht, es ist aber § 189 StGB zu beachten. 581

582 Möglich ist, dass **ein Einzelner** unter einer **Kollektivbezeichnung** (Sammelbezeichnung) beleidigt wird. Beleidigt sind dann die einzelnen Mitglieder dieser Personengruppe. Voraussetzung ist hierfür, dass es sich um eine von der sonstigen Bevölkerung **hinreichend abgrenzbare und zahlenmäßig überschaubare Gruppe** handelt.

583 **Beispiel:**
A bezeichnet die Polizisten, die am 15.12.2021 an einem Einsatz in Nürnberg in der Innenstadt teilgenommen haben, als Bastarde.
Im Gegensatz zu der Aussage „Die Polizei" handelt es sich bei Polizisten eines bestimmten Einsatzes um eine abgrenzbare, überschaubare Gruppe (BayObLG, NJW 1990, 921, 922). Jeder einzelne Polizist, der an dem Einsatz teilgenommen hat, wird dadurch beleidigt.

584 Überschaubarkeit ist anzunehmen bei der Bezeichnung „Ein bayerischer Staatsminister gehört zu den Kunden eines Callgirl-Rings" (BGHSt 19, 235, 236), zudem – aufgrund der spezifischen Geschichte Deutschlands – bei der Bezeichnung „Die als Juden vom Nationalsozialismus verfolgten Menschen, die jetzt in Deutschland leben" (BGHSt 11, 207, 208; siehe insoweit auch § 194 Abs. 1 S. 2, Abs. 2 S. 2 StGB), zudem bei der Bezeichnung „Die Soldaten der Bundeswehr" (BGHSt 36, 83, 87: „Die aktiven Soldaten der Bundeswehr"). Dagegen fehlt es an der hinreichenden Abgrenzbarkeit bei der Äußerung „Die Beamten", „Die Juristen" oder „Die Katholiken in Deutschland".

585 Beleidigungsfähig sind auch **Personenvereinigungen** (Personengesamtheiten) als solche (Kollektivbeleidigung). Das ergibt sich mittelbar bereits aus dem Gesetz (siehe § 194 Abs. 3 S. 2, 3, Abs. 4 StGB), wonach sich die Beleidigung u. a. gegen eine Stelle richten kann, die Aufgaben der öffentlichen Verwaltung wahrnimmt, sowie gegen Religionsgesellschaften, Gesetzgebungsorgane oder andere politische Körperschaften.

586 Über die in § 194 Abs. 3 S. 2, 3, Abs. 4 StGB genannten Stellen hinaus sind nach überwiegender Ansicht auch andere Personenvereinigungen beleidigungsfähig (BGHSt 6, 186; anders etwa *Wessels/Hettinger/Engländer*, BT 1, Rdn. 425: Dies sei „Rechtsfortbildung in malam partem"), es müssen aber bestimmte Voraussetzungen erfüllt sein: So muss die Gesamtheit einen **einheitlichen Willen** bilden können und eine **rechtlich anerkannte oder anzuerkennende Funktion** verfolgen (BGHSt 6, 186, 191). Erforderlich ist also eine klar umgrenzte Personengesamtheit mit sozialem Geltungs- und Achtungsanspruch (OLG Frankfurt, NJW 1977, 1353). Verbrechervereinigungen als solche sind damit beispielsweise nicht beleidigungsfähig. Auch die Familie als solche soll nach überwiegender Ansicht nicht erfasst sein als Personengemeinschaft (BGH, JZ 1951, 520, 521; *Rogall*, SK, StGB, Vor § 185 Rdn. 37), möglich ist aber insofern die Beleidigung jedes einzelnen Familienmitglieds unter der Kollektivbezeichnung (Rdn. 582).

587 **Beispiele:**
Erfasst werden Unternehmen wie etwa BMW oder die Lufthansa. Ebenfalls beleidigungsfähig ist die Bundeswehr als Institution (BGHSt 36, 83, 88). Nicht umfasst, da keinen einheitlichen Willen bilden könnend, sind etwa die Polizei, die Beamten, die Studierenden. Auch rein gesellige Gemeinschaften (Kegelclub) sollen nicht erfasst sein.

588 In **subjektiver Hinsicht** verlangt § 185 StGB Vorsatz, wobei der Täter neben dem Kundgabewillen den ehrenkränkenden Charakter der Aussage sowie insbesondere auch die Unwahrheit bei einer ehrenkränkenden Tatsachenbehauptung erfassen muss. Dolus eventualis genügt.

589 **Gerechtfertigt** kann die Beleidigung neben den allgemeinen Rechtfertigungsgründen insbesondere aufgrund der **Wahrnehmung berechtigter Interessen gemäß § 193 StGB**

sein. Hierbei handelt es sich um einen spezifischen Rechtfertigungsgrund im Besonderen Teil des StGB, bei dem es um eine umfassende Interessenabwägung geht, wobei umstritten ist, ob er nur für die Beleidigungsdelikte gilt oder auch bei anderen Strafvorschriften zum Zuge kommen kann (so insbesondere für §§ 201, 203 StGB etwa *Geppert*, Jura 1985, 25, 28 f.; ablehnend etwa *Bohnert*, NStZ 2004, 301, 305). Die Beleidigung muss hierbei zur Interessenwahrnehmung geeignet, erforderlich und angemessen sein zur Erreichung eines berechtigten Zwecks (*Rengier*, BT II, § 29 Rdn. 51). Abzulehnen ist dies insbesondere bei reiner Schmähkritik, bei der die Diffamierung im Vordergrund steht. In subjektiver Hinsicht ist umstritten, ob Absicht zur Wahrnehmung berechtigter Interessen erforderlich ist (*Hilgendorf*, LK[12], StGB, § 193 Rdn. 30) oder schon die Kenntnis der rechtfertigenden Situation genügt (*Eisele/Schittenhelm*, Schönke/Schröder, StGB, § 193 Rdn. 23).

2. § 185 Halbs. 2 StGB

§ 185 Halbs. 2 StGB ist eine Qualifikation. Der Gesetzgeber hat diese Modalität durch das Gesetz zur Bekämpfung des Rechtsextremismus und der Hasskriminalität vom 30.3.2021 (BGBl. I, 441) erweitert, denn zuvor erfasste sie nur die tätliche Beleidigung („mittels einer Tätlichkeit“). 590

Auch in der Konstellation insbesondere des Verbreitens (Entfalten einer Tätigkeit, die darauf gerichtet ist, den Inhalt einem größeren, für den Täter nicht mehr kontrollierbaren Personenkreis bekannt zu machen; siehe BGHSt 47, 55, 59) bleibt § 185 StGB ein Äußerungsdelikt, das heißt der Täter muss eine eigene Missachtung zum Ausdruck bringen oder zumindest diesen Eindruck erwecken. 591

Bei der Beleidigung mittels einer Tätlichkeit (Bespucken, Ohrfeige mit ehrverletzendem Charakter) ist zur Vollendung nach überwiegender Auffassung eine körperliche Berührung erforderlich (*Regge/Pegel*, MK, StGB, § 185 Rdn. 48). 592

3. Ergänzende Anmerkungen

Obwohl insbesondere mit Straftaten gegen die sexuelle Selbstbestimmung auch ein Angriff auf die Ehre verbunden werden kann, ist § 185 StGB kein allgemeiner Auffangtatbestand. Nur wenn die Ehrverletzung über die Verwirklichung des (Sexual-) Delikts hinaus eine eigenständige Bedeutung hat, ist daher § 185 StGB einschlägig (siehe BGHSt 36, 145, 150). 593

> **Beispiel:** 594
> *A nötigt die O sexuell und beschimpft sie dabei übel.*
> *Neben § 177 StGB greift dann § 185 StGB.*

Zum Erfordernis des Strafantrags bei Beleidigungsdelikten siehe § 194 StGB. 595

II. Üble Nachrede gemäß § 186 StGB

§ 186 StGB betrifft den Fall, dass **Tatsachen über Dritte** behauptet oder verbreitet werden. 596

Voraussetzung ist auch hier eine Kundgabe, die eine andere Person zur Kenntnis nehmen muss. § 186 StGB ist aber anders als § 185 StGB kein Äußerungsdelikt, sondern ein bloßes Verbreitungsdelikt: Das bedeutet, dass der Täter sich die Tatsachenäußerung nicht zu eigen machen muss. Distanzierungen („ich selbst glaube das aber nicht“) sind daher unbeachtlich. 597

598 Die Tatsachen müssen geeignet sein, den anderen verächtlich zu machen oder in der öffentlichen Meinung herabzuwürdigen. Das ist unter Berücksichtigung sämtlicher Umstände des Einzelfalls zu beurteilen.

599 Die **Nichterweislichkeit der Wahrheit** ist **objektive Bedingung der Strafbarkeit** (BGHSt 11, 273, 274; siehe zu derartigen objektiven Bedingungen bereits Rdn. 403 sowie *Zieschang*, AT, Rdn. 179 ff.). Das bedeutet, dass sich der Vorsatz nach überwiegender Ansicht nicht darauf beziehen muss und auch ein Fahrlässigkeitsbezug nicht erforderlich sein soll (*Eisele/Schittenhelm*, Schönke/Schröder, StGB, § 186 Rdn. 10; anders etwa *Roxin/Greco*, AT I, § 23 Rdn. 18 f.; *Wessels/Hettinger/Engländer*, BT 1, Rdn. 460: Vor dem Hintergrund des Schuldprinzips sei zumindest Fahrlässigkeit notwendig).

600 **Beispiel:**
A behauptet gegenüber dem B, der O habe gestern beim Nachbarn N 100 Euro gestohlen. A ist sich sicher, dass dies auch tatsächlich der Fall ist. Ob dies wirklich so ist, lässt sich nicht mehr klären.
A hat gegenüber B eine Tatsache über den O behauptet, welche den O verächtlich zu machen geeignet ist. Diese Tatsache ist nicht erweislich wahr. Letztere Voraussetzung ist objektive Bedingung der Strafbarkeit. Der Vorsatz braucht sich darauf nicht zu beziehen. Es schadet daher nicht, dass A meint, diese Tatsache sei wahr. Für den Vorsatz genügt das Bewusstsein, eine Behauptung über einen anderen aufzustellen, welche denselben verächtlich zu machen geeignet ist. Rechtswidrigkeit und Schuld sind gegeben. A macht sich folglich nach § 186 StGB strafbar.

601 Man erkennt, dass aufgrund der objektiven Bedingung der Strafbarkeit der in dubio pro reo-Grundsatz bei § 186 StGB im Hinblick auf die Wahrheit der Aussage keine Geltung beansprucht. Vielmehr gehen bei § 186 StGB Zweifel zu Lasten des Täters.

602 Bei der Frage nach der Wahrheit ist im Hinblick auf ein Strafurteil § 190 StGB zu beachten.

603 Qualifiziert ist die Tat, wenn sie öffentlich, in einer Versammlung oder durch Verbreiten eines Inhalts (§ 11 Abs. 3 StGB) begangen wird.

604 Als besonderer Rechtfertigungsgrund kommt wiederum § 193 StGB in Betracht (dazu Rdn. 589).

III. Verleumdung gemäß § 187 StGB

605 Im Unterschied zu § 186 StGB ist die **Unwahrheit der Tatsache** bei § 187 StGB **echtes Tatbestandsmerkmal.** In subjektiver Hinsicht muss der Täter **insofern** mit **dolus directus 2. Grades** handeln („wider besseres Wissen"). Im Übrigen genügt dolus eventualis.

606 Bei § 187 StGB kann § 193 StGB regelmäßig nicht rechtfertigend wirken (siehe BGH, NStZ 1995, 78; *Valerius*, BeckOK, StGB, § 193 Rdn. 2).

IV. Verunglimpfen des Andenkens Verstorbener

607 Nach überwiegender Ansicht werden von den §§ 185 bis 188 StGB nur lebende Menschen geschützt (Rdn. 581). Für Verstorbene ist § 189 StGB maßgeblich. Dabei liegt ein Verunglimpfen bei einer besonders gravierenden Herabsetzung des Andenkens eines Verstorbenen vor.

608 Relevant können hier insbesondere Irrtumskonstellationen sein.

Beispiel: 609
A beschimpft gegenüber dem B den O als Idioten. O ist, was A nicht weiß, bereits verstorben.
Objektiv ist § 189 StGB verwirklicht, jedoch fehlt A insofern der Vorsatz. § 185 StGB liegt objektiv nicht vor. Der Versuch des § 185 StGB ist nicht strafbar.

Abwandlung: 610
A beschimpft gegenüber dem B den O als Idioten. A glaubt, O sei bereits verstorben, was tatsächlich nicht der Fall ist.
Objektiv ist § 185 StGB verwirklicht, jedoch fehlt A insoweit der Vorsatz. § 189 StGB ist objektiv nicht gegeben, dessen Versuch ist nicht unter Strafe gestellt.

7. Kapitel: Widerstand gegen Vollstreckungsbeamte und Tätlicher Angriff auf Vollstreckungsbeamte

I. Widerstand gegen Vollstreckungsbeamte gemäß § 113 StGB

§ 113 StGB schützt staatliche Vollstreckungshandlungen und die zu deren Ausführung berufenen Vollstreckungsorgane. 611

1. Der Tatbestand des § 113 Abs. 1 StGB

Es handelt sich um ein **Jedermanndelikt** („Wer"), sodass keine besonderen Anforderungen an die Täterqualität gestellt werden. Auch ein Unbeteiligter, den die Vollstreckungshandlung gar nicht betrifft, kann tauglicher Täter sein. Die Tat ist kein eigenhändiges Delikt, folglich kommt auch mittelbare Täterschaft in Betracht. Ebenso ist Mittäterschaft möglich. 612

Die Tat muss sich gemäß § 113 Abs. 1 StGB **gegen einen Amtsträger oder Soldaten der Bundeswehr richten, der zur Vollstreckung von Gesetzen, Rechtsverordnungen, Urteilen, Gerichtsbeschlüssen oder Verfügungen berufen ist**. Der Begriff des Amtsträgers findet sich legaldefiniert in § 11 Abs. 1 Nr. 2 StGB. Ein Europäischer Amtsträger gemäß § 11 Abs. 1 Nr. 2a StGB genügt im Hinblick auf Art. 103 Abs. 2 GG nicht. Nur Amtsträger, die zur Vollstreckung im Sinne des § 113 StGB berufen sind, werden von § 113 Abs. 1 StGB erfasst, also solche, die im Grundsatz den staatlichen Willen – notfalls mit Zwang – durchsetzen dürfen (BGH, NJW 2020, 2347). Darunter fallen insbesondere etwa Polizeibeamte, zur Vollstreckung berufene Amtsträger der Ordnungsbehörden oder Gerichtsvollzieher. Zu beachten sind dabei die bedeutsamen Erweiterungen des Anwendungsbereichs des § 113 Abs. 1 StGB über **§ 115 Abs. 1 und 2 StGB**: So gilt § 113 StGB auch für bestimmte Personen, die nicht Amtsträger sind, sowie für Personen, die zur Unterstützung bei der Diensthandlung hinzugezogen werden, wie etwa für den Mitarbeiter eines Schlüsseldiensts oder für einen Abschleppunternehmer. 613

Der Tatbestand ist erfüllt, wenn der Täter **bei der Vornahme einer konkreten Vollstreckungshandlung mit Gewalt oder durch Drohung mit Gewalt Widerstand leistet**. Es muss also eine **konkrete Vollstreckungshandlung** in Rede stehen (etwa eine Festnahme oder eine Durchsuchung oder das Anhaltegebot des Polizeibeamten). Allgemeine Diensthandlungen (wie zum Beispiel eine Streifenfahrt, eine Beschuldigtenvernehmung, eine Befragung von Straßenpassanten oder eine Unfallaufnahme) genügen nicht (BGHSt 25, 313, 314 f.). Bei dem **Widerstandleisten** geht es um ein **aktives Verhalten** (siehe BGHSt 18, 133, 134; *Hilgendorf/Valerius*, BT I, § 9 Rdn. 9; *Rengier*, BT II, § 53 Rdn. 12), das dazu geeignet ist, die Vollstreckungshandlung zu verhindern oder zu erschweren (BGH, NJW 2020, 2347). Dabei muss entweder **Gewalt** angewendet werden oder **damit gedroht werden**. Es gelten insoweit grundsätzlich die Ausführungen zum Gewaltbegriff des § 240 StGB (Rdn. 466), aber bei § 113 StGB nur bezogen auf aktives Verhalten: Danach versteht man unter **Gewalt** im Sinne des § 113 StGB die **aktive Einwirkung auf den Körper eines Amtsträgers, um die konkrete Vollstreckungshandlung zu vermeiden oder zu erschweren, wobei auf Seiten des Täters eine – wenn auch geringfügige – körperliche Kraftentfaltung hinzukommen muss.** 614

Beispiele: 615
Unter Gewalt im Sinne des § 113 Abs. 1 StGB fällt – sofern sich dieses Verhalten gegen die Vollstreckungshandlung als solche richtet – etwa das Versperren einer

Tür (BGHSt 18, 133, 135; anders Eser, Schönke/Schröder, StGB, § 113 Rdn. 42), der Aufbau von Barrikaden, das Ketten an einen Heizungskörper, das Befreien aus dem Haltegriff des Amtsträgers oder ein Herumschlagen, wobei es dann regelmäßig bereits um § 114 StGB geht.
Keine Gewalt ist die bloß fehlende Mitwirkung bei einem Vollstreckungsakt, etwa das bloße Sitzenbleiben nach einem Platzverweis, sodass der Betreffende weggetragen werden muss („passiver Widerstand"), oder das reine Nichtöffnen einer Tür. Auch die bloße Flucht vor einem Amtsträger genügt nicht (BGH, NStZ 2015, 388).

616 Die **Drohung mit Gewalt** besteht in einem ausdrücklichen oder konkludenten Inaussichtstellen der Gewaltanwendung (BGH, NJW 2020, 2347).

617 Zu beachten ist dabei stets, dass es sich um Widerstand gegen die Vollstreckungshandlung als solche handeln muss.

618 **Beispiel:**
A kettet sich an Gleise der Bahn an, um gegen Fahrpreiserhöhungen zu demonstrieren, sodass der Lokführer O seine Fahrt nicht fortsetzen kann. Die hinzugerufene Polizei spricht einen Platzverweis gegen A aus. A reagiert nicht und bleibt untätig. A wird schließlich von Polizeibeamten von den Gleisen mit Werkzeug losgelöst und weggetragen.
In diesem Fall stellt das Anketten an die Gleise Gewalt in Bezug auf den Lokführer O dar, sodass sich A insoweit nach § 240 StGB strafbar macht (siehe Rdn. 474). Die bloße Untätigkeit nach der Aufforderung, den Platz zu verlassen, stellt aber keine Gewalt im Sinne des § 113 StGB dar, da sich das vorherige Anketten nicht gegen eine konkrete Vollstreckungshandlung richtete und nunmehr bei der Vollstreckungshandlung ***keine aktive Tätigkeit des A*** *mehr erfolgt.*

619 Das Delikt ist **Tätigkeitsdelikt**, die Widerstandshandlung muss also nicht dazu führen, dass die Vollstreckungshandlung scheitert.

620 Der Täter muss vorsätzlich handeln. Der Vorsatz hat sich auf das Widerstandsleisten gegen eine konkrete Vollstreckungshandlung zu beziehen. Er muss nicht die Rechtmäßigkeit der Diensthandlung umfassen. Umstritten ist, ob dolus eventualis insgesamt genügt (so etwa RGSt 47, 270, 279 f.; *Fischer*, StGB, § 113 Rdn. 27) oder ob hinsichtlich des Widerstandsleistens Absicht erforderlich ist (siehe *Paeffgen*, NK[5], StGB, § 113 Rdn. 74). Der Täter muss wissen, dass er gegenüber einem Amtsträger im Sinne des § 113 Abs. 1 StGB oder gegenüber einer Person gemäß § 115 Abs. 1, Abs. 2 StGB agiert.

2. Die Rechtmäßigkeit der Diensthandlung gemäß § 113 Abs. 3 StGB

621 Eine Besonderheit enthält die Vorschrift des § 113 StGB mit der Regelung in § 113 Abs. 3 StGB. Bereits deren Bedeutungsgehalt ist umstritten. Während teilweise davon ausgegangen wird, dass es sich um ein Tatbestandsmerkmal handelt (*Eser*, Schönke/Schröder, StGB, § 113 Rdn. 20), meinen andere Autoren, es sei eine objektive Bedingung der Strafbarkeit (*Wessels/Hettinger/Engländer*, BT 1, Rdn. 604). Zudem wird die Auffassung vertreten, dass es sich um eine spezielle, auf der Ebene der Rechtswidrigkeit relevante Regelung handelt, die einen Rechtfertigungsgrund darstellt (OLG Bremen, NJW 1977, 158, 160; *Rosenau*, LK, StGB, § 113 Rdn. 31). Die Klausel sollte nach dem subjektiven Tatbestand und vor der Frage angesprochen werden, ob zugunsten des Täters Rechtfertigungsgründe greifen.

Gemäß § 113 StGB scheitert die Strafbarkeit, wenn die Diensthandlung nicht rechtmäßig ist. Kontrovers wird hierbei diskutiert, welcher **Rechtmäßigkeitsbegriff** insoweit zugrunde zu legen ist. 622

Teilweise wird gefordert, dass die Diensthandlung vollumfänglich auf ihre formelle und materielle Rechtmäßigkeit hin zu prüfen ist (**materieller Rechtmäßigkeitsbegriff**; so etwa *Eisele*, BT 1, Rdn. 1536; *Krey/Heinrich/Hellmann*, BT 1, Rdn. 760; auf die Rechtmäßigkeit allein der Vollstreckungsvoraussetzungen abstellend etwa *Bosch*, Jura 2011, 268, 273; *Paeffgen*, NK[5], StGB, § 113 Rdn. 41). Die Rechtsprechung und Teile des Schrifttums vertreten hingegen den **strafrechtlichen Rechtmäßigkeitsbegriff** (**formeller Rechtmäßigkeitsbegriff**; BGHSt 21, 334, 363 ff.; BGHSt 60, 253, 258; *Lackner/Kühl/Heger*, StGB, § 113 Rdn. 7 ff.). Danach ist die Diensthandlung unter folgenden Voraussetzungen als rechtmäßig einzustufen: Erstens muss der Vollstreckungsbeamte **sachlich und örtlich zuständig** sein, zweitens müssen die **wesentlichen**, dem Schutz des Betroffenen dienenden **Förmlichkeiten** eingehalten worden sein, schließlich muss eine **ordnungsgemäße Ermessensausübung** erfolgt sein. Oft kommt es unter Heranziehung beider Begriffe zu übereinstimmenden Ergebnissen. Das ist aber nicht immer so. 623

Beispiel (in Anlehnung an BGHSt 24, 125): 624
Autofahrer A verursacht einen Unfall. Da A nach Alkohol riecht, ordnet Polizeibeamter P eine Blutprobe an. A erklärte sich zur Blutprobe bereit, nachdem P ihm für den Fall der Weigerung Gewalt angedroht hat. Die Blutabnahme erfolgt durch einen Assistenten, wobei P irrtümlich davon ausgeht, es handele sich um einen voll ausgebildeten Arzt. Ist das Vorgehen rechtmäßig?
Hier liegt ein Verstoß gegen § 81a Abs. 1 S. 2 StPO vor, da ein Assistent die Blutprobe nicht entnehmen darf, sondern nur ein Arzt. Nach dem materiellen Rechtmäßigkeitsbegriff ist daher die Rechtmäßigkeit zu verneinen. Der BGH (BGHSt 24, 125, 131 f.) meint indes, da P in gutem Glauben gehandelt habe, nämlich irrtümlich Voraussetzungen angenommen hat, unter denen A die Probe zu dulden hatte, sei das Vorgehen des P rechtmäßig im Sinne des § 113 Abs. 3 StGB (formeller Rechtmäßigkeitsbegriff).
Es bedarf also der Streitentscheidung. Für den formellen Rechtmäßigkeitsbegriff mag sprechen, dass nicht selten Vollstreckungshandlungen unter angespannten Umständen stattfinden, wobei Entscheidungen kurzfristig in der Hektik der Situation getroffen werden müssen; hier nun die Rechtmäßigkeit der Maßnahme zu verneinen, könnte die Effektivität staatlichen Handelns in Frage stellen.
Andererseits folgt aus dem Rechtsstaatsprinzip, dass staatliches Handeln in formeller und materieller Hinsicht rechtmäßig sein muss, was umso mehr gilt, wenn es um Vollstreckungshandlungen und damit um Eingriffe in die Rechte des Einzelnen geht. Die Frage der Rechtmäßigkeit ist noch dazu hier entscheidend dafür, ob sich der von der Maßnahme Betroffene strafbar macht; dann ist es aber als ein Gebot der Rechtsstaatlichkeit zu erachten, eine Diensthandlung nur dann als rechtmäßig anzusehen, wenn sie insgesamt eben auch tatsächlich formell und materiell rechtmäßig ist. Folglich ist der materielle Rechtmäßigkeitsbegriff zu befürworten.

Ausdrücklich beinhaltet § 113 StGB auch Irrtumsregelungen bezogen auf die Rechtmäßigkeit der Diensthandlung. Gemäß § 113 Abs. 3 S. 2 StGB macht sich der Täter bei einer nicht rechtmäßigen Diensthandlung **selbst dann nicht strafbar nach § 113 StGB**, wenn er irrtümlich meint, die Diensthandlung sei rechtmäßig. 625

Falls der Täter irrtümlich meint, die Diensthandlung sei nicht rechtmäßig, obwohl sie in Wirklichkeit rechtmäßig ist, handelt er zwar tatbestandsmäßig, rechtswidrig und schuldhaft, jedoch kann gemäß § 113 Abs. 4 S. 1 StGB das Gericht, falls er den Irrtum 626 vermeiden konnte, die Strafe mildern oder bei geringer Schuld von einer Bestrafung nach § 113 StGB absehen. Bei Unvermeidbarkeit des Irrtums gilt gemäß § 113 Abs. 4 S. 2 StGB: War ihm nicht zuzumuten, sich mit Rechtsbehelfen gegen die vermeintlich rechtswidrige Diensthandlung zu wehren, macht er sich nicht strafbar. War ihm dies hingegen zuzumuten, kann das Gericht die Strafe mildern oder von der Bestrafung nach § 113 StGB absehen.

3. Ergänzende Anmerkungen

627 Eine Regelung zu den – nach der Schuld – anzusprechenden besonders schweren Fällen findet sich in § 113 Abs. 2 StGB. § 113 Abs. 2 S. 2 StGB nennt dabei drei Regelbeispiele.

628 Zu beachten ist das Konkurrenzverhältnis des § 113 StGB zu § 240 StGB: § 113 StGB ist eine Spezialregelung zu § 240 StGB und verdrängt diese Norm daher (BGHSt 48, 233, 238 f.; *Rengier*, BT II, § 53 Rdn. 40). Das hat beim Versuch Straflosigkeit zur Konsequenz. Richtigerweise ist die Anwendung des § 240 StGB auch in den Fällen ausgeschlossen, in denen mangels Drohung mit Gewalt zwar § 113 StGB nicht einschlägig ist, jedoch eine sonstige Drohung mit einem empfindlichen Übel vorliegt (*Eser*, Schönke/Schröder, StGB, § 113 Rdn. 68; *Zopfs*, GA 2012, 259, 271 f.; *Wessels/Hettinger/Engländer*, BT 1, Rdn. 601; anders etwa OLG Hamm, NStZ 1995, 547, 548; *Lackner/Kühl/Heger*, StGB, § 113 Rdn. 26: Anwendbarkeit des § 240 StGB unter Beachtung von § 113 Abs. 3, Abs. 4 StGB; dagegen befürwortet *Fahl*, Satzger/Schluckebier/Widmaier, StGB, § 113 Rdn. 20, die uneingeschränkte Anwendung des § 240 StGB).

629 Auf § 115 Abs. 3 StGB (Behindern von Rettungskräften) wird vorliegend im Zusammenhang mit § 323c Abs. 2 StGB eingegangen (siehe Rdn. 1246).

II. Tätlicher Angriff auf Vollstreckungsbeamte gemäß § 114 StGB

630 § 114 StGB ist eine Qualifikation zu § 113 StGB, sofern der tätliche Angriff bei einer konkreten Vollstreckungshandlung erfolgt (beachte dann den Verweis des § 114 Abs. 3 StGB auf § 113 Abs. 3, Abs. 4 StGB), dagegen hat § 114 StGB eigenständigen Charakter, wenn diese Personen bei sonstigen Diensthandlungen (zum Beispiel Streifenfahrten, Radarkontrollen) angegriffen werden. Auch für § 114 StGB gilt § 115 Abs. 1 und Abs. 2 StGB.

631 Unter einem **tätlichen Angriff** versteht die Rechtsprechung jede mit feindseligem Willen unmittelbar auf den Körper des Beamten zielende Einwirkung, unabhängig von ihrem Erfolg (so BGH, NJW 2020, 2347). Eine vollendete Körperverletzung muss also etwa nicht vorliegen. Dagegen wollen manche Autoren vor dem Hintergrund, dass der Gesetzgeber mit dem 52. Strafrechtsänderungsgesetz vom 23.5.2017 (BGBl. I, 1226) den tätlichen Angriff aus § 113 StGB herausgelöst und in § 114 StGB mit einer erhöhten Strafandrohung eingestellt hat, den Begriff restriktiver interpretieren, indem insbesondere das Verhalten konkret geeignet sein müsse, die körperliche Unversehrtheit tatsächlich zu beeinträchtigen, sowie die Erheblichkeitsschwelle zu überschreiten habe (*Busch/Singelstein*, NStZ 2018, 510, 512 f.; ablehnend BGH, NJW 2020, 2347, 2348).

632 Der BGH (BGHSt 65, 36, 42) nimmt zwischen § 113 StGB und § 114 StGB Tateinheit an (so auch *Kulhanek*, JR 2018, 551, 558; anders *Wessels/Hettinger/Engländer*, BT 1, Rdn. 625: § 113 StGB werde von § 114 StGB konsumiert).

8. Kapitel: Verwahrungsbruch, Verstrickungsbruch, Siegelbruch

I. Verwahrungsbruch gemäß § 133 StGB

§ 133 StGB will die staatliche Herrschaftsgewalt über alle amtlich aufbewahrten oder übergebenen Sachen gegen unbefugte Eingriffe sichern und schützt zugleich das Vertrauen, dass die sich im Besitz des Staates befindlichen Gegenstände auch ordnungsgemäß aufbewahrt werden (BGHSt 5, 155, 159 f.). 633

Zentrales Merkmal der Vorschrift ist, dass sich eine bewegliche Sache in **dienstlicher Verwahrung** befindet (§ 133 Abs. 1 Alt. 1 StGB). Das ist der Fall, wenn sie im Gewahrsam einer staatlichen Stelle steht, wobei sich in dem Gewahrsam die besondere dienstliche Herrschafts- und Verfügungsgewalt äußern muss (BGH, NStZ 2016, 351, 352), und die Sache unversehrt bleiben sowie vor unbefugtem Zugriff bewahrt werden soll (BGHSt 18, 312, 313). Das ist nicht der Fall bei **schlichtem Amtsbesitz**, der allein im Funktionsinteresse der Behörde besteht (*Hohmann*, MK, StGB, § 133 Rdn. 8). 634

> **Beispiele:** 635
> *Dienstliche Verwahrung ist anzunehmen bei Akten, bei beschlagnahmten Unterlagen, hingegen bloßer Amtsbesitz, der § 133 StGB nicht unterfällt, bei Möbeln, Büromaterial oder Sachen, die vernichtet werden sollen.*

Der Aufbewahrungsort spielt keine Rolle. So besteht dienstlicher Gewahrsam auch, wenn ein Prüfer Staatsexamensklausuren zur Korrektur zu Hause aufbewahrt. 636

§ 133 Abs. 1 Alt. 2 StGB betrifft die Konstellation, dass eine bewegliche Sache in dienstliche Verwahrung **gegeben** worden ist. In diesem Fall wird einer Privatperson dienstliche Herrschaftsgewalt übertragen, etwa dem privaten Abschleppunternehmer, der im Auftrag der Polizei ein Kraftfahrzeug in Verwahrung nimmt (*Rengier*, BT II, § 57 Rdn. 7 f.) oder dem Verteidiger, dem Akten ausgehändigt werden. 637

Eine Qualifikation des § 133 Abs. 1 StGB in Bezug auf Amtsträger findet sich in § 133 Abs. 3 StGB. 638

II. Verstrickungsbruch und Siegelbruch gemäß § 136 StGB

Bei dem in **§ 136 Abs. 1 StGB** geregelten **Verstrickungsbruch** sind Tatobjekte unbewegliche und bewegliche Sachen, wobei die Eigentumsverhältnisse keine Rolle spielen. Maßgeblich ist vielmehr, ob es sich um eine Sache handelt, die gepfändet oder dienstlich in Beschlag genommen ist. Unter dem umfassenderen Begriff der dienstlichen Beschlagnahme versteht man die zwangsweise Bereitstellung einer Sache zur ausschließlichen Verfügung einer Behörde zum Zwecke der Sicherung privater oder öffentlicher Belange (*Hohmann*, MK, StGB, § 136 Rdn. 7). Der Staat schafft durch Hoheitsakt ein öffentlich-rechtliches Gewaltverhältnis (*Rengier*, BT II, § 58 Rdn. 1). Eine tatsächliche Ingewahrsamsnahme ist nicht erforderlich (man denke etwa an Grundstücke). 639

Stets ist notwendig, damit ein taugliches Tatobjekt vorliegt, dass die dienstliche Beschlagnahme **formell wirksam** ist (*Fischer*, StGB, § 136 Rdn. 4), also die wesentlichen formellen Voraussetzungen eingehalten sind. Nichtigkeit liegt etwa vor, wenn ein Gerichtsvollzieher die Pfändung im Sinne des § 808 Abs. 2 ZPO nicht hinreichend kenntlich macht, indem er kein Pfandsiegel anbringt. Dass ein Pfandsiegel später abfällt, schadet – anders als bei § 136 Abs. 2 StGB – indes nicht. Zur Tatbestands- 640 erfüllung kommt es nicht darauf an, ob die Beschlagnahme auch materiell rechtmäßig ist.

641 Anderseits enthält **§ 136 Abs. 3 StGB** eine Regelung wie § 113 Abs. 3 StGB (siehe dazu Rdn. 621 ff.), was zur Konsequenz hat, dass nach zutreffender Auffassung (siehe zu dem Streit Rdn. 623 f.) die Beschlagnahme nicht rechtmäßig ist (und eine Strafbarkeit entfällt), wenn die Beschlagnahme nicht insgesamt formell **und auch materiell** rechtmäßig ist.

642 **§ 136 Abs. 2 StGB** betrifft den **Siegelbruch**. Siegel können etwa Plomben an öffentlichen Feuermeldern sein oder der Stempel auf dem Kraftfahrzeugkennzeichen. Erforderlich ist, dass das Siegel mit dem Gegenstand verbunden ist. Ist das nicht (mehr) der Fall, scheidet § 136 Abs. 2 StGB aus. § 136 Abs. 2 StGB ist gegenüber § 136 Abs. 1 StGB subsidiär (*Hilgendorf/Valerius*, BT I, § 9 Rdn. 64).

9. Kapitel: Nichtanzeige geplanter Straftaten gemäß § 138 StGB

Es handelt sich bei § 138 StGB um ein **echtes Unterlassungsdelikt**. Jedermann, der von dem Vorhaben oder der Ausführung glaubhaft erfährt, kommt als tauglicher Täter in Betracht. Wichtig ist, dass aus § 138 StGB selbst keine Garantenstellung resultiert. 643

Die Strafvorschrift bezieht sich allein auf die dort aufgelisteten Straftaten. **Vorhaben** setzt die ernsthafte Planung der Begehung einer Katalogtat voraus (*Lackner/Kühl*, StGB, § 138 Rdn. 2), die **Ausführung** betrifft die Versuchsphase bis zur Beendigung (*Joecks/Jäger*, StGB, § 138 Rdn. 8). 644

Der Täter des § 138 StGB muss zu einer Zeit, zu der die Ausführung oder der Erfolg noch abgewendet werden kann, von der Katalogtat **glaubhaft erfahren**: Das ist der Fall, wenn er von der tatsächlichen Ausführung oder Planung Kenntnis erlangt und er zumindest mit der Möglichkeit ihrer Verwirklichung rechnet. 645

Die Anzeigepflicht bezieht sich entweder auf eine Behörde oder auf den Bedrohten. Aus den allgemeinen Voraussetzungen des Unterlassungsdelikts folgt, dass die Anzeige geeignet, erforderlich und dem Täter physisch real möglich sein muss. Die Erforderlichkeit entfällt etwa, wenn der von der Straftat Betroffene bereits von anderer Seite in Kenntnis gesetzt wurde. Eine anonyme Anzeige genügt. Die Anzeige muss **rechtzeitig** erfolgen, also geeignet sein, die Ausführung oder den Erfolg der Tat noch abzuwenden (BGHSt 42, 86, 88). 646

Der von der Straftat Bedrohte ist nicht anzeigepflichtig, auch nicht Beteiligte an der Straftat (BGHSt 39, 167, 169), selbst wenn sie sich nicht strafbar machen (*Fischer*, StGB, § 138 Rdn. 18; anders etwa *Stein*, SK, StGB, § 138 Rdn. 14 ff.: im Grundsatz sind auch Beteiligte anzeigepflichtig). Eine Strafbarkeit nach § 138 StGB wird aber nicht dadurch ausgeschlossen, dass der Verdacht besteht, an der Vortat möglicherweise beteiligt zu sein (BGHSt 55, 148, 151 f.: Bestrafung aus dem milderen Gesetz; normatives Stufenverhältnis zwischen § 138 StGB und der Beteiligung an der Katalogtat). Zudem ist **§ 139 StGB** zu beachten. 647

§ 138 Abs. 1 StGB setzt Vorsatz voraus, § 138 Abs. 3 StGB lässt Leichtfertigkeit bezüglich der Anzeige genügen, setzt aber ebenfalls Vorsatz bezüglich des Vorhabens oder der Ausführung der Tat voraus. 648

10. Kapitel: Aussagedelikte

I. Falsche uneidliche Aussage gemäß § 153 StGB

§ 153 StGB schützt wie die anderen Aussagedelikte die **staatliche Rechtspflege**, indem die Feststellung des Sachverhalts nicht durch unwahre Aussagen gefährdet werden soll (BGHSt 8, 301, 309). Die Vorschrift betrifft den Fall, dass jemand als Zeuge oder Sachverständiger vor Gericht oder vor einer anderen zur eidlichen Vernehmung von Zeugen oder Sachverständigen zuständigen Stelle falsch aussagt. Der in § 153 StGB verwendete Begriff „uneidlich" hat keine eigenständige Bedeutung, er ist also für die Prüfung der Vorschrift belanglos. 649

Es handelt sich bei § 153 StGB um ein **reines Tätigkeitsdelikt**, ein Erfolg im Sinne einer tatsächlichen Beeinträchtigung der Rechtspflege ist folglich nicht vorausgesetzt. Selbst wenn ein Richter unmittelbar bemerkt, dass die Aussage falsch ist, wird § 153 StGB von dem Zeugen verwirklicht. § 153 StGB ist ein abstraktes Gefährlichkeitsdelikt (abstraktes Gefährdungsdelikt). Der Versuch ist nicht unter Strafe gestellt. Auch ist die fahrlässige Falschaussage nicht strafbar. 650

Taugliche Täter können nur **Zeugen** oder **Sachverständige** sein. Es handelt sich bei der Falschaussage um ein **eigenhändiges Delikt**, sodass mittelbare Täterschaft nicht in Betracht kommt. Nur derjenige, der persönlich die Aussage tätigt, ist tauglicher Täter des § 153 StGB. Insoweit ist aber § 160 StGB zu beachten (dazu Rdn. 692 ff.). 651

Beispiel: 652
Z leidet an einer krankhaften seelischen Störung im Sinne des § 20 StGB. Das will sich A zunutze machen. Er bittet den Z, im Strafverfahren wahrheitswidrig auszusagen. Z meint, übernatürliche Mächte verlangten das von ihm; das nutzt A aus. Z sagt falsch aus.
Z verwirklicht den objektiven und subjektiven Tatbestand des § 153 StGB und handelt rechtswidrig. Die Schuld entfällt jedoch gemäß § 20 StGB.
Vor dem Hintergrund, dass § 153 StGB ein eigenhändiges Delikt ist, scheidet eine Strafbarkeit des A gemäß §§ 153, 25 Abs. 1 Alt. 2 StGB aus. A macht sich vielmehr wegen Anstiftung zur Falschaussage nach §§ 153, 26 StGB strafbar. Aufgrund der limitierten Akzessorietät der Teilnahme, wonach nur eine vorsätzliche rechtswidrige Haupttat vorliegen muss, schadet es hierbei nicht, dass Z schuldlos handelt.

Ergänzender Hinweis: 653
Um die mittelbare Täterschaft erfassen zu können, hat der Gesetzgeber § 160 StGB geschaffen. Da hier nun tatsächlich der Z als ein schuldlos handelndes Werkzeug von A benutzt wird, ist folglich auch § 160 StGB verwirklicht. § 160 StGB tritt aber insofern hinter §§ 153, 26 StGB mit seiner höheren Strafdrohung zurück (siehe Rdn. 692 ff.).

Taugliche **Täter** des § 153 StGB sind **Zeugen** oder **Sachverständige**. Der Angeklagte im Strafverfahren scheidet daher als Täter aus. Eine Partei im Zivilprozess kann nicht Täter sein, auch nicht im Fall der Parteivernehmung gemäß § 447 ZPO. 654

Als **Zeugen** kommen nur natürliche Personen in Betracht. Auch Kinder können Zeugen sein (was vor dem Hintergrund des § 19 StGB für § 153 StGB nicht von Interesse ist), ebenfalls grundsätzlich solche Personen, die an einer geistigen Krankheit leiden, sofern sie dennoch in der Lage sind, über ein bestimmtes Geschehen eine Aussage zu machen. Auch noch nicht Eidesmündige (§ 393 Var. 1 ZPO, § 60 Nr. 1 Var. 1 StPO) 655 können Täter des § 153 StGB sein, insofern ist aber § 157 Abs. 2 StGB zu beachten. Zeugen müssen der deutschen Sprache nicht mächtig sein, ebenso wenig hindert es die Zeugenstellung, wenn jemand taub oder stumm ist, sofern er auf andere Art und Weise bekunden kann (etwa Gebärdensprache; siehe § 186 GVG). Ob sich jemand grundsätzlich auf ein Zeugnisverweigerungsrecht (§ 52 StPO) oder Auskunftsverweigerungsrecht (§ 55 StPO) berufen kann, spielt für die Zeugeneigenschaft keine Rolle (siehe ergänzend Rdn. 666).

656 Die **Tathandlung** besteht darin, dass der Täter **falsch aussagt**, und zwar vor **Gericht** oder einer **anderen zur eidlichen Vernehmung von Zeugen oder Sachverständigen zuständigen Stelle**. Unter das letztere Merkmal können etwa Notare fallen (siehe § 22 BNotO). Zu beachten ist auch § 162 StGB. **Keine zuständigen Stellen sind aber Polizei und Staatsanwaltschaft**, Referendare oder Rechtspfleger.

657 Unter eine Falschaussage fallen grundsätzlich nur **mündliche Aussagen** (*Zöller*, SK, StGB, § 153 Rdn. 4). Eine Ausnahme hiervon bildet § 186 GVG, der es bei hör- und sprachbehinderten Menschen ermöglicht, schriftlich mit dem Gericht zu kommunizieren.

658 Verschiedene **Aussagetheorien** existieren zu der Frage, wann eine Aussage **falsch** ist. Hierzu folgendes

659 **Beispiel:**

Zeuge A sagt im Prozess gegen den Angeklagten B aus, er könne sicher sagen, dass B zur Tatzeit die ganze Nacht bei ihm verbracht hat. A ist insoweit in gutem Glauben. In Wirklichkeit hatte B unbemerkt die Wohnung für zwei Stunden verlassen, als der A gespannt ein Fußballspiel im Fernsehen verfolgt hatte. Daran, dass B die Wohnung verlassen hatte, hätte sich A erinnern können, da der B ihn noch in der Nacht angerufen hatte. Ist die Aussage des A falsch im Sinne des § 153 StGB?

*Nach der **objektiven Theorie**, welche von der Rechtsprechung und überwiegenden Auffassung im Schrifttum befürwortet wird (BGHSt 7, 147, 148; OLG Koblenz, NStZ 1984, 551, 552; Lackner/Kühl/Heger, StGB, Vor § 153 Rdn. 3), ist eine Aussage falsch, wenn sie mit den tatsächlichen (also objektiven) Gegebenheiten nicht übereinstimmt. Da B nicht die ganze Nacht bei A war, ist danach die Aussage des A falsch. Ergänzend ist anzumerken: Da A jedoch nicht vorsätzlich handelt, scheitert § 153 StGB im subjektiven Tatbestand. A macht sich auch nicht nach § 161 StGB strafbar, da die fahrlässige Falschaussage dort nicht erfasst ist.*

*Nach der **subjektiven Theorie** ist maßgeblich, ob der Täter nach seiner Vorstellung Unzutreffendes bekundet (Gallas, GA 1957, 315, 317). Es fehlt also an der Übereinstimmung von Aussageinhalt und Wissen des Täters. Vor dem Hintergrund, dass A in gutem Glauben war und dachte, B sei die gesamte Nacht bei ihm gewesen, ist unter Zugrundelegung dieser Theorie die Aussage des A nicht falsch. A macht sich, da der objektive Tatbestand nicht erfüllt ist, folglich nicht nach § 153 StGB strafbar.*

*Die **Pflichttheorie** stellt darauf ab, ob der Täter das wiedergibt, was er bei entsprechender Anspannung seines Erinnerungsvermögens hätte bekunden können (Klesczewski, BT, § 19 Rdn. 22; Otto, JuS 1984, 161, 162 f.). Es geht also darum, ob der Aussagende seiner prozessualen Wahrheitspflicht nachkommt. A hätte sich hier erinnern können, dass B ihn angerufen hatte, sodass seine Aussage, er könne bekunden, dass B die ganze Nacht bei ihm gewesen sei, falsch ist. Auch hier gilt aber: A fehlt der Vorsatz, sodass § 153 StGB deswegen zu verneinen ist, die fahrlässige Falschaussage ist nicht strafbar.*

Gegen die subjektive Theorie spricht, dass sie mit § 160 StGB (diese Vorschrift erfasst das Verleiten eines Gutgläubigen zur Falschaussage) nicht zu vereinba-

ren ist, denn dann läge nach der subjektiven Theorie gar keine Falschaussage vor. Zudem ist diese Theorie schwer mit § 161 StGB (fahrlässiger Meineid, fahrlässige eidesstattliche Versicherung) zu vereinbaren, denn insoweit geht es auch um Fälle, dass der Täter (sorgfaltswidrig) hinsichtlich der Richtigkeit seiner Aussage in gutem Glauben ist. Nach der subjektiven Theorie würde dann aber schon gar keine falsche Aussage vorliegen. Zudem erscheint es nicht schlüssig, eine Aussage als falsch zu bezeichnen, die objektiv der Wahrheit entspricht, der Täter aber nun meint, sie sei falsch. Vielmehr geht es insoweit zutreffend um einen straflosen Versuch des § 153 StGB. Objektive Aspekte und Vorsatzfragen werden folglich unzulässig vermischt. In Bezug auf die Pflichttheorie ist anzumerken, dass sie den Aspekt der Sorgfaltswidrigkeit zum Maßstab macht, der indessen für § 161 StGB entscheidend ist, nicht aber für die Frage, ob eine Aussage falsch ist. Aus dieser Negativabgrenzung folgt, dass insgesamt die objektive Theorie zu befürworten ist.

Hinweis: 660
Im konkreten Fall musste man sich lediglich zwischen subjektiver Theorie einerseits und objektiver Theorie sowie Pflichttheorie andererseits entscheiden, da die beiden letzteren Auffassungen in dieser Konstellation zu einem übereinstimmenden Ergebnis kommen. Hier ist jedoch der Streit aus didaktischen Gründen insgesamt zugunsten der objektiven Theorie entschieden worden.

Die Aussage des **Zeugen** muss **Tatsachen** betreffen, also Umstände der Gegenwart 661 oder Vergangenheit, die dem Beweis zugänglich sind. Erfasst werden sowohl äußere als auch innere Tatsachen, indem etwa der Wahrheit zuwider Erinnerungslücken vorgetragen werden. Beim Sachverständigen sind auch Werturteile einbezogen.

Die Aussage ist falsch, wenn Angaben gemacht werden, die nicht der Wahrheit ent- 662 sprechen, aber auch dann, wenn relevante Umstände verschwiegen werden. Insoweit geht es dann insgesamt um eine Falschaussage durch positives Tun, nicht aber um ein Unterlassen. § 13 StGB spielt daher dann keine Rolle. Der Zeuge bekundet nämlich gleichzeitig die Vollständigkeit seiner Aussage.

Die Wahrheitspflicht erstreckt sich auf den Vernehmungsgegenstand, wobei hierzu 663 beim Zeugen auch die Angaben zur Person (Name; Alter; Beruf; Wohnort; § 68 StPO) gehören. Problematisch ist, was in Bezug auf Tatsachenangaben gilt, die außerhalb des eigentlichen Beweisthemas liegen.

Beispiel: 664
A soll vor dem Zivilgericht dazu vernommen werden, ob der Beklagte einen schriftlichen Kaufvertrag über ein Auto des Klägers eigenhändig unterschrieben hat. A bekundet in diesem Zusammenhang, dass er vor zwei Wochen ebenfalls bei dem Kläger einen Kaufvertrag unterzeichnet habe, obwohl dies nicht der Wahrheit entspricht.
Problematisch ist, ob A aufgrund dieser ***Spontanäußerung****, die außerhalb des Beweisthemas liegt, § 153 StGB erfüllt. Die wohl überwiegende Ansicht (BGHSt 25, 244, 246) verneint das, sofern das Gericht nicht das Beweisthema ergänzt und erweitert und daraufhin die Aussage bestätigt wird. Für diese Sicht spricht zwar, dass auf diese Weise das abstrakte Gefährdungsdelikt des § 153 StGB im Anwendungsbereich eingeschränkt wird. Andererseits ist auch in einem solchen Fall die Wahrheitspflicht vor Gericht tangiert, die § 153 StGB umfassend schützt; jede falsche Aussage vor Gericht soll verboten sein. Daher ist die Ansicht zu befürworten, die auch bei falschen Angaben außerhalb des Beweisthemas § 153 StGB als erfüllt ansieht (Müller, MK, StGB, § 153 Rdn. 20a). Richtigerweise sind nur solche Aussagen vom Anwendungsbereich des § 153 StGB auszunehmen, bei denen von vornherein für jedermann offenkundig ist, dass*

sie falsch sind (zum Beispiel Scherzerklärungen: „Gestern war ich auf dem Mond").

665 Umstritten ist auch, ob § 153 StGB gegeben ist, wenn eine Person, die zeugnisverweigerungsberechtigt ist, darüber aber nicht belehrt worden ist, falsch aussagt.

666 **Beispiel:**
B ist vor Gericht wegen Totschlags angeklagt. Die Ehefrau A wird als Zeugin vor Gericht geladen. Über ihr Recht, das Zeugnis zu verweigern, wird sie entgegen § 52 Abs. 3 StPO nicht belehrt. A sagt nun der Wahrheit zuwider, B sei während der Tatzeit bei ihr gewesen.
Teilweise wird im Schrifttum die Auffassung vertreten, dass bei prozessual unverwertbaren Aussagen § 153 StGB nicht gegeben sei (Zöller, SK, StGB, § 153 Rdn. 34). Dies wäre hier vor dem Hintergrund der Fall, dass eine Unverwertbarkeit der Aussage bei einem Verstoß gegen § 52 Abs. 3 StPO angenommen wird (BGHSt 11, 213, 218; BGHSt 14, 159, 160).
Überwiegend geht man hingegen davon aus, dass auch in diesem Fall der prozessualen Unverwertbarkeit der Aussage § 153 StGB erfüllt sei, jedoch die besondere Situation des Zeugen bei der Strafzumessung mildernd zu berücksichtigen ist (siehe BGHSt 10, 142, 144; Bosch/Schittenhelm, Schönke/Schröder, StGB, Vor § 153 Rdn. 23 f.). Dafür spricht, dass auch in dieser Konstellation gegen die Wahrheitspflicht verstoßen wurde. Eine Ausnahme wird nur gemacht bei gröbsten Verfahrensverstößen wie bei einer Verletzung des §§ 69 Abs. 3 i. V. m. 136a StPO (siehe OLG Köln, NJW 1988, 2485, 2486; Rengier, BT II, § 49 Rdn. 39).

667 Die Aussage und damit § 153 StGB ist vollendet mit dem **Abschluss der Vernehmung**. Das ist anzunehmen, wenn der Täter seine Bekundungen abgeschlossen hat und keine Fragen mehr an ihn gestellt werden. Der Zeuge macht seinerseits deutlich, dass auch er nichts mehr bekunden möchte (siehe BGHSt 8, 301, 314). Möglich ist, dass die Vollendung erst eintritt, nachdem ein Zeuge über mehrere Verhandlungstage hin vernommen worden ist. Die Aussage ist vollendet, wenn beim Nacheid der Beschluss über die Vereidigung im Raum steht. Bis zum Zeitpunkt der Vollendung kann der Zeuge seine Aussage straflos korrigieren; § 153 StGB ist dann nicht erfüllt. **§ 158 StGB** (Berichtigung einer falschen Aussage) ist **erst relevant nach Vollendung** des **§ 153 StGB**.

668 **Beispiel:**
A sagt vor Gericht falsch aus und wird als Zeuge entlassen. Nun bekommt er Gewissensbisse, kehrt in den Gerichtssaal zurück und korrigiert seine Aussage. In diesem Fall liegt bereits eine vollendete Falschaussage mit der Entlassung als Zeuge vor. Es kommt also lediglich § 158 StGB zugunsten des A in Betracht.

669 In **subjektiver Hinsicht** verlangt § 153 StGB **Vorsatz**, wobei dolus eventualis genügt.

670 Auf der Ebene der **Rechtswidrigkeit** ist zu beachten, dass eine Einwilligung als Rechtfertigungsgrund ausscheidet, da mit dem Schutz der Rechtspflege ein Allgemeinrechtsgut in Rede steht, über das der Einzelne nicht zu disponieren vermag.

671 Im Bereich der **Schuld** kann § 35 StGB greifen. Die Hinnahme eines Verfahrens mit der Gefahr einer freiheitsentziehenden Sanktion ist im Übrigen aber auch einem Unschuldigen zuzumuten, wenn es sich um ein rechtsstaatlichen Anforderungen genügendes Verfahren handelt. Das gilt dann auch für die nahestehende Aussageperson (*Vormbaum*, NK[5], StGB, § 157 Rdn. 6).

672 Keine Entschuldigung, jedoch **Strafmilderung** oder **Absehen von Strafe** sieht der **Aussagenotstand** gemäß **§ 157 StGB** vor; er gilt für §§ 153, 154 StGB. Zwar geht es auch hier letztlich um Notstandsfälle, jedoch hat der Gesetzgeber die Entscheidung getrof-

fen, die Tat nicht bereits zu entschuldigen, sondern lediglich bei vorhandener Schuld von Strafe abzusehen oder sogar die Strafe nur zu mildern. Bei § 157 StGB ist zu beachten, dass anders als bei § 35 StGB die subjektive Notstandstheorie zugrunde gelegt ist („um… die Gefahr abzuwenden"). Es kommt also ausschließlich auf die Vorstellung des Täters an, nicht auf die objektive Sachlage; damit ist § 157 StGB auch unmittelbar anwendbar, wenn der Täter eine solche Situation irrtümlich annimmt (BGH, NStZ 2008, 91 f.). § 157 StGB ist nach herrschender Auffassung auch dann einschlägig, wenn der Aussagende die Situation selbst schuldhaft herbeigeführt hat. Es genügt im Übrigen für § 157 StGB, wenn der Betreffende in der Absicht handelt, eine mildere Bestrafung zu erreichen. Die Gefahr der Bestrafung muss jedoch bereits vor der Aussage bestanden haben, darf also nicht erst durch diese entstehen (*Rengier*, BT II, § 49 Rdn. 46).

Bei der **Berichtigung der vollendeten Falschaussage** ist **§ 158 StGB** zu beachten. Er gilt auch für Teilnehmer. Die Berichtigung muss rechtzeitig erfolgen. Insoweit gibt § 158 Abs. 2 StGB an, wann die Berichtigung verspätet ist. § 158 Abs. 3 StGB normiert, bei welcher Stelle die Berichtigung erfolgen kann. Freiwilligkeit ist nicht vorausgesetzt. Ist die Berichtigung rechtzeitig, kann das Gericht von Strafe absehen oder die Strafe nach seinem Ermessen mildern. 673

Umstritten ist, ob § 158 StGB zugunsten des Betroffenen auf §§ 164, 145d StGB analog anwendbar ist (siehe Rdn. 725, 745). 674

II. Meineid gemäß § 154 StGB

Auch beim **Meineid** handelt es sich um ein **eigenhändiges Delikt**, sodass mittelbare Täterschaft ausscheidet. Ebenso ist der Meineid ein **reines Tätigkeitsdelikt** und abstraktes Gefährlichkeitsdelikt. Die Tat ist **Verbrechen**, der Versuch ist also gemäß § 23 Abs. 1 StGB strafbar. 675

§ 154 StGB ist Qualifikation zu § 153 StGB, soweit der Eid einem Zeugen oder Sachverständigen abgenommen wird. Geht es um den Meineid etwa einer Partei im Zivilprozess (§ 452 ZPO), ist § 154 StGB dagegen keine Qualifikation, sondern Grundtatbestand. 676

Die Eidesfähigkeit regeln §§ 393 ZPO, 60 StPO. Umstritten ist, ob Jugendliche, die aufgrund ihres Alters eidesunfähig sind, taugliche Täter des § 154 StGB sein können, wenn sie dennoch vereidigt werden. 677

Beispiel: 678

Im Strafverfahren wird der 17-jährige A als Zeuge vernommen. A sagt hierbei falsch aus und beschwört seine Aussage. Strafbarkeit des A?

A macht sich gemäß § 153 StGB strafbar, sofern bei ihm die notwendige Verantwortungsreife im Sinne des § 3 JGG bejaht werden kann. Zudem ist § 157 Abs. 2 StGB zu beachten.

Fraglich ist, ob A auch tauglicher Täter des § 154 StGB ist. Gemäß § 60 Nr. 1 Var. 1 StPO ist von der Vereidigung abzusehen bei Personen, die zur Zeit der Vernehmung das 18. Lebensjahr noch nicht vollendet haben. Daraus wird vielfach im Schrifttum der Schluss gezogen, sie kämen nicht als Täter des § 154 StGB in Betracht (Bosch/Schittenhelm, Schönke/Schröder, StGB, Vor § 153 Rdn. 25). § 60 Nr. 1 Var. 1 StPO sei eine unwiderlegliche Vermutung, dass die Einsicht in den besonderen Unrechtsgehalt des Eidesdelikts fehle (Wessels/Hettinger/Engländer, BT 1, Rdn. 739). Die Rechtsprechung hat indes auch solche Personen als taugliche Täter angesehen (BGHSt 10, 142, 144; RGSt 36, 278, 284). Dafür spricht, dass auch in diesem Fall die Rechtspflege des besonderen

Schutzes bedarf. Zudem steht dieser Lösung § 157 Abs. 2 StGB nicht entgegen, denn ein solcher Fall ist dort gar nicht geregelt.

679 Der Täter muss vor Gericht oder einer anderen zur Abnahme von Eiden konkret zuständigen Stelle die Falschaussage beschwören.

680 Die in § 154 StGB verwendete Formulierung „falsch schwört" bedeutet exakt, dass der Täter eine falsche Aussage beschwört. Der Täter muss also die Worte sagen (§ 64 StPO) „ich schwöre es".

681 Im Strafprozess erfolgt in Bezug auf Zeugen und Sachverständige gemäß §§ 59 Abs. 2 S. 1 StPO, 79 Abs. 2 Halbs. 1 StPO der Nacheid. Im Zivilprozess wird der Sachverständige gemäß § 410 Abs. 1 S. 1 ZPO vor oder nach Erstattung des Gutachtens beeidigt, der Zeuge gemäß § 392 S. 1 ZPO nach der Vernehmung. Hinsichtlich der Partei regelt § 452 ZPO die Vereidigung, für den Dolmetscher ist § 189 GVG maßgeblich.

682 Dem Eid stehen gemäß § 155 StGB eidesgleiche Bekräftigungen gleich.

683 Da § 154 StGB beim Nacheid mit dem vollständigen Sprechen der Eidesformel („ich schwöre es") bereits vollendet ist, ist die Versuchsphase sehr kurz: Sie beginnt mit dem Sprechen der Worte der Eidesformel (BGHSt 1, 241, 243 f.), hingegen nicht schon mit der falschen Aussage. Beim Voreid ist Versuch anzunehmen mit dem Beginn der Falschaussage (siehe *Rengier*, BT II, § 49 Rdn. 24).

684 In subjektiver Hinsicht ist Vorsatz erforderlich. Auch hier reicht dolus eventualis. Glaubt ein Täter irrig, eine Stelle sei zur Abnahme von Eiden zuständig, handelt es sich, da ein Irrtum in rechtlicher Hinsicht vorliegt, nach zutreffender Sicht nicht um einen untauglichen Versuch (so aber BGHSt 3, 248, 253 ff.; BGHSt 10, 272, 275 f.), sondern um ein strafloses Wahndelikt (*Eisele*, JA 2011, 667, 668; *Hilgendorf/Valerius*, BT I, § 8 Rdn. 24).

685 Scheitert ein Rücktritt vom versuchten Meineid gemäß § 24 StGB an der fehlenden Freiwilligkeit, wird man § 158 StGB, der keine Freiwilligkeit voraussetzt, zugunsten des Täters anzuwenden haben (*Rengier*, BT II, § 49 Rdn. 49), obwohl § 158 StGB normalerweise eine vollendete Tat voraussetzt.

III. Falsche Versicherung an Eides Statt gemäß § 156 StGB

686 Es handelt sich bei dieser Vorschrift um einen eigenständigen Tatbestand. Die Behörde muss zur Abnahme konkret zuständig sein. Unbeachtlich ist es, wenn Zeugen im Strafverfahren eidesstattliche Versicherungen bezüglich Schuld und Strafe vorlegen, denn insoweit ist nur der Eid (§ 154 StGB) möglich. Im Zivilprozess ist im Hinblick auf eidesstattliche Versicherungen insbesondere auf die §§ 294, 920, 936 ZPO sowie auf § 802c ZPO (Vermögensauskunft des Schuldners) hinzuweisen.

IV. Fahrlässiger Falscheid; fahrlässige falsche Versicherung an Eides Statt gemäß § 161 StGB

687 Zwar ist die fahrlässige Falschaussage nicht strafbar, wohl aber der fahrlässige Falscheid sowie die fahrlässige Versicherung an Eides Statt. Die Sorgfaltswidrigkeit kann sich insbesondere daraus ergeben, dass die erforderliche Gedächtnisanspannung und damit hinreichende Konzentration bei der Aussage unterbleiben. Es besteht aber im Strafprozess grundsätzlich keine Pflicht, sich auf die Aussage vorzubereiten, es sei denn, es handelt sich um Sachverständige oder um Zeugen, die Geschehnisse bekunden, die sie in amtlicher Eigenschaft (etwa als Richter oder Polizist) gemacht haben. Für den Zivilprozess ist § 378 ZPO zu beachten, wonach ein Zeuge Aufzeichnungen

und andere Unterlagen einzusehen hat, soweit es die Aussage über seine Wahrnehmungen erleichtert.
Die rechtzeitige Berichtigung ist in § 161 Abs. 2 StGB geregelt. 688

V. Beteiligungsfragen

Bei den §§ 153, 154, 156 StGB handelt es sich um eigenhändige Delikte, sodass bei ihnen mittelbare Täterschaft ausscheidet. Nur derjenige, der selbst falsch aussagt oder schwört, ist tauglicher Täter. Außenstehende können nur **Teilnehmer** sein, also Anstifter oder Gehilfen. 689

Andererseits ist zu beachten, dass nicht nur die **versuchte Anstiftung zum Meineid gemäß §§ 30 Abs. 1, 154 StGB** strafbar ist (§ 154 StGB ist Verbrechen), sondern auch **gemäß § 159 StGB** die **versuchte Anstiftung zum Vergehen der Falschaussage** sowie die versuchte Anstiftung zu einer falschen Versicherung an Eides Statt (obwohl der Versuch der §§ 153, 156 StGB selbst nicht unter Strafe steht). Ausnahmsweise ist aufgrund des § 159 StGB hier also auch die versuchte Anstiftung zu einem Vergehen (§ 153 StGB oder § 156 StGB) unter Strafe gestellt. Hierbei ist umstritten, ob § 159 StGB auch dann greift, wenn die Anstiftung nur zu einem **untauglichen Versuch der Falschaussage** führen kann (dann § 159 StGB ablehnend BGHSt 24, 38, 40; auch in diesem Fall § 159 StGB für möglich erachtend hingegen etwa *Wessels/Hettinger/Engländer*, BT 1, Rdn. 766). 690

> **Beispiel:** 691
> *Der Angeklagte A bittet den B, vor der Polizei die Unwahrheit zu sagen. Sowohl A als auch B gehen dabei irrtümlich davon aus, dass es sich bei der Polizei um eine zuständige Stelle im Sinne des § 153 StGB handelt.*
> *B macht sich mangels zuständiger Stelle nicht nach § 153 StGB strafbar. Der Versuch ist nicht unter Strafe gestellt.*
> *A könnte sich gemäß §§ 159 Var. 1, 30 Abs. 1 StGB strafbar gemacht haben. Jedoch handelt es sich hier richtigerweise aufgrund des Irrtums in rechtlicher Hinsicht lediglich um ein strafloses* ***Wahndelikt*** *(siehe Rdn. 684). Daher scheitert §§ 159 Var. 1, 30 Abs. 1 StGB. Anders wäre dies, wenn A irrtümlich in tatsächlicher Hinsicht angenommen hätte, B sagt vor Gericht aus; dann läge ein untauglicher Versuch vor, sodass er sich nach §§ 159 Var. 1, 30 Abs. 1 StGB strafbar machen würde.*
> *Der BGH hingegen meint (fälschlich), es liege bei der irrtümlichen Annahme ein untauglicher Versuch vor (BGHSt 3, 248, 253 ff.; siehe Rdn. 684). Dann reduziert indes der BGH den §§ 159, 30 Abs. 1 StGB, indem diese Regelung beim untauglichen Versuch nicht greife (BGHSt 24, 38, 40).*

Zu beachten ist zudem die Strafvorschrift der **Verleitung zur Falschaussage gemäß § 160 StGB**, welche die Lücke füllt, die dadurch entsteht, dass bei den §§ 153, 154, 156 StGB mittelbare Täterschaft nicht in Betracht kommt. Der Bedeutungsgehalt dieser Vorschrift ist im Einzelnen umstritten. Zunächst aber hierzu ein unproblematischer Fall. 692

> **Beispiel:** 693
> *Der Angeklagte A versetzt den B in den Glauben, dass A und B zur Tatzeit gemeinsam einen spannenden Film gesehen haben, was in Wahrheit nicht der Fall ist. In gutem Glauben sagt B vor Gericht aus, er habe zur Tatzeit mit A einen Film geschaut.*

Zwar ist die Aussage des B objektiv falsch, eine Strafbarkeit des B gemäß § 153 StGB scheitert aber am Vorsatz. § 161 StGB greift nicht, da die fahrlässige Falschaussage nicht pönalisiert ist.
A macht sich nicht gemäß §§ 153, 25 Abs. 1 Alt. 2 StGB strafbar, da § 153 StGB ein eigenhändiges Delikt ist und damit mittelbare Täterschaft ausscheidet. Mangels Haupttat macht sich A auch nicht wegen Anstiftung zur Falschaussage strafbar. Ebenso wenig liegt eine versuchte Anstiftung zur Falschaussage gemäß § 159 StGB vor, denn A wollte bei B nicht den Tatentschluss hervorrufen.
Es kommt eine Strafbarkeit des A gemäß § 160 StGB in Betracht. B hat objektiv eine Falschaussage begangen. Das hat A durch sein Verhalten erreicht. Das wollte er auch, er handelte weiterhin rechtswidrig und schuldhaft. A verwirklicht damit § 160 StGB. Es handelt sich um einen klassischen Fall der mittelbaren Täterschaft, indem der A ein gutgläubig handelndes Werkzeug benutzt. Da mittelbare Täterschaft bei § 153 StGB aber aufgrund des Eigenhändigkeitserfordernisses ausscheidet, hat der Gesetzgeber § 160 StGB geschaffen, um diesen Fall der mittelbaren Täterschaft erfassen zu können.

694 **Ergänzender Hinweis:**
Möglich ist auch, dass eine andere Figur der mittelbaren Täterschaft gegeben ist, zum Beispiel ein gerechtfertigt handelndes Werkzeug. Auch die Benutzung eines schuldlos handelnden Werkzeugs kommt in Betracht (siehe bereits Rdn. 653). Liegt in diesem Fall aber auch §§ 153, 26 StGB vor, verdrängt diese Vorschrift den milderen § 160 StGB auf Konkurrenzebene (vertretbar ist auch, in diesem Fall bereits ein tatbestandliches Verleiten im Sinne des § 160 StGB zu verneinen).

695 Problematisch und umstritten sind Konstellationen, in denen der Hintermann glaubt, der Aussagende sei gutgläubig, dieser aber in Wirklichkeit bösgläubig ist.

696 **Beispiel:**
Der im Strafverfahren angeklagte A erzählt dem B der Wahrheit zuwider, B könne sich doch sicherlich erinnern, dass A und B den Tattag gemeinsam verbracht hätten. B bejaht dies, obwohl er weiß, dass A und B nicht zusammen waren. B sagt vor Gericht falsch aus. A geht von der Gutgläubigkeit des B aus.
In diesem Fall verwirklicht B § 153 StGB.
Problematisch ist, wie A zu bestrafen ist. Der objektive Tatbestand des §§ 153, 26 StGB ist zwar verwirklicht, jedoch dachte A, der B sei gutgläubig, sodass A keinen Vorsatz im Hinblick auf eine vorsätzliche Falschaussage des B hat. Man könnte erwägen, da der Vorsatz des A auf eine Begehung in mittelbarer Täterschaft gerichtet war, dies als ein „Mehr" anzusehen, sodass der Anstiftervorsatz als „Minus" in dem Vorsatz zur mittelbaren Täterschaft enthalten ist; dagegen spricht jedoch schon, dass § 160 StGB eine niedrigere Strafdrohung aufweist als dies bei §§ 153, 26 StGB der Fall wäre. §§ 153, 26 StGB scheidet daher aus.
Es könnte § 160 StGB verwirklicht sein. Fraglich ist, ob insofern von einem „Verleiten" ausgegangen werden kann, denn B war bösgläubig.
Die Rechtsprechung (BGHSt 21, 116, 117 f.) und Teile des Schrifttums (Heinrich, JuS 1995, 1115, 1118; Kindhäuser/Hilgendorf, StGB, § 160 Rdn. 8) gehen davon aus, dass § 160 StGB vollendet sei. Tatbestandlich sei jedes Veranlassen einer falschen Aussage. Dass der Aussagende subjektiv mehr macht, als der Verleitende sich vorstellt, könne dem Verleitenden nicht zugutekommen. Danach macht sich A nach § 160 StGB wegen vollendeter Verleitung zur Falschaussage strafbar.

Die Gegenansicht will hingegen nur wegen Versuchs (§ 160 Abs. 2 StGB) bestrafen, wenn der Aussagende bösgläubig ist (Eschenbach, Jura 1993, 407, 411; Kretschmer, Jura 2003, 535, 538; Wessels/Hettinger/Engländer, BT 1, Rdn. 770). Zur Lösung des Meinungsstreits ist zu bedenken: § 160 StGB dient dazu, Konstellationen der mittelbaren Täterschaft zu erfassen, da diese bei den §§ 153, 154, 156 StGB aufgrund des Eigenhändigkeitserfordernisses ausscheidet. Ist nun aber der Aussagende kein gutgläubiges Werkzeug, ist objektiv eine Figur der mittelbaren Täterschaft nicht gegeben. Daher ist es richtig, in einer solchen Konstellation nur wegen eines versuchten Verleitens zur Falschaussage gemäß §§ 160, 22, 23 StGB zu bestrafen.

Problematisch ist auch der umgekehrte Fall, in dem der Aussagende gutgläubig ist, der Hintermann aber meint, er sei bösgläubig. **697**

Beispiel: **698**
Der im Strafverfahren angeklagte A meint mit einem Lächeln zu dem B, es sei doch „ganz klar, dass beide den Tattag gemeinsam verbracht haben". B bejaht dies. In Wirklichkeit haben A und B den Tattag nicht gemeinsam verbracht. A geht davon aus, dass der B dies weiß. B ist aber tatsächlich gutgläubig und meint irrtümlich, mit A den Tag verbracht zu haben. In diesem Sinne sagt er vor Gericht aus.
B verwirklicht objektiv § 153 StGB, jedoch fehlt ihm der Vorsatz. Die fahrlässige Falschaussage ist in § 161 StGB nicht unter Strafe gestellt. B bleibt straflos.
Für eine Strafbarkeit des A gemäß §§ 153, 26 StGB fehlt es an der vorsätzlichen Haupttat. A könnte sich aber gemäß §§ 159, 30 Abs. 1 StGB strafbar gemacht haben. Die Anstiftung zur Falschaussage ist nicht vollendet, da B nicht vorsätzlich falsch ausgesagt hat. Die versuchte Anstiftung zur Falschaussage ist gemäß §§ 159 Var. 1, 30 Abs. 1 StGB strafbar. A handelt mit Tatentschluss; er wollte, dass B eine Falschaussage begeht und bei B den Tatentschluss zu einer vorsätzlichen Falschaussage hervorrufen. A hat mit dem Einreden auf B auch unmittelbar angesetzt, zudem handelt er rechtswidrig und schuldhaft. Für einen Rücktritt gemäß § 31 Abs. 1 Nr. 1, Abs. 2 StGB bestehen keine Anhaltspunkte. A macht sich daher gemäß §§ 159 Var. 1, 30 Abs. 1 StGB strafbar.
Fraglich ist, ob er auch § 160 StGB verwirklicht. B hat objektiv eine Falschaussage begangen. A ging indes davon aus, dass B vorsätzlich falsch aussagt, er wollte den B nicht als Werkzeug benutzen. Daher ist nach zutreffender Sicht § 160 StGB zu verneinen (Jäger, BT, Rdn. 831). Nur, wenn man jegliche Art der Verleitung für § 160 StGB ausreichen lassen würde, könnte man § 160 StGB bejahen (siehe Hruschka, JZ 1967, 210, 211 ff.). Er tritt aber dann hinter §§ 159 Var. 1, 30 Abs. 1 StGB zurück.

Richtigerweise hat § 160 StGB auch keine Bedeutung, wenn eine vollendete Anstiftung vorliegt. **699**

Beispiel: **700**
Der Angeklagte A fordert den B auf, ihm als Zeuge vor Gericht ein falsches Alibi zu geben. B kommt der Bitte nach.
B macht sich nach § 153 StGB strafbar. Hinsichtlich des A kommt lediglich Teilnahme in Betracht. Insoweit liegt eine Anstiftung zur Falschaussage gemäß §§ 153, 26 StGB vor. § 160 StGB greift nicht, da objektiv keine Konstellation der mittelbaren Täterschaft vorliegt. Wer dennoch § 160 StGB heranziehen will, müsste § 160 StGB auf Konkurrenzebene hinter §§ 153, 26 StGB zurücktreten lassen.

701 Abschließend zu den Beteiligungsfragen ist zu untersuchen, ob sich ein Angeklagter im Verfahren wegen Beihilfe durch Unterlassen zur Falschaussage gemäß §§ 153, 27, 13 StGB strafbar machen kann, wenn er eine Falschaussage eines Zeugen nicht verhindert.

702 **Beispiel:**
Im Strafverfahren gegen A sagt B der Wahrheit zuwider aus, A sei zur Tatzeit bei ihm gewesen. A, der weiß, dass dies nicht zutrifft, schweigt während der Aussage des B.
B macht sich in diesem Fall gemäß § 153 StGB strafbar.
Für A kommt eine Strafbarkeit gemäß §§ 153, 27, 13 StGB in Betracht. Die Falschaussage des B stellt die vorsätzliche rechtswidrige Haupttat dar. Da A selbst nicht agiert, kommt nur eine Beihilfe durch Unterlassen in Betracht. Dies setzt eine Garantenstellung des A voraus. Hier reicht eine etwaig vorhandene enge persönliche Beziehung zu dem Zeugen nicht aus. Zu denken ist insoweit allenfalls an eine Garantenstellung aus Ingerenz. Diese erfordert nach zutreffender Auffassung ein pflichtwidriges Vorverhalten; der Betreffende muss den Zeugen in die Gefahr der Falschaussage gebracht haben (siehe BGHSt 17, 321, 323; OLG Köln, NStZ 1990, 594), was bei einem rechtmäßigen prozessualen Verhalten (zum Beispiel der Benennung eines Zeugen, selbst, wenn von ihm eine Falschaussage zu erwarten ist; OLG Hamm, NStZ 1993, 82 f.; enger BGHSt 3, 18: Beihilfe durch Unterlassen, wenn durch ein wahrheitswidriges Bestreiten die Vernehmung eines Zeugen veranlasst und dann die Falschaussage des Zeugen nicht verhindert werde; diese Rechtsprechung ist durch BGHSt 17, 321 aufgegeben worden) ausscheidet. Hier ist ein pflichtwidriges Vorverhalten nicht ersichtlich. Eine Strafbarkeit des A gemäß §§ 153, 27, 13 StGB scheidet daher mangels Garantenstellung aus.

703 Eine Garantenstellung aus Ingerenz ist etwa anzunehmen, wenn der spätere Angeklagte auf den Zeugen zuvor prozessual unzulässig eingewirkt hat. Dann ist aber immer auch schon an §§ 153, 26 StGB zu denken. Überredet aber ein Angeklagter einen Zeugen zur Falschaussage, wobei der Angeklagte nicht damit gerechnet hat, dass der Zeuge vereidigt wird, was jedoch dann tatsächlich geschieht, macht sich der Angeklagte gemäß §§ 153, 26 StGB in Tateinheit mit §§ 154, 27, 13 StGB strafbar (BGH, NStZ 1993, 489; kritisch gegenüber der Annahme einer Garantenstellung aufgrund der Eigenverantwortlichkeit des Zeugen *Krey/Heinrich/Hellmann*, BT 1, Rdn. 873 ff., 877).

11. Kapitel: Falsche Verdächtigung, Vortäuschen einer Straftat, Strafvereitelung

I. Falsche Verdächtigung gemäß § 164 StGB

704 § 164 StGB ist nach überwiegender Auffassung (BGHSt 5, 66, 68; *Bosch/Schittenhelm*, Schönke/Schröder, StGB, § 164 Rdn. 1a) zum einen ein Delikt zum Schutz der **inner-staatlichen Rechtspflege** vor unbegründeter Inanspruchnahme, zum anderen aber auch ein solches zum Schutz des **Einzelnen** vor nicht begründeten Ermittlungsmaßnahmen (siehe insoweit auch Rdn. 722 f.). Manche Autoren erachten hingegen allein die Rechtspflege als geschützt (*Zopfs*, MK, StGB, § 164 Rdn. 4) oder allein den Einzelnen (*Vormbaum*, NK[5], StGB, § 164 Rdn. 10).

705 **Tauglicher Täter** des **§ 164 Abs. 1 StGB** kann jedermann sein („Wer"). Er muss **einen anderen lebenden Menschen** einer rechtswidrigen Tat oder der Verletzung einer Dienstpflicht verdächtigen. Tatbestandlich nicht erfasst ist damit die wahrheitswidrige Selbstbezichtigung. Insofern kann aber § 145d Abs. 2 Nr. 1 StGB von Bedeutung sein. Auch die Verdächtigung eines Verstorbenen ist nicht erfasst.

706 Grundsätzlich stellt das bloße Leugnen einer Tat keine Verdächtigung eines anderen dar. Problematisch ist aber, was zu gelten hat, wenn durch das Leugnen automatisch der Verdacht auf eine andere Person gelenkt wird.

707 **Beispiel:**

A führt mit 1,4 Promille BAK ein Kraftfahrzeug, kommt alkoholbedingt von der Fahrbahn ab und beschädigt das geparkte Fahrzeug des O erheblich. Beifahrer des A ist der eine BAK von 1,5 Promille aufweisende B. Als die Polizei zur Unfallstelle kommt, an der A und B warten, erklärt A, er sei das Fahrzeug nicht gefahren. Macht sich A gemäß § 164 Abs. 1 StGB strafbar?

Hier könnte der A möglicherweise den B gegenüber der Polizei einer rechtswidrigen Tat gemäß § 315c Abs. 1 Nr. 1a, Abs. 3 Nr. 2 StGB verdächtigt haben. Ausdrücklich hat A den B jedoch nicht verdächtigt, A hat lediglich geleugnet, Fahrer zu sein. Andererseits hat das automatisch zur Konsequenz, dass B nunmehr einer Straftat nach § 315c Abs. 1 Nr. 1a, Abs. 3 Nr. 2 StGB verdächtig ist. Insofern könnte man durchaus erwägen, dass ein solches Verhalten § 164 StGB erfüllt. Andererseits würde man dann nicht hinreichend das Selbstbegünstigungsprinzip, das etwa in § 258 Abs. 5 StGB zum Ausdruck kommt, in die Betrachtung einbeziehen. Auch gilt das Prinzip der Selbstbelastungsfreiheit (nemo tenetur se ipsum accusare). Daher gilt: Das bloße Leugnen einer Straftat erfüllt § 164 StGB nicht, selbst wenn damit automatisch der Verdacht auf eine andere Person gelenkt wird.

Die Selbstbelastungsfreiheit ist erst dann überschritten, falls die Person weitere, den Betreffenden belastende Umstände der Wahrheit zuwider mitteilt, also etwa ausdrücklich den B bezichtigt, gefahren zu sein. Denn die Selbstbelastungsfreiheit erlaubt nicht, aktiv einen anderen zu belasten (im Ergebnis auch Schneider, NZV 1992, 471, 473; offengelassen von BGHSt 60, 198, 203; dagegen auch noch das aktive Belasten des anderen als tatbestandslos auffassend die überwiegende Ansicht, etwa OLG Düsseldorf, NJW 1992, 1119; Bosch/Schittenhelm, Schönke/Schröder, StGB, § 164 Rdn. 5, sofern nicht noch zusätzlich falsche Beweismittel vorgelegt oder weitere Tatsachen behauptet werden).

708 Es muss **ein anderer** verdächtigt werden, sodass die bloße Strafanzeige gegen Unbekannt nicht tatbestandsmäßig ist. Es geht um eine oder mehrere hinreichend indivi-

dualisierbare Personen. Aussprüche wie „eine Gruppe Jugendlicher" oder „ein älterer Mann" genügen dafür nicht.

709 Die Verdächtigung muss gegenüber einer Behörde (beachte § 11 Abs. 1 Nr. 7 StGB), einem zur Entgegennahme von Anzeigen zuständigen Amtsträger oder militärischen Vorgesetzten oder öffentlich erfolgen. Insofern ist insbesondere für die Strafanzeige auf § 158 StPO hinzuweisen, wonach die Anzeige bei der Staatsanwaltschaft, den Behörden und Beamten des Polizeidienstes und den Amtsgerichten erhoben werden kann. Vollendet ist § 164 StGB mit dem Zugang der Verdächtigung und der damit verbundenen Kenntniserlangung durch die Stellen. Es muss nicht dazu kommen, dass etwa der Amtsträger der Person glaubt oder gar Ermittlungstätigkeiten entfaltet werden.

710 Eine Legaldefinition der **rechtswidrigen Tat** findet sich in § 11 Abs. 1 Nr. 5 StGB: Es ist nur eine solche, die den Tatbestand eines Strafgesetzes verwirklicht. Darunter fallen nicht nur die Strafbestimmungen des Kernstrafrechts im StGB, sondern auch diejenigen des Nebenstrafrechts außerhalb des StGB (wie zum Beispiel § 21 StVG). Ordnungswidrigkeiten genügen nicht, insofern ist aber § 164 Abs. 2 StGB maßgeblich. Da es in § 164 Abs. 1 StGB um die nicht gerechtfertigte Inanspruchnahme des behördlichen Untersuchungsapparates geht, wird der Tatbestand nicht erfüllt, wenn jemand eine rechtswidrige Tat behauptet, die er als entschuldigt darstellt (sofern Maßregeln ausscheiden) oder bei der etwa § 24 StGB greift.

711 Tatbestandlich ist es im Übrigen auch, wenn jemand der Verletzung einer Dienstpflicht verdächtigt wird.

712 Ein **Verdächtigen** ist jedenfalls anzunehmen bei der wahrheitswidrigen Behauptung, eine bestimmte andere Person habe eine Straftat begangen. Fraglich ist, ob auch die **Schaffung einer kompromittierenden Sachlage** genügt, um ein Verdächtigen bejahen zu können.

713 **Beispiel:**

A und O sind verfeindete Nachbarn in einem Mehrparteienhaus. Nach einem Brand in dem Haus, der aufgrund eines technischen Defekts entstanden war, deponiert der A, nachdem er erfahren hat, dass die Polizei das Haus zur Klärung der Brandursache untersuchen wird, in der Wohnung des O Brandbeschleuniger, um den Verdacht der Brandstiftung auf den O zu lenken. Verwirklicht A § 164 StGB?

Zwar hat A nicht ausdrücklich den O gegenüber der Polizei verdächtigt, jedoch eine für den O kompromittierende Sachlage geschaffen, die den Brandstiftungsverdacht auf O lenkt. Auch insofern kann man noch von einem „Verdächtigen" sprechen, ohne gegen die Wortlautgrenze zu verstoßen. Hinzu kommt, dass ein derartiges Verhalten für den Betroffenen nicht selten weitaus gravierender ist als eine unwahre Behauptung als solche. Weiterhin dient ein solches Verständnis sowohl dem Schutz der Rechtspflege als auch dem Schutz des von dem Vorwurf Betroffenen. § 164 Abs. 1 StGB ist daher in solchen Fällen verwirklicht (BGHSt 9, 240, 241; Bosch/Schittenhelm, Schönke/Schröder, StGB, § 164 Rdn. 8; anders Vormbaum, NK^5, StGB, § 164 Rdn. 20 f.).

714 **Hinweis:**

Erfasst ist danach zum Beispiel auch das Zurücklassen fremder Ausweispapiere am Tatort (Wessels/Hettinger/Engländer, BT 1, Rdn. 672 ff.).

715 Fraglich ist, ob eine Verdächtigung angenommen werden kann, wenn jemand tatsächlich eine Straftat begangen hat, nun aber falsche Beweismittel vorgelegt werden.

Beispiel: 716
Nachbar O hat das weiße Auto des A mit schwarzer Lackfarbe beschmiert. Um den O zu überführen, nimmt A eine Spraydose des O, auf der sich dessen Fingerabdrücke befinden und die O ihm früher einmal geliehen hatte, als beide noch befreundet waren, und geht damit zur Polizei.
Hier stellt sich die Frage, ob die Verdächtigung falsch ist, obwohl O die Sachbeschädigung tatsächlich begangen hat. Insofern ist festzustellen, dass in einem solchen Fall weder die Rechtspflege unberechtigt in Anspruch genommen noch der Betroffene unbegründet verfolgt wird. Das spricht dafür, § 164 StGB zu verneinen (ebenso BGHSt 35, 50, 52 ff.; OLG Rostock, NStZ 2005, 335, 336; Fischer, StGB, § 164 Rdn. 6; anders etwa Heinrich, ZJS 2018, 129, 134: Es sei ausreichend, wenn das Beweismaterial falsch ist).

Problematisch ist weiterhin, ob das **Aufbauschen einer begangenen Tat** § 164 StGB verwirklichen kann. 717

Beispiel: 718
O hat der A ein Diamantcollier gestohlen. A geht zur Polizei und bezichtigt dort den O der Wahrheit zuwider, dass dieser ihr das Diamantcollier gewaltsam entrissen habe. Macht sich A gemäß § 164 Abs. 1 StGB strafbar?
A verdächtigt in diesem Fall den O eines Raubes gemäß § 249 StGB. Tatsächlich verwirklicht worden ist seitens des O § 242 StGB. A bauscht also die Tat des O auf.
Insoweit wird vertreten, dass bloße Übertreibungen, die den Deliktscharakter nicht verändern, § 164 StGB nicht erfüllen (Rengier, BT II, § 50 Rdn. 10).
A indes bauscht das Vergehen des § 242 StGB zu einem Verbrechen nach § 249 StGB auf und verändert damit den Deliktscharakter, sodass § 164 Abs. 1 StGB erfüllt ist.

§ 164 Abs. 1 StGB kann sowohl durch aktives Tun als auch durch Unterlassen verwirklicht werden (*Bosch/Schittenhelm*, Schönke/Schröder, StGB, § 164 Rdn. 21), wobei dann eine Garantenstellung des Täters erforderlich ist. Zeigt jemand einen anderen gutgläubig an, erfährt aber später, dass der Betreffende unschuldig ist, ist umstritten, ob er dann aus Ingerenz zur Berichtigung verpflichtet ist (bejahend *Fischer*, StGB, § 164 Rdn. 4; ablehnend *Hilgendorf/Valerius*, BT I, § 8 Rdn. 72; *Vormbaum*, NK[5], StGB, § 164 Rdn. 22). 719

Die Tat ist Vorsatzdelikt, in Bezug auf die Unwahrheit der Verdächtigung einer rechtswidrigen Tat muss der Täter jedoch wider besseres Wissen handeln, also mit dolus directus 2. Grades. Im Übrigen genügt dolus eventualis. 720

Darüber hinaus verlangt § 164 Abs. 1 StGB als besonderes subjektives Merkmal, dass der Täter gegen den zu Unrecht Verdächtigten ein behördliches Verfahren oder andere behördliche Maßnahmen herbeiführen oder fortdauern lassen will. Hierfür genügt dolus directus 2. Grades (BGHSt 13, 219, 222; BGH, BeckRS 2019, 37831; dagegen dolus directus 1. Grades fordernd *Vormbaum*, NK[5], StGB, § 164 Rdn. 64). 721

Die Tat kann gerechtfertigt sein. Fraglich ist hierbei insbesondere, ob die **Einwilligung** des Betroffenen rechtfertigend wirkt. Insoweit ist entscheidend, welche Rechtsgüter von der Vorschrift als geschützt angesehen werden (dazu Rdn. 704). Sieht man allein den Einzelnen als geschützt, kommt eine Rechtfertigung in Betracht. Sie scheidet dagegen aus, wenn nur die Rechtspflege als geschützt erachtet wird, über die der Einzelne nicht dispositionsbefugt ist. 722

Erachtet man zutreffend beide Rechtsgüter als geschützt, könnte man die Einwilligung mit dem Argument für unbeachtlich halten, dass § 164 Abs. 1 StGB auch dem Schutz der Rechtspflege dient, also eines Allgemeinrechtsguts, über das der Einzelne nicht dispositionsbefugt ist. Die Einwilligung wäre unbeachtlich. Dies entspricht der über- 723 wiegenden Ansicht, die davon ausgeht, beide Rechtsgüter seien **alternativ** geschützt (BGHSt 5, 66, 68; *Rengier*, BT II, § 50 Rdn. 1; *Wolters/Ruß*, LK, StGB, § 164 Rdn. 1, 33). Das erscheint indes zweifelhaft; der Gesetzeswortlaut spricht mehr für einen gleichwertigen, **kumulativen** Schutz beider Rechtsgüter. Stimmt nun der von der Verdächtigung Betroffene zu, entfällt dann aber ein Teil des Unrechts, sodass es zutreffend erscheint, aus diesem Grund § 164 Abs. 1 StGB insgesamt entfallen zu lassen (in diesem Sinne auch etwa *Mitsch*, NZV 2016, 564, 567 f.). Möglich bleibt eine eventuelle Strafbarkeit nach § 145d StGB.

724 Auf der Ebene der Schuld bestehen keine Besonderheiten.

725 Umstritten ist, ob § 158 StGB analog auf § 164 StGB anwendbar ist (befürwortend etwa *Lackner/Kühl*, StGB, § 164 Rdn. 10; ablehnend *Ruß*, LK[12], StGB, § 164 Rdn. 32). Fraglich ist auch die Anwendung des § 258 Abs. 5, Abs. 6 StGB (ablehnend *Rengier*, BT II, § 50 Rdn. 26a).

726 Nicht übersehen werden darf **§ 164 Abs. 2 StGB**. Er hat nur Bedeutung, wenn nicht bereits § 164 Abs. 1 StGB einschlägig ist (*Wessels/Hettinger/Engländer*, BT 1, Rdn. 669). Das ist insbesondere der Fall, wenn jemand zu Unrecht einer Ordnungswidrigkeit bezichtigt wird. Die Schaffung einer kompromittierenden Beweislage genügt anders als bei § 164 Abs. 1 StGB für § 164 Abs. 2 StGB nicht, es muss zu einer Behauptung tatsächlicher Art kommen. § 164 Abs. 2 StGB wird man auch anzuwenden haben, wenn jemand objektiv einer Straftat verdächtigt wird, der Täter aber meint, es handele sich lediglich um eine Ordnungswidrigkeit.

727 Auf § 164 Abs. 3 StGB sei nur hingewiesen.

II. Vortäuschen einer Straftat gemäß § 145d StGB

728 § 145d StGB bezweckt den Schutz der inländischen Rechtspflege- und Präventivorgane vor unbegründeter Inanspruchnahme (BGH, NStZ 2015, 514).

729 Jedermann kann tauglicher Täter sein. Die Vortäuschung muss gegenüber einer Behörde (§ 11 Abs. 1 Nr. 7 StGB) oder gegenüber einer zur Entgegennahme von Anzeigen zuständigen Stelle (siehe insoweit § 158 StPO) erfolgen.

730 **§ 145d Abs. 1 Nr. 1 StGB** betrifft den Fall, dass der Stelle vorgetäuscht wird, **eine rechtswidrige Tat sei begangen** worden. Der Begriff rechtswidrige Tat ist legaldefiniert in § 11 Abs. 1 Nr. 5 StGB. Da die Vorschrift die unbegründete Inanspruchnahme der Behörde vermeiden will, scheidet § 145d Abs. 1 Nr. 1 StGB tatbestandlich aus, wenn sie Mitteilungen enthält, wonach die Tat etwa entschuldigt (wobei keine Maßregeln in Betracht kommen) oder zum Beispiel verjährt ist. Insbesondere ist zu beachten, dass die Mitteilung von angeblich begangenen Ordnungswidrigkeiten **nicht** genügt.

731 Problematisch ist, ob das **Aufbauschen** einer tatsächlich begangenen Tat § 145d Abs. 1 Nr. 1 StGB erfüllen kann.

732 **Beispiel:**

A teilt mit, er habe gesehen, wie ein Mann mit einem Baseballschläger auf eine andere Person eingeschlagen hat. In Wahrheit hatte der Mann mit der Faust zugeschlagen.

Hierbei ist fraglich, ob die Erhöhung des § 223 StGB zu § 224 Abs. 1 Nr. 2 Alt. 2, Nr. 5 StGB ein Vortäuschen einer Straftat darstellt.

Das könnte man mit dem Argument bejahen, dass § 224 StGB einen erhöhten Unrechtsgehalt besitzt und § 224 StGB ein Offizialdelikt ist, wohingegen § 223 StGB ein Antragsdelikt (§ 230 StGB) darstellt. Andererseits würde damit der Anwendungsbereich des § 145d StGB weit ausgedehnt. § 145d StGB wird man daher richtigerweise nur dann annehmen können, wenn die Tat ***ein im Kern anderes Gepräge erhält*** *(BGH, NStZ 2015, 514 f.). Das kann man insbesondere*

annehmen, wenn ein Vergehen als Verbrechen dargestellt wird. Dann werden die Ermittlungsbehörden durch die unrichtigen Angaben in erheblichem Umfang mehr belastet (siehe zu diesem Aspekt BGH, NStZ 2015, 514, 515). Hier indes geht es jeweils um als Vergehen ausgestaltete Körperverletzungsdelikte, sodass § 145d Abs. 1 Nr. 1 StGB abzulehnen ist (anders etwa Hilgendorf/Valerius, BT I, § 8 Rdn. 85f., die es genügen lassen, dass ein Antrags- in ein Offizialdelikt aufgebauscht wird).
§ 145d StGB wird man zudem anzunehmen haben, wenn eine ganz andere Tat mitgeteilt wird (etwa statt einer Sachbeschädigung schildert der Täter eine Körperverletzung).

§ 145d Abs. 1 Nr. 1 StGB ist im Gegensatz zu § 164 StGB auch erfüllt, wenn keine 733
Angaben zu einem konkreten Täter gemacht werden (Strafanzeige gegen Unbekannt) oder in der Konstellation, dass sich jemand selbst der Wahrheit zuwider einer Tat bezichtigt.

§ 145d Abs. 1 Nr. 2 StGB betrifft den Fall der Vortäuschung, dass die Verwirklichung 734
einer der in § 126 Abs. 1 StGB genannten rechtswidrigen Taten bevorstehe.

In **§ 145d Abs. 2 Nr. 1 StGB** geht es darum, dass der Täter **über den Beteiligten** an 735
einer rechtswidrigen Tat täuscht. Wie bei § 164 StGB ist diese Vorschrift beim bloßen Leugnen nicht erfüllt (zu § 164 StGB siehe Rdn. 706), selbst dann nicht, wenn damit der Verdacht automatisch auf einen anderen fällt. Wohl aber wird man richtigerweise § 145d StGB anzunehmen haben, wenn nicht bloß geleugnet, sondern gezielt der Wahrheit zuwider behauptet wird, eine andere Person habe die Tat begangen (siehe zu diesem Fall im Zusammenhang mit § 164 StGB bereits Rdn. 707). Unter den Begriff Beteiligter fallen Täter und Teilnehmer (siehe § 28 Abs. 2 StGB). Der Beteiligte muss anders als bei § 164 StGB nicht unbedingt identifizierbar sein.

Das Schaffen einer kompromittierenden Sachlage genügt, indem etwa einer Person 736
falsche Beweismittel untergeschoben werden. Nicht von § 145d Abs. 2 Nr. 1 StGB ist der Fall erfasst, dass eine Person nur entlastet werden soll (etwa durch ein Alibi), ohne dass der Verdacht auf einen anderen gelenkt wird (BayObLG, JR 1985, 294, 295).

Für den Betreffenden, auf den der Verdacht geschoben wird, muss das Verhalten eine 737
Straftat sein.

Beispiel: 738
Wenn der keine Fahrerlaubnis besitzende Kraftfahrzeugführer A sagt, der über eine Fahrerlaubnis verfügende B sei gefahren, ist § 145d Abs. 2 Nr. 2 StGB nicht erfüllt, da dann bezüglich B keine Straftat (§ 21 StVG ist nicht erfüllt) vorliegt (siehe BGHSt 19, 305, 307).

Überwiegend wird angenommen, dass im Fall des § 145d Abs. 2 Nr. 1 StGB die 739
rechtswidrige Tat tatsächlich begangen worden sein muss (BayObLG, NStZ 2004, 97; *Fischer*, StGB, § 145d Rdn. 7; anders OLG Hamm, NJW 1963, 2138f.; *Sternberg-Lieben*, Schönke/Schröder, StGB, § 145d Rdn. 13: Ausreichend sei, dass der Täuschende die Tatbegehung irrig annimmt). Für das Erfordernis einer tatsächlich begangenen Tat spricht der Wortlaut des § 145d Abs. 2 Nr. 1 StGB sowie der systematische Vergleich zu § 145d Abs. 1 Nr. 1 StGB.

In § 145d Abs. 2 Nr. 2 StGB geht es um die Beteiligung an einer bevorstehenden, in 740
§ 126 StGB genannten rechtswidrigen Tat. Auf § 145d Abs. 3 StGB ist nur hinzuweisen.

Die Taten sind vollendet mit dem Zugang der Verdächtigung bei der Behörde oder 741
sonstigen Stelle und deren Kenntniserlangung. Eine Irrtumserregung ist zur Vollendung nicht erforderlich, auch braucht es nicht zu einer irgendwie gearteten Untersuchungstätigkeit zu kommen.

742 Der Täter muss in subjektiver Hinsicht in Bezug auf die Unwahrheit wider besseren Wissens handeln, also mit dolus directus 2. Grades. Er muss folglich wissen, dass im Fall des § 145d Abs. 1 Nr. 1 StGB die Straftat gar nicht begangen worden ist, und im Fall des § 145d Abs. 2 Nr. 1 StGB, dass die Angaben über die Beteiligung unzutreffend sind. Im Übrigen genügt dolus eventualis. Ein besonderes subjektives Merkmal ist nicht vorausgesetzt.

743 Da es in der Vorschrift um den Schutz eines Allgemeinrechtsguts geht, scheidet die Einwilligung als Rechtfertigungsgrund aus.

744 Auf Konkurrenzebene ist die formelle Subsidiaritätsklausel des § 145d Abs. 1 a. E. StGB zu beachten, die auch für § 145d Abs. 2 StGB gilt, nicht aber für § 145d Abs. 3 StGB (*Zopfs*, MK, StGB, § 145d Rdn. 46) maßgeblich ist. Die Subsidiarität besteht gegenüber §§ 164, 258 oder 258a StGB. In Prüfungsarbeiten sind daher diese Vorschriften vorrangig zu untersuchen. Entfällt § 258 StGB aufgrund von § 258 Abs. 5, Abs. 6 StGB, soll § 145d StGB aber anwendbar sein (BayObLG, NJW 1978, 2563; *Kindhäuser/Schramm*, BT I, § 53 Rdn. 34).

745 Strittig ist (wie bei § 164 StGB) auch hier, ob § 158 StGB zugunsten des Täters bei § 145d StGB analog heranziehbar ist.

III. Strafvereitelung gemäß § 258 StGB

746 Bei der **Strafvereitelung** („persönliche Begünstigung"; bei § 257 StGB geht es hingegen um die sachliche Begünstigung; siehe zu dieser Vorschrift *Zieschang*, BT 2, Rdn. 839 ff.) handelt es sich wie bei den sonstigen Straftaten des 21. Abschnitts des StGB um ein **Anschlussdelikt**, denn die Norm setzt voraus, dass bereits eine rechtswidrige Tat begangen worden ist. § 258 StGB schützt die Strafrechtspflege (BGHSt 45, 97, 101).

747 **§ 258 Abs. 1 StGB** betrifft die sogenannte **Verfolgungsvereitelung**, **§ 258 Abs. 2 StGB** die **Vollstreckungsvereitelung**. **§ 258a StGB** stellt in Bezug auf bestimmte Amtsträger eine **Qualifikation** dar.

748 Der objektive Tatbestand des **§ 258 Abs. 1 StGB** verlangt, dass ein anderer wegen einer rechtswidrigen Tat strafbar ist oder einer Maßnahme im Sinne des § 11 Abs. 1 Nr. 8 StGB unterworfen werden kann, wobei der Täter nun ganz oder zum Teil vereitelt, dass der andere bestraft oder der Maßnahme unterworfen wird.

749 **Tauglicher Täter** kann jedermann sein, es sei denn, er will **ausschließlich** erreichen, dass er persönlich keiner Sanktion unterworfen wird. Der Täter muss also die Sanktionierung eines anderen wegen einer rechtswidrigen Tat vereiteln. Der Täter des § 258 StGB kann ebenfalls an der rechtswidrigen Tat beteiligt gewesen sein, will er jedoch zugleich ganz oder zum Teil vereiteln, dass er selbst (wegen dieser Vortat oder einer anderen Tat) sanktioniert wird, bestimmt **§ 258 Abs. 5 StGB**, dass er nicht wegen Strafvereitelung bestraft wird. Das ist wiederum Ausfluss des Selbstbegünstigungsprinzips. Rechtsprechung und Teile des Schrifttums gehen in Bezug auf § 258 Abs. 5 StGB von einem persönlichen Strafausschließungsgrund aus (BGHSt 9, 180, 182; *Cramer*, MK, StGB, § 258 Rdn. 53). Aufgrund des Umstands, dass die Selbstbegünstigung das Unrecht der Tat mindert und der Täter sich in einem Motivationsdruck befindet, der die Schuld verringert, ist es indes überzeugender, einen Entschuldigungsgrund anzunehmen (*Roxin/Greco*, AT I, § 22 Rdn. 138; *Zieschang*, LK, StGB, § 35 Rdn. 14).

750 Wird die Strafe vereitelt, muss eine tatbestandsmäßige, rechtswidrige, schuldhaft tatsächlich begangene Tat vorliegen, und es darf kein Verfahrenshindernis (etwa fehlender Strafantrag oder Verjährung) gegeben sein. Die Tat muss also **strafbar** sein. Das hat das Gericht, welches über § 258 Abs. 1 StGB befindet, (anders als bei § 258 Abs. 2 StGB) selbstständig zu prüfen (*Wessels/Hettinger/Engländer*, BT 1, Rdn. 703). Ein

Ermittlungsverfahren braucht noch nicht eingeleitet worden zu sein (BGHSt 45, 97, 103). Bei der Maßnahme genügt regelmäßig eine tatbestandsmäßige und rechtswidrige Tat.

Die Sanktion muss entweder **ganz oder zum Teil vereitelt** werden. § 258 StGB ist also 751
ein **Erfolgsdelikt**.

Nach der Rechtsprechung ist die Strafe bereits **ganz vereitelt**, wenn sie eine **geraume** 752
Zeit verzögert wird (BGH, NJW 2016, 3110, 3111; *Satzger*, Jura 2007, 754, 758; dagegen eine vollständige, endgültige Vereitelung verlangend etwa *Altenhain*, NK[5], StGB, § 258 Rdn. 48 f.; *Hardtung*, JuS 1998, 719, 720). Insoweit geht es um einen Zeitraum von ca. ein bis drei Wochen (BGH, NJW 1959, 494, 495: sechs Tage; OLG Stuttgart, NJW 1976, 2084: zehn Tage; *Kindhäuser/Schramm*, BT I, § 51 Rdn. 10: zwei Wochen; *Eisele*, BT II, Rdn. 1117: drei Wochen). Unterhalb dieser Schwelle kommt Versuch (§ 258 Abs. 4 StGB) in Betracht. Dieser soll beim Zeugen mit dem Beginn der Falschaussage anzunehmen sein (BGHSt 31, 10, 13).

Ein **teilweises Vereiteln** liegt vor, wenn die Sanktion in quantitativer Hinsicht geringer 753
ausfällt, indem etwa statt eines Verbrechens wegen eines Vergehens verurteilt wird (*Rengier*, BT I, § 21 Rdn. 13; *Wessels/Hettinger/Engländer*, BT 1, Rdn. 708). Auch kommt in Betracht, dass nicht wegen einer Qualifikation, sondern lediglich wegen des Grunddelikts eine Verurteilung erfolgt. Diese Alternative darf also nicht dahingehend missverstanden werden, dass damit der Versuch der Vollendung gleichgestellt wird.

Das Delikt kann nicht nur durch **positives Tun** (Verstecken, falsches Alibi, Vernichten 754
von Beweismitteln), sondern auch durch Unterlassen verwirklicht werden, sofern eine Garantenstellung vorliegt.

Beispiel: 755

In dem Ermittlungsverfahren gegen B unterlässt Staatsanwalt A weitere erforderliche Schritte zum Fortgang des Verfahrens.

In diesem Fall geht es um Strafvereitelung im Amt durch Unterlassen gemäß §§ 258a, 13 StGB. Der Staatsanwalt, für den das Legalitätsprinzip (§§ 152 Abs. 2, 160 StPO) gilt, hat eine Garantenstellung zum Schutz der Strafrechtspflege (BGHSt 43, 82, 84 f.; Rengier, BT I, § 21 Rdn. 44).

Ergänzender Hinweis: 756

Bei außerdienstlicher Kenntniserlangung wird man aber nur bei schwerwiegenden Straftaten eine Ermittlungspflicht des Staatsanwalts annehmen können (str.; siehe BGHSt 38, 388, 392 f.).

Zu beachten ist im Übrigen, dass außerhalb des Bereichs, der den Amtsträgern der Strafverfolgung zugewiesen ist, für sonstige Amtsträger keine allgemeine Pflicht besteht, Straftaten, von denen sie erfahren, anzuzeigen (BGHSt 43, 82, 85), es sei denn, es existieren derartige spezifische Anzeigepflichten (siehe etwa § 183 S. 1 GVG).

Umstritten ist, ob sich ein Zeuge nach §§ 258, 13 StGB strafbar macht, wenn er seiner 757
Aussagepflicht nicht nachkommt (bejahend BGH, BeckRS 2017, 132877; OLG Köln, NStZ-RR 2010, 146; ablehnend LG Itzehoe, NStZ-RR 2010, 10, 11). Zu beachten ist, dass aus § 138 StGB jedenfalls keine Garantenstellung resultiert (Rdn. 643).

Im Einzelfall kann es schwierig sein, die **straflose Teilnahme** an der (tatbestandslosen) 758
ausschließlichen Selbstbegünstigung von der **täterschaftlichen Strafvereitelung** abzugrenzen. Richtigerweise wird man insoweit den Tatherrschaftsgedanken fruchtbar zu machen haben. Wenn ausschließlich der Ersttäter die Tatherrschaft innehat, liegt straflose Teilnahme vor, besitzt der Helfende auch die Tatherrschaft, ist für ihn täterschaftliche Strafvereitelung anzunehmen.

759 **Beispiele:**

A leiht dem Betrüger B sein Auto zur Flucht und gibt ihm zu diesem Zweck die Autoschlüssel. In dieser Konstellation besitzt A Tatherrschaft über das Geschehen; er macht sich nach § 258 StGB strafbar. Insoweit ist darauf hinzuweisen, dass sich B – als Ausfluss des Selbstbegünstigungsprinzips – nicht nach §§ 258, 26 StGB strafbar macht, sofern er den A zu der Tat angestiftet haben sollte.
Eine straflose Teilnahme an der Selbstbegünstigung ist etwa anzunehmen, wenn C den Straftäter D in dem Beschluss bestärkt, zu fliehen.

760 In einem gewissen Spannungsverhältnis zu § 258 StGB kann auch das Verhalten von Strafverteidigern stehen. Hier wird man sagen müssen: Ist das Verhalten des Verteidigers **prozessual zulässig**, macht er sich nicht nach § 258 Abs. 1 StGB strafbar (BGHSt 46, 53, 54).

761 **Beispiele:**

Zulässig ist es, wenn der Verteidiger seinem Mandanten rät, von seinem Schweigerecht Gebrauch zu machen, unzulässig aber, den Mandanten zu Falschangaben zu überreden. Der Verteidiger darf, selbst wenn er weiß, dass sein Mandant die Tat begangen hat, Freispruch beantragen, wenn die Tat mangels hinreichender Beweise nicht nachgewiesen ist. Unzulässig wäre aber die wahrheitswidrige Behauptung, sein Mandant habe ihm gegenüber stets die Tat bestritten.

762 Bei **§ 258 Abs. 2 StGB** geht es um die **Vollstreckungsvereitelung**. Insofern muss der Sanktionsausspruch **rechtskräftig** sein. Es spielt dabei aber keine Rolle, ob die Person zu Recht oder zu Unrecht verurteilt worden ist. Erfasst ist etwa das Verstecken des Verurteilten oder die Verbüßung der Freiheitsstrafe an seiner Stelle.

763 Hierbei stellt sich insbesondere die Frage, ob die Bezahlung einer Geldstrafe durch einen anderen den Tatbestand erfüllt.

764 **Beispiel:**

O ist zu einer Geldstrafe von 80 Tagessätzen zu je 10 Euro (siehe zur Tagessatzgeldstrafe § 40 StGB) verurteilt worden. Der vermögende und mit O befreundete A zahlt nun aus Verbundenheit zu dem O diese Geldstrafe. Macht sich A nach § 258 Abs. 2 StGB strafbar?
Mitunter wird eine Strafbarkeit nach § 258 Abs. 2 StGB angenommen (OLG Frankfurt, StV 1990, 112; Hecker, Schönke/Schröder, StGB, § 258 Rdn. 29; Hillenkamp, JR 1992, 74, 75 f.), da die Geldstrafe den Verurteilten persönlich treffen soll.
Der BGH hat indes § 258 Abs. 2 StGB verneint, da in das Vollstreckungsverfahren (die Beitreibung der Geldstrafe) nicht eingegriffen werde, denn dieses verlange keine „persönliche Betroffenheit“ (BGHSt 37, 226, 229 f.; § 258 Abs. 2 StGB ablehnend ebenfalls die überwiegende Auffassung im Schrifttum, etwa Cramer, MK, StGB, § 258 Rdn. 35; Lackner/Kühl, StGB, § 258 Rdn. 13).

765 In subjektiver Hinsicht muss der Täter **absichtlich** (dolus directus 1. Grades) oder **wissentlich** (dolus directus 2. Grades) bezüglich der Vereitelung handeln, dagegen genügt im Übrigen, also insbesondere hinsichtlich des Vorliegens der rechtswidrigen Tat bei § 258 Abs. 1 StGB und der Verurteilung bei § 258 Abs. 2 StGB, **dolus eventualis** (BGHSt 45, 97, 100).

766 Zu beachten ist das Angehörigenprivileg nach **§ 258 Abs. 6 StGB**. Diese Norm wird von der Rechtsprechung und vielen Stimmen im Schrifttum (ebenso wie § 258 Abs. 5 StGB, siehe Rdn. 749) als persönlicher Strafausschließungsgrund angesehen (BGH, NStZ 2004, 97, 98; *Altenhain*, NK[5], StGB, § 258 Rdn. 73). Da es insofern jedoch um

eine Unrechts- und Schuldmilderung geht, spricht mehr dafür, diese Vorschrift als Entschuldigungsgrund zu erachten (*Zieschang*, LK, StGB, § 35 Rdn. 12).

Eine Qualifikation der Strafvereitelung findet sich in **§ 258a StGB**, sofern die dort genannten Amtsträger die Tat begehen. Dabei ist umstritten, ob der Amtsträger konkret mit der Sache befasst sein muss oder es genügt, dass es ihm – wenn auch unter Verletzung von Zuständigkeiten – dienstlich möglich ist, sich mit der Sache zu befassen. Gemäß § 258a Abs. 3 ist § 258 Abs. 3, Abs. 6 StGB auf die Konstellationen des § 258a StGB nicht anzuwenden. § 258 Abs. 5 StGB ist aber heranziehbar. 767

12. Kapitel: Urkundendelikte

I. Urkundenfälschung gemäß § 267 StGB

§ 267 StGB schützt die **Sicherheit und Zuverlässigkeit des Rechtsverkehrs mit Urkunden im Sinne des Beweisverkehrs** (BGHSt 40, 203, 206; BGH, BeckRS 2020, 36546; *Gössel/Dölling*, BT 1, § 52 Rdn. 1; *Joecks/Jäger*, StGB, Vor § 267 Rdn. 1). Der Rechtsverkehr soll sich darauf verlassen können, dass die fixierte Erklärung von demjenigen stammt, der aus der Urkunde hervorgeht. Es geht also um **Echtheitsschutz**, dagegen nicht um den Schutz der inhaltlichen Wahrheit (BGHSt 9, 44, 45). Letztere wird insbesondere von den §§ 278, 348 StGB geschützt. 768

§ 267 schützt ein **Allgemeinrechtsgut**, über das der Einzelne nicht dispositionsbefugt ist (*Eisele*, BT 1, Rdn. 781; dagegen auf den Schutz der individuellen Dispositionsfreiheit abstellend etwa *Erb*, MK, StGB, § 267 Rdn. 2), sodass eine rechtfertigende Einwilligung ausscheidet. 769

Es handelt sich bei § 267 StGB um ein **abstraktes Gefährdungsdelikt** (abstraktes Gefährlichkeitsdelikt), da der Rechtsverkehr tatsächlich nicht beeinträchtigt werden muss (*Zieschang*, AD LEGENDUM 2020, 73 f.). Die Tat ist Vergehen, der Versuch der Urkundenfälschung ist in § 267 Abs. 2 StGB ausdrücklich unter Strafe gestellt. 770

Als tauglicher Täter des § 267 StGB kommt jede natürliche Person in Betracht. 771

Wesentliches Merkmal des § 267 StGB ist das der Urkunde. 772

1. Der Begriff der Urkunde

Eine **Urkunde** ist eine **verkörperte Gedankenerklärung, die geeignet und bestimmt ist, im Rechtsverkehr Beweis zu erbringen, und ihren Aussteller erkennen lässt** (BGHSt 3, 82, 84 f.; BGH, NStZ 2010, 703, 704; *Fischer*, StGB, § 267 Rdn. 2; *Heine/Schuster*, Schönke/Schröder, StGB, § 267 Rdn. 2). 773

Bei der verkörperten Gedankenerklärung geht es um die **Perpetuierungsfunktion**, bei der Beweiseignung und -bestimmung um die **Beweisfunktion** und bei der Ausstellererkennbarkeit um die **Garantiefunktion** (*Brehmeier-Metz*, AnwK, StGB, § 267 Rdn. 3 ff.; *Hohmann/Sander*, BT, § 17 Rdn. 3). 774

Der Urkundenbegriff umfasst nach überwiegender Ansicht nicht nur schriftliche Urkunden, sondern auch Beweiszeichen (BGHSt 16, 94, 97; *Erb*, MK, StGB, § 267 Rdn. 41 ff.), wohingegen eine Mindermeinung den Urkundenbegriff auf Schriftstücke beschränkt (*Otto*, JuS 1987, 761, 762 f.). 775

Beispiele: 776

Unstreitig sind Zeugnisse oder schriftliche Verträge Urkunden im Sinne des § 267 StGB.

Dagegen wäre bei bloßen Symbolen – wie beim amtlichen Kfz-Kennzeichen am Auto – nach der Mindermeinung die Urkundenqualität zu verneinen.

Abgesehen davon, dass man beim Autokennzeichen durchaus noch den Schriftcharakter bejahen könnte, übersieht die einengende Auffassung, dass im Rechtsverkehr beweisrelevante Informationen vielfach in nichtschriftlicher Form, jedoch visuell erkennbar, festgehalten werden, denen der Rechtsverkehr ebenso vertraut (Rengier, BT II, § 32 Rdn. 21). Daher überzeugt die Mindermeinung nicht.

777 Erste Voraussetzung ist eine **verkörperte menschliche Gedankenerklärung** (Perpetuierungsfunktion). Das kann in der Form geschehen, dass eine Person eine Erklärung handschriftlich aufsetzt, aber auch in der Weise, dass er ein Schreiben über den Computer erstellt, das er sich zu eigen macht; er benutzt dann eine technische Schreibhilfe (*Wittig*, Satzger/Schluckebier/Widmaier, StGB, § 267 Rdn. 14). Auch automatisch erstellte Gehalts- oder Stromabrechnungen sind verkörperte Gedankenerklärungen, da sie von einem Menschen autorisiert sind (OLG Köln, NJW 2002, 527, 528, bezüglich eines vom Automaten ausgeworfenen Parkscheins). Es liegt in einem solchen Fall sowohl eine technische Aufzeichnung im Sinne des § 268 StGB als auch eine Urkunde gemäß § 267 StGB vor, da die Aufzeichnung als Gedankenerklärung vom Aussteller übernommen wird.

778 **Beispiel:**
Neben dem Parkschein ist dies etwa der Fall beim Abwiegen von Obst und Gemüse im Supermarkt, wenn an der Waage ein entsprechendes Etikett mit Preisangabe ausgedruckt wird. Der Supermarktbetreiber hat diese Erklärungen im Voraus autorisiert.

779 **Keine Gedankenerklärung** sind bloße **Augenscheinsobjekte.** Sie enthalten keine über ihre Existenz oder Beschaffenheit hinausgehende Erklärung.

780 **Beispiele:**
Rein technische Aufzeichnungen ohne weiteren menschlichen Erklärungsinhalt (so beim Fahrtenschreiber oder Seismographen); Finger- und Fußabdrücke; DNA- und Blutspuren.
Anders ist dies aber, wenn etwa der Fingerabdruck als Beleg für die Teilnahme an einer Wahl dient, da dann mit ihm eine Gedankenerklärung verbunden ist.
Die farbliche Gestaltung der Prüfplakette am Kfz-Kennzeichen macht die Fälligkeit der Hauptuntersuchung deutlich.

781 Keine eigenständige Gedankenerklärung haben Visitenkarten und bloße Autogramme. An einer Gedankenerklärung fehlt es auch bei Blanketten und unausgefüllten Formularen (Vordrucken).

782 Die Erklärung muss allgemein oder zumindest für Eingeweihte **verständlich** sein (OLG Rostock, BeckRS 2003, 18131; *Erb*, MK, StGB, § 267 Rdn. 46). Neben dem Erklärenden muss also zumindest eine weitere Person existieren, welche die etwaig verwendeten Kürzel, Symbole oder Zeichen versteht (*Hoyer*, SK, StGB, § 267 Rdn. 12).

783 Eine Gedankenerklärung ist zudem nur anzunehmen, wenn der Entäußerer **Erklärungswillen** hat (BGHSt 3, 82, 85). Dieser fehlt etwa in folgendem

784 **Beispiel:**
A bittet seinen Vorgesetzten O um eine Unterschrift, unter das Blatt hat nun A aber eine Durchschrift gelegt, die ein Schuldanerkenntnis darstellt.
In diesem Fall hat O keine echte Urkunde hergestellt, vielmehr verwirklicht A § 267 StGB in mittelbarer Täterschaft.

785 Auch bei einem bloßen Entwurf fehlt der Erklärungswille (*Zieschang*, LK, StGB, § 267 Rdn. 42). Zudem ist in diesem Fall die Beweisbestimmung zu verneinen (zu diesem Merkmal Rdn. 793).

786 Zu beachten ist aber, dass der Erklärungswille unabhängig vom Zivilrecht ist, also auch bei Anfechtbarkeit oder zivilrechtlicher Nichtigkeit vorliegt. Ebenfalls bei einer Täuschung oder im Fall von vis compulsiva (willensbeugender Gewalt) ist er anzunehmen, sofern der Betreffende überhaupt weiß, dass er eine Erklärung abgibt. Bei willensausschließender Gewalt (vis absoluta) ist er aber zu verneinen.

Die Gedankenerklärung muss **verkörpert** sein, sodass rein mündliche Erklärungen ausscheiden. Die **Erklärung selbst muss visuell wahrnehmbar** sein, sodass auf Speichermedien abgelegte Erklärungen (USB-Sticks, CDs, Tonbänder) nicht genügen. Zwar ist es unschädlich, wenn die Erklärung erst mit Hilfsmitteln (Lupe, Mikroskop) wahrnehmbar ist, es müssen aber stets die Zeichen selbst visuell wahrnehmbar sein (*Puppe/Schumann*, NK[5], StGB, § 267 Rdn. 51). Der Computer ist daher kein solches Hilfsmittel, da dort die gespeicherten Daten erst über Rechenvorgänge in Schriftzeichen auf dem Bildschirm umgewandelt werden (*Zieschang*, ZFISTW 2022, 140, 144 f.). Insofern dient § 269 StGB der Lückenschließung. Eine Urkunde im Sinne des § 267 StGB liegt erst dann vor, wenn ein Ausdruck erfolgt, den sich jemand zu eigen macht. 787

Zu beachten ist, dass mit der körperlichen Fixierung eine gewisse **Dauerhaftigkeit** verbunden sein muss, ohne dass damit hohe Anforderungen verknüpft sind (*Rengier*, BT II, § 32 Rdn. 3). Die Zeichen dürfen also nicht binnen kurzer Zeit von selbst verschwinden (*Erb*, MK, StGB, § 267 Rdn. 39). Die Dauerhaftigkeit fehlt daher in der Regel etwa bei Schriftzeichen im Sand. Dagegen ist es unschädlich, wenn eine Erklärung leicht beseitigt werden kann, wie etwa bei einer solchen, die ohne Mühe ausradierbar ist. 788

Zweites Element der Urkunde ist nach überwiegender Auffassung die Beweisfunktion, also die **Beweiseignung** und **Beweisbestimmung** (BGHSt 4, 60, 61; BGHSt 16, 94, 96; *Kindhäuser/Schramm*, BT I, § 55 Rdn. 9, 19; *Klesczewski*, BT, § 17 Rdn. 16; kritisch etwa *Erb*, MK, StGB, § 267 Rdn. 33 ff.; *Otto*, BT, § 70 Rdn. 18 ff.). 789

Bei der **Beweiseignung** geht es objektiv darum, ob die Gedankenerklärung zum Beweis für eine rechtserhebliche Tatsache geeignet ist. Bei einer Manipulation, die für **jedermann sofort erkennbar** ist („auf den ersten Blick"; OLG Celle, NStZ-RR 2008, 76 f.), fehlt es an der Beweiseignung, sodass eine Urkunde abzulehnen ist. Das Merkmal der Beweiseignung ist daher durchaus von Bedeutung für den Urkundenbegriff. 790

> **Beispiel (in Anlehnung an OLG München, NStZ-RR 2010, 173):** 791
> *A stellt eine „Kennkarte des Deutschen Reichs" mit Ausstellungsdatum 8.5.2007 her, ohne dass diese Kennkarte optisch an einen Personalausweis angelehnt ist.*
> *Zu Recht hat das OLG München, NStZ-RR 2010, 173, 174 bei dieser offensichtlichen Manipulation die Beweiseignung und damit die Urkundenqualität verneint.*

Allein aus dem Gesichtspunkt der zivilrechtlichen Nichtigkeit folgt jedoch keine fehlende Beweiseignung. So kann etwa ein formunwirksamer Grundstückskaufvertrag oder ein formunwirksames Testament Beweisbedeutung in einem Schadensersatzprozess haben. 792

Bei der **Beweisbestimmung** handelt es sich um ein subjektives Merkmal. Gibt der Aussteller der Erklärung von vornherein eine Beweisbestimmung, spricht man von einer **Absichtsurkunde** (*Fischer*, StGB, § 267 Rdn. 13). Erfolgt die Beweisbestimmung erst nachträglich durch den Aussteller oder einen Dritten, handelt es sich um eine **Zufallsurkunde** (*Eisele*, BT I, Rdn. 798; *Küper/Zopfs*, BT, Rdn. 540). Es verhält sich ebenso wie bei der technischen Aufzeichnung im Sinne des § 268 Abs. 2 StGB, die nach der Legaldefintion zum Beweis einer rechtlich erheblichen Tatsache bestimmt sein muss, „gleichviel ob ihr die Bestimmung schon bei der Herstellung oder erst später gegeben wird". 793

> **Beispiel:** 794
> *Ein privater Liebesbrief, dem zunächst die Beweisbestimmung fehlt, erlangt sie nachträglich in einem Scheidungsverfahren.*

795 Anzumerken bleibt, dass die Begriffe „Absichts- und Zufallsurkunde" etwas missverständlich sind, da bei der Absichtsurkunde kein „Erstreben" erforderlich ist und die Zufallsurkunde nicht „zufällig" zur Urkunde wird. Treffender ist daher das Begriffspaar „originäre und nachträgliche Urkunde" (*Zieschang*, LK, StGB, § 267 Rdn. 66). Originäre Urkunden in diesem Sinne sind auch **Deliktsurkunden**, also solche, die einen strafrechtlich relevanten Inhalt wie eine Beleidigung oder Täuschung enthalten, denn diese Erklärungen können zum Beweis dienen.

796 Die Beweisbestimmung kann nachträglich entfallen, was etwa der Fall ist bei zum Einstampfen vorgesehenen Bahnfahrkarten (OLG Köln, MDR 1960, 946).

797 Drittes Urkundenmerkmal ist die Garantiefunktion, also die **Erkennbarkeit des Ausstellers**. Den Beweiswert erhält eine Urkunde gerade dadurch, dass ein Garant als **Aussteller** hinter der Erklärung steht (*Heine/Schuster*, Schönke/Schröder, StGB, § 267 Rdn. 16). Hierbei ist für die Frage, wer Aussteller ist, nicht entscheidend, wer die Erklärung eigenhändig hergestellt hat, wie es früher von der **Körperlichkeitstheorie** (*Boldt*, DR 1941, 992, 993) vertreten wurde. Denn danach wäre bei einem Diktat die Schreibkraft Aussteller, nicht aber der Diktierende, selbst wenn mit dessen Namen und seinem Einverständnis unterzeichnet wird, was nicht den Anschauungen des Rechtsverkehrs entspricht. Vielmehr ist nach der **Geistigkeitstheorie** maßgeblich, von wem die Erklärung **geistig herrührt** (BGHSt 33, 159, 160; BGH, NStZ 1994, 486; *Böse*, NStZ 2005, 370, 372; *Hilgendorf/Valerius*, BT I, § 10 Rdn. 13; *Jäger*, BT, Rdn. 632, 638 ff.). Folglich ist der Diktierende der Aussteller.

798 **Beispiel:**
Der Beschuldigte B wird von der Polizei vernommen. Polizeibeamter A nimmt das Protokoll auf. B liest es durch und unterschreibt es.
Aussteller ist dann B, nicht hingegen A oder die Polizeibehörde. Das Protokoll rührt geistig von A her (siehe Koch, Dölling/Duttge/König/Rössner, Gesamtes Strafrecht, § 267 Rdn. 13; Lackner/Kühl/Heger, StGB, § 267 Rdn. 14; anders LG Dresden, NZV 1988, 217).

799 Nicht nur natürliche Personen können Aussteller sein, sondern nach zutreffender Sicht auch juristische Personen oder sonstige **Personenvereinigungen** und **Behörden** (BGHSt 7, 149, 152; BGHSt 9, 44, 46; *Joecks/Jäger*, StGB, § 267 Rdn. 32; anders *Otto*, JuS 1987, 761, 766 f.: Nur natürliche Personen könnten Aussteller sein). Eine andere Sicht ginge an der Rechtswirklichkeit vorbei.

800 **Beispiel:**
Beim Steuerbescheid ist grundsätzlich nicht der Sachbearbeiter Aussteller, sondern das Finanzamt.

801 Bei der **verdeckten Stellvertretung**, also beim **Zeichnen unter fremdem Namen**, sind mit der Geistigkeitstheorie **drei Voraussetzungen** verbunden: Der Unterzeichnende will den Namensträger vertreten, der Namensträger will sich vertreten lassen und die Vertretung ist rechtlich zulässig (BGHSt 33, 159, 161 f.).

802 **Beispiel:**
B bittet seinen Freund A, für ihn sein Testament niederzuschreiben. B diktiert dem A das Testament, das der A dann auch mit dem Namen des B unterschreibt.
Hier geht B als Aussteller hervor. Nach der Körperlichkeitstheorie wäre aber A der Aussteller, die Urkunde damit unecht (siehe zur Unechtheit im Einzelnen Rdn. 826 ff.).
Nach der Geistigkeitsheorie ist hingegen B der aus der Urkunde hervorgehende und auch der geistig hinter der Urkunde stehende Aussteller. A will den B ver-

treten und B will sich vertreten lassen. Jedoch ist beim eigenhändigen Testament gemäß § 2247 Abs. 1 BGB die Vertretung unzulässig (BGH, BeckRS 2020, 36546). Daher handelt es sich trotz Zustimmung des B dennoch um eine unechte Urkunde. Für das Erfordernis der rechtlichen Zulässigkeit spricht, dass es bestimmte Bereiche gibt, in denen der Rechtsverkehr in besonderem Maße erwartet, dass die Unterschrift persönlich von dem Namensträger stammt (Zieschang, LK, StGB, § 267 Rdn. 85; kritisch zu dieser Voraussetzung aber etwa Kindhäuser/Schramm, BT I, § 55 Rdn. 56).

Ergänzender Hinweis: 803
Hätte A den Text geschrieben, jedoch B selbst unterschrieben, läge eine echte Urkunde vor, auch wenn sie mangels Eigenhändigkeit des Textes zivilrechtlich formnichtig wäre (Zieschang, AD LEGENDUM 2020, 73, 75; anders OLG Düsseldorf, NJW 1966, 749).

Unzulässig ist die Vertretung auch bei Prüfungsarbeiten. 804

Beispiel: 805
Statt des Jurastudenten B fertigt Volljurist A im Einverständnis mit B eine Klausur an und unterschreibt mit dem Namen des B.
A will den B vertreten, B wollte vertreten werden. Die Vertretung ist aber bei Prüfungsarbeiten unzulässig. A stellt daher eine unechte Urkunde her. Anders wäre dies aber wiederum, wenn A den Text schreibt und B persönlich unterschreibt; dann liegt eine echte Urkunde vor, denn B ist dann selbst Aussteller und geht auch als Aussteller aus der Urkunde hervor (Zieschang, LK, StGB, § 267 Rdn. 83).

Der Aussteller ist aus der Urkunde **erkennbar**, wenn er für **jedermann** oder zumindest 806 für **Eingeweihte** aus der **Urkunde**, gegebenenfalls unter Heranziehung von **Begleitumständen**, ermittelt werden kann. Eine Unterschrift ist nicht erforderlich, wenn sich aus dem sonstigen Inhalt der Aussteller ergibt. Wird der Aussteller aber erst aus völlig außerhalb der Urkunde liegenden Umständen deutlich, genügt das für die Erkennbarkeit nicht.

Benutzt jemand also unter Bekannten einen Spitznamen, liegt Erkennbarkeit vor 807 (*Fischer*, StGB, § 267 Rdn. 11). Bei Preisangaben an Waren ergibt sich regelmäßig aus dem Kontext, dass der jeweilige Geschäftsinhaber Aussteller ist (*Rengier*, BT II, § 32 Rdn. 19).

Die Ausstellererkennbarkeit fehlt aber etwa bei ungestempelten Kfz-Kennzeichen 808 (OLG Koblenz, BeckRS 2016, 15816). Sie ist ebenso wenig gegeben im Fall der **offenen Anonymität**, bei der keine Urheberangabe erfolgt (*Fischer*, StGB, § 267 Rdn. 11). Aber auch bei der **versteckten Anonymität** ist ein Aussteller nicht erkennbar: Dann findet sich zwar in der Urkunde eine Angabe, sie kann jedoch ersichtlich nicht mit einer konkreten Person in Verbindung gebracht werden, da ein Allerweltsname ohne individualisierbaren Zusatz, der Name eines Prominenten, einer historischen Person, Phantasie- oder Kunstnamen („Spider-Man") verwendet werden (*Zieschang*, LK, StGB, § 267 Rdn. 92). Hier wird deutlich, dass niemand als Garant hinter der Erklärung stehen will und soll (OLG Koblenz, NStZ-RR 2008, 120, 121). Es liegt dann keine Urkunde vor, es sei denn, über Begleitumstände wird ein Aussteller deutlich. Entsprechendes gilt bei nicht zuzuordnenden Bezeichnungen („ein aufmerksamer Bürger"). Bei „anonymisierten" Prüfungsarbeiten ist der Aussteller hingegen über die Kenn- oder Prüfziffer erkennbar.

Im Fall offener Stellvertretung unterscheidet die Rechtsprechung zwischen der Ver- 809 tretung von natürlichen Personen einerseits und derjenigen von Behörden und Firmen andererseits. Im letzteren Fall soll die Behörde oder Firma selbst als Aussteller hervorgehen (siehe BGHSt 7, 149, 152). Bei der Vertretung natürlicher Personen sei dagegen grundsätzlich nicht der Vertretene, sondern der Erklärende Aussteller (BGH, NJW 1993, 2759). Besteht daher das Vertretungsverhältnis in Wahrheit nicht, handele es sich folglich um eine bloße tatbestandslose schriftliche Lüge (dazu Rdn. 826 f.). Diesen Grundsätzen wird man für den Regelfall beipflichten können, dennoch bedarf es stets der Prüfung der Einzelfallumstände.

810 **Beispiel (in Anlehnung an BGH, NJW 1993, 2759):**
A spiegelt O vor, O müsse dem Rechtsanwalt R 1.000 Euro Aufwendungsersatz leisten. O glaubt dem A. Auf Bitten des O stellt A bei der Übergabe des Geldes eine Quittung aus. Der Quittungsvordruck ist versehen mit einem Stempel des R. Unter dem Stempel unterschreibt A mit seinem Namen, dem er den Vermerk „i.V." voransetzt.
Nach dem BGH weist die Urkunde nicht den Vertretenen R, sondern den Erklärenden A als Aussteller aus (BGH, NJW 1993, 2759). Es gehe daher nicht um eine unechte Urkunde, sondern um eine tatbestandslose schriftliche Lüge über die Befugnis zur Vertretung.
Kritisch ist insofern jedoch anzumerken, dass die Umstände (Stempel des R) eher darauf hindeuten, den Rechtsanwalt R als Aussteller anzusehen (Zieschang, FG Paulus, S. 197, 205 f.). Da es tatsächlich aber der A ist, liegt danach eine unechte Urkunde vor.

811 Problematisch ist, wenn nach außen eine Behörde als Aussteller hervorgeht, wobei der interne Sachbearbeiter seine **Befugnisse missbraucht**.

812 **Beispiel:**
A ist Sachbearbeiter beim Finanzamt. Für seinen Freund B manipuliert er den Steuerbescheid.
Nach außen geht das Finanzamt als Aussteller hervor. Vielfach wird nun angenommen, dass trotz des Missbrauchs auch tatsächlich das Finanzamt Aussteller ist (siehe Puppe/Schumann, NK[5], StGB, § 267 Rdn. 71, 81; Rengier, BT II, § 33 Rdn. 20 ff., soweit kein Fall der Kollusion vorliege), sodass die Urkunde echt ist.
Jedoch will sich der Vertretene so nicht vertreten lassen. Es verhält sich wie im Fall der Blankettfälschung (Rdn. 839 f.), bei dem der Ausfüllende den Anweisungen zuwider das Blankett ausfüllt und damit eine unechte Urkunde herstellt (Zieschang, FG Paulus, 197, 211 ff.). Daher ist richtigerweise die Urkunde unecht.

2. Besondere Formen der Urkunde

a) Beweiszeichen

813 Nicht nur Schriftstücke fallen nach zutreffender Auffassung unter den Urkundenbegriff, sondern auch durch Symbole oder Zeichen zum Ausdruck gebrachte Gedankenerklärungen, also **Beweiszeichen** (BGHSt 9, 235, 236 ff.; *Brehmeier-Metz*, AnwK, StGB, § 267 Rdn. 4; *Jäger*, BT, Rdn. 629; siehe bereits Rdn. 775 f.). Diese sind wiederum abzugrenzen von den Kennzeichen, die keine Urkundenqualität aufweisen. Nach der Rechtsprechung sind **Beweiszeichen** solche, die geeignet und bestimmt sind, über ihr Dasein hinaus eine Gedankenerklärung zu vermitteln und Beweis zu erbringen (siehe BGHSt 9, 235, 237 f.). Bloße **Kennzeichen** hätten hingegen u. a. Aufzählungs-, Identitäts-, Ordnungs- oder Unterscheidungsfunktion, verkörperten aber keinen Gedanken (siehe BGHSt 2, 370, 371). Schon das zeigt, dass die Abgrenzung

im Einzelfall schwierig sein kann. Sinnvoll ist es daher, jeweils im Einzelfall zu prüfen, ob bei der Verwendung von Zeichen oder Symbolen sämtliche Merkmale des Urkundenbegriffs erfüllt sind (*Zieschang*, AD LEGENDUM 2020, 73, 76).

Beispiele: 814
In der Rechtsprechung wurden als Beweiszeichen und damit als Urkunden angesehen: Die Fahrzeugidentifizierungsnummer (BGH, HRRS 2020, Nr. 124; frühere Fahrgestellnummer), die Angaben über Hersteller, Baureihe und Motortyp enthält; das gestempelte amtliche Kennzeichen am Kfz (BGH, NStZ 2018, 468), das die Erklärung der Zulassungsstelle verkörpert, dass das Fahrzeug unter diesem Kennzeichen für einen bestimmten Halter zum öffentlichen Verkehr zugelassen worden ist; ein Künstlerzeichen auf einem Gemälde (BGH, BeckRS 2020, 28772); das mit der Ware hinreichend fest verbundene Preisschild (OLG Köln, NJW 1979, 729); die Prüfplakette in Verbindung mit dem amtlich zugelassenen Kennzeichen am Fahrzeug (siehe BGHSt 26, 9, 11; OLG Celle, NJW 2011, 2983, 2984).
Als bloße Kennzeichen ohne Urkundenqualität sind in der Rechtsprechung eingestuft worden: Dienststempel in Diensthosen der Polizei (RG, GA Bd. 77 [1933] 202), Namenszeichen auf Tieren (RGSt 34, 439) oder der Firmenname auf einer Heringstonne (RGSt 17, 282, 284).

b) Zusammengesetzte Urkunde

Bei der **zusammengesetzten Urkunde** ergibt sich die Gedankenerklärung aus dem 815
Zusammenspiel eines Zeichens oder Symbols mit einem Bezugsobjekt. Typische Beispiele dafür sind das Preisschild, das mit der Ware verbunden ist, oder der Ausweis mit eingeklebtem Foto. Es liegt dann ein einheitlicher eigenständiger Beweis- und Erklärungswert vor (*Eisele*, BT I, Rdn. 806). In der Konsequenz ist § 267 StGB nicht nur gegeben bei der Manipulation der Erklärung, sondern auch bei der Auswechselung des Bezugsobjekts (OLG Karlsruhe, BeckRS 2019, 12710). Stets ist eine hinreichend feste Verbindung zwischen Erklärung und Bezugsobjekt erforderlich. Nicht ausreichend ist etwa, wenn ein Hemd einer Plastiktüte mit Preisetikett problemlos entnommen werden kann (OLG Köln, NJW 1979, 729, 730). Die räumliche Überschaubarkeit ist dabei entgegen der Auffassung des OLG Köln (OLG Köln, NJW 1999, 1042, 1043, das bei einem Verkehrszeichen in Verbindung mit einem Straßenstück den Urkundencharakter verneint) kein Erfordernis der zusammengesetzten Urkunde (ebenso etwa *Rengier*, BT II, § 32 Rdn. 29).

Beispiele: 816
Neben der mit dem Preisetikett fest verbundenen Ware sind zusammengesetzte Urkunden etwa: Der Beglaubigungsvermerk auf der Fotokopie (Eisele, BT I, Rdn. 806); das gestempelte amtliche Kennzeichen am Kfz (BGHSt 18, 66, 70); die Prüfplakette auf dem amtlichen Kennzeichen (OLG Celle, NJW 2011, 2983, 2984).

c) Gesamturkunde

Rechtsprechung und überwiegende Auffassung im Schrifttum erkennen die **Gesamturkunde** an (BGH, JR 1954, 308; OLG Düsseldorf, NStZ 1981, 25, 26; *Joecks/Jäger*, StGB, § 267 Rdn. 37; *Rengier*, BT II, § 32 Rdn. 32; ablehnend etwa *Erb*, MK, StGB, § 267 Rdn. 58; *Hoyer*, SK, StGB, § 267 Rdn. 80). In diesem Fall werden mehrere Einzelurkunden dauerhaft zu einem einheitlichen Ganzen verbunden, sodass sie nach Gesetz, Herkommen oder Vereinbarung einen selbstständigen, über die Summe der Einzelurkunden hinausgehenden Erklärungsinhalt aufweisen und das vollständige 817 und abschließende Bild bestimmter Rechtsbeziehungen vermitteln (*Küper/Zopfs*, BT, Rdn. 556). Das Hinzufügen von Einzelurkunden unterfällt dann im Hinblick auf die Gesamturkunde dem § 267 StGB.

818 **Beispiele:**
Kaufmännische Handelsbücher (RGSt 50, 420, 421); Personalakten (OLG Düsseldorf, NStZ 1981, 25, 26); Stimmzettel in der Wahlurne zusammen mit der Wählerliste (BGHSt 12, 108, 112), wogegen jedoch spricht, dass die Stimmzettel mangels Ausstellererkennbarkeit keine Einzelurkunden darstellen und daher auch keine Gesamturkunde vorliegen kann, zumal es an der hinreichenden Festigkeit der Verbindung fehlt (Zieschang, LK, StGB, § 267 Rdn. 115).
Keine Gesamturkunde stellen Handakten eines Rechtsanwalts dar (BGHSt 3, 395, 399).

d) Abschrift, Mehrfachfertigung, Ausfertigung, Durchschrift, Fotokopie, E-Mail-Ausdruck

819 Mangels Ausstellererkennbarkeit hat die bloße **Abschrift** keine Urkundenqualität, es sei denn, mit ihr wird der Anschein der Originalurkunde erweckt (*Hoyer*, SK, StGB, § 267 Rdn. 23), sie nimmt die Stelle des Originals ein (siehe BGHSt 1, 117, 120; *Küper/Zopfs*, BT, Rdn. 546) oder sie enthält einen Beglaubigungsvermerk, wobei im letzteren Fall der Beglaubigende Aussteller ist.

820 **Mehrfachfertigungen, Ausfertigungen** und **Durchschriften** haben Urkundenqualität. Dagegen fehlt **Fotokopien**, die nach außen als solche erscheinen, nach überwiegender Ansicht die Urkundenqualität (BGHSt 5, 291, 293; BGHSt 24, 140, 141; *Beckemper*, JuS 2000, 123, 124 f.; *Meier*, Matt/Renzikowski, StGB, § 267 Rdn. 45; anders etwa *Freund*, JuS 1991, 723, 725 f.), denn es ist nicht erkennbar, wer Aussteller dieser Kopie ist. Die **Fotokopie ist aber Urkunde**, wenn mit ihr objektiv der **Anschein der Originalurkunde** erweckt wird (siehe BGH, NStZ 2010, 703, 704; *Eisele*, Jura 2002, 59, 63; *Lackner/Kühl/Heger*, StGB, § 267 Rdn. 16). Entsprechendes hat zu gelten bei fotografierten und gescannten Dokumenten.

821 Wie bei Abschriften ist es zudem möglich, dass Fotokopien an die Stelle des Originals treten oder mit einem Beglaubigungsvermerk versehen sind.

822 Der Ausdruck einer E-Mail ist als Urkunde anzusehen (*Krey/Hellmann/Heinrich*, BT 1, Rdn. 1178; *Zieschang*, LK, StGB, § 267 Rdn. 134; anders etwa *Heine/Schuster*, Schönke/Schröder, StGB, § 267 Rdn. 43a). Hinsichtlich ausgedruckter E-Mail-Anhänge gelten die für die Fotokopie dargelegten Grundsätze.

3. Herstellen einer unechten Urkunde gemäß § 267 Abs. 1 Var. 1 StGB

823 Seit der Strafangleichungsverordnung vom 29.5.1943 (RGBl. I, 339), durch welche § 267 StGB im Grundsatz seine heutige Gestalt erhielt, genügt bereits das Herstellen als solches (oder das Verfälschen) zur Verwirklichung des objektiven Tatbestands, ohne dass noch zur Vollendung der Gebrauch hinzukommen muss. Letzterer ist wiederum eigenständig unter Strafe gestellt.

824 **Herstellen** bedeutet dabei nichts anderes als die Anfertigung der Urkunde, sei es handschriftlich, sei es auf anderem Weg, etwa mittels Computerausdrucks. Sowohl Mittäterschaft als auch mittelbare Täterschaft kommen in Betracht, ebenso ein Unterlassen.

Beispiel: 825
A erstellt den vollständigen Entwurf einer unechten Urkunde. Dieser Entwurf gelangt nun in den Rechtsverkehr, wobei A dagegen nichts unternimmt. Insofern kann §§ 267, 13 StGB gegeben sein.

Unecht ist eine Urkunde, wenn sie tatsächlich nicht von demjenigen herrührt, der 826
sich aus der Urkunde als Aussteller ergibt (BGHSt 40, 203; *Wessels/Hettinger/Engländer*, BT 1, Rdn. 808). § 267 StGB intendiert daher **Echtheitsschutz**, nicht Wahrheitsschutz. **Die schriftliche Lüge ist tatbestandslos.**

Beispiele: 827
A quittiert der Wahrheit zuwider, von B 100 Euro erhalten zu haben, und unterschreibt die Quittung.
Die Quittung ist echt. Der aus der Urkunde hervorgehende Aussteller und der wahre Aussteller ist A.
Weiteres Beispiel: B befreit seinen Sohn S von der Schule, indem er ein inhaltlich unwahres Entschuldigungsschreiben verfasst, wonach S krank sei.
Da der aus der Urkunde hervorgehende Aussteller und der tatsächliche Aussteller identisch sind, nämlich jeweils der B, ist die Urkunde echt. Es handelt sich um eine tatbestandslose schriftliche Lüge.

Eine Urkunde, die eine inhaltlich wahre Erklärung enthält, kann unecht sein, wenn 828
der aus der Urkunde hervorgehende Aussteller nicht der tatsächliche Aussteller ist (*Wessels/Hettinger/Engländer*, BT 1, Rdn. 810).

Bei der Frage nach der **Unechtheit** muss man in **zwei Schritten** vorgehen: Erstens ist 829
zu prüfen, wer als Aussteller aus der Urkunde hervorgeht. Zweitens ist im Anschluss zu ermitteln, wer tatsächlicher Aussteller der Urkunde ist. In diesem Zusammenhang ist die Geistigkeitstheorie (Rdn. 797) von besonderer Relevanz. Fallen danach der aus der Urkunde erkennbare Aussteller und der tatsächliche Aussteller auseinander, liegt eine unechte Urkunde vor (*Zieschang*, AD LEGENDUM 2020, 73, 78).

Wenn auch **in der Regel ein falscher Name** verwendet wird, kann eine Urkunde selbst 830
dann **unecht** sein, falls jemand mit seinem **eigenen richtigen Namen** unterzeichnet.

Beispiel: 831
Schwindler A verwendet den Briefkopf und Stempel einer Behörde und unterschreibt mit seinem Namen.
In diesem Fall ist der aus der Urkunde hervorgehende Aussteller die Behörde. Tatsächlich ist es aber der (dazu nicht befugte) A. Folglich liegt trotz Verwendung des richtigen Namens eine unechte Urkunde vor.

Unterschreibt jemand mit seinem Namen, benutzt aber den Zusatz „Dr. med.", bedarf 832
es der Prüfung der Einzelfallumstände, ob eine unechte Urkunde vorliegt.

Beispiel: 833
A wohnt in einem kleinen Dorf. Zufällig hat er den identischen Namen wie der dort ansässige Hausarzt. A erstellt nun ein Rechnungsschreiben an O, das er mit „Dr. med. A" unterzeichnet.
Grundsätzlich wird eine Urkunde durch die bloße Anmaßung eines akademischen Titels nicht unecht (RG, GA Bd. 55 [1908] 310, 311). Es kommt aber jeweils auf die Umstände des konkreten Falls an: Hier wird aufgrund des Zusatzes „Dr. med." im Rechtsverkehr der Eindruck erweckt, der im Dorf ansässige Hausarzt sei der Aussteller. Daher hat A eine unechte Urkunde hergestellt.

834 Eine unechte Urkunde ist auch anzunehmen, wenn jemand im Versandhandel bei der Bestellung zwar seinen richtigen Namen einträgt, aber zur Umgehung von Bonitätsprüfungen ein falsches Geburtsdatum oder eine abweichende Lieferanschrift verwendet (BGHSt 40, 203; *Rengier*, BT II, § 33 Rdn. 16; anders *Erb*, MK, StGB, § 267 Rdn. 165).

835 Umgekehrt muss die Benutzung eines falschen Namens nicht immer auch bedeuten, dass eine unechte Urkunde vorliegt. Das ist dann nicht der Fall, wenn es an der **Identitätstäuschung fehlt**.

Bezwecken einer Identitäts-täuschung erforderlich

836 **Beispiel:**
A wohnt unter dem Namen X in seiner Gemeinde. Unter dem Namen X stellt er seinem Nachbarn O eine Quittung aus.
§ 267 StGB ist nicht gegeben, da der Name X zum Identitätsmerkmal geworden ist. Es liegt keine unechte Urkunde vor.

837 Entsprechendes gilt für Deck-, Künstler- oder Spitznamen, solange die Identität der Person nicht zweifelhaft ist.

838 Nach überwiegender Ansicht wird § 267 StGB verneint, wenn die Richtigkeit des Namens unter Berücksichtigung des Verwendungszwecks der Urkunde ohne Bedeutung sei oder der Betreffende sich an der Erklärung festhalten lassen wolle (BGHSt 33, 159, 160 f.; BGHSt 40, 203, 204; *Arzt/Weber/Heinrich/Hilgendorf*, BT, § 31 Rdn. 14; *Rengier*, BT II, § 33 Rdn. 13 ff.; *Weidemann*, BeckOK, StGB, § 267 Rdn. 22). Zu denken sei insoweit an Fälle, in denen Liebende in einem Hotel unter falschem Namen einchecken (*Rengier*, BT II, § 33 Rdn. 13). Tatsächlich wird dann jedoch auf eine andere Person hingewiesen, ohne dass dies den Beteiligten klar ist. Richtigerweise liegt daher eine unechte Urkunde vor (*Kindhäuser/Schramm*, BT I, § 55 Rdn. 53; *Zieschang*, LK, StGB, § 267 Rdn. 152).

839 § 267 Abs. 1 Var. 1 StGB ist zudem bei der Blankettfälschung erfüllt (BGHSt 5, 295, 296 f.).

840 **Beispiel:**
O übergibt dem A ein von O unterschriebenes Scheckformular, in das der A den Betrag von maximal 500 Euro einsetzen soll. A indessen trägt den Betrag von 5.000 Euro ein.
Vor dem Ausfüllen fehlt es an einer verkörperten Gedankenerklärung. Durch das ***abredewidrige Ausfüllen*** *stellt nun A eine unechte Urkunde her. Die Erklärung stammt anders als es scheint nicht von dem Unterschriftleistenden O.*

4. Verfälschen einer echten Urkunde gemäß § 267 Abs. 1 Var. 2 StGB

841 **Verfälschen** bedeutet die nachträgliche Veränderung des gedanklichen Inhalts und folglich der Beweisrichtung der Urkunde (BGHSt 45, 197, 201 f.). Die Manipulation kann sich auf einzelne Teile der Erklärung beziehen oder auf die gesamte Erklärung. Bei der zusammengesetzten Urkunde können Veränderungen am Bezugsobjekt oder am Beweiszeichen erfolgen.

842 **Beispiel:**
Im Supermarkt des O entfernt A das teure Etikett an einer Rotweinflasche und klebt es auf eine Weißweinflasche. Das günstige Etikett der Weißweinflasche entfernt er und klebt es auf die Rotweinflasche.
Das Entfernen des Etiketts von der Rotweinflasche erfüllt § 274 StGB (siehe zu dieser Vorschrift Rdn. 906 ff.). Das Aufkleben dieses Etiketts auf die Weißweinflasche stellt § 267 Abs. 1 Var. 1 StGB dar, sofern diesbezüglich Täuschungsab-

sicht zu bejahen sein sollte. Das Entfernen des Etiketts von der Weißweinflasche kann § 274 StGB erfüllen, sofern A insofern Nachteilszufügungsabsicht hat. Das Aufkleben des Etiketts auf die Rotweinflasche erfüllt § 267 Abs. 1 Var. 1 StGB. Insgesamt handelt es sich jedoch um einen einheitlichen Vorgang (Lösen des Etiketts von der Rotweinflasche und Aufkleben eines anderen Etiketts auf die Rotweinflasche), sodass von einem Fall des § 267 Abs. 1 Var. 2 StGB auszugehen ist (siehe dazu Wessels/Hettinger/Engländer, BT 1, Rdn. 831). § 274 StGB tritt dahinter zurück.

Nach dem BGH ist § 267 Abs. 1 Var. 2 StGB nicht erfüllt, wenn jemand das Kfz-Kennzeichen mit einer farblosen Flüssigkeit versieht, wodurch das Kennzeichen bei Blitzaufnahmen reflektiert und nicht ablesbar ist, da der Beweisinhalt des Kennzeichens, dass das Fahrzeug unter diesem Kennzeichen für einen bestimmten Halter zugelassen ist, dadurch nicht beeinträchtigt sei, sondern nur die Ablesbarkeit unter bestimmten Voraussetzungen (BGHSt 45, 197, 202). Entsprechendes muss dann für eine Antiblitzfolie gelten (anders OLG Düsseldorf, NJW 1997, 1793, 1794) oder in dem Fall, dass das Entwertungsfeld einer Fahrkarte mit einer Klarsichtfolie oder einer Wachsschicht versehen wird (OLG Düsseldorf, NJW 1983, 2341, 2342). 843

Stets muss nach der Veränderung noch eine Urkunde vorliegen. So fehlt es etwa an der Beweiseignung und damit an der Urkunde, wenn die Manipulation auf den ersten Blick erkennbar ist (dazu bereits Rdn. 790). Beseitigt jemand die Ausstellerangabe, geht es nicht um § 267 Abs. 1 Var. 2 StGB, sondern um § 274 StGB. 844

Sehr umstritten ist, ob auch der **ursprüngliche Aussteller der Urkunde Täter des § 267 Abs. 1 Var. 2 StGB** sein kann. Verändert ein anderer als der ursprüngliche Aussteller der Urkunde deren Beweisrichtung, ist unproblematisch § 267 Abs. 1 Var. 2 StGB gegeben; gleichzeitig liegt in einem solchen Fall aber immer auch § 267 Abs. 1 Var. 1 StGB vor, denn die Erklärung stammt tatsächlich nicht mehr von dem Aussteller, der aus der Urkunde hervorgeht. § 267 Abs. 1 Var. 2 StGB hätte daher nur dann einen eigenständigen Anwendungsbereich, wenn auch der ursprüngliche Aussteller § 267 Abs. 1 Var. 2 StGB verwirklichen könnte. 845

Das wird indes von einem erheblichen Teil des Schrifttums mit dem Argument verneint, auch die zweite Variante verlange eine Identitätstäuschung, die in diesem Fall nicht vorliege (siehe zu dieser Auffassung etwa *Erb*, MK, StGB, § 267 Rdn. 191 ff.; *Heine/Schuster*, Schönke/Schröder, StGB, § 267 Rdn. 64, 68). Der BGH indes geht mit vielen Stimmen im Schrifttum davon aus, dass auch der **ursprüngliche Aussteller nach dem Erlöschen seiner ausschließlichen Abänderungsbefugnis § 267 Abs. 1 Var. 2 StGB verwirklichen kann** (BGH, NStZ 2015, 651; *Geppert*, Jura 1988, 158, 160; *Lackner/Kühl/Heger*, StGB, § 267 Rdn. 21; *Rengier*, BT II, § 33 Rdn. 42). 846

Beispiel: 847

Examenskandidat A bemerkt nach Abgabe seiner Klausur, dass ihm ein Fehler unterlaufen ist. Es gelingt ihm, nachträglich an seine Klausur zu gelangen. Er beseitigt nun diesen Fehler.

Lehnt man mit Stimmen aus der Literatur die Anwendung des § 267 Abs. 1 Var. 2 StGB auf den Aussteller ab, hat sich A nicht nach § 267 StGB strafbar gemacht. Es kommt jedoch § 274 StGB in Betracht.

Wenn man mit der Rechtsprechung und Teilen des Schrifttums eine Tatbegehung durch den Aussteller für möglich hält, kommt es darauf an, wann A seine Abänderungsbefugnis verloren hat.

*Entscheidend ist insofern, ob ein anderer einen **Anspruch auf unverfälschten, unversehrten Fortbestand der Urkunde** erlangt hat (Wessels/Hettinger/Engländer, BT 1, Rdn. 835; Zieschang, JA 2008, 192, 195). Davon ist bei Prüfungsarbeiten auszugehen mit der Abgabe der Arbeit (AG Pfaffenhofen, NStZ-RR 2004, 170: Verlust der Befugnis mit Schluss der Prüfungszeit).*

Zur Entscheidung des Meinungsstreits ist anzumerken: Der Wortlaut des § 267 StGB ist mit der Anwendung der zweiten Variante auf den Aussteller vereinbar, denn Verfälschen bedeutet lediglich ein Verändern der Beweisrichtung, was durchaus auch durch den Aussteller erfolgen kann. Systematisch ist zu bedenken, dass die zweite Variante keinen eigenständigen Anwendungsbereich hätte, wenn sie nicht auf die Veränderung durch den Aussteller anwendbar wäre. Auch aus historischer Sicht sollte von der zweiten Variante dieser Fall erfasst werden (siehe dazu Zieschang, LK, StGB, § 267 Rdn. 179). Zwar geht es dann nicht um eine Identitätstäuschung, aber es erfolgt eine Änderung der Beweisrichtung, die gerade § 267 StGB verhindern will. Zudem steht der Aussteller nach Verlust der Abänderungsbefugnis der Urkunde wie ein Außenstehender, also wie ein beliebiger Dritter, gegenüber (Zieschang, JA 2008, 192, 195). Daher sprechen insgesamt die besseren Argumente für eine Anwendung des § 267 Abs. 1 Var. 2 StGB auf den Aussteller nach Verlust seiner Abänderungsbefugnis.

5. Gebrauchen einer unechten oder verfälschten Urkunde gemäß § 267 Abs. 1 Var. 3 StGB

848 Eine Urkunde wird **gebraucht**, wenn sie demjenigen, der durch sie getäuscht werden soll, so zugänglich gemacht wird, dass dieser die Möglichkeit hat, die unechte oder verfälschte Urkunde wahrzunehmen (BGHSt 36, 64, 65). Es reicht bereits aus, wenn der Betreffende die Möglichkeit zur Kenntnisnahme hat, er muss sie nicht tatsächlich zur Kenntnis nehmen oder gar einem Irrtum unterliegen.

849 Täter des Gebrauchens kann der Hersteller oder Verfälscher sein, das ist aber nicht zwingend. Es kann auch ein beliebiger Dritter sein. Es spielt keine Rolle, ob sich der Hersteller oder Verfälscher strafbar gemacht hat, maßgeblich ist nur, dass objektiv eine unechte oder verfälschte Urkunde gegeben ist.

850 Das Gebrauchen kann erfolgen etwa durch Übersendung oder Veröffentlichung. Der bloße Hinweis einer Person, dass sie die Urkunde im Besitz hat, genügt aber nicht (*Eisele*, BT I, Rdn. 835).

851 Ausreichend ist für das Gebrauchen, dass jemand mit einem gefälschten Kennzeichen am Straßenverkehr teilnimmt (BGHSt 18, 66, 70 f.) oder eine unechte Urkunde hinter die Windschutzscheibe des parkenden Fahrzeugs legt (OLG Köln, NJW 2002, 527). Kein Gebrauchen ist aber das bloße Beisichführen eines gefälschten Führerscheins (BGH, StV 1989, 304), vielmehr muss der Betreffende den Führerschein bei einer Kontrolle vorzeigen. Wenn er bei dieser Kontrolle mit dem Kfz unterwegs ist, jedoch den Führerschein bezüglich der Berechtigung zum Führen von Motorrädern manipuliert hat, liegt dennoch ein Gebrauchen vor, da der kontrollierende Polizeibeamte auch insofern die Möglichkeit zur Kenntnisnahme erlangt (siehe BGHSt 33, 105, 110). Nicht ausreichend ist aber, wenn die Urkunde einer Person übergeben wird, die Kenntnis von der Unechtheit oder der Verfälschung hat (BGHSt 36, 64, 66).

852 Umstritten ist, ob jemand eine **unechte oder verfälschte Urkunde dadurch gebrauchen** kann, dass er eine **Fotokopie**, die als solche erkennbar ist, von dieser Urkunde vorlegt. Nach dem BGH stellt die Vorlage einer Kopie der Urkunde ein Gebrauchen des Falsifikats selbst dar (BGH, NJW 2005, 2720, 2722; ebenso etwa *Kulhanek*, wistra 2021, 220, 221; dies auch bei einem E-Mail-Anhang bejahend BGH, JZ 2019, 206, 208). Auch nach der Rechtsprechung genügt aber nicht, dass Blätter lose auf ein Kopiergerät gelegt werden, die dann kopiert und benutzt werden, denn dann fehlt es mangels hinreichend fester Verbindung an der unechten Urkunde; die Urschrift muss also Urkundenqualität haben (BGH, NStZ 2003, 543, 544).

Beispiel: 853
Für eine Bewerbung legt A den Briefkopf der Firma X auf das Kopiergerät und daneben einen von ihm verfassten Lebenslauf und kopiert beides. Die als solche erkennbare Fotokopie sendet er an die Firma Y.
Auch nach der Rechtsprechung ist dann § 267 Abs. 1 Var. 3 StGB nicht erfüllt, da die Urschrift (lose Zettel) keine Urkundenqualität hat.

Die überwiegende Ansicht im Schrifttum sieht in der Vorlage der Fotokopie **kein Gebrauchen des Falsifikats selbst** (*Joecks/Jäger*, StGB, § 267 Rdn. 96; *Klesczewski*, BT, § 17 Rdn. 47). 854

Beispiel: 855
A ist im Besitz einer unechten Urkunde. Davon fertigt er eine Fotokopie an und sendet diese Fotokopie an O.
Nach dem BGH macht sich A durch die Übersendung nach § 267 Abs. 1 Var. 3 StGB strafbar.
Die überwiegende Ansicht im Schrifttum sieht dagegen § 267 Abs. 1 Var. 3 StGB nicht als erfüllt an. Dafür spricht, dass sich der Rechtsverkehr nicht auf als solche erkennbare Kopien verlassen darf. Das geschützte Vertrauen bezieht sich nur auf das Original (Hohmann/Sander, BT, § 17 Rdn. 46). Dieses muss unmittelbar sinnlich wahrgenommen werden können. Zutreffend ist daher § 267 Abs. 1 Var. 3 StGB entgegen der Rechtsprechung zu verneinen.

6. Subjektiver Tatbestand

Es genügt jede Vorsatzform, also auch dolus eventualis. Zu beachten ist in diesem Zusammenhang, dass die Begriffe „Urkunde“ sowie „Unechtheit“ und „Verfälschen“ normative, also wertausfüllungsbedürftige Tatbestandsmerkmale sind. Hier ist es ausreichend, wenn der Täter den Bedeutungsgehalt dieser Merkmale nach Laienart richtig versteht. Diese Parallelwertung in der Laiensphäre genügt (OLG Düsseldorf, NJW 2001, 167, 168). 856

Beispiel: 857
A vertauscht das Preisetikett an einer Weinflasche (siehe den Fall Rdn. 842). A lässt sich nun dahingehend ein, er habe nicht gewusst, dass das Preisetikett in Verbindung mit der Weinflasche eine Urkunde darstellt.
A weiß jedoch, dass mit diesem Preisetikett die Erklärung verbunden ist, welchen Preis der Wein hat (Gedankenerklärung). Er weiß auch, dass das Etikett dazu dient, den Preis an der Kasse festzustellen (Beweiseignung und -bestimmung). A ist sich auch darüber bewusst, dass der Supermarktbetreiber den Preis festgelegt hat (Erkennbarkeit des Ausstellers). Damit hat er in der Laiensphäre sämtliche Urkundenmerkmale zutreffend erfasst und handelt vorsätzlich (Zieschang, LK, StGB, § 267 Rdn. 197).

Meint ein Täter bei zutreffender Tatsachenkenntnis rechtsirrig, es handele sich nicht um eine Urkunde, ist dies ein für den Vorsatz unbeachtlicher Subsumtionsirrtum. Fehlt dem Täter dabei die Einsicht, Unrecht zu tun, kommt aber ein Verbotsirrtum nach § 17 StGB in Betracht. 858

Neben dem Vorsatz verlangt § 267 StGB in subjektiver Hinsicht noch ein **besonderes subjektives Merkmal**, nämlich die **Täuschungsabsicht**. Der Täter handelt also in der Vorstellung, dass bei einem anderen ein Irrtum über die Echtheit oder Unverfälschtheit herbeigeführt und dieser dadurch zu einem rechtserheblichen Verhalten veran- 859 lasst werden soll (*Zieschang*, AD LEGENDUM 2020, 73, 79). Es genügt, irgendjemanden irreführen und zu einem rechtserheblichen Verhalten veranlassen zu wollen.

860 Hat die Urkunde ausschließlich für eine Datenverarbeitung ohne menschliche Kontrolle Relevanz, fehlt die Absicht zur Täuschung, jedoch greift dann die Gleichstellungsklausel des § 270 StGB.

861 Kontrovers wird beurteilt, welche **Vorsatzform** mit dem besonderen subjektiven Merkmal verbunden ist. Vereinzelt wird dolus directus 1. Grades verlangt (*Klesczewski*, BT, § 17 Rdn. 51), andere lassen dolus eventualis genügen (*Erb*, MK, StGB, § 267 Rdn. 209). Die Rechtsprechung und überwiegende Ansicht gehen davon aus, dass der Täter zumindest mit **dolus directus 2. Grades** handeln muss (BGH, NStZ 1999, 619, 620; *Gössel/Dölling*, BT 1, § 52 Rdn. 24; *Hohmann/Sander*, BT, § 17 Rdn. 47). Insoweit ist zu bedenken, dass durch das Erfordernis der Täuschungsabsicht die im Jahr 1943 erfolgte Ausweitung des § 267 StGB zum einaktigen Delikt (Rdn. 823) wiederum eine gewisse Einschränkung erfahren sollte. Das spricht dagegen, dolus eventualis genügen zu lassen. Andererseits ist zu bedenken: Weiß der Täter sicher, dass sein Verhalten zur Störung des Rechtsverkehrs mit Urkunden führt (dolus directus 2. Grades), erscheint der Schutz des Rechtsverkehrs ebenso erforderlich wie bei dolus directus 1. Grades. Das spricht dafür, die Täuschungsabsicht bei dolus directus 1. und 2. Grades anzunehmen. Der Täter muss also die Täuschung im Rechtsverkehr erstreben oder als sichere Folge seines Handelns voraussehen (BayObLG, NJW 1998, 2917).

862 Die Täuschungsabsicht braucht nicht als Motiv dominieren. Sie ist auch anzunehmen, wenn jemand das Kfz-Kennzeichen aus Imponiergehabe austauscht, denn er weiß dann sicher, dass er die Identifizierungsmöglichkeiten des Fahrzeugs beeinträchtigt (BayObLG, NJW 1998, 2917 f.). Sie ist im Hinblick auf Jugendschutzvorschriften auch gegeben, wenn ein 15-Jähriger das Geburtsdatum in einer Zeitkarte der Verkehrsbetriebe ändert, um Zutritt zu Diskotheken zu erreichen (BayObLG, NStZ-RR 2002, 305, 306). Dagegen soll die Absicht fehlen, sofern lediglich zwischenmenschliche Beziehungen betroffen sind, indem etwa Angehörige lediglich beruhigt werden sollen (*Hoyer*, SK, StGB, § 267 Rdn. 95).

7. Ergänzende Hinweise

863 In § 267 Abs. 3 S. 2 StGB hat der Gesetzgeber Regelbeispiele für besonders schwere Fälle aufgelistet. Dabei kann im Hinblick auf die Nr. 1, 2 und 4 auf die Ausführungen zu den Vermögensdelikten verwiesen werden (*Zieschang*, BT 2, Rdn. 272, 326, 694, 697). § 267 Abs. 3 S. 2 Nr. 3 StGB betrifft den Fall, dass der Täter durch eine große Zahl von unechten oder verfälschten Urkunden die Sicherheit des Rechtsverkehrs erheblich gefährdet, wobei beide Merkmale kumulativ vorliegen müssen. Nach dem BGH ist die Mindestzahl der Urkunden bei 25 anzusetzen (BGH, NStZ-RR 2019, 11, 13). Im Hinblick auf eine restriktive Anwendung der Vorschrift erscheint dies sehr niedrig, vorzugswürdiger ist eine Mindestzahl von 50 Urkunden (so auch *Kühl/Lange*, JuS 2010, 42, 46).

864 Hinzuweisen ist zudem auf die Qualifikation nach § 267 Abs. 4 StGB, die ein Verbrechen darstellt.

865 Stellt jemand von vornherein eine unechte Urkunde her, um diese auch zu gebrauchen, macht er sich wegen **einer Straftat nach § 267 Abs. 1 StGB** strafbar (BGH, BeckRS 2020, 28809; *Eiden*, Jura 2013, 288, 292 f.; anders etwa *Hoyer*, SK, StGB, § 267 Rdn. 114: Der Herstellungsakt sei mitbestrafte Vortat). Es geht insoweit um einen Fall der natürlichen Handlungseinheit, welche die mehrfache Verwirklichung derselben Strafvorschrift zu einer Tat im Rechtssinne zusammenfasst (*Zieschang*, LK, StGB, § 267 Rdn. 269).

Wird der Entschluss zum Gebrauch erst nach dem Herstellungs- oder Verfälschungsakt getroffen, ist Tatmehrheit zwischen § 267 Abs. 1 Var. 1 oder Var. 2 StGB einerseits und § 267 Abs. 1 Var. 3 StGB anzunehmen (BGHSt 5, 291, 293 f.). **866**

Regelmäßig geht mit der Verfälschung einer Urkunde gemäß § 267 Abs. 1 Var. 2 StGB eine Urkundenunterdrückung im Sinne des § 274 StGB einher. § 267 Abs. 1 Var. 2 StGB verdrängt dann § 274 StGB im Wege der Konsumtion (BGH, BeckRS 2019, 30105). **867**

II. Fälschung technischer Aufzeichnungen gemäß § 268 StGB

Die im Jahr 1969 eingeführte Vorschrift soll Strafrechtsschutz auch für den Fall bieten, dass ein Beweis im Rechtsverkehr nicht mittels Urkunden, sondern über technische Aufzeichnungen geführt wird. Parallel zu § 267 StGB bezweckt § 268 StGB den Schutz der Sicherheit und Zuverlässigkeit des Rechtsverkehrs mit technischen Aufzeichnungen im Sinne des Beweisverkehrs (BGHSt 29, 204, 209). Auch hier ist der Echtheitsschutz maßgeblich, nicht der Schutz der Wahrheit. Maßgeblich ist, dass ein von menschlicher Hand ungestörter Aufzeichnungsvorgang erfolgt und das Ergebnis so tatsächlich aus einem selbsttätig arbeitenden Aufzeichnungsgerät stammt (BGH, NStZ 2016, 42, 44). **868**

§ 268 StGB ist abstraktes Gefährdungsdelikt. Es handelt sich bei § 268 Abs. 1 StGB um ein Vergehen, dessen Versuch in § 268 Abs. 4 StGB ausdrücklich unter Strafe gestellt ist. Zu beachten ist die gemäß § 268 Abs. 5 StGB angeordnete entsprechende Geltung von § 267 Abs. 3 StGB und § 267 Abs. 4 StGB. Im Fall von § 268 Abs. 5 i. V. m. § 267 Abs. 4 StGB ist die Tat Verbrechen. **869**

Tauglicher Täter kann jedermann sein. **870**

1. Der Begriff der technischen Aufzeichnung

§ 268 Abs. 2 StGB enthält eine Legaldefinition der technischen Aufzeichnung. **871**

Sie unterscheidet sich von der Urkunde dadurch, dass mit der technischen Aufzeichnung keine menschliche Gedankenerklärung verbunden ist; sie ist Augenscheinsobjekt (*Hilgendorf/Valerius*, BT I, § 10 Rdn. 53). Natürlich kann im Einzelfall auch eine Urkunde vorliegen: Das ist der Fall, wenn die Aufzeichnung mit gedanklichen Zusätzen versehen wird und insoweit der Aussteller erkennbar ist. Darüber hinaus ist es möglich, dass sich jemand die technische Aufzeichnung zu eigen macht (siehe bereits Rdn. 777 f.). **872**

> **Beispiel:** **873**
> *Das beim Abwiegen von Obst mit dem jeweiligen Preis versehene Etikett ist technische Aufzeichnung, gleichzeitig geht es dabei aber auch um eine autorisierte Erklärung des Supermarktbetreibers (Zieschang, LK, StGB, § 268 Rdn. 10).*
> *Der am Automaten ausgeworfene Parkschein ist technische Aufzeichnung, gleichzeitig aber auch ein im Voraus autorisiertes Ergebnis des Parkautomatenbetreibers und damit Urkunde (OLG Köln, NJW 2002, 527, 528; anders Krey/Hellmann/Heinrich, BT 1, Rdn. 1190: allein technische Aufzeichnung).*

Anders als bei der Urkunde ist bei der technischen Aufzeichnung keine visuelle Wahrnehmbarkeit erforderlich. Das wird bereits durch die Verwendung des Begriffs „Daten“ verdeutlicht. **874**

875 **Beispiel:**
Eine technische Aufzeichnung ist die Tonbandaufnahme.

876 Erforderlich ist hingegen eine Verkörperung von Informationen, die eine gewisse Dauerhaftigkeit aufweist (*Eisele*, BT I, Rdn. 859; *Rengier*, BT II, § 34 Rdn. 5). Das folgt aus den Begriffen „Darstellung" und „Aufzeichnung". Daher fallen Anzeigegeräte, die nach Beendigung des Messvorgangs wieder in die Ausgangsposition zurückgehen, nicht unter den Begriff.

877 **Beispiele:**
Die Waage, die nach dem Wiegen wieder in die Ausgangsstellung zurückgeht, ist keine technische Aufzeichnung. Ebenso wenig ist dies der Fall bei der analogen Anzeige der Geschwindigkeit durch die Tachonadel.

878 Umstritten ist, ob eine technische Aufzeichnung vorliegt, wenn eine **Addition oder Subtraktion von Messwerten** vorliegt, wie es zum Beispiel beim **Kilometerzähler** oder Gas- und Stromzähler der Fall ist.

879 Nach dem BGH ist die Wegstreckenanzeige keine technische Aufzeichnung (BGHSt 29, 204, 205 ff.). In der Regel verlange die Aufzeichnung die Verkörperung des Aufgezeichneten auf einem selbstständigen, vom aufzeichnenden Menschen oder vom Gerät abtrennbaren Zeichenträger, was hier nicht der Fall sei (BGHSt 29, 204, 205; ebenso etwa *Fischer*, StGB, § 268 Rdn. 4; *Weidemann*, BeckOK, StGB, § 268 Rdn. 4). Dagegen wird teilweise im Schrifttum vertreten, für die technische Aufzeichnung sei ausreichend, dass der gemessene Einzelwert in der Endsumme enthalten ist (*Heine/Schuster*, Schönke/Schröder, StGB, § 268 Rdn. 9; *Hoyer*, SK, StGB, § 268 Rdn. 12), sodass der Wegstreckenzähler technische Aufzeichnung sei.

880 Aus hiesiger Sicht ist zu der Kontroverse anzumerken: Zwar spielt es für den Beweiswert keine maßgebliche Rolle, ob die Aufzeichnung in einem vom Gerät abtrennbaren Zeichenträger verkörpert ist. Daher ist entgegen der Auffassung des BGH (BGH, NStZ 2016, 42, 45) auch das in einem Spielautomaten eingebaute Speichermedium, das den vollständigen Spielverlauf speichert, trotz fehlender Abtrennbarkeit technische Aufzeichnung (siehe *Erb*, StV 2016, 366; *Rengier*, BT II, § 34 Rdn. 8 ff.; *Zieschang*, LK, StGB, § 268 Rdn. 18 ff., 21). Gegen die Einordnung des Kilometerzählers als technische Aufzeichnung spricht aber entscheidend, dass nicht der gesamte Verlauf wiedergegeben wird, wie viele Kilometer das Kfz jeweils an welchem Tag gefahren wurde. Es ist letztlich nur eine vorübergehende Anzeige, es fehlt an dem erforderlichen Beweiswert und der hinreichenden Perpetuierung. § 268 StGB greift daher richtigerweise nicht. Bei der Manipulation von Wegstreckenzählern ist jedoch § 22b StVG zu beachten.

881 Die Aufzeichnung muss durch ein technisches Gerät erfolgen, das heißt, es werden in einem technisch voll- oder teilautomatisierten Prozess Aufzeichnungen produziert (*Eisele*, BT I, Rdn. 862). Das Gerät muss weder geeicht noch zertifiziert sein.

882 **Beispiele:**
Technische Geräte sind Computer, die Gehaltsauszüge errechnen und erstellen, der frühere Fahrtenschreiber, der Parkscheinautomat, das Elektrokardiogramm, die Geschwindigkeitsmessanlage.

883 Die Aufzeichnung muss ganz oder zum Teil selbsttätig bewirkt werden, es muss also eine Eigenleistung des Automaten erfolgen, also eine neue Information hervorgebracht werden (*Hilgendorf*, Satzger/Schluckebier/Widmaier, StGB, § 268 Rdn. 6). Daher sind Fotokopien keine technischen Aufzeichnungen (BGHSt 24, 140, 142; *Lackner/Kühl/Heger*, StGB, § 268 Rdn. 4; anders etwa *Joecks/Jäger*, StGB, § 268 Rdn. 18). Entsprechendes gilt für Fotografien und Scans, Röntgen- sowie Ultraschallaufnahmen

und Computerausdrucke, sofern keine eigenständigen neuen Informationen (zum Beispiel das Datum der Aufzeichnung) produziert werden. Da ein teilweises selbsttätiges Bewirken genügt, fällt die Rechenmaschine unter § 268 StGB (*Heine/Schuster*, Schönke/Schröder, StGB, § 268 Rdn. 16; anders *Erb*, MK, StGB, § 268 Rdn. 25).

Der Gegenstand der Aufzeichnung muss allgemein oder für Eingeweihte erkennbar sein und zum Beweis einer rechtlich erheblichen Tatsache geeignet und bestimmt sein. 884

2. Herstellen einer unechten technischen Aufzeichnung gemäß § 268 Abs. 1 Nr. 1 Var. 1 StGB sowie störende Einwirkung auf den Aufzeichnungsvorgang gemäß § 268 Abs. 3 StGB

Der Begriff der **Unechtheit** in **§ 268 Abs. 1 Nr. 1 Var. 1 StGB** ist anders als bei § 267 StGB nicht auf den Aussteller bezogen, sondern auf den von menschlicher Hand störungsfreien Aufzeichnungsvorgang. Die technische Aufzeichnung ist **unecht**, wenn sie den falschen Eindruck erweckt, das Ergebnis eines von Manipulationshandlungen unbeeinflussten Aufzeichnungsvorgangs zu sein (*Wessels/Hettinger/Engländer*, BT 1, Rdn. 858; *Zieschang*, LK, StGB, § 268 Rdn. 40). Dagegen spielt die inhaltliche Richtigkeit keine Rolle, sodass bei einem Eigendefekt eines Geräts, das der Täter in Gang setzt, keine unechte technische Aufzeichnung vorliegt. Ebenso scheidet §§ 268, 13 StGB aus, wenn ein Garant bei einem Eigendefekt das Gerät weiterlaufen lässt (BGHSt 28, 300, 306 f.). 885

Ein Herstellen liegt vor, wenn eine technische Aufzeichnung vollständig imitiert wird, aber auch bei Ergänzungen, wenn der Eindruck erweckt wird, die Aufzeichnung stamme vollständig aus dem technischen Gerät. Auch § 268 Abs. 3 StGB ist ein Fall des Herstellens, etwa bei Manipulationen durch einen starken Magneten. Überwiegend wird vertreten, dass reine Reparatureingriffe nicht tatbestandlich sind (siehe *Fischer*, StGB, § 268 Rdn. 24; *Hoyer*, SK, StGB, § 268 Rdn. 33; anders *Zieschang*, LK, StGB, § 268 Rdn. 44 f.). Umstritten ist zudem, ob eine vorübergehende Unterbrechung eine störende Einwirkung darstellt, was man dann annehmen kann, wenn der Eindruck eines fortlaufenden Aufzeichnungsvorgangs erweckt wird. 886

Nicht von § 268 StGB erfasst sind Input-Manipulationen, indem lediglich unrichtige Arbeitsvoraussetzungen geschaffen werden (BGH, NStZ 2016, 42, 45). 887

> **Beispiele:** 888
> *A legt im Supermarkt Kirschen auf die Waage, drückt aber auf das Symbol für Äpfel.*
> *B benutzt an seinen Kennzeichen reflektierende Folien, um beweistaugliche Fotos der Geschwindigkeitsmessanlage zu verhindern (§ 268 StGB ablehnend OLG München, NStZ 2006, 576).*

§ 268 StGB wird man aber zu bejahen haben, wenn jemand eine Diagrammscheibe in den früheren Fahrtenschreiber legt, die für dieses Gerät nicht bestimmt ist (BGHSt 40, 26, 29; *Eisele*, BT I, Rdn. 875), denn zum korrekten Aufzeichnungsvorgang gehört auch die Benutzung der für das Gerät bestimmungsgemäßen Diagrammscheibe, sodass nicht nur ein falsches Beschicken vorliegt. 889

3. Verfälschen einer technischen Aufzeichnung gemäß § 268 Abs. 1 Nr. 1 Var. 2 StGB

In diesem Fall verändert der Täter die Aufzeichnung nachträglich, wobei der Eindruck erweckt wird, sie stamme von vornherein in dieser Form aus dem Gerät (BGH, 890

NStZ 2016, 42, 45). Diese Variante ist nicht auf echte technische Aufzeichnungen beschränkt, sodass auch unechte verfälscht werden können. Nach der Verfälschung muss noch der Eindruck einer technischen Aufzeichnung bestehen, sonst geht es um § 274 StGB.

4. Gebrauchen einer unechten oder verfälschten technischen Aufzeichnung gemäß § 268 Abs. 1 Nr. 2 StGB

891 Wie bei § 267 StGB wird eine technische Aufzeichnung gebraucht, wenn sie demjenigen, der durch sie getäuscht werden soll, so zugänglich gemacht wird, dass dieser die Möglichkeit hat, die Aufzeichnung wahrzunehmen. Der Täter muss sie nicht unbedingt selbst hergestellt oder verfälscht haben. Es genügt sogar, wenn sie unvorsätzlich hergestellt wurde. Wie bei § 267 StGB (Rdn. 852 ff.) ist umstritten, ob der Gebrauch durch Vorlage einer Kopie möglich ist (so *Fischer*, StGB, § 268 Rdn. 26), was richtigerweise zu verneinen ist.

5. Subjektiver Tatbestand

892 Bei § 268 StGB genügt für den Vorsatz dolus eventualis. Geht der Täter irrtümlich von einem Eigendefekt des Geräts aus, fehlt der Vorsatz. Meint der Täter irrtümlich, auch bei einem Eigendefekt sei das Verhalten strafbar, liegt ein strafloses Wahndelikt vor.

893 Darüber hinaus verlangt § 268 StGB wie § 267 StGB als besonderes subjektives Merkmal Täuschungsabsicht (siehe dazu Rdn. 859 ff.). Das gilt auch im Fall des § 268 Abs. 3 StGB.

III. Fälschung beweiserheblicher Daten gemäß § 269 StGB

894 § 269 StGB ist durch das 2. Gesetz zur Bekämpfung der Wirtschaftskriminalität vom 15.5.1986 (BGBl. I, 721) in das StGB eingestellt worden. Da bei Daten **mangels visueller Erkennbarkeit** keine Urkunde vorliegt und damit § 267 StGB nicht einschlägig ist, dient § 269 StGB der Schließung dieser Strafbarkeitslücke.

895 Die Vorschrift dient dem Schutz der Sicherheit und Zuverlässigkeit des Rechtsverkehrs mit Daten als Beweismittel. § 269 Abs. 1 StGB ist Vergehen, der Versuch ist strafbar. § 269 Abs. 3 StGB verweist auf § 267 Abs. 3 StGB und § 267 Abs. 4 StGB.

896 § 269 StGB betrifft nur die nicht selbst unmittelbar visuell wahrnehmbaren Daten, also Informationen, die elektronisch, magnetisch oder sonst nicht unmittelbar wahrnehmbar gespeichert sind oder gespeichert werden sollen, sodass der Datenbegriff weiter ist als der in § 202a Abs. 2 StGB (*Rengier*, BT II, § 35 Rdn. 1). Im Fall der visuellen Wahrnehmbarkeit geht es um § 267 StGB. Bei reinen Balkencodes oder QR-Codes sind die damit verbundenen Informationen nicht unmittelbar wahrnehmbar, sodass § 269 StGB einschlägig ist. Daten sind etwa auch die Informationen im Speicher eines Computers, auf Geld- oder Telefonkarten oder die Daten eines E-Mail-Accounts.

897 Maßgeblich für § 269 StGB ist eine **hypothetische Prüfung**: Man unterstellt die visuelle Wahrnehmbarkeit (etwa indem man gedanklich von einem Ausdruck der Daten ausgeht) und prüft dann, ob im Übrigen sämtliche Merkmale des Urkundenbegriffs erfüllt sind (*Zieschang*, LK, StGB, § 269 Rdn. 15). Erforderlich ist also eine Gedankenerklärung, die zum Beweis im Rechtsverkehr geeignet und bestimmt ist, und ihren Aussteller erkennen lässt. Diese Urkunde muss dann unecht oder verfälscht sein.

Beispiele: 898
A hat in digitaler Form die Nachricht erhalten, dass sein Coronatest vom 2.2. negativ war.
A ändert nun mit Bildbearbeitungssoftware das Datum auf den 2.4. um. A verwirklicht § 269 StGB.
Ebenso ist § 269 StGB erfüllt, wenn jemand die Daten eines anderen benutzt, um „Corona-Soforthilfen" auf elektronischem Weg zu beantragen (siehe BGH, NJW 2021, 2055) oder der Täter unter einem fremden Namen online Waren bestellt.

Da es sich bei der „Datenurkunde" jeweils um ein Original handelt, stellt sich die Problematik der Kopie grundsätzlich nicht. Wird jedoch mit einer E-Mail im Anhang eine Kopie versendet, ist in Gleichlauf mit § 267 StGB bei dieser eingescannten Kopie eine Datenurkunde zu verneinen (OLG Hamburg, StV 2019, 394, 396 f.). 899

§ 269 StGB ist erfüllt, wenn jemand mit falschen Personalien einen eBay-Account anmeldet (BGHSt 65, 98, 103 ff., wobei bei der Plattform eBay-Kleinanzeigen die bloße Anmeldung noch nicht genüge). Mit der Anmeldung ist die Gedankenerklärung verbunden, dass der Anmelder unter diesem Account die Dienste der Plattform unter Anerkennung der AGB nutzen will (KG, NStZ 2010, 576, 578). Auch ist der Aussteller erkennbar, sofern kein Fall der Anonymität vorliegt. Werden über den Account Käufe und Verkäufe abgewickelt, wird die Datenurkunde zudem gebraucht (*Zieschang*, LK, StGB, § 269 Rdn. 26). 900

§ 269 StGB liegt auch vor, wenn sich jemand bei Freemail-Anbietern oder sozialen Netzwerken mit falschen Personalien anmeldet, da damit die Gedankenerklärung verbunden ist, sich an die Nutzungsbedingungen zu halten (*Lackner/Kühl/Heger*, StGB, § 269 Rdn. 8; anders etwa *Buggisch*, NJW 2004, 3519, 3521; *Fischer*, StGB, § 269 Rdn. 5). Die Vorschrift greift weiterhin, falls jemand die Fahrerkarte eines anderen in den digitalen Fahrtenschreiber steckt (OLG Stuttgart, BeckRS 2013, 6959). 901

§ 269 StGB ist auch erfüllt, wenn eine Person mit einer fremden Debit-Karte unerlaubt Geld am Automaten abhebt. Mit der PIN-Eingabe sieht nämlich der Rechtsverkehr den berechtigten Kontoinhaber als Aussteller der gespeicherten Kontobewegungen an, der es nicht ist (*Eisele*, BT I, Rdn. 888; *Hoyer*, SK, StGB, § 269 Rdn. 18). Dagegen soll § 269 StGB nach dem OLG Hamm nicht erfüllt sein beim kontaktlosen Zahlen ohne PIN-Abfrage, denn dann sei der Aussteller nicht erkennbar (OLG Hamm, BeckRS 2020, 9059; anders *Rengier*, BT II, § 35 Rdn. 8 f.). § 269 StGB liegt vor bei E-Mails mit unzutreffender Absenderangabe (BGH, BeckRS 2017, 113600), um etwa an persönliche Daten eines Bankkunden zu gelangen (Phishing). 902

Tathandlungen sind das Speichern, Verändern oder Gebrauchen, was dem Herstellen, Verfälschen oder Gebrauchen des § 267 StGB entspricht. In Parallele zu § 267 Abs. 1 Var. 2 StGB (siehe dazu Rdn. 845 ff.) kann auch der ursprüngliche Aussteller verändern, nachdem er seine Abänderungsbefugnis verloren hat (so auch *Rengier*, BT II, § 35 Rdn. 16; anders etwa *Erb*, MK, StGB, § 269 Rdn. 37). Beim Gebrauchen geht es darum, dass zum Beispiel der Datenträger übergeben wird. Die bloß mittelbare Sichtbarmachung auf dem Computerbildschirm soll nach überwiegender Ansicht (etwa *Gössel/Dölling*, BT 1, § 52 Rdn. 39; *Otto*, BT, § 70 Rdn. 65) genügen, was nicht überzeugt, da damit die Daten selbst nicht zugänglich gemacht werden (ebenso *Erb*, MK, StGB, § 269 Rdn. 40 f.). Die Übersendung einer digitalen Kopie von Daten (siehe zur Kopie Rdn. 899) genügt richtigerweise wie bei § 267 StGB (siehe Rdn. 852 ff.) nicht zum Gebrauch des Originals; gegenteiliger Ansicht ist freilich der BGH (BGH, NStZ-RR 2018, 308). 903

Subjektiv ist neben dem Vorsatz die Absicht zur Täuschung im Rechtsverkehr erforderlich. Hierbei ist insbesondere auch § 270 StGB zu beachten. 904

905 Wird die Datenurkunde mit dem Willen hergestellt, sie zu gebrauchen, liegt eine Straftat nach § 269 StGB vor. § 269 StGB und § 267 StGB, sofern etwa ein Ausdruck erfolgt, den sich jemand zu eigen macht, stehen in Tateinheit (*Joecks/Jäger*, StGB, § 269 Rdn. 28; anders etwa *Heine/Schuster*, Schönke/Schröder, StGB, § 269 Rdn. 24: § 269 StGB werde verdrängt).

IV. Urkundenunterdrückung; Veränderung einer Grenzbezeichnung gemäß § 274 StGB

906 § 274 StGB schützt den Bestand der dort genannten Objekte als **Beweisführungsmittel**. Da es um den Schutz des individuellen Beweisführungsrechts eines anderen geht, hat die Vorschrift **individualschützenden Charakter** (*Erb*, MK, StGB, § 274 Rdn. 1). Folglich kommt – anders als sonst bei den Urkundendelikten – die Einwilligung als Rechtfertigungsgrund in Betracht.

907 **§ 274 Abs. 1 Nr. 1 StGB** rundet die §§ 267, 268 StGB ab, sodass es beim Bestandsschutz nur um den Schutz **echter Urkunden** und **echter technischer Aufzeichnungen** geht. Das ist ungeschriebenes Erfordernis des Tatbestands. Auch § 274 StGB bezweckt letztlich nämlich Echtheitsschutz.

908 § 274 Abs. 1 Nr. 1 StGB spricht davon, dass dem Täter das Tatobjekt entweder **überhaupt nicht oder nicht ausschließlich gehören** darf.

909 Hierbei ist zu beachten, dass es insoweit nicht um die Eigentumsverhältnisse geht, sondern um die **Berechtigung, das Tatobjekt als Beweismittel** zu benutzen. Daher gehört die Urkunde oder technische Aufzeichnung jemandem nicht (ausschließlich), wenn (auch) einem anderen daran eine Beweisführungsberechtigung zusteht (*Zieschang*, LK, StGB, § 274 Rdn. 10). Folglich kann der Eigentümer der Urkunde tauglicher Täter des § 274 StGB sein, sofern einer anderen Person an der Urkunde ein Beweisführungsrecht zusteht.

910 **Beispiel (in Anlehnung an BayObLG, NJW 1968, 1896):**
A hat das Kfz des O beschädigt. A hinterlässt an dem Fahrzeug des O einen Zettel mit Namen, Anschrift und Telefonnummer. Später entfernt er den Zettel. Der als Urkunde anzusehende Zettel gehörte dem A nach dem Anbringen nicht mehr im Sinne des § 274 StGB ausschließlich: Mit dem Anbringen hat der Unfallverursacher dem Geschädigten ein nicht mehr entziehbares Recht eingeräumt, den Zettel als Beweismittel zu gebrauchen (BayObLG, NJW 1968, 1896).

911 Geht es um öffentlich-rechtliche Vorlagepflichten, die lediglich Verwaltungs- und Überwachungsaufgaben erleichtern sollen, ist § 274 StGB dagegen nicht erfüllt.

912 **Beispiele:**
Der Reisepass gehört dem Inhaber ausschließlich (BayObLG, NJW 1990, 264, 265). Das gilt auch für den Personalausweis und den Führerschein (OLG Braunschweig, NJW 1960, 1120, 1121), denn insoweit geht es bei der Vorlegung um eine bloße Erleichterung von Überwachungsaufgaben. Auch die Vorlagepflicht des Fahrtenschreiberschaublatts genügt nicht (siehe OLG Düsseldorf, NJW 1985, 1231, 1232; anders etwa Schneider, NStZ 1993, 16, 18).
Dagegen ist die Vorlagepflicht von Beweisurkunden gemäß § 60 Abs. 1 SGB I zur Erlangung von Sozialleistungen eine Konstellation, in der der Antragsteller keine ausschließliche Verfügungsbefugnis mehr über die Urkunden hat (BGHSt 29, 192, 195). Auch das Kfz-Kennzeichen gehört dem Halter nicht allein (OLG Frankfurt, NStZ 2020, 619).

Tathandlungen des § 274 Abs. 1 Nr. 1 StGB sind das Vernichten, Beschädigen oder Unterdrücken, was sich jeweils auf den Beweiswert des Tatobjekts bezieht. Beim Unterdrücken wird dem Beweisberechtigten die Nutzung des Tatobjekts als Beweismittel für eine nicht ganz unerhebliche Zeit entzogen (siehe OLG Düsseldorf, NStZ 1981, 25, 26). Besprüht jemand das Kfz-Kennzeichen mit reflektierender Flüssigkeit, sodass das Kennzeichen bei Blitzlichtaufnahmen nicht erkennbar ist, erfüllt dies § 274 Abs. 1 Nr. 1 StGB (*Heine/Schuster*, Schönke/Schröder, StGB, § 274 Rdn. 10; ablehnend *Krack*, NStZ 2000, 423). 913

§ 274 Abs. 1 Nr. 2 StGB betrifft beweiserhebliche Daten im Sinne des § 202a StGB. Hierbei ist umstritten, ob in diesem Fall – wie bei § 269 StGB – eine Datenurkunde vorliegen muss (befürwortend OLG Nürnberg, ZD 2013, 282 f.; *Zieschang*, LK, StGB, § 274 Rdn. 37; ablehnend etwa *Eisele*, BT I, Rdn. 905). Falls man dies verlangt, müssen die betroffenen Daten vor der Tat bei einem **hypothetischen Vergleich die Qualität einer echten Urkunde** haben. 914

Auch bei § 274 Abs. 1 Nr. 2 StGB geht es bei dem Erfordernis, dass der Täter über die Datenurkunde nicht oder nicht ausschließlich verfügen darf, darum, ob einem anderen ein Beweisführungsrecht zusteht. 915

Nur hingewiesen sei auf § 274 Abs. 1 Nr. 3 StGB, der dem Schutz echter Beweismittel dient. 916

§ 274 StGB kann auch im Wege des Unterlassens begangen werden, falls jemand trotz Garantenstellung eine Urkunde nicht herausgibt. Würde er damit aber gleichzeitig eine Straftat offenbaren (wie eine Steuerhinterziehung), hat jedoch vor dem Hintergrund der Selbstbelastungsfreiheit eine Strafbarkeit auszuscheiden (*Zieschang*, HRRS 2013, 49, 52 f.). 917

In subjektiver Hinsicht ist **neben dem Vorsatz Nachteilszufügungsabsicht** erforderlich. Insoweit ist dolus directus 2. Grades ausreichend (BGH, NJW 1953, 1924), aber auch erforderlich. Es überzeugt nicht, wenn der BGH meint, für die Absicht genüge, dass der Täter um die jederzeit realisierbare potenzielle Beweisbedeutung weiß (BGH, NStZ 2020, 332, 333), denn damit ließe man dolus eventualis genügen. 918

Der Nachteil muss nach der Vorstellung des Täters aus der Beeinträchtigung des Beweisführungsrechts resultieren. Es muss kein Vermögensnachteil sein. Umstritten ist aber, ob die Vereitelung des staatlichen Straf- oder Bußgeldanspruchs Nachteil im Sinne der Vorschrift ist. 919

Beispiel: 920

A überklebt sein Kfz-Kennzeichen zur Vermeidung eines Bußgeldes wegen überhöhter Geschwindigkeit.

Nach der Rechtsprechung und überwiegenden Ansicht im Schrifttum reicht die Vereitelung des staatlichen Straf- oder Bußgeldanspruchs als Nachteil nicht (BGH, NStZ-RR 2011, 276, 277; Hecker, JuS 2002, 224, 226; Wessels/Hettinger/Engländer, BT 1, Rdn. 883). Auch bei § 263 StGB sei der staatliche Strafanspruch nicht geschützt, zudem werde kein „anderer" benachteiligt.

Dagegen spricht jedoch, dass auch dann ein „Nachteil" vorliegt, zudem kann „anderer" auch der Staat sein. Zwar unterfallen Bußgeld- und Strafansprüche nicht dem Vermögensbegriff, aber bei § 274 StGB muss der Nachteil nicht zwingend vermögensrechtlicher Natur sein. Daher unterfällt auch die Vereitelung des staatlichen Straf- und Bußgeldanspruchs dem § 274 StGB (Zieschang, HRRS 2013, 49, 50 ff.; ebenso etwa BGH, HRRS 2012, Nr. 858 [obiter dictum]; Hoyer, SK, StGB, § 274 Rdn. 15).

§ 274 StGB verdrängt § 303 StGB, wenn nicht der Angriff auf das Eigentum eigenständige Bedeutung hat. § 267 Abs. 1 Var. 2 StGB verdrängt § 274 StGB im Wege der Konsumtion. 921

V. Unbefugtes Ausstellen von Gesundheitszeugnissen gemäß § 277 StGB

922 § 277 StGB hat im Zusammenhang mit der Corona-Pandemie durch das Gesetz zur Änderung des Infektionsschutzgesetzes und weiterer Gesetze anlässlich der Aufhebung der Feststellung der epidemischen Lage von nationaler Tragweite vom 22.11.2021 (BGBl. I, 4906) seine heutige Fassung erhalten. Zuvor war die Vorschrift insbesondere auf die beabsichtigte Täuschung von Behörden und Versicherungsgesellschaften beschränkt, was zu Strafbarkeitslücken führte, da § 277 a. F. StGB als Privilegierung gegenüber § 267 StGB Sperrwirkung entfaltete (siehe zur alten Rechtslage *Zieschang*, ZIS 2021, 481).

923 Die neu gestaltete Strafbestimmung enthält nur noch die Konstellation, dass jemand unter der ihm nicht zustehenden Bezeichnung als Arzt oder als eine andere approbierte Medizinalperson agiert. Der Täter benutzt also seinen eigenen Namen, aber eine ihm nicht zustehende Bezeichnung. Welche Bedeutung dieser Fallgestaltung zukommt, hängt von Einzelfallumständen ab (dazu Rdn. 928). Die Tat ist Vergehen. Der Versuch ist nicht strafbar. § 277 Abs. 2 StGB enthält eine Strafzumessungsvorschrift. Der **Gebrauch** eines Gesundheitszeugnisses der in § 277 StGB bezeichneten Art ist in **§ 279 StGB** pönalisiert.

924 Maßgeblich geht es in § 277 StGB um ein **Gesundheitszeugnis**. Hierbei handelt es sich um eine menschliche Gedankenerklärung zur physischen oder psychischen Verfassung eines Menschen, die insofern im Rechtsverkehr zum Beweis geeignet und bestimmt ist und einen Arzt oder eine andere approbierte Medizinalperson als Aussteller erkennen lässt (*Zieschang*, ZIS 2021, 481, 482). Mit ihm muss nicht unbedingt eine Diagnose verbunden sein, auch Angaben tatsächlicher Art genügen. Gesundheitszeugnisse sind etwa die Arbeitsunfähigkeitsbescheinigung oder die Impfbescheinigung. Rezepte sind nicht erfasst, es sei denn, sie enthalten Informationen zur psychischen oder physischen Verfassung einer Person. Die inhaltliche Richtigkeit des Zeugnisses spielt bei § 277 StGB keine Rolle.

925 Die überwiegende Auffassung meint, auch beweiserhebliche Daten könnten unter den Begriff des Gesundheitszeugnisses subsumiert werden (etwa OLG Bamberg, BeckRS 2022, 320; *Erb*, MK, StGB, § 277 Rdn. 2). Ein derartiges Verständnis verstößt jedoch gegen Art. 103 Abs. 2 GG, denn ihre Einbeziehung überschreitet die Wortlautgrenze (*Zieschang*, ZFISTW 2022, 140, 144 f.).

926 Der Täter des § 277 StGB stellt nun unter der ihm nicht zustehenden Bezeichnung als Arzt oder als eine andere approbierte Medizinalperson ein Gesundheitszeugnis aus. Der Täter verwendet also seinen richtigen Namen, jedoch erweckt die Urkunde den Anschein, er sei eine bestimmte Medizinalperson. Das bedeutet:

927 Benutzt jemand seinen eigenen Namen, geht der Rechtsverkehr aber von einem anderen Aussteller aus, wird bei einem Gesundheitszeugnis nicht nur die Vorschrift des § 277 StGB verwirklicht, sondern auch § 267 StGB.

928 **Beispiel (siehe bereits Rdn. 833):**

A wohnt in einem kleinen Dorf. Zufällig hat er den identischen Namen wie der dort ansässige Hausarzt. A erstellt nun ein Gesundheitszeugnis für B, das er mit „Dr. med. A" unterzeichnet.

Grundsätzlich wird eine Urkunde durch die bloße Anmaßung eines akademischen Titels nicht unecht (RG, GA Bd. 55 [1908] 310, 311). Es kommt aber jeweils auf die Umstände des konkreten Falls an: Hier wird aufgrund des Zusatzes „Dr. med." im Rechtsverkehr der Eindruck erweckt, der im Dorf ansässige Hausarzt sei der Aussteller. Daher hat A eine unechte Urkunde hergestellt. Nicht nur § 277 StGB ist dann verwirklicht, sondern auch § 267 StGB. In diesem Fall tritt dann § 277 StGB aufgrund seiner ausdrücklichen Subsidiaritätsklausel hinter § 267 StGB zurück.

Es muss aber nicht immer auch gleichzeitig § 267 StGB vorliegen. 929

Beispiel: 930
A unterzeichnet ein Schreiben über den Gesundheitszustand des B mit „Dr. med." und seinem eigenen Namen, ohne dass der Eindruck erweckt wird, eine andere Person mit dem Namen A sei Aussteller.
In diesem Fall liegt keine Identitätstäuschung vor. Die bloße Anmaßung eines akademischen Titels, ohne dass damit eine Identitätstäuschung einhergeht, macht die Urkunde nicht unecht (Zieschang, ZIS 2021, 481, 484). Es handelt sich dann um eine schriftliche Lüge. § 267 StGB ist daher nicht gegeben. A verwirklicht § 277 StGB und § 132a StGB.

In subjektiver Hinsicht verlangt § 277 StGB Vorsatz und die Absicht zur Täuschung 931
im Rechtsverkehr.
Liegen auch die Voraussetzungen insbesondere des § 267 StGB vor (siehe Rdn. 928), 932
tritt § 277 StGB aufgrund der **ausdrücklichen Subsidiaritätsklausel** auf Konkurrenzebene zurück.

VI. Ausstellen unrichtiger Gesundheitszeugnisse gemäß § 278 StGB

Ebenso wie § 277 StGB ist § 278 StGB durch das Gesetz zur Änderung des Infektions- 933
schutzgesetzes und weiterer Gesetze anlässlich der Aufhebung der Feststellung der epidemischen Lage von nationaler Tragweite vom 22.11.2021 (BGBl. I, 4906) geändert worden. So hat der Gesetzgeber insbesondere die vorherige Einschränkung der Zweckbestimmung des Zeugnisses auf einen Gebrauch bei einer Behörde oder Versicherungsgesellschaft aufgegeben. Auf der anderen Seite wird jetzt neben dem Vorsatz in subjektiver Hinsicht die Absicht zur Täuschung im Rechtsverkehr verlangt.
Geschützt wird die **inhaltliche Richtigkeit** der von approbierten Medizinalpersonen 934
ausgestellten Gesundheitszeugnisse. Die Tat ist Vergehen, der Versuch ist nicht strafbar. Eine Strafzumessungsvorschrift enthält § 278 Abs. 2 StGB. Der Gebrauch von Gesundheitszeugnissen der in § 278 StGB bezeichneten Art ist gemäß **§ 279 StGB** strafbar.
Taugliche Täter können nur Ärzte oder andere approbierte Medizinalpersonen sein, 935
sodass es sich um ein **echtes Sonderdelikt** handelt. Sie müssen in dieser Funktion agieren. Für außenstehende Teilnehmer greift § 28 Abs. 1 StGB.

Beispiel: 936
Wenn die Privatperson B auf Veranlassung des Arztes A ein unrichtiges Gesundheitszeugnis erstellt, macht sich B mangels Täterqualität nicht nach § 278 StGB strafbar.
Hinsichtlich A könnte man an §§ 278, 25 Abs. 1 Alt. 2 StGB – mittelbare Täterschaft unter Benutzung eines qualifikationslos-dolosen Werkzeugs (zu dieser Figur siehe Zieschang, AT, Rdn. 674 ff.) denken. A wäre danach gemäß §§ 278, 25 Abs. 1 Alt. 2 StGB zu bestrafen, B gemäß §§ 278, 27, 28 Abs. 1, 49 Abs. 1 StGB wegen Beihilfe.
Da jedoch dem A die auch bei der mittelbaren Täterschaft erforderliche Tatherrschaft tatsächlich fehlt, denn der Ausführende B kennt die Umstände und entscheidet sich freiverantwortlich, ist die Figur der mittelbaren Täterschaft unter Benutzung eines qualifikationslos-dolosen Werkzeugs abzulehnen. Folglich macht sich A nicht nach § 278 StGB strafbar.

937 Das Gesundheitszeugnis (dazu Rdn. 924 f.) muss **unrichtig** sein. Das ist dann der Fall, wenn es ganz oder zum Teil in einem wesentlichen Punkt Angaben enthält, die nicht der Wahrheit entsprechen (*Zieschang*, LK, StGB, § 278 Rdn. 14). Das kann sich auf tatsächliche Punkte beziehen (etwa den Zeitpunkt oder die Art der Untersuchung), aber auch auf ärztliche Diagnosen (etwa die Art der Erkrankung). Selbst wenn der Befund im Ergebnis zutrifft, ist das Gesundheitszeugnis unrichtig, wenn gar keine Untersuchung stattgefunden hat.

938 In subjektiver Hinsicht ist Vorsatz erforderlich, wobei dolus eventualis genügt, und die Absicht zur Täuschung im Rechtsverkehr.

VII. Missbrauch von Ausweispapieren gemäß § 281 StGB

939 Es geht in § 281 StGB um den Schutz der Sicherheit und Zuverlässigkeit des Rechtsverkehrs im Umgang mit Ausweispapieren. Die Tat ist Vergehen, der Versuch gemäß § 281 Abs. 1 S. 2 StGB strafbar, was auch für den Fall des § 281 Abs. 2 StGB gilt.

940 § 281 StGB ist kein Urkundendelikt im klassischen Sinne, denn eine Einwirkung auf das Tatobjekt selbst – etwa in Form des Verfälschens – findet nicht statt. Die Vorschrift betrifft vielmehr **echte Ausweispapiere**, die missbräuchlich verwendet werden.

941 Ein Ausweispapier im Sinne des § 281 Abs. 1 StGB ist eine schriftliche Urkunde, die bestimmt und geeignet ist, über die Identität oder die persönlichen Verhältnisse einer konkreten natürlichen Person Auskunft zu geben (*Zieschang*, LK, StGB, § 281 Rdn. 6). § 281 Abs. 1 StGB betrifft nur von öffentlichen Stellen ausgestellte Dokumente (BGH, NStZ-RR 2020, 106, 107). Reine Beweiszeichen sowie beweiserhebliche Daten sind nicht erfasst.

942 **Beispiele für Ausweispapiere:**
Behindertenparkausweis; Führerschein; Personalausweis; Reisepass.

943 § 281 Abs. 2 StGB stellt bestimmte Urkunden gleich: Einmal sind ausdrücklich Gesundheitszeugnisse erwähnt, zum anderen geht es um Urkunden, die zwar nicht primär als Identifizierungsnachweis dienen, aber so benutzt werden. Anders als bei § 281 Abs. 1 StGB werden insoweit auch Beweiszeichen erfasst. Es kann sich zudem um Privaturkunden handeln (*Fischer*, StGB, § 281 Rdn. 2; anders etwa *Eisele*, BT I, Rdn. 954).

944 **Beispiele:**
Bibliotheksausweis; Fahrausweise.

945 Im Fall des § 281 Abs. 1 Alt. 1 StGB gebraucht der Täter das Ausweispapier, das für einen anderen ausgestellt ist, als Identifizierungsnachweis.

946 Nach dem BGH stellt die Vorlage der Kopie oder die elektronische Übersendung eines Bildes des Ausweises ein Gebrauchen des Originals dar (BGHSt 65, 98, 99 ff. unter Aufgabe von BGHSt 20, 17, 18 f.), was hier ebenso wenig überzeugt wie bei § 267 StGB (siehe dazu Rdn. 852 ff.), denn nur wer ein Original benutzt, macht sich die besondere Beweiswirkung zunutze.

947 In der Konstellation des § 281 Abs. 1 Alt. 2 StGB geht es um das Überlassen des Ausweispapiers an einen anderen. Es handelt sich insofern um eine zur Täterschaft heraufgestufte Beihilfehandlung.

948 In subjektiver Hinsicht sind Vorsatz und Täuschungsabsicht vorausgesetzt. Allein das Legen des Behindertenausweises eines anderen in das Auto genügt nicht, denn der Behinderte muss nicht selbst das Fahrzeug führen. Der Fahrer will also nicht zwingend darüber täuschen, dass er als Fahrer selbst Inhaber der Parkberechtigung ist, son-

dern lediglich darüber, dass eine Person befördert wurde, die eine solche Berechtigung hat (OLG Stuttgart, NZV 2014, 483, 484).

VIII. Falschbeurkundung im Amt gemäß § 348 StGB

Die unnötig kompliziert formulierte Vorschrift schützt die Beweiskraft öffentlicher Urkunden (BGH, NStZ 1986, 550, 551) im Sinne ihrer **inhaltlichen Richtigkeit**. Anders als insbesondere bei § 267 StGB geht es folglich nicht um Echtheitsschutz, sondern um **Wahrheitsschutz**. 949

Tauglicher Täter kann nur ein **Amtsträger** (§ 11 Abs. 1 Nr. 2 StGB) sein, der **zur Aufnahme öffentlicher Urkunden befugt** ist. Es handelt sich um ein **echtes Amtsdelikt**. Außenstehende können nur Teilnehmer sein, es gilt § 28 Abs. 1 StGB. Ein Extraneus (Nicht-Amtsträger) scheidet folglich als tauglicher Täter des § 348 StGB aus, insbesondere kann er bei der Verleitung eines Amtsträgers zu einer Falschbeurkundung nicht wegen mittelbarer Täterschaft gemäß §§ 348, 25 Abs. 1 Alt. 2 StGB bestraft werden. § 271 StGB (dazu Rdn. 965 ff.) dient dazu, diese Lücke zu schließen. 950

Mittelbare Täterschaft ist bei § 348 StGB nur möglich, falls der Hintermann selbst Amtsträger ist. 951

Beispiel: 952
Der Amtsträger A veranlasst den gutgläubigen Amtsträger O zu einer Falschbeurkundung. A macht sich dann nach §§ 348, 25 Abs. 1 Alt. 2 StGB strafbar. Abzulehnen ist aus hiesiger Sicht jedoch die Figur des qualifikationslos-dolosen Werkzeugs (Amtsträger A veranlasst die bösgläubige Privatperson B zu einer falschen Eintragung). Siehe insofern bereits Rdn. 936 im Zusammenhang mit § 278 StGB.

Der Amtsträger muss zur Aufnahme öffentlicher Urkunden befugt sein. Als Ausgangspunkt für den Begriff der **öffentlichen Urkunde** kann dabei § 415 Abs. 1 ZPO herangezogen werden. Dies bedarf jedoch für das Strafrecht der Konkretisierung: Eine öffentliche Urkunde im Sinne des § 348 StGB ist anzunehmen, wenn **ein zuständiger Amtsträger unter Beachtung der wesentlichen Förmlichkeiten in einer Urkunde Tatsachen mit Beweiswirkung für und gegen jedermann feststellt**. 953

Bei dieser Frage nach der **erhöhten Beweiskraft** spielt es keine Rolle, ob es in der Urkunde inhaltlich um öffentlich-rechtliche Angelegenheiten geht oder um solche des Privatrechts. 954

Beispiel: 955
Nicht nur etwa der Asylablehnungsbescheid ist öffentliche Urkunde (OLG Bamberg, NStZ-RR 2014, 142), sondern auch der notariell beurkundete Grundstückskaufvertrag (BGHSt 44, 186, 187 f.).

Neben der öffentlichen Urkunde sind zudem erfasst **öffentliche Register, Bücher oder Dateien**. 956

Beispiele: 957
Handelsregister, Grundbuch, Personenstandsbücher.

§ 348 StGB sieht als Tathandlungen das **falsche Beurkunden** sowie das falsche Eintragen oder Eingeben vor. Dabei verlangen Rechtsprechung und überwiegende Ansicht im Schrifttum zu Recht zur Vollendung einen **Begebungsakt** in dem Sinne, dass sich der Täter der Urkunde entäußert (BGH, NJW 1952, 1064; *Hecker*, Schönke/Schröder, StGB, § 348 Rdn. 14). 958

959 Zu beachten ist, dass nicht jede falsche Angabe in einer öffentlichen Urkunde Gegenstand einer Straftat nach § 348 StGB ist (BGHSt 47, 39, 41). Vielmehr muss es sich um eine **Angabe** handeln, **auf die sich die erhöhte Beweiskraft der Urkunde bezieht**, die Angabe muss also **Beweiswirkung für und gegen jeden** haben.

960 **Beispiel:**
Verkäufer V einigt sich mit dem Käufer K auf den Kaufpreis für ein Grundstück in Höhe von 1.000.000 Euro. Um Steuern zu sparen, wird vom Notar A im notariellen Kaufvertrag, wie von V und K auch tatsächlich erklärt, der Kaufpreis mit 700.000 Euro angegeben. A weiß, dass der Preis tatsächlich höher ist.
A macht sich nicht nach § 348 StGB strafbar. Die erhöhte Beweiskraft beim notariell beurkundeten Kaufvertrag bezieht sich auf die Abgabe der Erklärungen durch die Vertragsparteien, nicht aber darauf, dass diese inhaltlich wahr sind (BGH, NStZ 1986, 550).
§ 348 StGB wäre aber verwirklicht, wenn der Notar einen anderen Kaufpreis als den tatsächlich von den Parteien erklärten Kaufpreis beurkundet.

961 Schwierig ist die erhöhte Beweiskraft bei Dispositivurkunden zu beurteilen, also bei solchen, die amtliche Anordnungen, Verfügungen oder Entscheidungen enthalten.

962 **Beispiel:**
Der Prüfer A erteilt dem Fahrzeug des B eine Prüfplakette, obwohl er weiß, dass das Fahrzeug Mängel aufweist. Macht sich A nach § 348 StGB strafbar?
Zum Teil wird vertreten, die erhöhte Beweiskraft der Prüfplakette beziehe sich nur auf den Nachweis des Termins der nächsten Hauptuntersuchung, nicht dagegen darauf, dass der Prüfer das Fahrzeug als vorschriftsmäßig befunden habe (BayObLG, NStZ 1999, 575, 576).
Zu beachten ist aber, dass gemäß § 29 Abs. 3 S. 2 StVZO durch die Prüfplakette bescheinigt wird, dass das Fahrzeug zum Zeitpunkt der Untersuchung vorschriftsmäßig ist. Dann aber besitzt die Prüfplakette nicht nur erhöhte Beweiskraft hinsichtlich des Termins der nächsten Hauptuntersuchung, sondern auch insofern, dass das Fahrzeug zum Zeitpunkt der Untersuchung als vorschriftsgemäß befunden wurde (BGHSt 63, 182, 185).

963 Beim Führerschein bezieht sich die erhöhte Beweiskraft auf die erteilten Fahrerlaubnisklassen, sie soll sich aber nicht darauf erstrecken, dass der Inhaber die gesetzlichen Vorschriften für die Erteilung erfüllt (*Rengier*, BT II, § 37 Rdn. 22).

964 In subjektiver Hinsicht verlangt § 348 StGB Vorsatz, wobei dolus eventualis genügt. Ein besonderes subjektives Merkmal setzt die Vorschrift nicht voraus.

IX. Mittelbare Falschbeurkundung gemäß § 271 StGB

965 Wie bei § 348 StGB soll der Rechtsverkehr durch § 271 StGB vor unwahren öffentlichen Urkunden geschützt werden.

966 Bei dem unnötig kompliziert formulierten Tatbestand der mittelbaren Falschbeurkundung handelt es sich um ein **Jedermanndelikt**. Die Vorschrift ist nur zu verstehen im Zusammenspiel mit § 348 StGB. Da mittelbare Täter des § 348 StGB nur Amtsträger sein können, schließt § 271 StGB die dadurch entstehende Lücke, indem der von § 348 StGB nicht erfasste Fall der mittelbaren Täterschaft eines Nicht-Amtsträgers (Extraneus) eigenständig unter Strafe gestellt wird.

Beispiel: 967
Privatperson A erreicht bei dem Amtsträger G, dass der Ehemann der A, der B, im Sterberegister als verstorben eingetragen wird. In Wirklichkeit lebt B noch. G ist dabei gutgläubig.
G macht sich mangels Vorsatzes nicht nach § 348 StGB strafbar. Da somit eine vorsätzliche rechtswidrige Haupttat fehlt, scheidet eine Strafbarkeit der A wegen Teilnahme (§§ 348, 26, 27 StGB) aus.
A könnte sich gemäß §§ 348, 25 Abs. 1 Alt. 2 StGB strafbar gemacht haben. Taugliche Täter des § 348 StGB sind aber nur bestimmte Amtsträger. Mangels Täterqualität macht sich daher A nicht nach §§ 348, 25 Abs. 1 Alt. 2 StGB strafbar.
Einschlägig in Bezug auf A ist jedoch § 271 StGB. A hat bewirkt, dass ihr Ehemann als verstorben im Sterberegister eingetragen wird, obwohl B noch lebt. A handelt vorsätzlich, rechtswidrig und schuldhaft und macht sich daher gemäß § 271 StGB strafbar.

Maßgeblich geht es in § 271 StGB um die Falschbeurkundung oder Speicherung von Tatsachen in öffentlichen Urkunden oder öffentlichen Dateien. Hierbei ist entscheidend, ob es sich um **Angaben** mit **Beweiswirkung für und gegen jedermann** handelt, also um solche mit erhöhter Beweiskraft, die nicht der Wahrheit entsprechen. 968

Die Falschbeurkundung muss **bewirkt** werden. Hierbei ist umstritten, was darunter im Einzelnen zu verstehen ist. Nach der Rechtsprechung (BGHSt 8, 289, 294) und der herrschenden Meinung im Schrifttum (*Kindhäuser/Schramm*, BT I, § 58 Rdn. 18; *Lackner/Kühl/Heger*, StGB, § 271 Rdn. 6) ist darunter **jedes Verursachen** der Falschbeurkundung zu verstehen, ohne dass der Täter wegen Teilnahme am Amtsdelikt strafbar wäre. Im letzteren Fall trete dann § 271 StGB auf Konkurrenzebene zurück (*Rengier*, BT II, § 37 Rdn. 14). Die Gegenposition ist der Ansicht, es handele sich allein um einen **besonders geregelten Fall der mittelbaren Täterschaft**. Für diese zuletzt genannte Auffassung spricht dabei die Gesetzessystematik (Rdn. 966). 969

Beispiele: 970
Ist der beurkundende Amtsträger gutgläubig (siehe das Beispiel Rdn. 967), was der Hintermann ausnutzt, besteht Einigkeit, dass der Hintermann sich gemäß § 271 StGB strafbar macht.
Nutzt ein Hintermann die Schuldunfähigkeit des Amtsträgers zur Tat aus, hat der Hintermann also Tatherrschaft im Sinne der mittelbaren Täterschaft, kann ebenfalls nach § 271 StGB bestraft werden. Die Gegenansicht will hingegen dann §§ 348, 26 StGB annehmen, der § 271 StGB verdrängt.

Umstritten sind insbesondere auch Irrtumskonstellationen. Einmal kommt in Betracht, dass der Amtsträger bösgläubig ist, der Hintermann aber meint, er sei gutgläubig. 971

Beispiel: 972
Privatperson A verleitet den Amtsträger G zu einer Falschbeurkundung. A meint irrtümlich, G sei gutgläubig, in Wirklichkeit ist G bösgläubig.
G macht sich in diesem Fall gemäß § 348 StGB strafbar.
Eine Strafbarkeit von A gemäß §§ 348, 26 StGB scheitert daran, dass dem A der Vorsatz hinsichtlich der vorsätzlichen rechtswidrigen Haupttat fehlt. Im Vorsatz des A zu § 271 StGB ist schon angesichts der jeweiligen Strafdrohungen nicht derjenige zu §§ 348, 26 StGB enthalten (Zieschang, JA 2008, 192, 197).
Fraglich ist, ob sich A wegen vollendeter mittelbarer Falschbeurkundung strafbar macht. Dies wird zum Teil bejaht, da der Hintermann trotz Bösgläubigkeit

des Amtsträgers die Falschbeurkundung „bewirke". Jedes Verursachen der Falschbeurkundung genüge (Rengier, BT II, § 37 Rdn. 12).
Versteht man jedoch richtigerweise das Bewirken als einen Fall der mittelbaren Täterschaft, scheidet aufgrund der Bösgläubigkeit des G eine Bestrafung wegen vollendetem § 271 StGB aus. Daher ist A nach zutreffender Sicht nur wegen versuchter mittelbarer Falschbeurkundung gemäß § 271 Abs. 1, Abs. 4 StGB zu bestrafen.

973 Umstritten ist auch die umgekehrte Konstellation.

974 **Beispiel:**
Privatperson B verleitet den Amtsträger H zu einer Falschbeurkundung. B meint irrtümlich, H sei bösgläubig, in Wirklichkeit ist H gutgläubig.
Eine Strafbarkeit des H gemäß § 348 StGB scheitert am fehlenden Vorsatz. H bleibt straflos.
Mangels Haupttat macht sich B nicht nach §§ 348, 26 StGB strafbar. Eine Strafbarkeit wegen versuchter Anstiftung zur Falschbeurkundung scheitert daran, dass gemäß § 30 Abs. 1 StGB nur die versuchte Anstiftung zu einem Verbrechen strafbar ist, es sich bei § 348 StGB aber um ein Vergehen handelt.
Zum Teil wird im Schrifttum nunmehr § 271 StGB bejaht (etwa Maurach/Schroeder/Maiwald, BT 2, § 66 Rdn. 21; Otto, BT, § 71 Rdn. 16), da das Bewirken weit ausgelegt wird.
Dagegen spricht jedoch, dass B subjektiv nicht das Bewusstsein der Tatherrschaft im Sinne einer mittelbaren Täterschaft hat. Zutreffend macht er sich daher nicht strafbar (so etwa auch Kretschmer, Jura 2003, 535, 539).

975 In subjektiver Sicht verlangt § 271 StGB Vorsatz, wobei dolus eventualis genügt. Ein besonderes subjektives Merkmal verlangt § 271 Abs. 1 StGB nicht, es ist aber bei § 271 Abs. 2 und Abs. 3 StGB relevant. So verlangt § 271 Abs. 2 StGB neben dem Vorsatz Täuschungsabsicht, § 271 Abs. 3 Var. 2 StGB Bereicherungsabsicht und § 271 Abs. 3 Var. 3 StGB Schädigungsabsicht. Anders als bei § 263 StGB wird dabei im Fall des § 271 Abs. 3 StGB die Rechtswidrigkeit der Bereicherung nicht verlangt (BGH, NStZ 1993, 538, 539; str.), ebenso wenig die Rechtswidrigkeit der erstrebten Schädigung (str.).

13. Kapitel: Brandstiftungsdelikte

I. Brandstiftung gemäß § 306 StGB

1. Allgemeines

Obwohl die Brandstiftung gemäß § 306 StGB im 28. Abschnitt geregelt ist, der die Überschrift „gemeingefährliche Straftaten" trägt, muss man beachten, dass die Vorschrift für alle dort genannten Tatobjekte deren **Fremdheit** voraussetzt. Daraus ist der Schluss zu ziehen, dass es sich bei **§ 306 StGB** tatsächlich um ein spezielles **Sachbeschädigungsdelikt** handelt. Insbesondere ist § 306 StGB nicht der Grundtatbestand zu den anderen Brandstiftungsdelikten. Geschütztes Rechtsgut des § 306 StGB ist das Eigentum. Folglich kommt die Einwilligung als Rechtfertigungsgrund in Betracht, da ein disponibles Rechtsgut in Rede steht (Rdn. 1002). 976

Zu beachten ist jedoch, dass der BGH im Hinblick auf das geschützte Rechtsgut eine etwas andere Sicht einnimmt (BGH, NStZ 2001, 196, 197; BGHSt 63, 111, 113; BGH, BeckRS 2021, 27985; ebenso etwa *Radtke*, MK, StGB, § 306 Rdn. 8 f.): Danach ist § 306 Abs. 1 Nr. 1 StGB, wofür die Höhe der Strafdrohung und die Einordnung in den 28. Abschnitt sprächen, nicht ausschließlich als ein qualifiziertes Sachbeschädigungsdelikt zu charakterisieren; vielmehr schütze die Vorschrift auch vor Gemeingefahren, die durch unkontrollierte Brände entstehen können. Trotz dieser Einordnung geht auch der BGH davon aus, dass die Einwilligung die Tat rechtfertigt (BGH, NJW 2003, 1824; anders aber *Duttge*, Jura 2006, 15, 18; siehe ergänzend Rdn. 1002). 977

Ordnet man, wie hier, § 306 StGB als Sachbeschädigungsdelikt ein, handelt es sich um ein **Erfolgsdelikt**, in dem ein bestimmtes fremdes Tatobjekt, das in § 306 Abs. 1 Nr. 1 bis 6 StGB aufgelistet ist, in Brand gesetzt werden muss oder durch eine Brandlegung ganz oder teilweise zerstört wird. Zwischen Handlung und Erfolg muss Kausalität gegeben sein. 978

2. Tatobjekte gemäß § 306 Abs. 1 Nr. 1 bis 6 StGB

Zunächst ist für alle enumerativ aufgezählten Tatobjekte vorausgesetzt, dass sie für den Täter **fremd** sind. Das ist der Fall, wenn sie weder im Alleineigentum des Täters stehen noch herrenlos (siehe §§ 928, 959 BGB) sind. Positiv ausgedrückt müssen sie also im Eigentum eines anderen stehen. Das Inbrandsetzen eines im Alleineigentum des Täters stehenden Gebäudes etwa ist folglich nicht tatbestandsmäßig, selbst wenn sich Personen in dem Gebäude aufhalten sollten. Das macht nochmals hinreichend deutlich, dass § 306 StGB nach zutreffender Sicht ein Delikt zum Schutz des Eigentums ist, nicht aber ein solches zum Schutz der Allgemeinheit. 979

Bei einem **Gebäude** gemäß **§ 306 Abs. 1 Nr. 1 StGB** handelt es sich um ein mit dem Boden fest verbundenenes, mit Wänden und einem Dach versehenes Bauwerk, das für die Unterkunft von Menschen oder Tieren oder das Lagern von Sachen geeignet ist (siehe *Heine/Bosch*, Schönke/Schröder, StGB, § 306 Rdn. 4; *Valerius*, LK, StGB, § 306 Rdn. 14). Erfasst wird auch schon ein Rohbau, der noch keine Fenster oder Türen hat (*Hilgendorf/Valerius*, BT I, § 11 Rdn. 14; *Joecks/Jäger*, StGB, § 306 Rdn. 5). 980

Auch eine **Hütte** ist für die Unterkunft von Menschen, Tieren und Sachen geeignet, sie ist jedoch kleiner als ein Gebäude, zudem kann die Festigkeit geringer sein. Es handelt sich um ein selbstständiges, unbewegliches Bauwerk, das eine nicht völlig geringfügige Bodenfläche bedeckt und ausreichend abgeschlossen ist; notwendig ist eine hinreichende Erdverbundenheit und damit verbundene Immobilität (BGH, BeckRS 2021, 27985). Neben einer durch das Eigengewicht begründeten Verbindung mit dem Boden 981 genügt eine solche aufgrund einer Verankerung oder eine durch Pfähle oder Pfosten hergestellte Verbindung (BGH, BeckRS 2021, 27985). Daher kann auch ein Jagdhochsitz eine Hütte sein (BGH, BeckRS 2021, 27985). Erfasst sind zudem Gartenhäuser oder Weihnachtsbuden, mangels hinreichender Erdverbundenheit aber nicht mobile Wohnwagen oder kleinere Zelte; anders ist dies wieder bei Festzelten zu beurteilen, die sogar bereits unter den Begriff des Gebäudes fallen können.

982 Eine **Betriebsstätte** im Sinne von **§ 306 Abs. 1 Nr. 2 StGB** ist eine bauliche Anlage, die unternehmerischen, gewerbsmäßigen Zwecken dient und entsprechend eingerichtet ist. Als Beispiel für **technische Einrichtungen** werden ausdrücklich im Gesetzestext Maschinen genannt, erfasst sind aber etwa auch Kommunikationsanlagen oder Computernetzwerke.

983 **§ 306 Abs. 1 Nr. 3 StGB** betrifft **Warenlager oder -vorräte**. Das Warenlager ist der Ort der Lagerung, der auch mobil (etwa ein Lkw oder Anhänger) sein kann (BGHSt 63, 300, 305; anders *Heine/Bosch*, Schönke/Schröder, StGB, § 306 Rdn. 6: Mobile Lagermöglichkeiten in Containern seien nicht erfasst). Es geht um eine Räumlichkeit oder um eine mobile oder stationäre Lagerstätte, die zur Aufbewahrung erheblicher Warenmengen dient (BGHSt 63, 300, 303, 305). Der Warenvorrat ist eine größere Menge an körperlichen Gegenständen, die nicht dem Eigenverbrauch, sondern typischerweise dem gewerblichen Umsatz dienen (BGHSt 63, 111, 113). Erfasst sind zum Beispiel nicht unerhebliche Getränke-, Baumaterial- oder Holzansammlungen.

984 **§ 306 Abs. 1 Nr. 4 StGB** listet Kraftfahrzeuge, Schienen-, Luft- oder Wasserfahrzeuge auf. Bei den letzten drei genannten Fahrzeugarten werden auch nicht maschinengetriebene Fahrzeuge wie Segelflugzeuge oder Ruderboote erfasst. Die Fahrzeuge müssen geeignet sein, Personen oder Sachen zu transportieren.

985 Schließlich betrifft **§ 306 Abs. 1 Nr. 5 StGB Wälder, Heiden und Moore** sowie **§ 306 Abs. 1 Nr. 6 StGB land-, ernährungs- und forstwirtschaftliche Anlagen oder Erzeugnisse**. Hierunter fallen etwa Felder, Stroh, Gewächshäuser oder Obstlager.

986 Im Einzelfall ist es durchaus möglich, dass mehrere Varianten gleichzeitig erfüllt sind.

987 **Beispiel:**
Setzt A die Werkstatt seines Arbeitgebers O in Brand, in der Autos repariert werden, kommt § 306 Abs. 1 Nr. 1, Nr. 2, Nr. 3, Nr. 4 StGB in Betracht.

988 Um zu vermeiden, dass der als **Verbrechen** ausgestaltete Tatbestand einen zu weiten Anwendungsbereich aufweist, wird überwiegend im Schrifttum verlangt, dass nur größere Mengen erfasst sind oder nur Tatobjekte von bedeutendem Wert (siehe *Krey/Heinrich/Hellmann*, BT 1, Rdn. 1272; *Rengier*, BT II, § 40 Rdn. 12), wobei insoweit die Grenze bei 750 Euro anzusiedeln wäre. Falls man wie der BGH (Rdn. 977) mit § 306 StGB ebenfalls den Aspekt der Gemeingefahr verbindet, könnte man die Vorschrift zudem im Einzelfall mit dem Argument verneinen, dass Gefahren für andere absolut ausgeschlossen waren (siehe dazu auch Rdn. 1009).

3. Inbrandsetzen

989 Eine Sache ist **in Brand gesetzt, wenn wesentliche Bestandteile der Sache derart vom Feuer erfasst sind, dass sie auch ohne Fortwirken des Zündstoffs von sich heraus, also selbstständig, weiterbrennen** (BGH, NStZ 1984, 74).

990 **Beispiele:**
Unter Bestandteile, die für ein ***Gebäude*** *von wesentlicher Bedeutung sind, fallen etwa Wände, Türen, Fußböden, Treppen und Fenster. Keine wesentlichen Bestandteile sind Mobiliar, Gardinen oder Tapeten.*

Nach dem BGH ist es bereits ausreichend, dass sich der Brand auf Teile des Gebäudes ausbreiten kann, die für dessen bestimmungsgemäßen Gebrauch von wesentlicher Bedeutung sind (BGH, NStZ 2014, 404 f.; kritisch dazu etwa *Rengier*, BT II, § 40 Rdn. 16; *Wessels/Hettinger/Engländer*, BT 1, Rdn. 948), womit jedoch letztlich der Versuch nicht überzeugend schon der Vollendung zugeordnet wird. 991

Möglich ist, dass ein bereits brennender Bestandteil nochmals an einer anderen Stelle in Brand gesetzt wird. Kein täterschaftliches Inbrandsetzen liegt aber vor, wenn bloß ein bereits bestehender Brandherd verstärkt wird (OLG Hamm, JZ 1961, 94 f., prüft dann Beihilfe. Zu beachten ist insoweit, dass es strittig ist, ob Beihilfe nach Vollendung der Tat möglich ist; siehe dazu *Zieschang*, AT, Rdn. 761 f.). 992

In Betracht kommt auch ein Inbrandsetzen durch Unterlassen. 993

Beispiel: 994

Hausmeister A sieht, dass aufgrund eines technischen Defekts im Keller des von ihm zu betreuenden Gebäudes ein Feuer entsteht, ohne dass bereits wesentliche Bestandteile des Gebäudes vom Feuer erfasst sind. A unternimmt nichts, sodass das Gebäude niederbrennt. A verwirklicht dann §§ 306 Abs. 1 Nr. 1, 13 StGB.

Kein Fall des §§ 306, 13 StGB ist aber gegeben, wenn A die Situation erst entdeckt, nachdem bereits wesentliche Bestandteile vom Feuer erfasst sind, da dann das Tatobjekt bereits vollendet in Brand gesetzt ist (siehe Heine/Bosch, Schönke/Schröder, StGB, § 306 Rdn. 14, 18).

4. Durch eine Brandlegung ganz oder teilweises Zerstören

Es handelt sich neben dem Inbrandsetzen um eine selbstständige weitere Möglichkeit der Tatbestandsverwirklichung. Beides darf nicht vermischt werden. Mit dieser Variante können Fälle erfasst werden, in denen insbesondere aufgrund der Feuerfestigkeit von Materialien ein Inbrandsetzen ausbleibt, dennoch erhebliche Schäden etwa aufgrund der Rauchentwicklung entstehen. 995

Beispiel: 996

A legt in dem Gebäude des O Feuer, welches zwar die Gardinen vernichtet, dann jedoch erlischt, sodass keine wesentlichen Bestandteile des Gebäudes vom Feuer erfasst werden. Aufgrund der Rauchentwicklung kann das Gebäude aber für mehrere Monate nicht mehr benutzt werden.

In diesem Fall liegt kein Inbrandsetzen vor, da keine wesentlichen Gebäudeteile vom Feuer erfasst wurden. Aufgrund der Tatsache, dass das Gebäude jedoch für mehrere Monate unbenutzbar geworden ist, wurde es durch eine Brandlegung zerstört.

Eine Sache ist durch eine **Brandlegung ganz oder teilweise zerstört, wenn die Brauchbarkeit der Sache durch eine Handlung, die einen Brand herbeiführen soll, endgültig oder zumindest für eine nicht unerhebliche Zeit vollständig oder zum Teil aufgehoben ist** (siehe BGH, NJW 2020, 942 f.). 997

Beispiele: 998

Erfüllt ist diese Variante, wenn eine Stadthalle durch starke Verrußungen (oder etwa durch Gas, Rauch, eine Explosion oder Hitze) zeitweilig unbenutzbar wird (BGH, BeckRS 2017, 124232). Unbenutzbarkeit einer Untereinheit, also zum Beispiel einer Wohnung in einem Mehrfamilienhaus oder die Unbenutzbarkeit eines Flüchtlingszimmers, genügt, nicht aber nur die Zerstörung eines Kinderzimmers einer Wohnung (BGH, NJW 2020, 942, 943). Eine Deformierung eines Fensterrahmens an einem Haus reicht ebenfalls nicht (BGH, NStZ 2016, 605,

606). Strittig ist, ob ein Zerstören durch Brandlegung vorliegt, wenn wesentliche Bestandteile erst durch Löscharbeiten zerstört werden (befürwortend Wolters, SK, StGB, § 306 Rdn. 20; ablehnend Radtke, NStZ 2003, 432, 433).

999 Der Zeitraum der Unbrauchbarkeit muss beträchtlich sein, wenige Stunden oder ein Tag genügen nicht; abzustellen ist dabei auf den Maßstab eines verständigen Wohnungsinhabers (BGH, NJW 2020, 942, 943).
Möglich ist, dass ein durch Brandlegung teilweise zerstörtes Gebäude erneut durch Brandlegung (teilweise) zerstört wird.

1000 **Beispiele:**
So ist es möglich, dass in einem Mehrfamilienhaus eine Wohnung durch Brandlegung unbenutzbar ist und nunmehr in einer anderen Wohnung eine Brandlegung erfolgt, sodass auch diese Wohnung unbewohnbar wird.
Nach dem BGH (BGH, NJW 2021, 3205) kann sogar die identische Wohnung betroffen sein: So waren bei einer ersten Tat durch die Hitzeentwicklung und Rauchgase u. a. der Boden in der Küche und ein Durchlauferhitzer zerstört worden, sodass die Wohnung unbewohnbar war. Einige Tage später ging der Täter wieder in diese Wohnung, wobei durch eine zweite Brandlegung u. a. Decken und Wände im Badezimmer durch Ruß und Rauch beschädigt wurden, sodass die Wohnung erneut nicht nur vorübergehend unbewohnbar war. Der BGH bejaht auch bezüglich des zweiten Akts eine teilweise Zerstörung durch Brandlegung: Das Verhalten führte zur Unbrauchbarkeit zuvor noch nicht betroffener Wohnungsbestandteile und machte zusätzliche Sanierungsarbeiten erforderlich, welche die Nutzbarkeit weitergehend einschränkten (BGH, NJW 2021, 3205, 3206, in Bezug auf § 306a Abs. 1 Nr. 1 StGB).

5. Ergänzende Anmerkungen

1001 In subjektiver Hinsicht genügt dolus eventualis. Ein besonderes subjektives Merkmal ist nicht vorausgesetzt.

1002 Sieht man in § 306 StGB allein ein qualifiziertes Sachbeschädigungsdelikt, kommt eine Einwilligung als Rechtfertigungsgrund in Betracht. Der Einzelne ist nämlich im Hinblick auf das Eigentum dispositionsbefugt. Zwar meint der BGH, § 306 Abs. 1 Nr. 1 StGB schütze auch vor Gemeingefahren (Rdn. 977), dennoch lässt er die Einwilligung als Rechtfertigungsgrund zu (BGH, NJW 2003, 1824). Es gibt indes auch vereinzelte Stimmen, die eine Rechtfertigung über die Einwilligung ablehnen (*Duttge*, Jura 2006, 15, 18).

1003 § 306 StGB verdrängt die §§ 303, 305 StGB. § 303 StGB steht aber in Tateinheit zu § 306 StGB, wenn nicht wesentliche Bestandteile wie etwa Mobiliar zerstört wird.

1004 Nach dem BGH verdrängt § 306a Abs. 1 Nr. 1 StGB den § 306 Abs. 1 Nr. 1 StGB (BGH, NJW 2001, 765). Vor dem Hintergrund, dass § 306 StGB dem Schutz des Eigentums dient (siehe Rdn. 976, 979), es sich dagegen bei § 306a StGB um ein abstraktes Gefährlichkeitsdelikt (abstraktes Gefährdungsdelikt) zum Schutz von Menschen handelt, überzeugt das nicht. Vorzugswürdig ist Tateinheit anzunehmen (ebenso etwa *Eisele*, BT I, Rdn. 1053).

1005 Zu beachten ist die Vorschrift über die **Tätige Reue** nach § 306e Abs. 1, Abs. 3 StGB. Zu dem Begriff „erheblicher Schaden" ist anzumerken: Hinsichtlich eines erheblichen Schadens an Personen kann man sich am Maßstab des § 224 Abs. 1 Nr. 2 StGB orientieren (siehe *Rengier*, BT II, § 40 Rdn. 101; weiter BGH, NJW 2019, 243, 244: konkrete Gesundheitsgefahr oder tatsächlich eingetretene Gesundheitsschädigung genügen). Ein erheblicher Sachschaden ist bei ca. 750 Euro anzunehmen (BGH, NJW 2019, 243, 244 geht bei Wohngebäuden von 2.500 Euro aus).

Nur hingewiesen sei schließlich auf die im Vorfeld der Brandstiftungsdelikte angesiedelte Strafbestimmung des Herbeiführens einer Brandgefahr gemäß § 306f StGB. Während bei § 306f Abs. 1 StGB die Fremdheit des Tatobjekts vorausgesetzt ist, spielt bei § 306f Abs. 2 StGB die Eigentumslage keine Rolle. 1006

II. Schwere Brandstiftung gemäß § 306a StGB

1. § 306a Abs. 1 StGB

a) Allgemeines

Es handelt sich bei § 306a Abs. 1 StGB um ein **abstraktes Gefährdungsdelikt** (treffender: abstraktes Gefährlichkeitsdelikt): Es wird ein für die Allgemeinheit **typischerweise gefährliches Verhalten** als solches unter Strafe gestellt, ohne dass es im Einzelfall erforderlich ist, dass ein Erfolg insbesondere im Sinne einer Verletzung oder konkreten Gefährdung eines Menschen an Leib oder Leben eintritt. Im Unterschied zu § 306 StGB müssen die Tatobjekte für den Täter nicht fremd sein. 1007

Mit dieser Deliktskategorie ist nun das Problem verbunden, dass solche Vorschriften vom Wortlaut selbst dann einschlägig sind, wenn das Verhalten **im Einzelfall für andere absolut ungefährlich** ist, also die Gefährdung oder Verletzung anderer vollständig ausgeschlossen ist. Das ist bei § 306a Abs. 1 StGB umso gravierender, als es sich um ein Verbrechen handelt, das mit Freiheitsstrafe nicht unter einem Jahr bestraft wird. Daher stellt sich in solchen Konstellationen die Frage der **teleologischen Reduktion** der Vorschrift. 1008

> **Beispiel:** 1009
> *A setzt im Sinne des § 306a Abs. 1 Nr. 1 StGB eine Hütte in Brand, die der Wohnung von Menschen dient. Zu diesem Zeitpunkt befindet sich niemand in der Hütte, die Gefährdung anderer ist auch im Übrigen absolut ausgeschlossen. Kann A nach § 306a Abs. 1 Nr. 1 StGB bestraft werden?*
> *Das BVerfG meint, der hohe verfassungsrechtliche Rang des Rechtsguts Leben legitimiere auch die Strafbarkeit einer abstrakten Gefahr (BVerfG, BeckRS 2022, 2993, zu § 315d Abs. 1 Nr. 3 StGB; siehe zu dieser Vorschrift Rdn. 1150 ff.). Verfassungsrechtlich sei der Gesetzgeber grundsätzlich nicht gehindert, aus generalpräventiven Gründen Handlungen, die generell geeignet sind, Rechtsgüter zu gefährden, unter Umständen schon in einem frühen Stadium zu unterbinden (BVerfGE 153, 182, 185; kritisch hingegen BVerfGE 90, 145, 200, 203 ff. [abweichende Meinung Graßhof]).*
> *Zum Teil wird ebenfalls im Schrifttum auch in einem solchen Fall der Ungefährlichkeit das abstrakte Gefährdungsdelikt angewendet (etwa Bohnert, JuS 1984, 182, 186 f.; Lackner/Kühl/Heger, StGB, § 306a Rdn. 1). Es kann dann aber § 306a Abs. 3 StGB (minder schwerer Fall) in Betracht kommen.*
> *Viele Stimmen in der Strafrechtswissenschaft meinen indes, für diesen Fall der Ungefährlichkeit sei eine **teleologische Reduktion** des § 306a Abs. 1 StGB vorzunehmen und die Vorschrift dann nicht anzuwenden, wenn eine Gefährdung von Menschenleben absolut ausgeschlossen ist und sich der Täter durch hinreichend zuverlässige Maßnahmen entsprechend vergewissert hat (etwa Heine/Bosch, Schönke/Schröder, StGB, Vor § 306 Rdn. 6a, § 306a Rdn. 2).*
> *Nach dem BGH könnte § 306a Abs. 1 StGB allenfalls dann nicht zur Anwendung kommen, wenn eine Gefährdung von Menschenleben nach der tatsächlichen Lage absolut ausgeschlossen ist (BGHSt 26, 121, 125; dieser Rechtsprechung folgend BT-Drucks. 13/8587, S. 47). Der Täter müsse sich durch **absolut zuverlässige lückenlose Maßnahmen** vergewissert haben, dass die Gefährdung*

mit Sicherheit nicht eintreten kann. Das sei aber nur bei ***kleinen, insbesondere bei einräumigen Hütten oder Häuschen möglich****, bei denen auf* ***einen Blick übersehbar*** *ist, dass sich Menschen dort nicht aufhalten. Bei größeren Objekten sei dies unmöglich (BGHSt 26, 121, 125). Tatsächlich brauchte der BGH das aber nicht zu entscheiden, da er es bislang nie mit solchen auf einen Blick überschaubaren Tatobjekten zu tun gehabt hatte. BGH, NStZ 2014, 404, 406 verlangt zudem, dass der Täter sich nach dem Inbrandsetzen nicht vom Tatort entfernen dürfe, um Gefährdungen von Menschen (etwa von Bewohnern, die zurückkehren, oder anderer Personen) auszuschließen.*

Es ist richtig, § 306a Abs. 1 StGB nicht anzuwenden, wenn das Verhalten im Einzelfall für Menschen absolut ungefährlich ist. Nur eine solche Sicht ist mit dem Schuldprinzip vereinbar. Dann geht es nämlich nur noch um einen bloßen Gehorsamsverstoß, der für sich nicht genügt, um eine Kriminalstrafe zu verhängen. Nach zutreffender Sicht macht sich A folglich nicht nach § 306a Abs. 1 Nr. 1 StGB strafbar.

b) Die Tatobjekte des § 306a Abs. 1 StGB

1010 Bei § 306a Abs. 1 StGB spielen im Unterschied zu § 306 StGB die Eigentumsverhältnisse keine Rolle. § 306a StGB kommt also auch in Betracht, wenn der Täter ein in seinem **Alleineigentum** stehendes Gebäude oder ein **herrenloses Tatobjekt** in Brand setzt (sofern es im Sinne der Nr. 1 der Wohnung von Menschen oder gemäß Nr. 3 dem zeitweisen Aufenthalt von Menschen dient). Im Übrigen gilt:

1011 **§ 306a Abs. 1 Nr. 1 StGB** betrifft **Räumlichkeiten, die der Wohnung von Menschen dienen**. Das gilt auch in Bezug auf die in **§ 306a Abs. 1 Nr. 1 StGB** aufgeführten Begriffe **Gebäude, Hütte** (siehe dazu bereits Rdn. 981) und **Schiff**, die lediglich Beispiele für solche Räumlichkeiten darstellen. Für alle Tatobjekte des § 306a Abs. 1 Nr. 1 StGB ist also vorausgesetzt, dass sie der Wohnung von Menschen dienen.

1012 Unter einer **Räumlichkeit** versteht man ein mit Wänden und einem Dach versehenes Gebilde, das zum Aufenthalt von Menschen geeignet ist. Die Räumlichkeit muss der Wohnung von Menschen dienen. Das beurteilt sich in tatsächlicher Hinsicht danach, ob das Gebäude eine diesbezügliche Widmung aufweist, es also in der Form als Mittelpunkt der Lebensführung genutzt wird (BGH, NStZ 2012, 39). Es spielt keine Rolle, ob die Räumlichkeit zur Wohnung von Menschen von vornherein vorgesehen war und ob die Personen sich dort rechtmäßig aufhalten oder nicht.

1013 **Beispiel:**

B besetzt ein seit Jahren leerstehendes Gebäude und wohnt fortan darin. Der Eigentümer A des Gebäudes setzt nun das Gebäude in Brand.

Auch wenn sich B in dem Gebäude widerrechtlich aufgehalten hat, ist es taugliches Tatobjekt des § 306a Abs. 1 Nr. 1 StGB, sodass A sich nach dieser Vorschrift strafbar macht.

1014 Nicht erforderlich ist ein dauerhafter Aufenthalt. Auch nur zeitweilig benutzte Zweit- oder Ferienwohnungen oder nur vorübergehend benutzte Wohnwagen oder Wohnmobile (BGH, NStZ 2010, 519) werden erfasst.

1015 Nicht mehr zu Wohnzwecken dient ein Gebäude, wenn eine ausdrückliche oder konkludente **Entwidmung** stattgefunden hat.

1016 **Beispiel:**

Der einzige Bewohner O im Haus des Eigentümers und Vermieters A ist verstorben (unter Umständen sogar von A getötet worden). Nunmehr setzt A das Gebäude in Brand. In diesem Fall dient das Gebäude nicht mehr zu Wohnzwecken; es liegt eine Entwidmung vor, sodass eine Strafbarkeit des A gemäß

§ 306a Abs. 1 Nr. 1 StGB ausscheidet. Mangels Fremdheit des Gebäudes für A entfällt ebenfalls § 306 StGB. Aus diesem Grund sind auch §§ 303, 305 StGB nicht verwirklicht.

Die Entwidmung kann mit dem Tod des einzigen Bewohners einhergehen, möglich ist auch ein endgültiger Auszug sämtlicher Bewohner. Zudem kann in dem Inbrandsetzen des Gebäudes eine Entwidmung liegen, sofern alle Bewohner dem zustimmen und sich der Entschluss auf das gesamte Gebäude bezieht (BGH, BeckRS 2021, 40300). Die Aufgabe einer einzelnen Wohnung durch deren Bewohner vermag nicht die Entwidmung eines von mehreren Personen bewohnten Gebäudes herbeizuführen (BGH, BeckRS 2021, 40300). 1017

Beispiel: 1018
A, B und C haben von dem Eigentümer O ein Haus gemietet, wobei O nicht in dem Haus wohnt. A, B und C kommen darin überein, das Haus zu verlassen und es anzuzünden. In diesem Fall findet eine Entwidmung statt, sodass § 306a StGB nicht erfüllt ist. Dass O nicht einverstanden ist, spielt keine Rolle, da er nicht in dem Haus wohnt. A, B und C machen sich aber nach § 306 Abs. 1 Nr. 1 StGB strafbar.

Problematisch ist, ob **gemischt genutzte Gebäude** taugliche Tatobjekte des § 306a Abs. 1 Nr. 1 StGB sind. 1019

Beispiel: 1020
A hat in seinem Haus im Erdgeschoss seine Autowerkstatt untergebracht, im Obergeschoss wohnt der Mieter O. A setzt die Werkstatt in Brand, jedoch wird der Brand gelöscht, bevor er auf die Wohnung des O übergreift.
Teilweise wird im Schrifttum in dieser Konstellation eine Strafbarkeit nach § 306a Abs. 1 Nr. 1 StGB verneint, da kein dort genanntes Tatobjekt betroffen sei (Heine/Bosch, Schönke/Schröder, StGB, § 306a Rdn. 14; Kargl, NK[5], StGB, § 306a Rdn. 12). Es komme daher nur Versuch in Betracht.
Nach dem BGH genügt es beim Inbrandsetzen hingegen, sofern es sich um ein einheitliches Gebäude handelt, dass das Feuer auf die Wohnung übergreifen kann (BGHSt 34, 115, 118f.; Geppert, Jura 1998, 597, 602; Rengier, BT II, § 40 Rdn. 38ff.). Das ist etwa der Fall bei einem gemeinsamen Treppenhaus (BGHSt 34, 115, 120), nicht jedoch, wenn ein Übergreifen aufgrund einer Brandschutzmauer ausgeschlossen ist (BGHSt 35, 283, 286).
Dagegen ist jedoch einzuwenden, dass die Räumlichkeit, die der Wohnung von Menschen dient, nicht selbst in Brand gesetzt ist, wie es § 306a Abs. 1 Nr. 1 StGB verlangt. Daher spricht der Wortlaut der Vorschrift dafür, eine vollendete schwere Brandstiftung nach § 306a Abs. 1 Nr. 1 StGB in einem solchen Fall zu verneinen (Radtke, MK, StGB, § 306a Rdn. 37). Es kommt jedoch ein Versuch in Betracht.

Ergänzender Hinweis: 1021
Bei der Variante des Zerstörens durch Brandlegung verlangt der BGH im Rahmen des § 306a Abs. 1 StGB bei gemischt genutzten Gebäuden anders als beim Inbrandsetzen hingegen, dass das Wohngebäude für Wohnzwecke (teilweise) unbrauchbar wird (dies soll aber wiederum nicht bei § 306a Abs. 2 StGB erforderlich sein; BGHSt 56, 94, 97; BGH, NStZ-RR 2012, 309), wobei insoweit eine Einwirkung auf die Sachsubstanz der Wohneinheit erfolgen müsse (BGH, NStZ 2010, 452; BGH, NJW 2011, 2148, 2149; BGH, NJW 2019, 90, 92f.; kritisch Piel, StV 2012, 502, 505ff.).

1022 **§ 306a Abs. 1 Nr. 2 StGB** betrifft eine Kirche oder ein anderes der Religionsausübung dienendes Gebäude. Etwaige Einschränkungen sind damit insbesondere im Unterschied zu § 306a Abs. 1 Nr. 3 StGB nicht verbunden, jedoch kommt auch hier eine teleologische Reduktion in Betracht (Rdn. 1008 f.).

1023 **§ 306a Abs. 1 Nr. 3 StGB** betrifft eine Räumlichkeit, die zeitweise dem Aufenthalt von Menschen dient, die zu einer Zeit in Brand gesetzt oder durch eine Brandlegung ganz oder teilweise zerstört wird, in der Menschen sich dort aufzuhalten pflegen. Ein typischer Fall ist das Inbrandsetzen eines Bürogebäudes während der Bürozeiten, jedoch auch außerhalb der Bürozeiten, falls sich dann etwa noch Reinigungskräfte dort aufzuhalten pflegen. Auch bei § 306a Abs. 1 Nr. 3 StGB kommt eine teleologische Reduktion in Betracht.

1024 Es müssen sich dort im Tatzeitpunkt nicht tatsächlich Menschen aufhalten.

1025 **Beispiel:**
A setzt das Kino des O nach der letzten Vorstellung in Brand. Dies geschieht zu einem Zeitpunkt, zu dem sich normalerweise dort noch eine Reinigungskraft aufhält. Am Tattag ist dies aber nicht der Fall, da die Reinigungskraft erkrankt ist.
Auch in diesem Fall ist § 306a Abs. 1 Nr. 3 StGB erfüllt, da sich normalerweise dort noch Menschen zu diesem Zeitpunkt aufhalten.

1026 Für eine Räumlichkeit, die zeitweise dem Aufenthalt von Menschen dient, ist eine Anwesenheit von einer gewissen Dauer vorausgesetzt, sodass dafür ein bloßes flüchtiges oder gelegentliches Betreten zur Vornahme von kurzen Verrichtungen nicht ausreicht (BGH, BeckRS 2021, 40078).

c) Ergänzende Anmerkungen

1027 Für das Inbrandsetzen und das durch Brandlegung ganz oder teilweise Zerstören kann auf die Ausführungen zu § 306 StGB verwiesen werden, die entsprechend gelten (Rn. 989 ff., 995 ff.).

1028 In subjektiver Hinsicht ist Vorsatz erforderlich, wobei dolus eventualis genügt. Dabei muss der Täter des § 306a Abs. 1 Nr. 1 StGB in seinen Vorsatz aufgenommen haben, dass es sich um eine Räumlichkeit handelt, die der Wohnung von Menschen dient. In Bezug auf § 306a Abs. 1 Nr. 3 StGB muss der Vorsatz sich darauf beziehen, dass die Tat zu einer Zeit begangen wird, in der sich Menschen in der Räumlichkeit aufzuhalten pflegen.

1029 Da es in § 306a Abs. 1 StGB um den Schutz eines Allgemeinrechtsguts geht, scheidet eine rechtfertigende Einwilligung mangels Dispositionsbefugnis des Einzelnen aus. Zu bedenken ist aber, dass im Fall der Entwidmung bereits der Tatbestand des § 306a Abs. 1 StGB entfallen kann (Rdn. 1015 ff.).

1030 Zu beachten ist die Vorschrift über die Tätige Reue nach § 306e Abs. 1, Abs. 3 StGB.

2. § 306a Abs. 2 StGB

1031 Bei § 306a Abs. 2 StGB handelt es sich um ein **konkretes Gefährdungsdelikt**. Hierbei ist bedeutsam, dass sich die Vorschrift zwar auf eine in § 306 Abs. 1 Nr. 1 bis 6 StGB bezeichnete Sache bezieht, **nicht aber auf die Fremdheit** der Sache (BT-Drucks. 13/8587, S. 87; BGH, NStZ 1999, 32, 33; BGH, NStZ-RR 2000, 209). Tauglicher Täter des § 306a Abs. 2 StGB kann daher auch der Eigentümer der Sache sein. Erfasst sind zudem herrenlose Sachen.

1032 Der Täter muss durch sein Verhalten einen anderen Menschen in die Gefahr einer Gesundheitsschädigung bringen. Es muss also eine **konkrete Gefahr** entstehen, was bedeutet, dass sich die Situation so weit verdichtet hat, dass es nur noch vom Zufall abhängt, ob der Schaden ausbleibt oder eintritt.

Beispiel: 1033
A setzt eine Scheune in Brand, in der sich der Arbeiter O befindet. Das Feuer breitet sich so schnell aus, dass O nur noch in letzter Sekunde ein Fenster einschlagen und sich durch einen beherzten Sprung aus der Scheune retten kann; O bleibt unverletzt.
Hier hing es nur noch vom Zufall ab, ob O tatsächlich verletzt wird oder nicht. A hat daher § 306a Abs. 2 StGB verwirklicht, da er O durch das Inbrandsetzen in eine konkrete Gefahr einer Gesundheitsschädigung gebracht hatte.

Die konkrete Gefahr kann von dem in Brand gesetzten Objekt herrühren, nach zutreffender Sicht aber auch aus der Handlung (Inbrandsetzen; Brandlegung) selbst (siehe *Fischer*, StGB, § 306a Rdn. 11; anders *Wolters*, Satzger/Schluckebier/Widmaier, StGB, § 306a Rdn. 29). 1034

Fraglich ist, ob Tatbeteiligte als taugliche Gefährdungsopfer ausscheiden (so in Bezug etwa auf § 315c StGB BGH, NStZ 2012, 701; siehe dazu auch Rdn. 1118). Die Gegenansicht im Schrifttum will zumindest auch Teilnehmer in den Schutzbereich einbeziehen (*Radtke*, MK, StGB, § 306a Rdn. 54; für Einbeziehung sogar des Mittäters *Rengier*, BT II, § 40 Rdn. 59; *Wolters*, SK, StGB, Vor § 306 Rdn. 10). Wenn man diesen Weg geht, ist aber zu beachten, dass eine Strafbarkeit dann dennoch ausscheiden kann, wenn eine eigenverantwortliche Selbstgefährdung des Teilnehmers vorliegt. 1035

Zur Problematik des „Retterschadens" (Feuerwehrleute oder private Retter werden konkret gefährdet oder gar verletzt), die auch bei § 306a Abs. 2 StGB relevant werden kann und bei der es um die Frage geht, ob möglicherweise eine eigenverantwortliche Selbstgefährdung vorliegt, siehe Rdn. 1059 f. Die dortigen Darlegungen gelten hier entsprechend. 1036

In subjektiver Hinsicht genügt dolus eventualis, wobei sich der Vorsatz auch auf die konkrete Gefahr der Gesundheitsschädigung beziehen muss. 1037

Fraglich ist, ob bei § 306a Abs. 2 StGB eine Einwilligung möglich ist (ablehnend *Duttge*, Jura 2006, 15, 17 f.). Insofern ist zu beachten, dass bei einer Einwilligung des Gefährdeten ein Teil des Unrechts der Tat entfällt, sodass richtigerweise eine Bestrafung nach § 306a Abs. 2 StGB auszuscheiden hat (in diese Richtung etwa auch *Lackner/Kühl/Heger*, StGB, § 306a Rdn. 7). 1038

Zu beachten ist die Vorschrift über die Tätige Reue nach § 306e Abs. 1, Abs. 3 StGB. 1039

Zwischen § 306a Abs. 2 StGB und § 306a Abs. 1 StGB sowie § 306 StGB ist Tateinheit anzunehmen (zum Konkurrenzverhältnis von § 306a Abs. 1 StGB zu § 306 StGB siehe Rdn. 1004). 1040

III. Besonders schwere Brandstiftung gemäß § 306b StGB

1. § 306b Abs. 1 StGB

Es handelt sich bei dieser Vorschrift um ein **erfolgsqualifiziertes Delikt** (BGHSt 44, 175, 177). Grunddelikt ist entweder § 306 StGB oder § 306a StGB. Hinsichtlich der schweren Folge genügt gemäß § 18 StGB **wenigstens Fahrlässigkeit**. 1041

Bei der **schweren Gesundheitsschädigung** kann man sich an § 226 StGB orientieren, aber auch vergleichbare schwere Beeinträchtigungen werden erfasst. Insoweit ist etwa an eine langwierige oder schwere Krankheit zu denken. 1042

Fraglich ist, was unter einer **großen Zahl von Menschen** zu verstehen ist. Überwiegend wird darunter die Größenordnung von mindestens zehn Menschen verstanden (etwa *Geppert*, Jura 1998, 597, 603; *Ingelfinger*, JR 1999, 211, 213). Nach dem BGH ist 1043 das Merkmal jedenfalls erfüllt, wenn 14 Personen als Bewohner eines mittelgroßen Hauses betroffen sind (BGHSt 44, 175, 178; zudem BGH, BeckRS 2021, 46080 zu § 308 Abs. 2 StGB: jedenfalls bei 21 Personen erfüllt). Mitunter werden aber auch im Schrifttum 20 Personen (*Radtke*, MK, StGB, § 306b Rdn. 9) oder sogar 50 Menschen (*Cantzler*, JA 1999, 474, 476) genannt, wohingegen vereinzelt auch schon „mehr als drei" genügen sollen (*Wessels/Hettinger/Engländer*, BT 1, Rdn. 968). Letzteres erscheint aber für eine „große Zahl" aufgrund der dann noch vorhandenen Überschaubarkeit als zu gering, sodass es aus hiesiger Sicht vorzugswürdig erscheint, auf eine Mindestanzahl von zehn Personen abzustellen. Damit geht eine gewisse einschränkende Auslegung der Norm mit ihrer erhöhten Strafandrohung einher, ohne die Anforderungen zu überdehnen. Zudem wird mit dem Abstellen auf diese Personenzahl eine gewisse Vergleichbarkeit im Unrechtsgehalt mit der schweren Gesundheitsschädigung eines Menschen hergestellt.

1044 Stets ist zu beachten, dass sich in der schweren Folge die spezifische Gefahr der Brandstiftung realisieren muss (tatbestandsspezifischer Gefahrzusammenhang), wobei diese entweder aus der Brandstiftungshandlung oder aus dem Erfolg resultieren kann (zu den Retterfällen siehe Rdn. 1059 f.).

1045 Der Versuch des Verbrechens des § 306b StGB ist möglich (zum Versuch des erfolgsqualifizierten Delikts allgemein siehe *Zieschang*, AT, Rdn. 468 ff.). Verschiedene Konstellationen kommen in Betracht:

1046 Einmal ist denkbar, dass der Erfolg des Grunddelikts ausgeblieben ist, die schwere Folge aber eintritt (sogenannter erfolgsqualifizierter Versuch).

1047 **Beispiel:**
A will das Mehrfamilienhaus des O in Brand setzen. Das misslingt, jedoch erleiden 30 Personen erhebliche Rauchvergiftungen. A macht sich gemäß §§ 306b Abs. 1, 22, 23 StGB strafbar.

1048 Zum anderen ist es möglich, dass das Grunddelikt vollendet ist, aber die schwere Folge ausbleibt.

1049 **Beispiel:**
A will das Mehrfamilienhaus des O in Brand setzen, damit die dort lebenden 30 Personen Gesundheitsschäden erleiden. Zwar wird das Gebäude in Brand gesetzt, jedoch bleibt die schwere Folge aus.
In diesem Fall ist das Grunddelikt (§§ 306, 306a StGB) vollendet, die schwere Folge ist aber nicht eingetreten. Bei dieser Konstellation macht sich der Täter gemäß §§ 306b Abs. 1, 22, 23 StGB strafbar, sofern er in Bezug auf die schwere Folge Vorsatz aufweist, was hier der Fall ist.

1050 Schließlich kommt in Betracht, dass das Grunddelikt versucht geblieben ist und die schwere Folge ausbleibt.

1051 **Beispiel:**
A will das Mehrfamilienhaus des O in Brand setzen, damit die dort lebenden 30 Personen Gesundheitsschäden erleiden. A gelingt es nicht, das Gebäude in Brand zu setzen, zudem bleibt die schwere Folge aus.
In diesem Fall ist das Grunddelikt (§§ 306, 306a StGB) versucht und die schwere Folge ist nicht eingetreten. Bei dieser Konstellation macht sich der Täter gemäß §§ 306b Abs. 1, 22, 23 StGB strafbar, sofern er sowohl in Bezug auf das Grunddelikt als auch im Hinblick auf die schwere Folge Vorsatz aufweist, was hier der Fall ist.

2. § 306b Abs. 2 StGB

Im Gegensatz zu § 306b Abs. 1 StGB handelt es sich bei § 306b Abs. 2 StGB nicht um ein erfolgsqualifiziertes Delikt, sondern um eine normale **Qualifikation**. Vorausgesetzt ist also insgesamt Vorsatz des Täters. Im Einzelnen gilt: 1052

§ 306b Abs. 2 Nr. 1 StGB ist ein **konkretes Gefährdungsdelikt**, wobei sich der Vorsatz auch auf die konkrete Todesgefahr zu beziehen hat. Eine konkrete Gefahr ist anzunehmen, wenn das Geschehen so weit gediehen ist, dass es nur noch vom Zufall abhängt, ob es zum Schadenseintritt kommt oder nicht (siehe auch Rdn. 1081). Hierbei geht es in § 306b Abs. 2 Nr. 1 StGB um eine konkrete Todesgefahr. 1053

§ 306b Abs. 2 Nr. 2 StGB ist durch ein besonderes subjektives Merkmal qualifiziert: Der Täter muss in der Absicht handeln, eine andere Straftat zu ermöglichen oder zu verdecken. Dabei ist aber der **gleichzeitig durch dieselbe Handlung verwirklichte Versicherungsmissbrauch** gemäß § 265 StGB **keine andere Straftat** (BGHSt 51, 236; *Hilgendorf/Valerius*, BT I, § 11 Rdn. 51). Anders ist dies aber nach dem BGH zu beurteilen, wenn zunächst die Brandstiftung erfolgt, um **im Anschluss** einen Betrug gemäß § 263 Abs. 1, Abs. 3 S. 2 Nr. 5 StGB als weiteren Handlungsakt zu begehen (BGHSt 45, 211, 216 ff.; BGH, NStZ 2008, 571; kritisch etwa *Heine/Bosch*, Schönke/Schröder, StGB, § 306b Rdn. 13; *Rengier*, BT II, § 40 Rdn. 82: Die betrügerische Absicht sei typische Begleiterscheinung, die den Strafrahmensprung zu § 306b StGB schwerlich legitimiere). 1054

Auch **§ 306b Abs. 2 Nr. 3 StGB** ist reines Vorsatzdelikt. Dort ist verlangt, dass der Täter das Löschen des Brandes verhindert oder erschwert, indem er zum Beispiel Löschfahrzeuge oder Feuerlöscher funktionsuntüchtig macht. 1055

Zu beachten ist insgesamt für § 306b StGB die Vorschrift über die Tätige Reue nach § 306e Abs. 1, Abs. 3 StGB. Nach dem BGH ist § 306e Abs. 1 StGB auf § 306b Abs. 2 Nr. 1 StGB analog anzuwenden, wenn der Täter statt den Brand zu löschen die Lebensgefahr für das Opfer freiwillig durch anderweitige Rettungshandlungen beseitigt (BGHSt 65, 20). 1056

IV. Brandstiftung mit Todesfolge gemäß § 306c StGB

§ 306c StGB ist wiederum ein **erfolgsqualifiziertes Delikt**. Grunddelikt ist eine Brandstiftung nach den §§ 306 bis 306b StGB. Die schwere Folge ist der Tod eines anderen Menschen. Insofern muss der Täter wenigstens **leichtfertig** handeln. 1057

Zwischen dem Grunddelikt und der schweren Folge muss ein tatbestandsspezifischer Gefahrzusammenhang (Unmittelbarkeitszusammenhang; gefahrspezifischer Zusammenhang) bestehen, wobei sich die schwere Folge aus der Tathandlung, also dem Brandlegungsakt, oder dem etwaigen Erfolg ergeben kann. 1058

Problematisch ist dieser Zusammenhang insbesondere bei **Retterfällen**. 1059

> **Beispiel:** 1060
> *A setzt ein Wohnhaus in Brand. Der Freund O der Bewohnerin X, die O gerade besuchen möchte, erkennt, dass sich X noch im Haus befindet. O eilt daher in das Haus, um X zu retten. Bei dieser Rettungshandlung erleidet O eine Rauchvergiftung, an der O verstirbt. X überlebt. Hat sich A gemäß § 306c StGB bezüglich des O strafbar gemacht?*
> *Bei einem solchen „Retterfall" ist fraglich, ob der gefahrspezifische Zusammenhang bejaht werden kann.*
> *Teilweise wird im Schrifftum von einer eigenverantwortlichen Selbstgefährdung des Retters ausgegangen, es sei denn, der Retter ist zur Rettung verpflichtet, wie etwa aus einer Garantenstellung oder als Feuerwehrmann oder aus § 323c StGB*

(siehe Kühl, JA 2009, 321, 327; Rengier, AT, § 52 Rdn. 49). Hiernach könnte der gefahrspezifische Zusammenhang bejaht und A gemäß § 306c StGB bestraft werden, falls O im Zeitpunkt der Rettungsmaßnahme gemäß § 323c Abs. 1 StGB zur Hilfeleistung verpflichtet war.
Andere Autoren lassen zur Bejahung des Zusammenhangs genügen, dass der Täter ein adäquates Motiv zu vernünftigen Rettungshandlungen gesetzt hat (siehe Kindhäuser/Zimmermann, AT, § 11 Rdn. 59) oder stellen darauf ab, ob die Rettungsbemühungen nicht von vornherein sinnlos und mit offensichtlich unverhältnismäßigen Gefahren verbunden sind (Frister, AT, 10. Kapitel Rdn. 28).
Der BGH (BGHSt 39, 322, 325) hat (zu § 222 StGB) ausgeführt, der Grundsatz der Straffreiheit bei bewusster Selbstgefährdung sei einzuschränken, wenn der Täter durch seine deliktische Handlung die naheliegende Möglichkeit einer bewussten Selbstgefährdung dadurch schaffe, dass er eine erhebliche Gefahr für das Opfer oder ihm nahestehende Personen begründe und damit ein einsichtiges Motiv für gefährliche Rettungsmaßnahmen schaffe. Ebenso wie dem Täter bei Gelingen der Rettungshandlung die Erfolgsabwendung zugutekommt, habe er im Fall des Misserfolges dafür einzustehen. Etwas anderes möge gelten bei einem von vornherein sinnlosen oder mit offensichtlich unverhältnismäßigen Wagnissen verbundenen Rettungsversuch.
Für den berufspflichtigen Retter (etwa einen Feuerwehrmann) gelte dies erst recht (BGHSt 66, 119, 122 f.). An die Stelle eines einsichtigen Motivs des freiwilligen Retters trete seine Rechtspflicht zum Eingreifen, die den psychischen Druck zu handeln erhöhe und damit die Eigenverantwortlichkeit der Entscheidung des Retters einschränke. Auch hier lässt der BGH offen, ob etwas anderes anzunehmen ist, wenn eine rechtliche Verpflichtung aufgrund der Gefährlichkeit entfällt und die Rettungshandlung außerdem von vornherein sinnlos oder mit offensichtlich unverhältnismäßigen Wagnissen verbunden war.
Letztlich wird man in diesen Fällen insgesamt für entscheidend erachten müssen, ob eine eigenverantwortliche Selbstgefährdung vorliegt oder nicht (siehe Zieschang, in: Handbuch des Strafrechts, § 33 Rdn. 115). Das ist insbesondere zu verneinen und damit der gefahrspezifische Zusammenhang anzunehmen, wenn der Retter sich in einer Situation befindet, die § 35 StGB beschreibt, er Garant ist, eine Rettungspflicht gemäß § 323c Abs. 1 StGB besteht oder er aus beruflichen Gründen zur Hilfe verpflichtet ist. Dabei ist zu berücksichtigen, dass in der Regel keine Pflicht besteht, sich selbst erheblich zu gefährden. Im vorliegenden Fall wird man vor dem Hintergrund von § 323c Abs. 1 StGB und des § 35 StGB eine eigenverantwortliche Entscheidung des O verneinen können, sodass sich A nach § 306c StGB strafbar gemacht hat.

1061 Auch bei § 306c StGB kommt der Versuch in verschiedenen Formen in Betracht (zu § 306b Abs. 1 StGB siehe Rdn. 1045 ff.). Einmal kann das Grunddelikt nur versucht, die schwere Folge aber eingetreten sein; dann spricht man von einem erfolgsqualifizierten Versuch. Zum anderen ist es möglich, dass die schwere Folge ausgeblieben ist, wobei das Grunddelikt vollendet ist. In diesem Fall muss der Täter im Hinblick auf die schwere Folge mit Vorsatz handeln. Ist weder die schwere Folge eingetreten noch das Grunddelikt vollendet, muss der Täter wiederum auch bezüglich der schweren Folge vorsätzlich handeln (BGH, NJW 2022, 254).

1062 **Beispiel:**
A möchte seinen verfeindeten Nachbarn töten, indem er dessen Haus in Brand setzt. Beides gelingt ihm jedoch nicht. In diesem Fall ist das Grunddelikt (§ 306a Abs. 1 Nr. 1 StGB) im Versuch geblieben, die schwere Folge – der Tod eines anderen Menschen – ist ebenfalls nicht eingetreten. §§ 306c, 22, 23 StGB

ist verwirklicht, da der A bezüglich des Inbrandsetzens Tatentschluss hatte und im Hinblick auf die schwere Folge Tötungsvorsatz aufwies. §§ 306c, 22, 23 StGB steht dann in klarstellender Idealkonkurrenz zu §§ 211, 22, 23 StGB (BGH, NJW 2022, 254, 255).

V. Fahrlässige Brandstiftung gemäß § 306d StGB

Nach § 306d Abs. 1 Var. 1 StGB ist die fahrlässige Brandstiftung im Sinne des § 306 StGB strafbar. § 306d Abs. 1 Var. 2 pönalisiert die fahrlässige Brandstiftung gemäß § 306a Abs. 1 StGB. 1063

§ 306d Abs. 1 Var. 3 StGB betrifft § 306a Abs. 2 StGB, wobei nun der Täter zwar **vorsätzlich** eine in § 306 Abs. 1 Nr. 1 bis 6 StGB bezeichnete Sache in Brand setzt oder durch Brandlegung ganz oder teilweise zerstört, anders aber als in § 306a Abs. 2 StGB nun dadurch **fahrlässig** einen anderen Menschen in die Gefahr einer Gesundheitsschädigung bringt; es handelt sich also um eine Vorsatz-Fahrlässigkeitskombination, für die § 11 Abs. 2 StGB gilt. 1064

Hingegen ist § 306d Abs. 2 ein **reines Fahrlässigkeitsdelikt**, das heißt im Fall des § 306a Abs. 2 StGB wird fahrlässig eine in § 306 Abs. 1 Nr. 1 bis 6 StGB bezeichnete Sache in Brand gesetzt oder durch Brandlegung ganz oder teilweise zerstört und dadurch ebenfalls fahrlässig ein anderer Mensch in die Gefahr einer Gesundheitsschädigung gebracht (Fahrlässigkeits-Fahrlässigkeitskombination). 1065

Zu beachten ist die Vorschrift über die Tätige Reue nach § 306e Abs. 2, Abs. 3 StGB. 1066

Problematisch kann sein, ob eine gegenseitige Zurechnung von Tatbeiträgen auch beim Fahrlässigkeitsdelikt möglich ist. 1067

Beispiel: 1068

Die Freunde A, B und C beschließen, dass jeder von ihnen eine Himmelslaterne aufsteigen lässt, obwohl der Flug solcher Himmelslaternen verboten ist. Eine der Himmelslaternen wird vom Wind abgeleitet und landet auf einem Stapel von 20 Heuballen, die vom Feuer erfasst werden und niederbrennen. Es kann nicht mehr geklärt werden, um wessen Laterne es sich handelte. Machen sich A, B und C nach § 306d StGB strafbar?

In Betracht kommt eine Strafbarkeit von A, B und C gemäß § 306d Abs. 1 Var. 1 StGB (in Verbindung mit § 306 Abs. 1 Nr. 6 StGB).

Es wurden landwirtschaftliche Erzeugnisse in Brand gesetzt. Problematisch ist, dass nicht geklärt werden kann, um wessen Himmelslaterne es sich handelte. Insofern könnte man hinsichtlich jedes Einzelnen unter Anwendung des in dubio pro reo-Grundsatzes möglicherweise dazu kommen, die Kausalität zu verneinen. Mangels Nachweises der Kausalität wären A, B und C freizusprechen.

Im Schrifttum wird nun teilweise vorgeschlagen, aufgrund der gemeinsamen Entscheidung eine Zurechnung über § 25 Abs. 2 StGB („fahrlässige Mittäterschaft") vorzunehmen (etwa Küpper, GA 1998, 519, 526 ff.; Otto, Jura 1998, 409, 411 f.). A, B und C könnten dann gemäß §§ 306d Abs. 1 Var. 1, 25 Abs. 2 StGB bestraft werden.

*Es ist indessen zu bedenken, dass die Mittäterschaft einen gemeinsamen **Tatplan** voraussetzt, also eine ausdrückliche oder konkludente Vereinbarung, die Tat gemeinsam arbeitsteilig durchzuführen. Ein Fahrlässigkeitsdelikt kann nun aber nicht gemeinsam geplant werden. Daher überzeugt die Figur der fahrlässigen Mittäterschaft nicht vollends (die Figur der fahrlässigen Mittäterschaft ablehnend etwa OLG Schleswig, NStZ 1982, 116; Gropp, GA 2009, 265).*

Es bedarf dieser Konstruktion auch gar nicht, denn der relevante Fahrlässigkeitsvorwurf besteht bereits darin, dass sich A, B und C auf ein sorgfaltswidriges Verhalten (Aufsteigenlassen der Himmelslaternen), welches Bedingung für den Brand ist, verständigt und daran mitgewirkt haben (siehe Kühl, AT, § 20 Rdn. 116b; Wessels/Beulke/Satzger, AT, Rdn. 835). A, B und C können deswegen jeweils nach § 306d Abs. 1 Var. 1 StGB bestraft werden.

14. Kapitel: Verkehrsstraftaten

I. Gefährliche Eingriffe in den Straßenverkehr gemäß § 315b StGB

1. Allgemeines

Bei § 315b StGB handelt es sich um ein **konkretes Gefährdungsdelikt**, was der Wortlaut hinreichend zum Ausdruck bringt („und dadurch Leib oder Leben … gefährdet"). Die Vorschrift weist einen **dreistufigen Aufbau** auf (BGHSt 48, 119, 122): Erstens muss der Täter eine der in § 315b Abs. 1 Nr. 1 bis Nr. 3 StGB genannten Tatvarianten verwirklichen, wodurch es zweitens zu einer Beeinträchtigung der Sicherheit des Straßenverkehrs kommt, woraus dann drittens eine konkrete Gefahr für Leib oder Leben eines anderen Menschen oder fremde Sachen von bedeutendem Wert resultiert. 1069

Unterschiedliche Standpunkte bestehen in Bezug auf die Frage, welches **Rechtsgut** durch § 315b StGB geschützt wird. Vereinzelt findet sich die Ansicht, es gehe nur um den Schutz der Individualrechtsgüter Leben, Gesundheit und Eigentum (*Wolters*, SK, StGB, § 315b Rdn. 2 f.). Dem steht die Auffassung gegenüber, geschützt sei allein die Sicherheit des öffentlichen Straßenverkehrs (*König*, LK, StGB, § 315b Rdn. 3). Andere Autoren sehen sowohl die Verkehrssicherheit als auch die Individualrechtsgüter als gleichrangig geschützt an (*Zieschang*, NK, StGB, § 315b Rdn. 7). Die Rechtsprechung meint, primär geschützt sei die Sicherheit des Straßenverkehrs, nachgeordnet aber auch Individualrechtsgüter (BGH, NJW 1989, 2550). 1070

2. § 315b Abs. 1 StGB

Jedermann kommt als tauglicher Täter in Betracht („Wer"). Die Vorschrift ist kein eigenhändiges Delikt, sie kann in Mittäterschaft und in mittelbarer Täterschaft verwirklicht werden. 1071

Abzugrenzen ist § 315b StGB insbesondere von § 315c StGB. Grundsätzlich geht es in **§ 315b StGB** um **verkehrsfremde Eingriffe von außen in den Straßenverkehr** (**Außeneingriffe**), dagegen betrifft **§ 315c StGB** ein vorschriftswidriges Verhalten **im Straßenverkehr**. Es gibt jedoch eine wichtige Ausnahme: Ein **Verkehrsvorgang** fällt unter **§ 315b StGB**, wenn der Täter den Verkehrsvorgang **zu einem Eingriff in den Straßenverkehr pervertiert (verkehrsfeindlicher Inneneingriff)**, der Täter also das von ihm gesteuerte Fahrzeug in verkehrsfeindlicher Einstellung **bewusst zweckwidrig** einsetzt (BGHSt 41, 231, 234; u. a. auch *Baier*, JA 2002, 631, 633), etwa als Waffe oder Schadenswerkzeug. Dabei muss der Eingriff **eine grobe Einwirkung von einigem Gewicht** darstellen; zudem ist nach der Rechtsprechung erforderlich, dass der Täter zumindest **bedingten Schädigungsvorsatz** aufweist (BGHSt 48, 233, 237; kritisch zum Schädigungsvorsatz u. a. *König*, NStZ 2004, 175, 178; dagegen bei Gefährdungsvorsatz ohnehin immer auch zumindest bedingten Schädigungsvorsatz annehmend *Zieschang*, NK, StGB, § 315b Rdn. 14). 1072

Diese Grundsätze gelten nicht nur für Kraftfahrzeugführer, sondern auch für andere Verkehrsteilnehmer wie etwa Fahrradfahrer oder Fußgänger. Umstritten ist, ob sie auch bei Beifahrern heranzuziehen sind (so BGH, NZV 1990, 35; *Rengier*, BT II, § 45 Rdn. 34; offengelassen von BGH, NStZ 2007, 34). Dagegen spricht, dass der Beifahrer Außenstehender ist, sodass dessen Eingriffe in die Fahrzeugführung (etwa der Griff ins Lenkrad) stets Außeneingriffe sind (*Geppert*, Jura 1996, 639, 644 f.; *Zieschang*, NK, StGB, § 315b Rdn. 15). 1073

§ 315b Abs. 1 Nr. 1 StGB betrifft das Zerstören, Beschädigen oder Beseitigen von Anlagen oder Beförderungsmitteln. Zerstören bedeutet die vollständige Aufhebung 1074 der bestimmungsgemäßen Brauchbarkeit, indem zum Beispiel eine Ampelanlage funktionsuntüchtig gemacht wird. Beschädigen bedeutet wie bei § 303 StGB, dass die Unversehrtheit oder bestimmungsgemäße Brauchbarkeit nicht unerheblich beeinträchtigt ist, so etwa, wenn Radschrauben gelockert werden (BGH, BeckRS 2007, 6620) oder der Bremsschlauch manipuliert wird. Die Beschädigung als solche genügt nicht bereits zur Vollendung, vielmehr muss daraus eine Beeeinträchtigung der Verkehrssicherheit sowie eine davon zu unterscheidende konkrete Gefahr entstehen. Beim Beseitigen wird das Tatobjekt räumlich entfernt. Der Begriff Anlage betrifft alle Einrichtungen, die dem Verkehr auf öffentlichen Straßen zu dienen bestimmt sind (*Rengier*, BT II, § 45 Rdn. 49). Hierunter fallen etwa der Straßenkörper selbst oder Verkehrsschilder. Fahrzeuge sind sämtliche Fortbewegungsmittel, mit denen der Transport von Personen oder Sachen erfolgen kann. Beim Rammen als verkehrsfeindlichem Inneneingriff ist regelmäßig § 315b Abs. 1 Nr. 1 StGB erfüllt (anders BGH, NStZ-RR 2001, 298: § 315b Abs. 1 Nr. 3 StGB sei gegeben).

1075 **§ 315b Abs. 1 Nr. 2 StGB** erfasst das Hindernisbereiten. Das ist jede Einwirkung im Verkehrsraum, die geeignet ist, den reibungslosen Verkehrsablauf zu hemmen oder zu verzögern (BGHSt 6, 219, 224), so zum Beispiel das Errichten von Straßensperren oder das Abseilen von einer Autobahnbrücke.

1076 **Beispiel:**
A blendet den Autofahrer O mit einem Laserpointer, der dadurch das Lenkrad verreißt und in den Graben fährt.
Da auch ein solches Verhalten geeignet ist, den reibungslosen Verkehrsablauf zu beeinträchtigen, ist bei einem Blenden ein Hindernisbereiten gegeben (Zieschang, NK, StGB, § 315b Rdn. 19; str.).

1077 Als verkehrsfeindlicher Inneneingriff kann § 315b Abs. 1 Nr. 2 StGB bei einem willkürlichen abrupten Abbremsen gegeben sein (BGH, NZV 2016, 533, 534).

1078 **§ 315b Abs. 1 Nr. 3 StGB** betrifft den ähnlichen, ebenso gefährlichen Eingriff. Trotz dieser relativ weiten Formulierung ist die Vorschrift verfassungsgemäß. Zu ihrer Präzisierung ist der Vergleich mit den anderen beiden Nummern dienlich. Erfasst ist etwa die Konstellation, dass der Täter mit Benzin gefüllte Plastikbeutel so im Motorraum deponiert, dass eine Explosion erfolgt (BGH, NZV 1989, 119). Als verkehrsfeindlicher Inneneingriff kommt das gezielte Zufahren auf Personen in Betracht.

1079 Durch eine in § 315b Abs. 1 Nr. 1 bis Nr. 3 StGB genannte Tathandlung muss kausal die **Sicherheit des Straßenverkehrs** beeinträchtigt werden. Hierunter verstehen der BGH und das überwiegende Schrifttum, dass eine abstrakte Gefahr für die Sicherheit des Straßenverkehrs geschaffen werde (BGHSt 48, 119, 122; *Wessels/Hettinger/Engländer*, BT 1, Rdn. 986). Diese Abstraktion überzeugt jedoch nicht, zumal der Wortlaut des § 315b StGB überhaupt keine Generalisierung verlangt. Zu prüfen ist daher richtigerweise, ob unter Einbeziehung der Umstände des Einzelfalls eine Situation herbeigeführt wurde, die beim ungestörten weiteren Ablauf der Geschehnisse zu einer konkreten Gefahr oder einem Schaden führen kann (*Zieschang*, NK, StGB, § 315b Rdn. 25).

1080 Zu beachten ist, dass § 315b StGB nur den **öffentlichen** Straßenverkehr betrifft. Das ist der Fall, wenn ausdrücklich oder stillschweigend die Benutzung allgemein oder wenigstens für allgemein bestimmte Gruppen von Benutzern zugelassen ist oder die Benutzung faktisch geduldet wird (BGHSt 16, 7, 9; BGH, NZV 2013, 508). Das ist zu bejahen bei Straßen des Bundes, des Landes, der Kreise und Gemeinden. Erfasst sind etwa auch private Parkhäuser, Parkplätze eines Lokals oder Tankstellenflächen jeweils während der Öffnungszeiten zuzüglich der An- und Abfahrtszeiten. Die Öffentlichkeit fehlt hingegen bei einem Parkplatz, den nur bestimmte Personen benutzen dürfen, etwa die Bewohner eines Hauses.

Aus der Beeinträchtigung des Straßenverkehrs muss schließlich **als Erfolg** eine **konkrete Gefahr** für eines der in § 315b StGB genannten Individualrechtsgüter resultieren. Liegt diese vor, ist das Delikt vollendet, es muss nicht tatsächlich zum Eintritt eines Schadens kommen. Zur Bejahung einer konkreten Gefahr ist zunächst erforderlich, dass ein Rechtsgutsobjekt in den Wirkungsbereich des Täterverhaltens eingetreten ist (BGH, NJW 1989, 1227). Zusätzlich ist dann notwendig, dass sich die Situation so verdichtet hat, dass es **nur noch vom Zufall abhängt, ob an dem Rechtsgutsobjekt ein Schaden eintritt oder nicht** (BGH, NJW 1995, 3131 f.; BGH, BeckRS 2020, 43410). Es wird eine naheliegende Gefahr vorausgesetzt, die auf einen unmittelbar bevorstehenden Unfall hindeutet, wenn keine plötzliche Wendung eintritt (BGHSt 18, 271, 272 f.). Erforderlich ist ein **Beinahe-Unfall**, also ein Geschehen, bei dem ein unbeteiligter Beobachter zu dem Ergebnis gelangt, dass es gerade noch einmal gut gegangen sei (BGH, NJW 1995, 3131, 3132). 1081

Beispiel: 1082
A löst die Radmuttern am Auto des O. Nachdem O einige hundert Meter bergabwärts gefahren ist, bemerkt er eine Vibration im Lenkrad. Nur einem glücklichen Zufall verdankend kann er das Fahrzeug noch durch eine abrupte Lenkbewegung zum Stillstand bringen, bevor es auf andere Fahrzeuge geprallt wäre.
In diesem Fall ist eine konkrete Gefahr in Bezug auf den O, sein Fahrzeug und die anderen Fahrzeuge zu bejahen. Es spielt für das konkrete Gefährdungsdelikt des § 315b StGB keine Rolle, dass letztlich kein Schaden eingetreten ist. Vielmehr reicht es aus, wenn die zum Schaden vorgelagerte konkrete Gefahr erfüllt ist.

Gegenbeispiel: 1083
A löst die Radmuttern am Auto des O. Nachdem O einige Hundert Meter gefahren ist, bemerkt O, dass das Fahrzeug unruhig fährt. O kann das Fahrzeug langsam bis zum Stillstand abbremsen.
Hier beherrschte O die Situation bis zum Schluss. Eine konkrete Gefahr ist zu verneinen. Es kommt aber für A ein versuchter gefährlicher Eingriff in den Straßenverkehr in Betracht, der gemäß § 315b Abs. 2 StGB strafbar ist.

Zu beachten ist, dass der BGH den Eintritt einer **verkehrsspezifischen Gefahr** verlangt (BGHSt 48, 119, 121). So hat der BGH bei Schüssen auf ein Fahrzeug ausgeführt, die konkrete Gefahr müsse jedenfalls auch auf die Wirkungsweise der für Verkehrsvorgänge typischen Fortbewegungskräfte (Dynamik des Straßenverkehrs) zurückzuführen sein, woran es fehle, wenn der Schaden ausschließlich auf der durch die Pistolenschüsse freigesetzten Dynamik der auftreffenden Projektile beruhe (BGH, NStZ-RR 2017, 356, 357). Dagegen wurde im Fall des Werfens von Steinen gegen ein Fahrzeug, was zum Zersplittern der Frontscheibe führte, eine vollendete Tat bejaht, da die durch den Eingriff verursachte verkehrsspezifische Gefahr zu einem bedeutenden Sachschaden geführt habe, obwohl das Fahrzeug vom Fahrer kontrolliert zum Stehen gebracht wurde (BGHSt 48, 119, 121 f.). 1084

Aus hiesiger Sicht vermögen diese Überlegungen nicht zu überzeugen (siehe *Zieschang*, NK, StGB, § 315b Rdn. 32). Wenn jemand ein Fahrzeug beschädigt, liegt nicht schon allein in dieser Beschädigung eine konkrete Gefahr für das Fahrzeug. Vielmehr geht es insoweit um die Tathandlung des Beschädigens, woraus dann in den nächsten Schritten eine Beeinträchtigung der Sicherheit des Straßenverkehrs sowie die konkrete Gefahr für Personen oder Sachen von bedeutendem Wert resultieren müssen. Kann nun der Fahrer das beschädigte Fahrzeug kontrolliert zum Stehen bringen, fehlt die konkrete Gefahr. Kommt es hingegen zu einem Beinahe-Unfall aufgrund der Schüsse oder Steinwürfe, ist die konkrete Gefahr gegeben und § 315b StGB erfüllt. 1085

1086 Bei der Gefährdung von Leib oder Leben eines anderen Menschen reicht die Gefährdung einer Person aus. Nach dem BGH (BGHSt 6, 100, 102) und Teilen des Schrifttums (*Lackner/Kühl/Heger*, StGB, § 315b Rdn. 5, § 315c Rdn. 25) genügt es aber nicht, wenn ausschließlich **Tatbeteiligte** (Täter oder Teilnehmer) gefährdet werden. Dem kann angesichts des Wortlauts (anderer Mensch) zugestimmt werden, soweit es um den Täter selbst geht. Hingegen können Mittäter sowie Teilnehmer durchaus als andere aufgefasst werden, sodass sie entgegen der Auffassung des BGH als taugliche Gefährdungsopfer anzusehen sind.

1087 **Beispiel:**

A fährt mit hoher Geschwindigkeit gezielt auf den Fußgänger O zu, um ihn zu töten. Angefeuert wird er dabei von seinem Beifahrer B. Weit bevor A den Fußgänger O erreicht, verliert A die Kontrolle über das Fahrzeug, das sich überschlägt, wobei B verstirbt. Strafbarkeit des A nach § 315b StGB?

In diesem Fall verwirklicht A die Tathandlung des § 315b Abs. 1 Nr. 3 StGB als verkehrsfeindlichen Inneneingriff. O war noch nicht gefährdet, jedoch war B bei dem Überschlagen des Fahrzeugs getötet worden, was als Vorstufe dessen konkrete Gefährdung bedeutet. Nach Auffassung des BGH genügt jedoch die bloße Gefährdung eines Tatteilnehmers – B ist Gehilfe im Sinne des § 27 StGB aufgrund seiner psychischen Unterstützung (Anfeuern) – nicht, sodass § 315b StGB nicht vollendet ist. Hinsichtlich O kommt aber Versuch gemäß §§ 315b Abs. 1, Abs. 3, 315 Abs. 3, 22, 23 StGB in Betracht (zu § 315b Abs. 3 StGB siehe Rdn. 1095). Nach der hier vertretenen Ansicht können jedoch auch Teilnehmer taugliche Gefährdungsobjekte sein. A verwirklicht daher bezüglich B § 315b Abs. 1 Nr. 3 StGB in Verbindung mit § 315b Abs. 4 StGB (zu § 315b Abs. 4 StGB siehe Rdn. 1096; zur Frage der Einwilligung siehe Rdn. 1091).

1088 Bei der fremden Sache von bedeutendem Wert werden sowohl bewegliche als auch unbewegliche körperliche Gegenstände erfasst. Fremd ist eine Sache, wenn sie nicht im Alleineigentum des Täters steht und auch nicht herrenlos ist. Das vom **Täter benutzte fremde Fahrzeug** wird von der Rechtsprechung als notwendiges Mittel zur Tatbegehung nicht vom Schutzbereich umfasst (BGH, NStZ-RR 1999, 120; anders etwa *Pegel*, MK, StGB, § 315b Rdn. 55).

1089 Die Wertgrenze für eine Sache von bedeutendem Wert liegt aktuell bei **750 Euro** (BGHSt 48, 119, 121). Dabei geht man davon aus, dass es sich nicht nur um eine Sache von bedeutendem Wert handeln muss, sondern über den Gesetzeswortlaut hinaus der Sache auch ein Schaden von bedeutendem Ausmaß drohen muss (BGH, NStZ 2010, 216, 217).

1090 § 315b Abs. 1 StGB ist reines Vorsatzdelikt. Der Vorsatz muss sich auf die Tathandlung, die dadurch verursachte Beeinträchtigung der Sicherheit des Straßenverkehrs sowie auf die daraus resultierende konkrete Gefahr beziehen. Dolus eventualis genügt. Zu beachten ist, dass die Rechtsprechung beim verkehrsfeindlichen Inneneingriff zumindest bedingten Schädigungsvorsatz verlangt (Rdn. 1072).

1091 Auf der Ebene der Rechtswidrigkeit stellt sich insbesondere die Frage, ob eine Einwilligung als Rechtfertigungsgrund in Betracht kommt. Erachtet man als geschütztes Rechtsgut allein die Sicherheit des Straßenverkehrs, scheidet mangels Dispositionsbefugnis des Einzelnen über dieses Allgemeinrechtsgut eine Einwilligung aus (BGHSt 53, 55, 63). Betrachtet man die Vorschrift allein als individualschützend, ist eine Einwilligung möglich. Geht man davon aus, dass Verkehrssicherheit und Individualrechtsgüter gleichrangig geschützt sind, kann man mit guten Argumenten die Auffassung vertreten, mit der Einwilligung entfalle ein Teil des Unrechts der Vorschrift, sodass § 315b StGB insgesamt ausscheiden muss (*Eisele*, JA 2007, 168, 172).

1092 In diesem Zusammenhang ist allgemein zu beachten, dass nach Auffassung des BGH eine Einwilligung nicht in Betracht kommt bei konkreter Todesgefahr oder bei der

Gefahr einer schweren Gesundheitsschädigung (BGHSt 49, 34, 44; BGHSt 53, 55, 62), da dann die Grenze der Sittenwidrigkeit überschritten sei (siehe bereits Rdn. 291).

Zur Tätigen Reue bei § 315b StGB siehe § 320 StGB. **1093**

§ 315b StGB kann in Tateinheit stehen u. a. mit §§ 212 ff., 223 ff., 303 ff. StGB sowie mit §§ 315c, 316 StGB. **1094**

3. § 315b Abs. 3 StGB in Verbindung mit § 315 Abs. 3 StGB

Nicht übersehen werden darf, dass § 315 Abs. 3 StGB über § 315b Abs. 3 StGB auch auf § 315b StGB anwendbar ist, wenngleich mit niedrigerer Höchststrafenandrohung (10 Jahre) als in § 315 Abs. 3 StGB (dort gemäß § 38 Abs. 2 StGB maximal 15 Jahre). Die Tat ist Verbrechen. Die Absicht, einen Unglücksfall herbeizuführen (§ 315 Abs. 3 Nr. 1a StGB), kommt etwa beim Rammen eines Fahrzeugs mit hoher Geschwindigkeit in Betracht. Nach dem BGH muss die Absicht des Täters darauf gerichtet sein, dass sich gerade eine von ihm herbeigeführte verkehrsspezifische Gefahr verwirklicht (BGH, NJW 2022, 409, 410 f.; zur Kritik an diesem Kriterium siehe Rdn. 1085). Ermöglichungs- und Verdeckungsabsicht betrifft § 315 Abs. 3 Nr. 1b StGB, zum Beispiel das absichtliche Herbeiführen eines Unfalls, um dann einen Betrug gegenüber dem Versicherer zu begehen. § 315 Abs. 3 Nr. 2 StGB als erfolgsqualifiziertes Delikt bezieht sich auf eine schwere Gesundheitsschädigung eines Menschen oder eine Gesundheitsschädigung einer großen Zahl von Menschen (siehe zu diesen Begriffen Rdn. 1042 f.). Der Gesetzgeber plant, ebenfalls den Tod als schwere Folge in § 315 Abs. 3 Nr. 2 StGB aufzunehmen. **1095**

4. § 315b Abs. 4, Abs. 5 StGB

Im Fall des § 315b Abs. 4 StGB weist der Täter in Bezug auf die Tathandlung und die Beeinträchtigung der Verkehrssicherheit Vorsatz auf, die konkrete Gefahr wird aber nur fahrlässig verursacht (Vorsatz-Fahrlässigkeitskombination). Gemäß § 11 Abs. 2 StGB handelt es sich dennoch um ein Vorsatzdelikt. **1096**

Ein reines Fahrlässigkeitsdelikt ist § 315b Abs. 5 stGB, indem sich die Fahrlässigkeit nicht nur auf die Tathandlung und die Beeinträchtigung der Verkehrssicherheit bezieht, sondern auch auf die konkrete Gefahr. **1097**

II. Gefährdung des Straßenverkehrs gemäß § 315c StGB

1. Allgemeines

Auch bei § 315c StGB handelt es sich ebenso wie bei § 315b StGB um ein **konkretes Gefährdungsdelikt**, was wiederum der Wortlaut hinreichend zum Ausdruck bringt („und dadurch Leib oder Leben…gefährdet"). Im Gegensatz zu § 315b StGB weist die Vorschrift aber einen **zweistufigen Aufbau** auf: Aus einer der in der Norm aufgelisteten Tathandlungen muss eine konkrete Gefahr für Leib oder Leben eines anderen Menschen oder fremde Sachen von bedeutendem Wert resultieren. Einer eigenständigen Prüfung der Beeinträchtigung der Sicherheit des Straßenverkehrs wie bei § 315b StGB bedarf es nicht, unabhängig davon, dass sie in der Regel ohnehin vorliegen wird. **1098**

Ebenso wie bei § 315b StGB bestehen verschiedene Auffassungen in Bezug auf die Frage, welches **Rechtsgut** durch § 315c StGB geschützt wird. Vereinzelt findet sich die Ansicht, es gehe nur um den Schutz der Individualrechtsgüter Leben, Gesundheit und Eigentum (*Deichmann*, Grenzfälle der Sonderstraftat, S. 191 ff.). Dem steht die Auffassung gegenüber, geschützt sei allein die Sicherheit des öffentlichen Straßenverkehrs (*König*, LK, StGB, § 315c Rdn. 3). Andere Autoren sehen sowohl die Verkehrs- **1099** sicherheit als auch die Individualrechtsgüter als gleichrangig geschützt an (*Eisele*, JA 2007, 168), wofür der Wortlaut der Norm und der Vergleich zu § 316 StGB sprechen, der eine konkrete Gefahr für Rechtsgüter eben nicht verlangt (*Zieschang*, NK, StGB, § 315c Rdn. 6). Die Rechtsprechung meint, primär geschützt sei die Sicherheit des Straßenverkehrs, nachgeordnet aber auch Individualrechtsgüter (BGHSt 23, 261, 264; ebenso etwa *Gössel/Dölling*, BT 1, § 42 Rdn. 29).

2. § 315c Abs. 1 Nr. 1 StGB

1100 Tauglicher Täter des § 315c Abs. 1 Nr. 1 StGB kann nur jemand sein, der das **Fahrzeug führt**. Es handelt sich um ein **eigenhändiges Delikt**. Mittelbare Täterschaft und nichteigenhändige Mittäterschaft sind daher nicht möglich. **Fahrzeugführer** ist derjenige, welcher sich selbst aller oder wenigstens eines Teils der technischen Vorrichtungen des Fahrzeugs bedient, die für seine Fortbewegung bestimmt sind, also das Fahrzeug unter bestimmungsgemäßer Verwendung seiner Antriebskräfte unter eigener Allein- oder Mitverantwortung in Bewegung setzt oder das Fahrzeug unter Handhabung seiner technischen Vorrichtungen während der Fahrbewegung ganz oder wenigstens zum Teil lenkt (BGHSt 36, 341, 344). Maßgeblich ist, wer es tatsächlich führt, nicht, ob er dazu rechtlich befähigt ist. Sind sämtliche zur Fortbewegung erforderlichen Vorgänge einem autonomen System übertragen, fehlt die Führereigenschaft (anders für das Straßenverkehrsrecht § 1a Abs. 4 StVG).

1101 **Beispiele:**

Auch der Lenker in einem Fahrzeug, das abgeschleppt wird, ist Fahrzeugführer (BGH, NZV 1990, 157), gemeinsam mit dem Führer des Fahrzeugs, das abschleppt.

Das bloße Geben von Fahranweisungen von jemandem, der nicht selbst am Steuer sitzt, genügt für die Führereigenschaft nicht. Der Fahrlehrer ist daher kein Fahrzeugführer, sofern er nicht seine eigenen Pedale betätigt oder in die Lenkung eingreift (BGHSt 59, 311, 313 ff.).

1102 Im Fall des § 315c Abs. 1 Nr. 1 StGB besteht die Tathandlung darin, dass der Täter im Straßenverkehr ein Fahrzeug führt, obwohl er infolge des Genusses alkoholischer Getränke oder anderer berauschender Mittel oder infolge geistiger oder körperlicher Mängel nicht in der Lage ist, das Fahrzeug sicher zu führen.

1103 Erfasst sind nicht nur motorisierte **Fahrzeuge**, sondern zum Beispiel auch ein Fahrrad, das allein mit Muskelkraft bedient wird, oder eine Kutsche, die von Pferden gezogen wird. Fahrzeuge sind zur Beförderung von Personen oder Gütern geeignete Fortbewegungsmittel. Nach überwiegender Ansicht sollen die in § 24 Abs. 1 StVO aufgelisteten Fortbewegungsmittel (u. a. Roller und Inline-Skates) nicht unter § 315c StGB fallen (OLG Celle, NJW-RR 1999, 1187; *Rengier*, BT II, § 43 Rdn. 3; str.).

1104 Das Fahrzeug muss im Straßenverkehr geführt werden, worunter nur der **öffentliche Straßenverkehr** fällt (siehe dazu Rdn. 1080).

1105 Das Fahrzeug wird erst dann **geführt**, wenn es **in Bewegung gesetzt** worden ist. Das bloße Anlassen des Motors genügt hierfür nicht. Der Bewegungsvorgang muss aber nicht unbedingt auf Motorkraft beruhen, das Herunterrollen auf einer Gefällstrecke genügt.

1106 Der Täter ist dann **nicht in der Lage, das Fahrzeug sicher zu führen**, wenn die Gesamtleistungsfähigkeit so weit herabgesetzt ist, dass der Betreffende nicht mehr in der Lage ist, sein Fahrzeug eine längere Strecke, und zwar auch bei plötzlichem Eintritt schwieriger Verkehrslagen, sicher zu steuern (BGHSt 13, 83, 90). Das ist unter Berücksichtigung sämtlicher Umstände des Einzelfalls zu prüfen.

1107 Bei **§ 315c Abs. 1 Nr. 1a StGB** ist die Fahruntüchtigkeit verursacht durch **Alkohol oder andere berauschende Mittel**. Insofern geht es um einen Spezialfall der körperlichen Mängel im Sinne von § 315c Abs. 1 Nr. 1b StGB.

1108 Bei der **Fahruntüchtigkeit aufgrund Alkoholkonsums** ist wichtigstes Beweisanzeichen die Alkoholkonzentration im Blut (Blutalkoholkonzentration, BAK) im Tatzeitpunkt. Sie wird insbesondere über eine Blutprobe (siehe § 81a StPO) nachgewiesen. Zu unterscheiden ist dabei zwischen **relativer und absoluter Fahruntüchtigkeit**.

1109 Bei der **absoluten Fahruntüchtigkeit** steht diese **unwiderleglich** fest, ohne dass es weiterer Feststellungen bedarf. Sie ist bei **Kraftfahrzeugen ab einer BAK von 1,1 Promille** gegeben (BGHSt 37, 89, 99). Ein Gegenbeweis der Fahrtüchtigkeit ist dann nicht möglich. Kraftfahrzeuge sind insbesondere Pkw, Busse und Lkw, Kraftfahrräder und Fahrräder mit Hilfsmotor. Elektrokleinstfahrzeuge wie Segways und E-Scooter gelten nach der eKFV ebenfalls als Kraftfahrzeuge. Umstritten ist dies bei Elektrofahrrädern (für die Anwendung der 1,1 Promillegrenze *Zieschang*, NK, StGB, § 316 Rdn. 24; anders OLG Karlsruhe, BeckRS 2020, 16074 bezüglich Pedelecs) und motorisierten Krankenfahrstühlen (für 1,1 Promille OLG Nürnberg, DAR 2011, 152; str.). Der 1,1 Promillewert gilt auch für den Führer eines Kraftfahrzeugs, das abgeschleppt wird (BGHSt 36, 341, 346 ff.).

1110 Für **Fahrradfahrer** beträgt der Grenzwert der absoluten Fahruntüchtigkeit **1,6 Promille** (BayObLG, DAR 2002, 80).

1111 Die **relative Fahruntüchtigkeit kann** ab einer BAK von **0,3 Promille** einsetzen. In diesem Fall reicht der BAK-Wert allein nicht. Vielmehr müssen weitere Tatsachen festgestellt werden, die als Beweisanzeichen geeignet sind, die Überzeugung von der Fahruntüchtigkeit zu vermitteln (BGHSt 31, 42, 44). Von Bedeutung sind insofern in der Person des Führers liegende Umstände wie Krankheiten (innere Umstände), äußere Bedingungen wie Witterungsverhältnisse (äußere Umstände) und schließlich das konkrete äußere Verhalten des Fahrzeugführers (Ausfallerscheinungen), das durch die Aufnahme alkoholischer Getränke mitverursacht wurde. **Alkoholbedingte Ausfallerscheinungen** sind dabei unverzichtbar (BGHSt 31, 42, 45). Die Anforderungen daran sind umso höher, je geringer die festgestellte BAK ist.

1112 **Beispiele:**
Ausfallerscheinungen, *die auf den* ***Alkoholkonsum*** *zurückzuführen sind, können insbesondere das Fahren in Schlangenlinien, das Abkommen von der Fahrbahn, das Nichtbeachten von Verkehrszeichen oder eine leichtsinnige Fahrweise sein. Auch das Verhalten vor und nach der Fahrt kann alkoholbedingte Ausfallerscheinungen zeigen (Schwanken beim Gehen, Reden mit lallender Stimme). Die Ausfallerscheinungen müssen sich also nicht unbedingt in Fahrfehlern auswirken.*

1113 Nicht unbedingt auf Alkohol zurückzuführen sind etwa ein langsames Fahren, ein Kontrollverlust des Fahrzeugs bei schneeglatter Fahrbahn oder eine leichte Unachtsamkeit.

1114 Die **Fahruntüchtigkeit** kann auch aufgrund **anderer berauschender Mittel** gegeben sein. Typische Rauschdrogen sind Cannabis (Haschisch, Marihuana), Heroin und Kokain. Hierbei ist zu beachten, dass es in diesem Bereich **keine absoluten Grenzwerte** gibt. Der Nachweis von Drogenwirkstoffen im Blut rechtfertigt also für sich allein noch nicht die Annahme von Fahruntüchtigkeit (BGHSt 44, 219, 222 ff.). Hinzu kommen müssen vielmehr **drogenbedingte Ausfallerscheinungen**. Die Fahruntüchtigkeit kann dabei auch bei Medikamenten gegeben sein, die berauschende Substanzen enthalten.

1115 In **§ 315c Abs. 1 Nr. 1b StGB** geht es um die **Fahruntüchtigkeit aufgrund geistiger oder körperlicher Mängel**. Werden diese jedoch durch Hilfsmittel kompensiert, etwa durch eine Brille oder eine Prothese, liegt Fahrtüchtigkeit vor. Körperliche Mängel können u. a. sein Altersabbau, Amputationen, Augenlichtschwächen, Epilepsie oder fiebrige Erkrankungen. Allein ein hohes Alter reicht aber für sich genommen nicht. Geistige Mängel sind etwa Psychopathien, die sich auf die Fahrsicherheit auswirken. Auch die Übermüdung fällt unter den geistigen Mangel gemäß § 315c Abs. 1 Nr. 1b StGB (*Rengier*, BT II, § 44 Rdn. 6).

1116 Aufgrund der Fahruntüchtigkeit muss es zum **Eintritt einer konkreten Gefahr** für Leib oder Leben eines anderen Menschen oder fremde Sachen von bedeutendem Wert kommen. Die konkrete Gefahr muss also aus der durch Alkohol- oder Drogenkonsum oder durch sonstige geistige oder körperliche Mängel bedingten Fahruntüchtigkeit herrühren. Die konkrete Gefahr beruht nicht auf etwa der alkoholbedingten Fahruntüchtigkeit, falls die Gefahr auch eingetreten wäre, wenn der Täter nüchtern gefahren wäre.

1117 Der Begriff der konkreten Gefahr wurde bereits im Zusammenhang mit § 315b StGB erläutert (Rdn. 1081). Es geht also um eine Situation, bei der es nur noch vom **Zufall** abhängt, ob ein Schaden eintritt oder nicht.

1118 Der Gefährdete braucht nicht selbst Verkehrsteilnehmer zu sein. Der sich im Fahrzeug befindliche **Mitfahrer** des alkoholisierten Führers ist **nicht schon durch die bloße Mitfahrt** gefährdet (BGH, NJW 1995, 3131, 3132; anders früher: BGH, NStZ 1989, 73, 74). Vielmehr muss es zu einem Beinahe-Unfall gekommen sein. Auch bei § 315c StGB soll die Gefährdung von Tatbeteiligten nicht ausreichen (BGHSt 6, 100, 102; *Kindhäuser/Schramm*, BT I, § 65 Rdn. 12; *Hilgendorf/Valerius*, BT I, § 12 Rdn. 25; anders etwa *Eisele*, BT I, Rdn. 1130; *Zieschang*, NK, StGB, § 315c Rdn. 26; siehe bereits Rdn. 1086 f.).

1119 Auch soll das vom Täter benutzte fremde Fahrzeug nicht taugliches Gefährdungsobjekt sein (BGHSt 11, 148, 150; *Geppert*, Jura 2001, 559, 565; anders etwa *König*, LK, StGB, § 315c Rdn. 168 ff.). Die Wertgrenze liegt bei 750 Euro, wobei erstens eine Sache von bedeutendem Wert vorliegen muss, der zweitens ein bedeutender Schaden drohen muss.

1120 In subjektiver Hinsicht verlangt § 315c Abs. 1 Nr. 1 StGB Vorsatz. Er muss sich auf die Tathandlung und die konkrete Gefahr beziehen, dolus eventualis genügt.

1121 Hinsichtlich der Rechtswidrigkeit kann auf die Ausführungen zu § 315b StGB verwiesen werden, die entsprechend gelten (Rdn. 1091).

1122 Der Versuch des § 315c Abs. 1 Nr. 1 StGB ist in § 315c Abs. 2 StGB ausdrücklich unter Strafe gestellt. Eine Regelung zur Tätigen Reue existiert nicht.

1123 § 315c Abs. 1 Nr. 1a StGB ist lex specialis zu § 315c Abs. 1 Nr. 1b StGB. § 316 StGB ist formell subsidiär. Idealkonkurrenz besteht zu §§ 212 ff., 223 ff., 303 ff. StGB.

3. § 315c Abs. 1 Nr. 2 StGB

1124 Täter des § 315c Abs. 1 Nr. 2 StGB kann mit Ausnahme von Nr. 2g nur der Fahrzeugführer sein. Auch hier ist erforderlich, dass die Tat im öffentlichen Straßenverkehr begangen wird.

1125 Vorausgesetzt ist für alle Verhaltensweisen von § 315c Abs. 1 Nr. 2 StGB, dass der Täter sowohl **grob verkehrswidrig** als auch **rücksichtslos** handelt. Bei dem **objektiven** Merkmal **grob verkehrswidrig** geht es um einen **besonders schweren Verstoß gegen Verkehrsvorschriften**. Das **subjektiv** geprägte Merkmal **rücksichtslos** liegt vor, wenn der Fahrzeugführer sich aus **eigensüchtigen Gründen** über seine Pflichten hinwegsetzt. Rücksichtslos handelt ferner, wer sich aus Gleichgültigkeit auf seine Pflichten als Fahrer nicht besinnt, Hemmungen gegen seine Fahrweise in sich gar nicht aufkommen lässt und unbekümmert im Hinblick auf mögliche Folgen seines Verhaltens drauflosfährt. Rücksichtslosigkeit ist etwa anzunehmen beim Wegdrängen eines Pkw bei sehr geringem Abstand und einer Geschwindigkeit von über 180 km/h auf der Autobahn (LG Karlsruhe, NJW 2005, 915). Die Rücksichtslosigkeit kann fehlen bei einer bloßen Unaufmerksamkeit, ferner bei Erregung, Verwirrung oder Schrecken (siehe *Fischer*, StGB, § 315c Rdn. 14a). Etwaige (positive) Fernziele (zum Beispiel die Fahrt zum kranken Angehörigen) bleiben bei der Beurteilung nach der Rechtsprechug außer Betracht (BGH, NZV 1995, 80).

§ 315c Abs. 1 Nr. 2 StGB listet die sogenannten sieben „Todsünden" im Straßenverkehr auf. U.a. geht es um das Nichtbeachten der Vorfahrt (Nr. 2a), um das falsche Überholen oder sonst bei Überholvorgängen falsch Fahren (Nr. 2b) und um ein zu schnelles Fahren an unübersichtlichen Stellen, Straßenkreuzungen, Straßeneinmündungen oder Bahnübergängen (Nr. 2d). 1126

Auch diese Verhaltensweisen sind nur strafbar, wenn sie eine konkrete Gefahr für Leib oder Leben eines anderen Menschen oder fremde Sachen von bedeutendem Wert verursachen (dazu Rdn. 1081). 1127

§ 315c Abs. 1 Nr. 2 StGB ist ein Vorsatzdelikt, wobei dolus eventualis genügt. 1128

4. § 315c Abs. 3 StGB

Bei **§ 315c Abs. 3 Nr. 1 StGB** handelt es sich um eine **Vorsatz-Fahrlässigkeitskombination**. Der Täter weist in Bezug auf die Tathandlung Vorsatz auf, bezüglich der konkreten Gefahr liegt aber nur Fahrlässigkeit vor. Gemäß § 11 Abs. 2 StGB gilt die Tat als Vorsatztat, sodass Teilnahme (§§ 26, 27 StGB) in Betracht kommt. 1129

Reines Fahrlässigkeitsdelikt ist **§ 315c Abs. 3 Nr. 2 StGB**. In diesem Fall handelt der Täter sowohl hinsichtlich der Tathandlung als auch in Bezug auf die konkrete Gefahr fahrlässig (Fahrlässigkeits-Fahrlässigkeitskombination). 1130

III. Trunkenheit im Verkehr gemäß § 316 StGB

Im Gegensatz zu § 315c StGB handelt es sich bei § 316 StGB um ein **abstraktes Gefährdungsdelikt (abstraktes Gefährlichkeitsdelikt)**. Es genügt zur Verwirklichung der Vorschrift, dass jemand im Verkehr ein Fahrzeug führt (Rdn. 1100, 1105), obwohl er infolge des Genusses alkoholischer Getränke oder anderer berauschender Mittel nicht in der Lage ist, das Fahrzeug sicher zu führen. Ein Schadenseintritt oder eine konkrete Gefahr sind nicht erforderlich. Es geht um ein bloß typischerweise gefährliches Verhalten; daher ist die Bezeichnung „abstraktes Gefährlichkeitsdelikt" treffender. 1131

Das führt zu dem Problem, dass § 316 StGB selbst dann einschlägig ist, wenn das Verhalten im Einzelfall für Rechtsgüter absolut ungefährlich ist (siehe bereits Rdn. 1008). § 316 StGB liegt zum Beispiel auch dann vor, wenn der alkoholbedingt fahruntüchtige Täter sein Fahrzeug um einen Meter bewegt, wobei keinerlei andere Rechtsgüter beeinträchtigt werden können. In diesem Fall der absoluten Ungefährlichkeit im Einzelfall Kriminalstrafe zu verhängen, ist jedoch mit dem Schuldprinzip unvereinbar (*Zieschang*, NK, StGB, § 316 Rdn. 4). Dennoch gibt es Stimmen im Schrifttum, die Kriminalstrafe selbst bei solchen Fällen der Ungefährlichkeit im Einzelfall für legitim erachten (siehe etwa *Hecker*, Schönke/Schröder, StGB, § 316 Rdn. 1). 1132

Die Vorschrift ist **eigenhändiges Delikt** und **reines Tätigkeitsdelikt**. Die **Sicherheit** der von der Vorschrift erfassten **Verkehrsarten** soll geschützt werden. 1133

Erfasst ist das Führen eines Fahrzeugs im öffentlichen Straßenverkehr (Rdn. 1080) oder im öffentlichen sowie privaten Schienenbahn-, Schwebebahn-, Schiffs- oder Luftverkehr im Zustand der Fahruntüchtigkeit infolge des Genusses alkoholischer Getränke oder anderer berauschender Mittel. 1134

Für den Straßenverkehr kann auf die Ausführungen zu § 315c StGB verwiesen werden (Rdn. 1106 ff.). 1135

1136 Für den Schienenbahn-, Schwebebahn-, Schiffs- und Luftverkehr gibt es anders als im Straßenverkehr beim Genuss von Alkohol keinen bestimmten Grenzwert der absoluten Fahruntüchtigkeit, wobei jedoch die Übernahme des Promillewerts aus dem Straßenverkehr (1,1 Promille für Kraftfahrzeuge) auch für diese Verkehrsarten vorgeschlagen wird (siehe etwa *König*, LK, StGB, § 315a Rdn. 15 ff.).

1137 **§ 316 Abs. 1 StGB** ist **Vorsatzdelikt**. Dolus eventualis genügt. Die **fahrlässige Trunkenheit** im Verkehr ist in **§ 316 Abs. 2 StGB** unter Strafe gestellt. Einen Fahrzeugführer trifft eine Pflicht zur Selbstüberprüfung vor Fahrtbeginn (*Gehrmann*, NZV 2011, 6, 8).

1138 Da ein Allgemeinrechtsgut in Rede steht, kommt mangels Dispositionsbefugnis eine rechtfertigende Einwilligung nicht in Betracht. Ausnahmsweise kann jedoch § 34 StGB eingreifen (siehe das Beispiel bei *Zieschang*, AT, Rdn. 243).

1139 § 316 StGB ist **formell subsidiär** gegenüber §§ 315a, 315c StGB, soweit es um rauschmittelbedingte Fahruntüchtigkeit geht (*Rengier*, BT II, § 43 Rdn. 2). Tateinheit ist möglich mit §§ 315, 315b StGB sowie mit §§ 211 ff., 223 ff. StGB. § 316 StGB ist Dauerstraftat. Nach dem BGH endet jedoch § 316 StGB, wenn der Täter nach einem von ihm verursachten Unfall flüchtet, selbst, wenn er nicht anhält: Zwischen § 316 StGB und der nachfolgenden Flucht (§§ 142, 316 StGB) liegt dann Tatmehrheit vor (BGHSt 21, 203).

IV. Verbotene Kraftfahrzeugrennen gemäß § 315d StGB

1. Allgemeines

1140 § 315d StGB ist durch das 56. Strafrechtsänderungsgesetz vom 30.9.2017 (BGBl. I, 3532) in das StGB eingestellt worden. Grund für die Pönalisierung war die Zunahme illegaler Kraftfahrzeugrennen. Bis zur Einführung des § 315d StGB konnte die Teilnahme an einem Kraftfahrzeugrennen nur als Ordnungswidrigkeit geahndet werden. Zu beachten ist, dass § 315d StGB erst im Laufe des Gesetzgebungsverfahrens um § 315d Abs. 1 Nr. 3 StGB ergänzt wurde. Die dortige Regelung war im Ursprungsentwurf nicht vorgesehen.

1141 Bei **§ 315d Abs. 1 StGB** handelt es sich um ein **abstraktes Gefährdungsdelikt** (zur Problematik dieser Deliktskategorie siehe bereits Rdn. 1007 ff. sowie Rdn. 1131 f.) und reines Tätigkeitsdelikt. **§ 315d Abs. 2 StGB** ist ein **konkretes Gefährdungsdelikt**, das durch die Vorsatz-Fahrlässigkeitskombination in **§ 315d Abs. 4 StGB** ergänzt wird. **§ 315d Abs. 5 StGB** stellt ein **erfolgsqualifiziertes Delikt** dar.

1142 Geschütztes Rechtsgut des **§ 315d Abs. 1 StGB** ist die **Sicherheit des Straßenverkehrs**. § 315d Abs. 2, Abs. 5 StGB schützen zudem **gleichrangig Individualrechtsgüter**.

2. § 315d Abs. 1 Nr. 1 StGB

1143 **§ 315d Abs. 1 Nr. 1 StGB** bestraft das Ausrichten oder Durchführen eines nicht erlaubten Kraftfahrzeugrennens im öffentlichen Straßenverkehr (dazu Rdn. 1080). Nur Rennen mit Kraftfahrzeugen werden erfasst, wobei die Antriebsart (Benzin; Batterie) keine Rolle spielt. Nach dem BGH liegt ein **Kraftfahrzeugrennen** vor bei einem Wettbewerb zwischen wenigstens zwei Kraftfahrzeugführern, bei dem es zumindest auch darum geht, mit dem Kraftfahrzeug über eine nicht unerhebliche Wegstrecke eine höhere Geschwindigkeit als der andere oder die anderen teilnehmenden Kraftfahrzeugführer zu erreichen (BGH, JZ 2022, 97, 98). Es müssen also mindestens zwei Kraftfahrzeugführer teilnehmen.

1144 Nicht zu überzeugen vermag, dass der BGH eine nicht unerhebliche Wegstrecke verlangt. Zum einen spricht gegen dieses Kriterium seine relative Unbestimmtheit.

Zudem kann der typische Renncharakter auch bei sehr kurzen Strecken gegeben sein (*Zieschang*, JZ 2022, 101, 102), man denke etwa an ein Kräftemessen von Ampel zu Ampel.

Ein Rennen kann sich spontan entwickeln, die Art des Starts ist zudem unerheblich. 1145
Es spielt keine Rolle, ob sich zeitgleich mehrere Teilnehmer auf der Strecke befinden oder jeweils nur ein Teilnehmer. Kontrovers wird beurteilt, ob nur dann ein Rennen vorliegt, wenn damit ein Verstoß gegen Verkehrsregeln verbunden ist (bejahend etwa *Hilgendorf/Valerius*, BT I, § 12 Rdn. 44; dieses Erfordernis nicht aufstellend etwa *König*, LK, StGB, § 315d Rdn. 12).

Das Rennen darf nicht erlaubt sein (dies als Tatbestandsmerkmal auffassend *Mitsch*, 1146
JuS 2020, 924; dagegen von einer Frage der Rechtswidrigkeit ausgehend *Gerhold/Meglalu*, ZJS 2018, 321, 324 f.). Maßgeblich ist insofern, ob eine wirksame Genehmigung erteilt worden ist.

Ein **Ausrichten** ist anzunehmen, wenn jemand als Urheber, Planer oder Veranlasser 1147
das Rennen vorbereitet, organisiert oder eigenverantwortlich ins Werk setzt (siehe BT-Drucks. 18/12964, S. 5). Dabei ist umstritten, ob zur Vollendung vorauszusetzen ist, dass der eigentliche Rennwettbewerb bereits begonnen hat (so *Eisele*, KriPoZ 2018, 32, 35; anders etwa *Zieschang*, NK, StGB, § 315d Rdn. 25). Das **Durchführen** (vor Ort) verlangt wie das Ausrichten ein Mindestmaß an Eigenverantwortung, also eine herausgehobene Position, sodass Streckenposten nur Gehilfen im Sinne des § 27 StGB sind.

3. § 315d Abs. 1 Nr. 2 StGB

§ 315d Abs. 1 Nr. 2 StGB bestraft denjenigen, der im (öffentlichen) Straßenverkehr an 1148
einem **nicht erlaubten Kraftfahrzeugrennen als Kraftfahrzeugführer** (siehe dazu bereits Rdn. 1100) **teilnimmt**. Es handelt sich um ein **eigenhändiges Delikt** (BGH, JZ 2022, 97, 98).

Teilnahme ist hier nicht im Sinne der §§ 26, 27 StGB zu verstehen, sondern als Tätig- 1149
keit derjenigen Kraftfahrzeugführer, die untereinander den Wettbewerb austragen (BT-Drucks. 18/12964, S. 5). Umstritten ist dabei, ob der Tatbestand erst erfüllt ist, wenn das Fahrzeug in Bewegung gesetzt worden ist (so etwa *Eisele*, BT I, Rdn. 1173e). Insoweit ist aber zu beachten, dass die Vorschrift nicht auf das Führen des Fahrzeugs abstellt, sondern auf die Teilnahme am Rennen. Das ist aber auch schon dann der Fall, wenn die Kraftfahrzeugführer an der Startlinie zum Rennen bereitstehen (*Zieschang*, JA 2016, 721, 725).

4. § 315d Abs. 1 Nr. 3 StGB

§ 315d Abs. 1 Nr. 3 StGB erfasst den „Einzelraser". Nach Auffassung des BVerfG ist 1150
die Vorschrift verfassungsgemäß und genügt den Bestimmtheitsanforderungen (BVerfG, BeckRS 2022, 2993; dazu kritisch *Zieschang*, JR 2022, 284).

Nur **Kraftfahrzeugführer** können taugliche Täter sein (zum Fahrzeugführer siehe 1151
Rdn. 1100). Es handelt sich um ein **eigenhändiges Delikt**. Es bezieht sich nur auf den **öffentlichen Straßenverkehr** (dazu Rdn. 1080). Zu den Merkmalen **grob verkehrswidrig** und **rücksichtslos** siehe Rdn. 1125. Dabei kann sich die grobe Verkehrswidrigkeit durchaus aus einem ganz erheblichen Geschwindigkeitsverstoß ergeben (BGHSt 66, 27, 33).

Bei dem Begriff der **nicht angepassten Geschwindigkeit** hat man sich an § 3 StVO zu 1152
orientieren. Stets ist die Geschwindigkeit unangepasst, wenn die zulässige Höchstgeschwindigkeit nach § 3 Abs. 3 StVO überschritten ist (BGHSt 66, 27, 32 f.; *Zieschang*, NZV 2020, 489, 490; anders etwa OLG Zweibrücken, BeckRS 2020, 10847: dies sei

bloßes Indiz). Aber auch darunter kann sie unangepasst sein, wenn Straßen-, Verkehrs-, Sicht- oder Wetterverhältnisse eine geringere Geschwindigkeit verlangen (*Zieschang*, NK, StGB, § 315d Rdn. 39).

1153 Im subjektiven Tatbestand ist neben dem Vorsatz als besonderes subjektives Merkmal die Absicht erforderlich, eine höchstmögliche Geschwindigkeit zu erreichen. Das verlangt dolus directus 1. Grades (BGHSt 66, 27, 34 f.).

1154 Vereinzelt wird vertreten, die Absicht sei nur zu bejahen, wenn der Täter anstrebt, das Fahrzeug bis an die technischen und physikalischen Grenzen (bauartbedingte Höchstgeschwindigkeit) auszufahren (LG Stade, BeckRS 2018, 14896; *Nestler*, JK 2019, 557). Der BGH und die überwiegende Ansicht im Schrifttum stellen jedoch auf die **relative Höchstgeschwindigkeit** ab: Maßgeblich ist, dass der Täter in der Absicht handelt, die in der jeweiligen Situation (Straßen-, Verkehrs-, Sicht- oder Wetterverhältnisse) aus seiner Sicht maximal mögliche Geschwindigkeit zu fahren (BGHSt 66, 27, 34; *Zieschang*, NZV 2020, 489, 491 f.). Dafür sprechen Wortlaut der Norm („eine" höchstmögliche Geschwindigkeit) und die Gesetzesbegründung, die auf die konkreten Umstände abstellt (BT-Drucks. 18/12964, S. 5 f.).

1155 **Beispiel:**

A fährt mit seinem Sportwagen eine enge Gebirgsstrecke mit einer Geschwindigkeit von 90 km/h herab. A ist der Auffassung, dass dies in der gegebenen Situation die maximal mögliche Geschwindigkeit ist, wobei das Fahrzeug eine bauartbedingte Höchstgeschwindigkeit von 250 km/h aufweist.

Da A angesichts der konkreten Umstände die aus seiner Sicht maximale Geschwindigkeit fährt, weist er die Absicht auf, eine höchstmögliche Geschwindigkeit zu erreichen. Auf die bauartbedingte Geschwindigkeit kommt es nach zutreffender Sicht nicht an.

Geht A indes davon aus, sogar mit 130 km/h fahren zu können, was er aber nicht will, fehlt die Absicht.

1156 Zusätzlich verlangt der BGH, dass sich die Zielsetzung des Täters auf eine unter Verkehrsgesichtspunkten nicht ganz unerhebliche Wegstrecke beziehen müsse (BGHSt 66, 27, 34). Dagegen spricht, dass der Wortlaut des § 315d Abs. 1 Nr. 3 StGB ein solches Erfordernis nicht aufstellt, zudem sind mit ihm Unwägbarkeiten verbunden (*Zieschang*, JR 2022, 284, 286 ff.).

1157 Richtigerweise ist nicht zu verlangen, dass die Fahrt Renncharakter hat, denn ein Rennen ist der Wettbewerb von zwei Kraftfahrzeugführern, was bei § 315d Abs. 1 Nr. 3 StGB gerade nicht der Fall ist (gegen einen Renncharakter u. a. *Preuß*, NZV 2018, 537, 541 f.; anders etwa *König*, DAR 2019, 362, 364).

1158 Umstritten ist, ob die Absicht in **Polizeifluchtfällen** bejaht werden kann.

1159 **Beispiel:**

A fährt mit hoher Geschwindigkeit durch die Innenstadt. Eine Polizeistreife wird auf ihn aufmerksam und verfolgt ihn. Als A dies bemerkt, beschleunigt er innerorts auf über 180 km/h, um vor der Polizei zu fliehen.

A ist als Kraftfahrzeugführer im öffentlichen Straßenverkehr mit nicht angepasster Geschwindigkeit gefahren. Die grobe Verkehrswidrigkeit ergibt sich aus dem erheblichen Geschwindigkeitsverstoß. A agiert auch rücksichtslos und weist Vorsatz auf.

Fraglich ist die Absicht, eine höchstmögliche Geschwindigkeit zu erreichen. Zum Teil wird im Schrifttum vertreten, diese Absicht müsse Endziel sein (Hecker, Schönke/Schröder, StGB, § 315d Rdn. 9), was hier nicht der Fall ist, da es A letztlich um eine erfolgreiche Flucht geht.

Nach der Gegenauffassung muss die Absicht weder dominieren noch Endziel sein, sodass auch in Polizeifluchtfällen die Absicht zu bejahen ist (BGHSt 66,

27, 34 f.; Preuß, NZV 2018, 537, 539; Rengier, BT II, § 44a Rdn. 11). Dafür spricht, dass es auch sonst für die Absicht genügt, wenn sie bloßes Zwischenziel ist.

5. § 315d Abs. 2, Abs. 4 StGB

Es handelt sich bei **§ 315d Abs. 2 StGB** um ein konkretes Gefährdungsdelikt. Auch in diesem Fall geht es um ein eigenhändiges Delikt. Zu den Gefährdungsobjekten ist auf die Darlegungen zu §§ 315b, 315c StGB zu verweisen, die entsprechend gelten (Rdn. 1086 ff., Rdn. 1118 f.). 1160

Nach dem BGH kann sich auch ein Rennteilnehmer nach § 315d Abs. 2 StGB strafbar machen, wenn nicht er persönlich, sondern ein anderer Rennteilnehmer etwa das Leben eines anderen Menschen konkret gefährdet, sofern er Nebentäter ist (BGH, JZ 2022, 97, 99; dazu *Zieschang*, JZ 2022, 101). Das ist aber zu verneinen, wenn der Rennteilnehmer die Unfallstelle erst wenige Sekunden nach der Kollision erreicht (BGH, BeckRS 2021, 44032). 1161

Ergänzt wird § 315d Abs. 2 StGB durch die Vorsatz-Fahrlässigkeitskombination in **§ 315d Abs. 4 StGB**: Hier muss der Täter hinsichtlich der Tathandlung vorsätzlich handeln, bezüglich der konkreten Gefahr genügt hingegen Fahrlässigkeit. Es gilt § 11 Abs. 2 StGB. 1162

6. § 315d Abs. 5 StGB

Bei **§ 315d Abs. 5 StGB** handelt es sich um ein **erfolgsqualifiziertes Delikt. Grunddelikt** ist das **konkrete Gefährdungsdelikt** des **§ 315d Abs. 2 StGB**. Insoweit, also bezüglich Tathandlung und konkreter Gefahr, muss der Täter vorsätzlich handeln. Als **schwere Folge** sieht § 315d Abs. 5 StGB den Tod oder eine schwere Gesundheitsschädigung eines anderen Menschen oder eine Gesundheitsschädigung einer großen Zahl von Menschen vor (dazu Rdn. 1042 f.). Diesbezüglich genügt gemäß § 18 StGB Fahrlässigkeit. Dennoch gilt das Delikt gemäß § 11 Abs. 2 StGB insgesamt als Vorsatzdelikt. 1163

In der schweren Folge muss sich nicht nur die spezifische Gefährlichkeit der Tathandlung, sondern auch die der konkreten Gefahr im Sinne des § 315d Abs. 2 StGB realisieren. 1164

Zur Problematik der mittelbaren Herbeiführung der schweren Folge durch einen anderen Rennteilnehmer siehe Rdn. 1161. 1165

V. Unerlaubtes Entfernen vom Unfallort gemäß § 142 StGB

1. Allgemeines

Die Vorschrift findet sich im siebenten Abschnitt des StGB, der die Überschrift „Straftaten gegen die öffentliche Ordnung" trägt. Diese Einordnung ist schon deswegen verfehlt, da es in **§ 142 StGB** um den **Schutz des privaten Feststellungsinteresses der Unfallbeteiligten** geht, um zivilrechtliche Ansprüche durchzusetzen oder abzuwehren (*Rengier*, BT II, § 46 Rdn. 1), also um ein Vermögensdelikt. Insbesondere sollen Ersatzansprüche der Geschädigten gesichert werden. Unabhängig davon ist mit der Norm das Erfordernis eines Unfalls im Straßenverkehr verbunden, sodass sie hier im Zusammenhang mit den Straßenverkehrsdelikten erläutert wird. 1166

Es handelt sich um ein **abstraktes Vermögensgefährdungsdelikt** (*Ernemann*, Satzger/Schluckebier/Widmaier, StGB, § 142 Rdn. 1), denn die Vorschrift ist selbst einschlägig, wenn konkret keinerlei zivilrechtliche Ansprüche bestehen. Es wird ein typi- 1167 scherweise gefährliches Verhalten pönalisiert. Damit stellt sich auch hier das Problem der Ungefährlichkeit im Einzelfall (siehe dazu Rdn. 1009).

1168 Die Norm steht zudem in einem potenziellen Konflikt mit dem Grundsatz „nemo tenetur se ipsum accusare“ (niemand ist verpflichtet, sich selbst zu belasten), der Verfassungsrang genießt. Andererseits berechtigt der Grundsatz lediglich zur Passivität, sodass die aktive Vernichtung von Beweismitteln davon nicht erfasst ist. Zudem verstößt es nicht gegen das Prinzip, wenn einem Beschuldigten Duldungspflichten auferlegt werden. Schließlich gilt dieser Grundsatz nur gegenüber Strafverfolgungsbehörden. Dennoch ist die Selbstbelastungsfreiheit bei der Auslegung der Vorschrift zu berücksichtigen.

2. § 142 Abs. 1 Nr. 1 StGB

1169 **§ 142 Abs. 1 Nr. 1 StGB** betrifft den Fall, dass sich ein Unfallbeteiligter vom Unfallort entfernt, bevor er **anwesenden Personen** Feststellungen ermöglicht. Es handelt sich um ein Begehungsdelikt, denn es wird ein aktives Tun (Sichentfernen) verlangt (*Küper*, GA 1994, 49, 71 f.; dagegen ein Unterlassungsdelikt annehmend etwa OLG Stuttgart, NStZ 1992, 384). Das Delikt wird durch das Entfernen vollendet.

1170 Tauglicher Täter kann nur ein **Unfallbeteiligter** sein, wozu **§ 142 Abs. 5 StGB** eine **Legaldefinition** enthält. Es handelt sich folglich um ein Sonderdelikt. In Betracht kommen nicht nur Kfz-Führer, sondern etwa auch Fahrradfahrer oder Fußgänger. Der Unfallbeteiligte muss im Zeitpunkt des Unfalls am Unfallort anwesend sein. Ist er nicht dort oder kommt er erst nachträglich an den Unfallort, scheidet § 142 Abs. 1 Nr. 1 StGB aus.

1171 **Unfall** bedeutet ein plötzliches Ereignis, das nicht nur unerhebliche Schäden für Personen oder Sachen mit sich gebracht hat (BGHSt 8, 263, 264; BGHSt 24, 382, 383). Zumindest für einen Unfallbeteiligten muss der Unfall ungewollt sein. Es schadet indessen nicht, falls ein Unfallbeteiligter das Schadensereignis vorsätzlich herbeiführt. Der Unfall muss ein solcher im **öffentlichen Straßenverkehr** sein (dazu Rdn. 1080).

1172 Ganz **geringfügige Schäden scheiden aus** (*Zopfs*, MK, StGB, § 142 Rdn. 26). Dies ist anzunehmen, wenn ein Geschädigter wegen solcher Schäden regelmäßig überhaupt keine Schadensersatzansprüche geltend macht (BayObLG, NJW 1960, 832, 833). Davon ist in etwa bei Schäden von 25 Euro bis allenfalls 50 Euro auszugehen (*Eisele*, BT I, Rdn. 1184).

1173 Unterschiedlich wird beurteilt, ob § 142 StGB auch Fälle erfasst, in denen allein Fußgänger an dem Unfall beteiligt sind (befürwortend OLG Stuttgart, VRS 18, 117, 118 f.; *Joecks/Jäger*, StGB, § 142 Rdn. 13; ablehnend *Heghmanns*, BT, Rdn. 527). Da aber auch in diesen Fällen die Gefahr besteht, dass Personen schnell und unerkannt flüchten, spricht mehr für die Auffassung, auch diese Fälle zu erfassen. Es muss sich aber jeweils um ein **verkehrstypisches Unfallrisiko** handeln; es geht folglich um Gefahren, die dem Straßenverkehr eigen sind (BGHSt 47, 158, 159 f.).

1174 **Beispiele:**
Ein verkehrstypisches Unfallrisiko fehlt, wenn Fußgänger A seinem Kontrahenten O auf der Straße einen Messerstich zufügt.
Es wäre aber zu bejahen, falls A des schnellen Fortkommens willen den Fußgänger O zur Seite drängt, wobei O stürzt und sich verletzt.
Nach dem BGH ist ein Verkehrsunfall zu verneinen, wenn ein Beifahrer während der Fahrt Mülltonnen aufgreift, sie fallen lässt und dadurch vorsätzlich einen Wagen beschädigt. Hier gehe es nicht mehr um eine besondere Gefahr, die dem Straßenverkehr eigen ist (BGHSt 47, 158, 159 f.). Entsprechendes gilt

bei der Benutzung eines Fahrzeugs ausschließlich als Tatwerkzeug zur Tötung (BGHSt 24, 382, 384).
Stößt ein Einkaufswagen gegen ein parkendes Auto, verwirklicht sich nach OLG Düsseldorf, NStZ 2012, 326, ein verkehrstypisches Risiko (ebenso etwa OLG Koblenz, MDR 1993, 366; a. A. Rudolphi/Stein, SK, StGB, § 142 Rdn. 12).

Erforderlich ist ein Sichentfernen vom Unfallort. Unfallort ist die eigentliche Unfallstelle, aber auch die nähere Umgebung, soweit noch ein unmittelbar räumlicher Bezug zum Unfallort besteht und ein Unfallbeteiligter den Betreffenden als wartepflichtigen Unfallbeteiligten erkennen kann (siehe OLG Karlsruhe, NStZ 1988, 409, 410; *Sternberg-Lieben*, Schönke/Schröder, StGB, § 142 Rdn. 42 f.). 1175

Der Betreffende muss sich räumlich gegen oder ohne den Willen des Feststellungsberechtigten von der Unfallstelle entfernen, solange die Feststellungsberechtigung besteht. Erforderlich ist ein willensgesteuertes Verhalten, sodass sich derjenige nicht entfernt, der bewusstlos ins Krankenhaus gebracht oder mit vis absoluta abtransportiert wird. Mangels Sichentfernens ist dann im Übrigen auch nicht § 142 Abs. 2 StGB einschlägig. Der Verzicht des Feststellungsberechtigten auf die Feststellung ist ein tatbestandsausschließendes Einverständnis (OLG Köln, NJW 1981, 2367, 2368; *Bernsmann*, NZV 1989, 49, 52; anders OLG Stuttgart, NJW 1982, 2266, 2267: rechtfertigende Einwilligung). 1176

Wird der Verzicht durch Täuschung erschlichen, ist er unwirksam, sofern es sich um eine rechtsgutsbezogene Täuschung handelt (*Zieschang*, in: Handbuch des Strafrechts, § 45 Rdn. 22). Oft wird zwar beim tatbestandsausschließenden Einverständnis eine Täuschung für irrelevant erachtet, jedoch sollten auch hier parallel zur Einwilligung rechtsgutsbezogene Willensmängel beachtlich sein (siehe *Zieschang*, AT, Rdn. 297; siehe auch bereits Rdn. 443, 536). 1177

Versteckt sich der Unfallbeteiligte am Unfallort (er mischt sich etwa unter die Zuschauer) so lange, bis die feststellungsbereiten Personen den Unfallort verlassen haben, und entfernt er sich dann, wird nach überwiegender Ansicht § 142 Abs. 1 Nr. 1 StGB bejaht, da das „bevor" im Sinne von „ohne zuvor" zu lesen sei (siehe BGHSt 63, 121, 125; *Eisele*, BT I, Rdn. 1197 f.; *Rengier*, BT II, § 46 Rdn. 31; anders BayObLG, NJW 1984, 1365 f., wonach § 142 Abs. 2 StGB erfüllt ist). 1178

Der Täter handelt tatbestandlich, wenn er sich entfernt, bevor er zugunsten der anderen Unfallbeteiligten und der Geschädigten die Feststellung seiner Person, seines Fahrzeugs und der Art seiner Beteiligung durch seine Anwesenheit und durch die Angabe, dass er an dem Unfall beteiligt ist, ermöglicht hat. 1179

Ausreichend ist, wenn der Unfallbeteiligte angibt, dass sich ein Unfall ereignet hat, an dem er möglicherweise beteiligt ist. Er darf den Unfall nicht leugnen. Haben andere Personen den Unfall bislang gar nicht bemerkt, muss er angeben, dass sich ein Unfall ereignet hat (*Sternberg-Lieben*, Schönke/Schröder, StGB, § 142 Rdn. 24; a. A. *Renzikowski*, Matt/Renzikowski, StGB, § 142 Rdn. 29). 1180

Neben dieser Vorstellungspflicht muss der Betreffende Feststellungen allein durch seine Anwesenheit ermöglichen. Diese Feststellungsduldungspflicht erstreckt sich insbesondere auf Namen und Anschrift, das Kennzeichen und Fahrzeugtyp sowie die Art der Beteiligung. 1181

Vollendet ist § 142 Abs. 1 Nr. 1 StGB, sobald der Täter sich entfernt hat. § 142 Abs. 2 StGB ist in diesem Fall ohne Bedeutung. 1182

§ 142 StGB verlangt vorsätzliches Handeln, wobei bedingter Vorsatz genügt. 1183

Das Verhalten kann insbesondere über § 34 StGB oder über eine mutmaßliche Einwilligung gerechtfertigt sein. Auf der Ebene der Schuld ist § 35 StGB zu beachten. Eine Entschuldigung kommt aber nicht deswegen in Betracht, weil der Betreffende sich der Gefahr der eigenen Strafverfolgung aussetzt (BGHSt 24, 382, 385 f.). 1184

1185 Eine Regelung zur Tätigen Reue findet sich in § 142 Abs. 4 StGB. Im Hinblick auf den ausschließlich nicht bedeutenden Sachschaden ist die Wertgrenze bei etwa 1.500 Euro anzusetzen. Es ist Freiwilligkeit vorausgesetzt.

3. § 142 Abs. 1 Nr. 2 StGB

1186 **§ 142 Abs. 1 Nr. 2 StGB** betrifft den Fall, dass keine feststellungsbereiten Personen am Unfallort anwesend sind. Dann muss der Unfallbeteiligte **eine nach den Umständen angemessene Zeit warten**, ob feststellungsbereite Personen eintreffen.

1187 Die Wartepflicht besteht gegenüber allen Unfallbeteiligten. Kontrovers wird beurteilt, ob eine Wartepflicht besteht, wenn mit dem Eintreffen feststellungsbereiter Personen von vornherein nicht zu rechnen ist. Zum Teil wird vertreten, dass dann die Wartepflicht entfällt (*Sternberg-Lieben*, Schönke/Schröder, StGB, § 142 Rdn. 35). Nach der überwiegenden Ansicht bleibt jedoch die Wartepflicht dem Grunde nach bestehen (etwa *Kudlich*, BeckOK, StGB, § 142 Rdn. 30). Da dann jedoch die Wartepflicht reiner Selbstzweck ist, erscheint es richtig, sie in diesem Fall auf Null zu reduzieren.

1188 Im Übrigen kommt es für die Dauer der Wartepflicht auf die **Einzelfallumstände** an. Zu berücksichtigen sind insbesondere Art und Schwere des Unfalls, Lage des Unfallorts, Verkehrsdichte, Jahres- sowie Tageszeit und Wetter (siehe BT-Drucks. 7/2434, S. 7).

1189 **Beispiele:**
Etwa 15 Minuten können bei schlechten Witterungsverhältnissen genügen, bei geringfügig befahrenen Straßen oder Unfällen zu tiefer Nachtzeit. Zu beachten ist dabei aber auch immer die Schadenshöhe. Bei erheblichen Schäden bestehen Wartezeiten von zumindest einer Stunde. Die Wartezeit kann sich verkürzen durch Zurücklassen eines Zettels mit Namen und Anschrift, aus dem sich ergibt, dass die Person Unfallbeteiligte ist (Hohmann/Sander, BT I, § 20 Rdn. 28). § 142 Abs. 1 Nr. 2 StGB ist aber erfüllt, wenn unmittelbar eine Visitenkarte hinterlassen wird und der Betreffende sich sofort entfernt (Ernemann, Satzger/Schluckebier/Widmaier, StGB, § 142 Rdn. 36).

4. § 142 Abs. 2, Abs. 3 StGB

1190 Hat sich der Unfallbeteiligte straflos vom Unfallort entfernt, ist also § 142 Abs. 1 StGB nicht erfüllt, kann er sich nach **§ 142 Abs. 2 StGB** strafbar machen. Es handelt sich um ein Unterlassungsdelikt.

1191 **§ 142 Abs. 2 Nr. 1 StGB** betrifft das Sichentfernen nach Ablauf der Wartefrist, **§ 142 Abs. 2 Nr. 2 StGB** den Fall, dass der Unfallbeteiligte sich **berechtigt** oder **entschuldigt** vom Unfallort entfernt hat.

1192 **Berechtigt** bedeutet, dass zugunsten des Betroffenen ein Rechtfertigungsgrund eingreift. Ein **entschuldigtes** Entfernen liegt vor, wenn ein Entschuldigungsgrund oder ein Schuldausschließungsgrund (str.) greift.

1193 Problematisch ist, wenn jemand sich entfernt, der aufgrund Alkoholkonsums schuldunfähig ist. Manche Stimmen wollen dann nach § 323a StGB bestrafen, wobei § 142 Abs. 1 Nr. 2 StGB die Rauschtat darstellt (BayObLG, NJW 1989, 1685). Die Gegenansicht will allein nach § 142 Abs. 2 Nr. 2 StGB bestrafen, wenn der Täter wieder nüchtern ist und die Feststellungen nicht unverzüglich nachträglich ermöglicht (*Eisele*, BT I, Rdn. 1215).

1194 Das **vorsatzlose Sichentfernen ist kein Fall des § 142 Abs. 2 Nr. 2 StGB**, da dies nicht von den Begriffen „berechtigt“ sowie „entschuldigt“ erfasst wird (BVerfG, NJW 2007,

1666, 1667 ff.; jetzt auch BGH, NStZ 2011, 209, 210; anders früher BGHSt 28, 129, 132 ff.).

Beispiel: 1195
Autofahrerin A ist durch das Geschrei ihres Babys abgelenkt und touchiert das Auto des O, ohne es zu bemerken. Sie fährt daher weiter. O verfolgt die A. Etwa 500 Meter entfernt von der Unfallstelle kann O die A über den Unfall informieren. A leugnet die Kollision und fährt weiter.
A verwirklicht am Unfallort (Kollisionsort) nicht § 142 Abs. 1 Nr. 1 StGB, da ihr der Vorsatz bezüglich des Unfalls fehlt. Der subjektive Tatbestand ist zu verneinen.
Es könnte § 142 Abs. 2 Nr. 2 StGB gegeben sein. Ein vorsatzloses Sichentfernen erfasst der Wortlaut des § 142 Abs. 2 Nr. 2 StGB aber nicht (BVerfG, NJW 2007, 1666).
Das BVerfG meint zwar, § 142 StGB könne in Betracht kommen, wenn der Täter vor dem Verlassen des Unfallorts Kenntnis erlange (BVerfG, NJW 22007, 1666, 1668). Sollte damit aber eine Erweiterung des Unfallorts gemeint sein, ist dies vor dem Hintergrund des Art. 103 Abs. 2 GG abzulehnen. Auch der BGH hat zutreffend einer erweiternden Sicht eine Absage erteilt (BGH, NStZ 2011, 209, 210). Der räumliche Bereich des Unfallorts wird auch nicht dadurch erweitert, dass der Unfallbeteiligte von der Unfallstelle aus verfolgt wird (Mitsch, JuS 2010, 303, 306; Zieschang, in: Handbuch des Strafrechts, § 45 Rdn. 38). A macht sich nicht nach § 142 Abs. 2 Nr. 2 StGB strafbar.

Hat sich jemand nach Ablauf der Wartefrist oder berechtigt oder entschuldigt vom 1196
Unfallort entfernt, muss er die Feststellungen unverzüglich nachträglich ermöglichen. § 142 Abs. 3 S. 1 StGB nennt insofern Beispiele, die ausreichen, um die Feststellungen nachträglich zu ermöglichen. Absichtliche Vereitelungshandlungen sind gemäß § 142 Abs. 3 S. 2 StGB ausdrücklich ausgenommen.

Der Begriff **unverzüglich** bedeutet ohne schuldhaftes Zögern. Auch hier sind die Ein- 1197
zelfallumstände maßgeblich (Art und Zeit des Unfalls, Höhe des Schadens).

Beispiel: 1198
Bei einem Unfall in der Nacht wird es als ausreichend erachtet, den Berechtigten oder die Polizei bis ca. gegen 9 Uhr am nächsten Tag zu unterrichten (siehe BayObLG, VRS 60, 112, 113; OLG Köln, NZV 1989, 357, 359).

Umstritten ist, was zu gelten hat, wenn der vom Unfallbeteiligten gewählte Weg der 1199
Unterrichtung deutliche Verzögerungen gegenüber einem alternativen Weg zeigt. Zum Teil wird vertreten, der Betreffende habe das freie Wahlrecht, welchen Weg er beschreitet (*Beulke*, JR 1980, 523 f.). Der BGH hingegen meint, der Betreffende könne verpflichtet sein, die Polizei einzuschalten, wenn er den Geschädigten nicht innerhalb der Frist, die dem Unverzüglichkeitsgebot gerecht wird, erreichen kann (BGHSt 29, 138, 142; ebenso etwa *Fischer*, StGB, § 142 Rdn. 56; *Wessels/Hettinger/Engländer*, BT 1, Rdn. 1029).

15. Kapitel: Vollrausch gemäß § 323a StGB

I. Allgemeines

§ 323a Abs. 1 StGB betrifft die Konstellation, dass jemand eine **rechtswidrige Tat** (§ 11 Abs. 1 Nr. 5 StGB) **im Zustand des Rausches** begeht, in den er sich vorsätzlich oder fahrlässig durch alkoholische Getränke oder andere berauschende Mittel versetzt hat, wegen dieser Tat aber **nicht bestraft werden kann**, weil er infolge des Rausches **schuldunfähig war oder weil dies nicht auszuschließen ist**. 1200

Beispiel: 1201
A weiß, dass er bei entsprechend hohem Alkoholkonsum sehr aggressiv ist. Das will er ausnutzen, um seinen Nebenbuhler O zu töten. A trinkt Unmengen Alkohol. Mit einer Blutalkoholkonzentration von 3,5 Promille tötet er den O.
Hat sich A gemäß § 212 StGB oder § 323a StGB strafbar gemacht? Es ist davon auszugehen, dass A im Zeitpunkt der Tat schuldunfähig gewesen ist.
A könnte sich gemäß § 212 StGB strafbar gemacht haben. A erfüllt den objektiven Tatbestand und handelt zudem vorsätzlich. Auch ein stark alkoholisierter Täter ist im Prinzip in der Lage, einen Willen zu bilden. Zudem ist die Rechtswidrigkeit zu bejahen.
Ausweislich des Sachverhalts war A jedoch im Tatzeitpunkt schuldunfähig.

Hinweis: 1202
Bei Blutalkoholwerten ab 3 Promille aufwärts kommt Schuldunfähigkeit in Betracht. Zu beachten ist aber, dass es keinen gesicherten Rechts- oder Erfahrungssatz gibt, wonach ab einem bestimmten Blutalkoholwert die Schuldfähigkeit aufgehoben ist (siehe BGHSt 43, 66). Maßgeblich sind die Gesamtumstände des Einzelfalls. Dennoch hat die Blutalkoholkonzentration indizielle Bedeutung. Sie ist aber kein allein maßgebliches Indiz (BGHSt 47, 247, 252; siehe dazu Zieschang, AT, Rdn. 332). Im vorliegenden Fall steht jedoch ausweislich des Sachverhalts fest, dass A im Tatzeitpunkt schuldunfähig war.

Es könnte jedoch eine Bestrafung des A gemäß § 212 StGB über die Grundsätze der ***actio libera in causa*** *in Betracht kommen (siehe dazu im Einzelnen Zieschang, AT, Rdn. 334 ff.).* 1203
Nach dem ***Ausnahmemodell*** *ist die actio libera in causa eine gewohnheitsrechtlich anerkannte Ausnahme vom Koinzidenzprinzip, wonach der Täter im Zeitpunkt der Tatbegehung schuldfähig sein muss. A kann danach gemäß § 212 StGB wegen dieser rechtswidrigen Tat bestraft werden.*
Die ***Tatbestandslösung*** *knüpft zur Begründung der actio libera in causa an die im Zustand der Schuldfähigkeit erfolgende Herbeiführung des Defekts an. Der Täter wird also nicht wegen der rechtswidrigen Tat bestraft, sondern wegen dieser Tat nur in Verbindung mit den Grundsätzen der actio libera in causa.*
Der ***BGH*** *wendet die actio libera in causa nicht an bei Fahrlässigkeitstaten, da dort der Fahrlässigkeitsvorwurf an das zeitlich frühere Verhalten angeknüpft werden könne. Zudem sei die Figur unanwendbar auf Strafbestimmungen, bei denen eine bestimmte Handlung vorausgesetzt ist, so wie bei den Verkehrsstraftaten nach § 315c StGB und gemäß § 21 StVG das Führen des Fahrzeugs (BGHSt 42, 235). Im Übrigen wendet er die Figur an. Hiernach könnte A also gemäß § 212 StGB in Verbindung mit den Grundsätzen der actio libera in causa bestraft werden.*

*Schließlich gibt es Autoren, die die Rechtsfigur der **actio libera in causa insgesamt ablehnen**. Danach ist eine Strafbarkeit des A gemäß § 212 StGB (in Verbindung mit der actio libera in causa) nicht gegeben.*
Im Hinblick auf die Strafbarkeit nach § 323a StGB ist zu beachten:
*Befürwortet man das **Ausnahmemodell**, kann A wegen der rechtswidrigen Tat bestraft werden, sodass § 323a StGB **bereits tatbestandlich ausscheidet** (siehe Krey/Heinrich/Hellmann/Heinrich, BT 1, Rdn. 1353).*
*Zieht man die **Tatbestandslösung** heran, wird A wegen der rechtswidrigen Rauschtat nicht bestraft, jedoch gemäß § 212 StGB in Verbindung mit den Grundsätzen der actio libera in causa. Zudem ist § 323a StGB erfüllt, der jedoch dahinter **im Konkurrenzwege zurücktritt** (vgl. Hecker, Schönke/Schröder, StGB, § 323a Rdn. 31). Das entspricht auch der Auffassung des **BGH** (siehe BGHSt 2, 14, 17 ff.; BGHSt 17, 333, 335).*
*Diejenigen Autoren, die die **actio libera in causa ablehnen**, bestrafen **allein gemäß § 323a StGB**.*

1204 Geht es um die fahrlässige actio libera in causa und befürwortet man diese Figur, tritt neben die Bestrafung aus der fahrlässigen actio libera in causa in Tateinheit die Bestrafung aus § 323a StGB, sofern die Rauschtat eine Vorsatztat ist (BGHSt 2, 14, 17 ff.).

1205 **Beispiel:**
*A betrinkt sich, wobei er **fahrlässig** nicht bedenkt, dass er im schuldunfähigen Zustand eine Körperverletzung verwirklichen wird. Im schuldunfähigen Zustand begeht A nun § 223 StGB.*
Befürwortet man die fahrlässige actio libera in causa, kann A gemäß § 229 StGB bestraft werden. In Tateinheit dazu tritt § 323a StGB, wobei die Rauschtat § 223 StGB ist. Durch die Bejahung von Tateinheit wird zum Ausdruck gebracht, dass die Rauschtat eine Vorsatztat ist.

1206 Die Rechtsprechung und das überwiegende Schrifttum ordnen § 323a StGB als abstraktes Gefährdungsdelikt ein (siehe BGH, NJW 2003, 2394, 2396; *Satzger*, Jura 2006, 108, 111; *Lackner/Kühl/Heger*, StGB, § 323a Rdn. 1). Bestraft wird danach das Sichberauschen als solches, nicht die Rauschtat. Die **Rauschtat** als solche ist dann die Strafbarkeit begrenzende **objektive Bedingung der Strafbarkeit** (siehe dazu allgemein *Zieschang*, AT, Rdn. 179 ff.). Das bedeutet nach überwiegender Auffassung, dass sich der Vorsatz des Täters darauf nicht beziehen muss; auch sei kein Fahrlässigkeitsbezug erforderlich (siehe dazu und zu abweichenden Ansichten Rdn. 1215).

1207 § 323a StGB kann sowohl vorsätzlich als auch fahrlässig verwirklicht werden.

1208 Ob § 323a StGB Antragsdelikt ist oder eine Ermächtigung oder ein Strafverlangen erforderlich sind, richtet sich gemäß § 323a Abs. 3 StGB nach der Rauschtat.

1209 § 323a StGB ist eigenhändiges Delikt, sodass mittelbare Täterschaft (etwa durch heimliches Berauschen eines anderen) ausscheidet. Unterschiedlich wird gesehen, ob eine **Teilnahme am Vollrausch gemäß § 323a StGB** in Betracht kommt, indem zum Beispiel jemand als Gehilfe dem Täter den Alkohol zur Verfügung stellt, mit dem sich der Täter berauscht. Überwiegend wird eine Teilnahme für möglich erachtet, sofern es um eine vorsätzliche Verwirklichung des § 323a StGB geht (so etwa *Hecker*, Schönke/Schröder, StGB, § 323a Rdn. 23; *Rengier*, BT II, § 41 Rdn. 26; anders und Teilnahme ablehnend u. a. *Lackner/Kühl/Heger*, StGB, § 323a Rdn. 17). Da der Rauschzustand aber besonderes persönliches Merkmal ist, muss dann die Strafe des Teilnehmers über §§ 28 Abs. 1, 49 Abs. 1 StGB gemildert werden.

1210 Die Teilnahme an der Rauschtat selbst ist unter den Voraussetzungen der §§ 26, 27 StGB unproblematisch möglich.

II. Die Voraussetzungen des § 323a Abs. 1 StGB

Zunächst ist erforderlich, dass **sich der Täter durch alkoholische Getränke oder andere berauschende Mittel** (siehe bereits Rdn. 1114) **in einen Rausch versetzt**. Das ist **jedenfalls** anzunehmen, wenn der Täter im Zeitpunkt der Tat **schuldunfähig gemäß § 20 StGB** war oder **zumindest die Schwelle der verminderten Schuldunfähigkeit gemäß § 21 StGB sicher erreicht ist, wobei die Schuldunfähigkeit nicht ausgeschlossen werden kann** (*Wessels/Hettinger/Engländer*, BT 1, Rdn. 1045). Folglich fehlt der Rausch, wenn feststeht, dass kein Fall von § 20 StGB vorliegt. Mitursächlichkeit der berauschenden Mittel für den Rauschzustand genügt. 1211

Unterschiedlich wird der Fall beurteilt, dass der Täter im Zeitpunkt der Tat **möglicherweise** schuldunfähig oder vermindert schuldfähig oder aber voll schuldfähig war, dies nun aber nicht mehr geklärt werden kann. 1212

Beispiel: 1213

A hat im stark angetrunkenen Zustand den O geschlagen. Es ist nicht mehr feststellbar, ob er im Tatzeitpunkt schuldunfähig, vermindert schuldunfähig oder voll schuldfähig war.

Bei der Prüfung einer Strafbarkeit des A gemäß § 223 StGB ist unter Anwendung des Grundsatzes in dubio pro reo die Schuld zu verneinen.

Lehnt man die Figur der actio libera in causa ab (oder liegen deren Voraussetzungen nicht vor), kommt auch keine Bestrafung gemäß § 223 StGB in Verbindung mit der actio libera in causa in Betracht.

Sind deren Voraussetzungen grundsätzlich gegeben und bejaht man diese Figur, scheitert die actio libera in causa dennoch daran, dass in dubio pro reo von der Schuldfähigkeit des A auszugehen ist. Dann liegt aber Tatsachenalternativität (unechte Wahlfeststellung) zwischen § 223 StGB und § 223 StGB in Verbindung mit der actio libera in causa vor (zur Tatsachenalternativität siehe Zieschang, AT, Rdn. 812).

Im Hinblick auf § 323a StGB meint die überwiegende Ansicht im Schrifttum, § 323a StGB sei anwendbar, wenn der Täter schuldunfähig war oder zumindest vermindert schuldunfähig war und die Schuldunfähigkeit nicht auszuschließen ist, nicht aber, wenn er möglicherweise sogar voll schuldfähig war. Dann sei wiederum der Grundsatz in dubio pro reo anzuwenden, sodass eine Strafbarkeit nach § 323a StGB entfalle (Eisele, BT I, Rdn. 1237; Hilgendorf/Valerius, BT I, § 12 Rdn. 101). Eine Wahlfeststellung zwischen der im Rausch begangenen Tat und § 323a StGB scheitert an der rechtsethischen und psychologischen Vergleichbarkeit (BGHSt 9, 390, 394; OLG Karlsruhe, NJW 2004, 3356 f.; str.). Die Gegenansicht meint, § 323a StGB sei auch in dem Fall heranziehbar, in dem nicht feststeht, dass zumindest verminderte Schuldfähigkeit gegeben ist; es genüge, wenn ein Rauschzustand unterhalb der Schwelle des § 21 StGB vorliegt (etwa Otto, Jura 1986, 478, 482 f.).

Möglich ist, dass der Rauschzustand vorsätzlich herbeigeführt wird (dann Vorsatztat), wobei dolus eventualis genügt. Der Täter muss dann also zumindest mit der Möglichkeit des Rausches rechnen und sich damit abfinden. Zudem erfasst § 323a StGB den Fall, dass der Rauschzustand fahrlässig hervorgerufen wurde; dann geht es um eine Fahrlässigkeitstat. 1214

Wie bereits angesprochen, ist die **Rauschtat** (eine rechtswidrige Tat gemäß § 11 Abs. 1 Nr. 5 StGB) **objektive Bedingung der Strafbarkeit**. Das bedeutet nach überwiegender Ansicht, dass der Täter insoweit weder Vorsatz noch einen Fahrlässigkeitsbezug aufweisen muss (BGHSt 16, 124, 125 f.; beachte aber auch etwa BGHSt 10, 247, 251, wo Fahrlässigkeit bezüglich der Gefahr, im Vollrausch etwas Strafbares zu tun, vorausge- 1215 setzt wird, was aber ohnehin regelmäßig anzunehmen sei). Die Gegenauffassung verlangt einen Fahrlässigkeitsvorwurf im Hinblick auf die rechtswidrige Tat (etwa *Roxin/Greco*, AT I, § 23 Rdn. 7 ff.) oder auf eine zumindest im Hinblick auf das geschützte Rechtsgut und das Handlungsunrecht vergleichbare Tat (*Hecker*, Schönke/Schröder, StGB, § 323a Rdn. 1).

1216 Bei der Rauschtat, die auch eine Unterlassungstat (auch § 323c StGB; str.) sein kann, müssen der objektive und subjektive Tatbestand oder der Fahrlässigkeitstatbestand erfüllt sein sowie die Rechtswidrigkeit. § 16 StGB greift dabei auch ein, wenn der Tatbestandsirrtum rauschbedingt ist. Zu beachten ist darüber hinaus, dass keine hinreichende Rauschtat vorliegt, wenn zugunsten des Täters ein **Entschuldigungsgrund** greift (*Wessels/Hettinger/Engländer*, BT 1, Rdn. 1052). Ist also der sich im Rausch befindliche Täter etwa nach § 33 StGB oder § 35 StGB entschuldigt, scheidet seine Bestrafung aus § 323a StGB aus; anderenfalls würde er strenger bestraft als ein nüchterner, schuldfähiger Täter. § 323a StGB hat allein die Funktion, die fehlende Schuldfähigkeit zu ersetzen (*Rengier*, BT II, § 41 Rdn. 16).

1217 Folglich wird § 323a StGB auch verneint, wenn von der versuchten Rauschtat ein strafbefreiender Rücktritt erfolgt (BGH, NStZ-RR 2001, 15) oder sie bereits verjährt ist.

16. Kapitel: Unterlassene Hilfeleistung; Behinderung von hilfeleistenden Personen gemäß § 323c StGB

I. Unterlassene Hilfeleistung gemäß § 323c Abs. 1 StGB

Es handelt sich bei § 323c StGB um ein **echtes Unterlassungsdelikt** (siehe zu dieser Strafbestimmung auch *Zieschang*, AT, Rdn. 630 ff.). Tauglicher Täter kann **jedermann** sein, ohne dass der Betreffende wie beim unechten Unterlassungsdelikt eine Garantenstellung aufweisen muss. Insoweit ist im Übrigen darauf hinzuweisen, dass aus § 323c Abs. 1 StGB selbst keine Garantenstellung resultiert. 1218

Voraussetzung ist zunächst, dass ein **Unglücksfall** oder **gemeine Gefahr** oder **Not** gegeben ist. 1219

Unter einem **Unglücksfall** versteht man ein plötzlich eintretendes Ereignis, das eine erhebliche Gefahr für Personen oder Sachen mit sich bringt. Darunter fällt etwa der klassische Verkehrsunfall mit Verletzungen von Unfallteilnehmern, Unfälle im Haushalt und auf der Arbeit, sowie auch eine plötzlich eintretende (Herzinfarkt) oder sich plötzlich verschlechternde Erkrankung (Atemnot eines Erkrankten). Das vorsätzliche Handeln einer Person (etwa eine vorsätzliche Körperverletzung oder Sachbeschädigung) schließt den Unglücksfall nicht aus, sofern dieser für zumindest eine Person plötzlich ist. 1220

Beispiel: 1221
Autofahrer A rammt vorsätzlich das Fahrzeug des ahnungslosen O, um einen Betrug zum Nachteil des Kfz-Versicherers zu begehen. Hierbei wird O erheblich verletzt.
Obwohl A vorsätzlich handelt, ist ein Unglücksfall zu bejahen, da der O nicht in den Plan des A eingeweiht war und für ihn der Unfall plötzlich eintrat.

Umstritten ist, ob auch der Suizid(versuch) als Unglücksfall angesehen werden kann. Insoweit kann auf die Darlegungen in Rdn. 39 verwiesen werden. 1222

Unterschiedlich wird zudem gesehen, aus welcher Perspektive der Unglücksfall zu beurteilen ist. 1223

Beispiel: 1224
O ist Opfer eines Verkehrsunfalls. A kommt an die Unfallstelle und sieht den aus seiner Sicht bewusstlosen O auf der Straße liegen. A unternimmt aber nichts und fährt fort. Die Obduktion der Leiche des O ergibt, dass O zu dem Zeitpunkt, als A an der Unfallstelle eintraf, nicht bewusstlos, sondern bereits verstorben war. Hat sich A gemäß § 323c Abs. 1 StGB strafbar gemacht?
Eine Strafbarkeit des A hängt von der Frage ab, ob ein Unglücksfall vorlag. Aus der Perspektive ***ex ante*** *im Zeitpunkt des Eintreffens des A war von einem Unglücksfall auszugehen, da O noch am Leben schien. Aus der Perspektive* ***ex post*** *steht indes fest, dass O bereits zu diesem Zeitpunkt verstorben war. Ist jemand tot, liegt insofern kein Unglücksfall vor (ebenso ist ein Unglücksfall zu verneinen, wenn ein Sachschaden endgültig eingetreten ist und keine weiteren Sachschäden drohen). Daher ist maßgeblich, auf welchen Zeitpunkt man zur Beurteilung des Unglücksfalls abstellt.*
Vereinzelt wird vertreten, der ex ante-Standpunkt aus der Sicht eines objektiven Beobachters sei maßgeblich (Rudolphi, NStZ 1991, 237, 238 f.). Unter Zugrundelegung dieser Auffassung läge ein Unglücksfall vor und eine Strafbarkeit des A gemäß § 323c Abs. 1 StGB käme in Betracht (wenig klar BGH, NStZ 2021,

236, 237: Es komme beim Unglücksfall auf eine objektivierte ex ante-Sicht an; eine Hilfspflicht bestehe auch, wenn das Opfer aus medizinischer Sicht von Anfang an nicht mehr rettbar war. Andererseits bestehe aber keine Hilfspflicht mehr, sobald der Tod des Verunglückten eingetreten ist).
Wohl überwiegend bejaht das Schrifttum hingegen bezüglich des Unglücksfalls eine ex post-Betrachtung (Lackner/Kühl, StGB, § 323c Rdn. 2; Rengier, BT II, § 42 Rdn. 4). Danach war O – wie im Nachhinein feststeht – im Zeitpunkt des Eintreffens des A bereits tot, sodass ein Unglücksfall zu verneinen ist. Da auch der Versuch des § 323c Abs. 1 StGB nicht unter Strafe steht, macht sich folglich A nicht nach § 323c Abs. 1 StGB strafbar.
Zur Entscheidung des Meinungsstreits ist festzustellen, dass die Voraussetzung des „Unglücksfalls" ein verhaltensunabhängiges Tatbestandsmerkmal ist. Insofern ist im Hinblick auf die Notwendigkeit einer hinreichenden Objektivierung eine ex post-Beurteilung zutreffend (siehe bereits Zieschang, AT, Rdn. 632). Zu befürworten ist daher die zweitgenannte Auffassung, sodass sich A nicht nach § 323c Abs. 1 StGB strafbar gemacht hat.

1225 Unter der **gemeinen Gefahr** ist eine Situation zu verstehen, bei der die Möglichkeit eines erheblichen Schadens an Leib oder Leben oder an bedeutenden Sachwerten für eine unbestimmte Anzahl an Menschen naheliegt (Überflutung, Hindernis auf der Straße), unter **Not** eine die Allgemeinheit betreffende Notlage (*Zieschang*, AT, Rdn. 631).

1226 Tatbestandsmäßig ist das **Nichtleisten der erforderlichen und zumutbaren Hilfe**. Es handelt sich bei § 323c Abs. 1 StGB um ein verhaltensbezogenes Delikt, ein Erfolg muss nicht eintreten. Kausalität und objektive Zurechnung sind daher nicht zu prüfen. Mit dem Nichtleisten der Hilfe ist § 323c Abs. 1 StGB bereits vollendet. Es spielt keine Rolle, ob sich die Situation des Opfers tatsächlich verschlechtert oder nicht.

1227 Welche Hilfe zu erbringen ist, hängt von den Umständen des Einzelfalls ab. So kann es um die Versorgung von Wunden gehen, um die Verständigung des Rettungspersonals oder um psychischen Beistand. Verfügt jemand über Sonderfähigkeiten, hat er diese einzusetzen.

1228 Die Hilfeleistung muss dem Betreffenden aber stets **faktisch möglich** sein (ultra posse nemo obligatur: Niemand kann verpflichtet werden, Unmögliches zu leisten).

1229 **Beispiel:**
Droht O zu ertrinken, fehlt es dem A an der realen Handlungsmöglichkeit, wenn A Nichtschwimmer ist. Anders ist dies zu beurteilen, falls dem A ein Boot zur Verfügung steht oder ein Rettungsring, den er dem O zuwerfen kann.

1230 Die Hilfeleistung muss weiterhin **erforderlich** sein. Da es hierbei um ein verhaltensbezogenes Merkmal geht, hat eine **ex ante-Betrachtung** zu erfolgen. An der Erforderlichkeit fehlt es etwa, wenn der Betreffende wirksam auf Hilfe verzichtet, das Opfer sich selbst helfen kann oder bereits von anderer Seite ausreichend Hilfe geleistet wird.

1231 Weiteres **Tatbestandsmerkmal** ist, dass die Hilfeleistung **zumutbar** sein muss (beim unechten Unterlassungsdelikt spielt die Frage der Zumutbarkeit dagegen erst auf der Schuldebene eine Rolle; str.). Auch dies ist abhängig von den Umständen des Einzelfalls zu beurteilen. Es hat eine umfassende Interessenabwägung stattzufinden. So kann die Zumutbarkeit insbesondere fehlen, wenn sich der Hilfeleistungspflichtige eigenen erheblichen Gefahren aussetzen würde (siehe insofern das ausdrücklich in § 323c Abs. 1 StGB genannte Beispiel; siehe zudem bereits Rdn. 39, 57).

Beispiel: 1232
O ist beim Surfen bei stürmischem Wetter an der Nordsee in Not geraten und droht zu ertrinken. A könnte ihn zwar als guter Schwimmer retten, jedoch würde er sich damit aufgrund des Sturms selbst in Lebensgefahr begeben.
In diesem Fall ist ein Unglücksfall gegeben, die Hilfeleistung ist auch faktisch möglich und erforderlich. § 323c Abs. 1 StGB scheitert aber an der Unzumutbarkeit der Rettungshandlung.

Problematisch ist, ob die Zumutbarkeit zu verneinen ist, wenn der Hilfeleistungspflichtige dadurch eine Straftat offenbaren würde. 1233

Beispiel: 1234
A hat im Zustand absoluter Fahruntüchtigkeit den Radfahrer O angefahren. O benötigt dringend ärztliche Hilfe. A verständigt den Notarzt jedoch nicht, da er fürchtet, dass sein nach §§ 315c, 229 StGB strafbares Verhalten dann ans Tageslicht kommt.
Hier wird davon ausgegangen, dass dem Unfallverursacher die Verständigung von Hilfe zumutbar ist, auch wenn er dadurch eigene Straftaten offenbaren muss (Rengier, BT II, § 42 Rdn. 14; siehe insofern auch § 35 Abs. 1 S. 2 StGB). A macht sich daher nach § 323c Abs. 1 StGB strafbar.

Steht die Straftat, die durch die Verständigung von Hilfskräften möglicherweise offenbart wird, in keinem Zusammenhang mit dem Unfall (so etwa, wenn der betrunkene Autofahrer A am Unfallort vorbeikommt, selbst aber den Unfall nicht verursacht hat), bedarf es der Abwägung. Hier ist eine Hilfeleistung umso eher zumutbar, wenn dem Opfer erhebliche Gefahren drohen und die Straftat nicht schwer wiegt. 1235

§ 323c Abs. 1 StGB verlangt Vorsatz, wobei dolus eventualis genügt. 1236

Da § 323c Abs. 1 StGB schon in einem frühen Zeitpunkt vollendet ist, stellt sich die Frage, ob möglicherweise Vorschriften der Tätigen Reue analog zugunsten des Täters heranziehbar sind. 1237

Beispiel: 1238
Autofahrer A kommt an einer Unfallstelle vorbei, fährt jedoch weiter. Einige Hundert Meter weiter bekommt A jedoch ein schlechtes Gewissen, kehrt um und leistet die erforderliche und zumutbare Hilfe.
A hat § 323c Abs. 1 StGB bereits mit dem Vorbeifahren an der Unfallstelle, ohne Hilfe zu leisten, vollständig verwirklicht. Erforderlich ist ein unverzügliches Hilfeleisten (BGHSt 14, 213, 216; Fischer, StGB, § 323c Rdn. 36; anders etwa Geppert, Jura 2005, 39, 46: Abzustellen sei auf die Rechtzeitigkeit der Hilfe). Das Delikt ist vollendet. Fraglich ist, ob zugunsten des A möglicherweise Vorschriften zur Tätigen Reue (siehe etwa §§ 314a, 320 StGB) analog anwendbar sind. Zum Teil wird diese Auffassung im Schrifttum vertreten (Lackner/Kühl, StGB, § 323c Rdn. 11). Der BGH hat sich jedoch gegen eine Analogie zu den Vorschriften zur Tätigen Reue ausgesprochen (BGHSt 14, 213, 217).
Insofern ist zu bedenken, dass der Gesetzgeber im Jahr 2017 § 323c StGB um dessen zweiten Absatz erweitert hat, ohne mit § 323c StGB eine Vorschrift zur Tätigen Reue zu verbinden. Das spricht gegen eine planwidrige Regelungslücke, sodass eine Analogie ausscheidet. Das Verhalten des A kann aber bei der Strafzumessung mildernd berücksichtigt werden.

Konkurrenzrechtlich ist zu beachten, dass § 323c Abs. 1 StGB hinter das vorsätzliche unechte Unterlassungsdelikt als subsidiär zurücktritt (*Rengier*, BT II, § 42 Rdn. 21). Dagegen besteht Tateinheit mit dem fahrlässigen unechten Unterlassungsdelikt. 1239

II. Behinderung von hilfeleistenden Personen gemäß § 323c Abs. 2 StGB

1240 § 323c Abs. 2 StGB ist durch das 52. Strafrechtsänderungsgesetz vom 23.5.2017 in das StGB eingeführt worden (BGBl I, 1226).

1241 Da ein **Rettungsverlauf behindert** wird, handelt es sich anders als bei § 323c Abs. 1 StGB beim zweiten Absatz um ein **Begehungsdelikt**.

1242 Die Tat ist ein Jedermanndelikt. Es geht darum, dass in den in § 323c Abs. 1 StGB beschriebenen Situationen (Unglücksfall, gemeine Gefahr oder Not) eine Person, die einem Dritten Hilfe leistet oder Hilfe leisten will, von dem Täter behindert wird.

1243 Mit der hilfeleistenden Person sind keine besonderen Anforderungen verbunden; es müssen also nicht unbedingt professionelle Retter (siehe dazu § 115 Abs. 3 StGB und Rdn. 1246) sein, sondern es genügen auch Privatpersonen.

1244 Fraglich ist, was unter dem **Behindern** zu verstehen ist. Nach den Gesetzesmaterialien setzt dieses Merkmal „eine spürbare, nicht unerhebliche Störung der Rettungstätigkeit voraus" (BT-Drucks. 18/12153, S. 7). Die Hilfsmaßnahmen müssten mindestens erschwert werden. Als Beispiele werden genannt die Beschädigung von technischem Gerät, das Versperren des Weges, das Blockieren von Notfallgassen sowie das Beeinträchtigen von Ärzten und Krankenhauspersonal in der Notaufnahme (BT-Drucks. 18/12153, S. 7).

1245 Es spielt keine Rolle, ob sich die Situation des Bedürftigen dadurch tatsächlich verschlechtert. § 323c Abs. 2 StGB ist also auch erfüllt, wenn rettungswillige Personen behindert werden, dem Betroffenen aber durch andere Retter geholfen wird. § 323c Abs. 2 StGB kommt aber nicht in Betracht, wenn das Opfer tot ist, denn dann liegt schon kein Unglücksfall mehr vor (*Rengier*, BT II, § 42a Rdn. 6; anders BT-Drucks. 18/12153, S. 7; *Wessels/Hettinger/Engländer*, BT 1, Rdn. 1069).

1246 Ergänzend zu § 323c Abs. 2 StGB ist **§ 115 Abs. 3 StGB** zu beachten: Dort geht es in **§ 115 Abs. 3 S. 1 StGB** um die Behinderung von Hilfeleistenden der Feuerwehr, des Katastrophenschutzes, eines Rettungsdienstes, eines ärztlichen Notdienstes oder einer Notaufnahme **durch Gewalt oder durch Drohung mit Gewalt** (dazu Rdn. 614 ff.) bei Unglücksfällen, gemeiner Gefahr oder Not. Der Täter wird dann nach § 113 StGB bestraft. Gemäß **§ 115 Abs. 3 S. 2 StGB** wird nach § 114 StGB bestraft, wer die Hilfeleistenden in diesen Situationen **tätlich angreift** (siehe zu diesem Begriff Rdn. 631).

17. Kapitel: Umweltstraftaten

Prüfungsfälle, in denen es um die Anwendung der §§ 324 ff. StGB geht, kommen im Ersten Juristischen Staatsexamen äußerst selten vor. Daher soll hier lediglich auf die Umweltstraftaten gemäß §§ 324 bis 330d StGB hingewiesen werden. 1247

Gewisse Erläuterungen sind jedoch erforderlich im Hinblick auf die sogenannte **Verwaltungsaktsakzessorietät des Umweltstrafrechts**. So ist etwa beim Unerlaubten Betreiben von Anlagen gemäß § 327 StGB die Formulierung zu finden „Wer ohne die erforderliche Genehmigung oder entgegen einer vollziehbaren Untersagung...". Eine identische Wortwahl findet man ebenfalls in § 328 StGB. Eine solche Verwaltungsaktsakzessorietät ist im Übrigen auch außerhalb des Umweltstrafrechts zu finden (siehe etwa §§ 284, 315d Abs. 1 Nr. 1, Nr. 2 StGB). Die Strafbarkeit hängt also von einer Entscheidung der Verwaltung ab. 1248

Insofern besteht Einigkeit, dass ein **nichtiger Verwaltungsakt** (§ 44 VwVfG) auch strafrechtlich unbeachtlich ist. 1249

Zudem bestimmt **§ 330d Abs. 1 Nr. 5 StGB**, dass im Sinne des 29. Abschnitts einem Handeln ohne Genehmigung ein Handeln aufgrund einer durch Drohung, Bestechung oder Kollusion erwirkten oder durch unrichtige oder unvollständige Angaben erschlichenen Genehmigung gleichsteht. 1250

Problematisch ist, was zu gelten hat, wenn der Verwaltungsakt **wirksam**, aber **rechtswidrig** ist. 1251

> **Beispiel:** 1252
> *Entgegen einer vollziehbaren Untersagung betreibt A gemäß § 327 Abs. 1 Nr. 1 StGB eine kerntechnische Anlage. Die Untersagungsanordnung ist jedoch rechtswidrig.*
> *Nach überwiegender Ansicht macht sich A nach § 327 Abs. 1 Nr. 1 StGB strafbar, obwohl der Verwaltungsakt rechtswidrig ist. Es gelte eine strenge Verwaltungsaktsakzessorietät, die sowohl bei (wie hier) belastenden als auch bei (rechtswidrigen) begünstigenden Verwaltungsakten (etwa einer Genehmigung) anzunehmen sei (Schall, SK, StGB, Vor § 324 Rdn. 71 ff.).*
> *Die Gegenmeinung will indes angesichts der Rechtswidrigkeit des Verwaltungsakts bei belastenden Verwaltungsakten nicht nach § 327 Abs. 1 Nr. 1 StGB bestrafen (etwa Rengier, BT II, § 47 Rdn. 17). Manche Autoren stellen selbst bei begünstigenden Verwaltungsakten auf die materielle Rechtmäßigkeit ab (Schünemann, FS Triffterer, S. 437, 444 ff.).*

Unterschiedlich wird zudem beurteilt, ob eine Strafbarkeit in Betracht kommt, wenn der Betreffende zwar ohne Genehmigung agiert, er aber einen Anspruch auf Erteilung der Genehmigung hat. 1253

18. Kapitel: Straftaten im Amt

Der 30. Abschnitt des StGB ist mit der Überschrift „Straftaten im Amt“ versehen. Trotz der Überschrift ist zu beachten, dass dieser Abschnitt nicht nur Straftaten enthält, die die Amtsträgereigenschaft (Amtsdelikte) voraussetzen; vielmehr gibt es auch Jedermanndelikte. So stellen insbesondere die §§ 333, 334 StGB (Vorteilsgewährung; Bestechung) keine besonderen Anforderungen an die Täterqualität („Wer“), sind aber aufgrund des engen Zusammenhangs mit §§ 331, 332 StGB (Vorteilsannahme; Bestechlichkeit) auch im 30. Abschnitt geregelt. Hinzuweisen ist weiterhin auf §§ 353d, 356 StGB. 1254

Aus dem 30. Abschnitt des StGB wurde bereits die Körperverletzung im Amt gemäß § 340 StGB erläutert (Rdn. 297 ff.); es handelt sich um ein **unechtes Amtsdelikt** (Sonderdelikt), da als Grunddelikt die §§ 223 ff. StGB existieren. § 340 StGB ist Qualifikation. Zudem wurde schon auf die Falschbeurkundung im Amt gemäß § 348 StGB eingegangen (Rdn. 949 ff.). Insoweit geht es um ein **echtes Amtsdelikt** (Sonderdelikt), welches die Strafbarkeit begründet, da kein Grundtatbestand existiert, der von jedermann verwirklicht werden kann. 1255

Die Amtsträgereigenschaft ist **besonderes persönliches Merkmal** im Sinne des **§ 28 StGB**. Beim unechten Amtsdelikt ist für den Außenstehenden § 28 Abs. 2 StGB maßgeblich, beim echten § 28 Abs. 1 StGB. 1256

> **Beispiele:** 1257
> *Privatperson A stiftet den Amtsträger G zu einer Körperverletzung im Amt an. G wird dann gemäß § 340 StGB bestraft, A hingegen wegen § 28 Abs. 2 StGB gemäß §§ 223, 26 StGB.*
> *Stiftet Privatperson B den Amtsträger F zu einer Falschbeurkundung im Amt an, wird F gemäß § 348 StGB bestraft und B gemäß §§ 348, 26, 28 Abs. 1, 49 Abs. 1 StGB.*

Hier sollen nun noch einige Bemerkungen zu den Bestechungsdelikten (§§ 331 ff. StGB) sowie zur Rechtsbeugung gemäß § 339 StGB erfolgen. Aufgrund der geringen Relevanz dieser Strafbestimmungen im Ersten Juristischen Staatsexamen erfolgen die Erläuterungen lediglich überblicksartig. 1258

I. Bestechungsdelikte gemäß §§ 331 bis 336 StGB

Die Bestechungsdelikte schützen das Vertrauen der Allgemeinheit in die Integrität von Amtsträgern. 1259

Täter der Vorteilsannahme gemäß § 331 Abs. 1 StGB können Amtsträger (§ 11 Abs. 1 Nr. 2 StGB), Europäische Amtsträger (§ 11 Abs. 1 Nr. 2a StGB) oder für den öffentlichen Dienst besonders Verpflichtete (§ 11 Abs. 1 Nr. 4 StGB) sein. Zu beachten sind im Übrigen auch der Täterkreis des § 331 Abs. 2 StGB sowie die in § 335a StGB geregelten Erweiterungen. 1260

Der Begriff des **Vorteils** wird sehr weit verstanden. Es geht insoweit um jede Besserstellung materieller oder immaterieller Art, auf die kein Anspruch besteht (BGHSt 31, 264, 279; BGHSt 35, 128, 133; BGHSt 64, 301, 306). 1261

1262 **Beispiel:**
Typischerweise handelt es sich um Geldzuwendungen, möglich sind aber auch etwa Eintrittskarten für Konzerte, Urlaubsreisen, Gutscheine. Als immaterieller Vorteil kommt zum Beispiel die Gewährung sexueller Leistungen in Betracht.

1263 Nicht überzeugend wird im Schrifttum zum Teil bereits der Tatbestand verneint, soweit es um **sozialadäquate Zuwendungen** gehe (so etwa *Rengier*, BT II, § 60 Rdn. 17 ff. für zum Beispiel übliche Weihnachts- oder kleinere Werbegeschenke). Dagegen spricht entscheidend die Offenheit und damit einhergehende Unbestimmtheit des Begriffs der Sozialadäquanz (sind Geldzuwendungen in Höhe von 30, 40 oder 100 Euro noch sozialadäquat?). Im Einzelfall kann aber die Unrechtsvereinbarung (Rdn. 1268) fehlen. Zudem ist an eine Rechtfertigung gemäß § 331 Abs. 3 StGB (Rdn. 1269) zu denken. Des unklaren Begriffs der Sozialadäquanz bedarf es indessen nicht.

1264 Der Amtsträger muss nicht unbedingt den Vorteil für **sich** erhalten (insoweit reichen bereits mittelbare Vorteile aus), es genügt, dass er einem **Dritten** zugutekommt oder zukommen soll.

1265 **Beispiele:**
Der Ehepartner des Amtsträgers erhält ein Geschenk. Einem Sportverein wird ein Vorteil gewährt.

1266 Die **Tathandlung** liegt im **Fordern**, **Sichversprechenlassen** oder **Annehmen** des Vorteils. Es muss also für die Vollendung gar nicht zur tatsächlichen Gewährung des Vorteils kommen.

1267 Der Vorteil muss bei § 331 Abs. 1 StGB für **die Dienstausübung** gewährt werden. Es geht insoweit um **die dienstliche Tätigkeit allgemein**, ohne dass (anders als bei §§ 331 Abs. 2, 332 StGB) als Gegenleistung eine konkrete Diensthandlung notwendig ist. Das bloße „Anfüttern", die „Klimapflege", mit der sich der Geber das allgemeine Wohlwollen bei der Dienstausübung erkaufen will, wird also von § 331 Abs. 1 StGB erfasst.

1268 Der Vorteil muss **für** die Dienstausübung erfolgen. Hiermit wird das Erfordernis der **Unrechtsvereinbarung** zum Ausdruck gebracht. Sie kann ausdrücklich oder konkludent getroffen werden. Empfänger und Geber werden sich einig, dass der Vorteil als Gegenleistung für dienstliche Tätigkeiten erbracht wird (siehe BGHSt 39, 45, 46; *Rengier*, BT II, § 60 Rdn. 40 ff.).

1269 Zu beachten ist der spezielle **Rechtfertigungsgrund des § 331 Abs. 3 StGB**.

1270 Die **Bestechlichkeit gemäß § 332 StGB** betrifft **pflichtwidrige Diensthandlungen**, verbunden mit einer entsprechenden **Unrechtsvereinbarung**. Der Begriff der **Diensthandlung** ist dabei **enger** als der in § 331 Abs. 1 StGB verwendete Begriff der Dienstausübung, indem es sich um ein **konkretes Verhalten** handeln muss. Das Erkaufen des allgemeinen Wohlwollens genügt hierfür nicht. Hinzuweisen ist auf § 336 StGB.

1271 **Beispiel:**
Diensthandlungen sind etwa die Erteilung einer Genehmigung oder die Bewilligung von Geld.

1272 Die Strafbarkeit des Vorteilsgebers wird in **§ 333 StGB** (Vorteilsgewährung) und **§ 334 StGB** (Bestechung) geregelt. Es handelt sich um Jedermanndelikte.

II. Rechtsbeugung gemäß § 339 StGB

Abschließend sollen einige Bemerkungen zu **§ 339 StGB** erfolgen, wobei die Vorschrift im Bereich der Ersten Juristischen Staatsprüfung so gut wie keine Rolle spielt. 1273

Bei der Rechtsbeugung handelt es sich um ein **echtes Sonderdelikt**. Geschütztes Rechtsgut ist die Rechtspflege. Taugliche Täter können nur Richter (Berufsrichter, ehrenamtliche Richter, § 11 Abs. 1 Nr. 3 StGB), ein anderer Amtsträger oder ein Schiedsrichter sein, die mit der Leitung oder Entscheidung einer Rechtssache befasst sind. Zu derartigen anderen Amtsträgern gehören etwa **Staatsanwälte**, die Entscheidungen zum Beispiel nach den §§ 153, 153a StPO treffen, selbst, wenn es der Zustimmung des Gerichts bedarf, sowie Entscheidungen nach § 170 StPO (Anklageerhebung; Einstellung); der Amtsträger muss also wie ein Richter in einem rechtlich vollständig geregelten Verfahren zu entscheiden haben und dabei einen gewissen Grad an Unabhängigkeit genießen (BGHSt 62, 312, 314 f.). Auch werden solche Beamte erfasst, die über die Ahndung von Ordnungswidrigkeiten im Ordnungswidrigkeitsverfahren zu entscheiden haben (BGH, NStZ 2016, 351, 352). Nicht hierzu soll aber das Verwarnungsverfahren gemäß den §§ 56 ff. OWiG gehören (OLG Hamm, NJW 1979, 2114). Dass die betreffenden Amtsträger weisungsgebunden sind, spielt im Grundsatz keine entscheidende Rolle. 1274

Keine tauglichen Täter sind Polizeibeamte sowie Amtsträger in klassischen Verwaltungsverfahren (*Rengier*, BT II, § 61 Rdn. 9). 1275

Nur dann, wenn es tatsächlich auch um die **Leitung oder Entscheidung einer Rechtssache** geht, ist § 339 StGB anwendbar. § 339 StGB ist deshalb nicht einschlägig, wenn ein Richter zum Beispiel im Rahmen der Referendarausbildung tätig ist oder Berichtsaufträge bearbeitet. 1276

Der Tatbestand spricht lediglich davon, dass der Täter zugunsten oder zum Nachteil einer Partei das Recht beugt (sich „einer Beugung des Rechts schuldig macht"). Was darunter zu verstehen ist, wird unterschiedlich beurteilt. 1277

Beispiel: 1278
Der Angeklagte O hat einen Hausfriedensbruch gemäß § 123 StGB begangen. Trotz des in § 123 StGB vorgesehenen Höchstmaßes der zeitigen Freiheitsstrafe von einem Jahr verhängt Richter A bewusst eine Freiheitsstrafe von zwei Jahren. Hat sich A gemäß § 339 StGB strafbar gemacht?
*Nach der **objektiven Theorie** ist bereits bei einer unrichtigen, unvertretbaren Rechtsanwendung eine Rechtsbeugung anzunehmen (siehe KG, NStZ 1988, 557; Lackner/Kühl/Heger, StGB, § 339 Rdn. 5). Die **subjektive Theorie** meint hingegen, abzustellen sei darauf, ob der Täter entgegen seiner eigenen juristischen Überzeugung handelt (Weber, NJW 1950, 275). Nach der **Pflichtverletzungstheorie** ist maßgeblich, ob der Richter ihm obliegende Pflichten verletzt, indem er sachfremde Erwägungen anstellt (Behrendt, JuS 1989, 945, 948 f.). Die **ständige Rechtsprechung** ist der Auffassung, nur bei einem **objektiv besonders schweren Verstoß** könne eine Beugung des Rechts bejaht werden. Der Täter muss **sich bewusst in schwerwiegender Weise von Recht und Gesetz entfernen und sein Handeln statt an Recht und Gesetz an eigenen Maßstäben ausrichten**; es gehe um **elementare Rechtsverstöße** (BGHSt 40, 169, 178; BGHSt 62, 312, 315). Die bloße unrichtige Rechtsanwendung, selbst, wenn sie unvertretbar ist, reicht als solche nicht (BGHSt 47, 105, 109). Hier hat sich A nach allen Auffassungen wegen Rechtsbeugung strafbar gemacht.*

Hinweis: 1279
Gegen die objektive Theorie und die Pflichtverletzungstheorie spricht, dass sie den Anwendungsbereich des § 339 StGB zu weit ausdehnen. Letztlich stünde

dann bei jeder in der Rechtsmittelinstanz aufgehobenen Entscheidung grundsätzlich § 339 StGB im Raum. Die subjektive Theorie verlagert hingegen unzulässig den subjektiven Aspekt der Überzeugung des Richters auf die objektive Ebene. Überzeugen kann daher die Auffassung, die § 339 StGB nur bei objektiv besonders schwerwiegenden Verstößen anwendet. Dieser restriktive Kurs wird dem Umstand gerecht, dass § 339 StGB ein Verbrechen ist.

1280 § 339 StGB kommt nicht nur bei einem Verstoß gegen das materielle Recht in Betracht, sondern auch bei der Verletzung von Verfahrensrecht (BGHSt 38, 381, 383), wobei dann nach dem BGH durch die Verfahrensverletzung die konkrete Gefahr einer falschen Entscheidung zum Vor- oder Nachteil einer Partei begründet werden müsse, ohne dass ein Vor- oder Nachteil tatsächlich einzutreten habe (BGHSt 62, 312, 316; kritisch *Hilgendorf/Valerius*, BT I, § 7 Rdn. 37). Ein Unterlassen ist in der Regel nur dann tatbestandsmäßig, wenn eine rechtlich eindeutig gebotene Handlung unterblieben ist (BGHSt 62, 312, 316 f.).

1281 **Beispiel:**
Das Unterlassen der Anklageerhebung durch einen Staatsanwalt in einem anklagereifen Ermittlungsverfahren mit der Folge, dass Verfolgungsverjährung eintritt, ist eine schwerwiegende Verletzung des Verfahrensrechts und verstößt gegen ein eindeutiges gesetzliches Handlungsgebot (BGHSt 62, 312, 317). Nicht ausreichend ist aber grundsätzlich allein die durch einen Richter oder Staatsanwalt erfolgende Verfahrensverzögerung, sofern nicht gegen zwingende Vorschriften (wie zum Beispiel § 115 StPO) verstoßen wird.

1282 Die Rechtsbeugung muss zugunsten oder zum Nachteil einer Partei erfolgen, also etwa zum Vor- oder Nachteil des Beschuldigten im Ermittlungsverfahren oder des Angeklagten in der Hauptverhandlung oder einer Partei im Zivilprozess.

1283 In subjektiver Hinsicht ist Vorsatz erforderlich, wobei dolus eventualis genügt (BGHSt 40, 272, 276).

1284 Mit § 339 StGB ist eine **Sperrwirkung** verbunden. Das bedeutet, dass der Täter des § 339 StGB wegen anderer Straftaten – man denke etwa an §§ 258a, 239 StGB – nur bestraft werden kann, wenn er gleichzeitig strafbar ist wegen Rechtsbeugung.

Stichwortverzeichnis

Die Zahlen beziehen sich auf die Randnummern. Hauptfundstellen sind hervorgehoben.